Der Autor

Christian Wevelsiep ist Privatdozent für Politische Soziologie und arbeitet zudem als Lehrer in einer Förderschule mit dem Schwerpunkt emotionale und soziale Entwicklung. Aktuelle Schwerpunkte in der Lehre und der Forschung: Kritische Sozialtheorie, Ethik, Politische Philosophie.

Christian Wevelsiep

Heilpädagogik als personorientierte Disziplin

Eine Grundlegung

Verlag W. Kohlhammer

Dieses Werk einschließlich aller seiner Teile ist urheberrechtlich geschützt. Jede Verwendung außerhalb der engen Grenzen des Urheberrechts ist ohne Zustimmung des Verlags unzulässig und strafbar. Das gilt insbesondere für Vervielfältigungen, Übersetzungen, Mikroverfilmungen und für die Einspeicherung und Verarbeitung in elektronischen Systemen.

Die Wiedergabe von Warenbezeichnungen, Handelsnamen und sonstigen Kennzeichen in diesem Buch berechtigt nicht zu der Annahme, dass diese von jedermann frei benutzt werden dürfen. Vielmehr kann es sich auch dann um eingetragene Warenzeichen oder sonstige geschützte Kennzeichen handeln, wenn sie nicht eigens als solche gekennzeichnet sind.

Es konnten nicht alle Rechtsinhaber von Abbildungen ermittelt werden. Sollte dem Verlag gegenüber der Nachweis der Rechtsinhaberschaft geführt werden, wird das branchenübliche Honorar nachträglich gezahlt.

Dieses Werk enthält Hinweise/Links zu externen Websites Dritter, auf deren Inhalt der Verlag keinen Einfluss hat und die der Haftung der jeweiligen Seitenanbieter oder -betreiber unterliegen. Zum Zeitpunkt der Verlinkung wurden die externen Websites auf mögliche Rechtsverstöße überprüft und dabei keine Rechtsverletzung festgestellt. Ohne konkrete Hinweise auf eine solche Rechtsverletzung ist eine permanente inhaltliche Kontrolle der verlinkten Seiten nicht zumutbar. Sollten jedoch Rechtsverletzungen bekannt werden, werden die betroffenen externen Links soweit möglich unverzüglich entfernt.

1. Auflage 2024

Alle Rechte vorbehalten
© W. Kohlhammer GmbH, Stuttgart
Gesamtherstellung: W. Kohlhammer GmbH, Stuttgart

Print:
ISBN 978-3-17-044632-8

E-Book-Formate:
pdf: ISBN 978-3-17-044633-5
epub: ISBN 978-3-17-044634-2

Inhalt

Einleitung: Der Wert der Person für das heilpädagogische Denken   7

1 Ein Blick in die Vergangenheit: Kurze Geschichte der Heilpädagogik **15**
   1.1   Wozu Geschichte? 15
   1.2   Zwischen Ohnmacht und Bemächtigung: Zur Ethik historischen Denkens 17
   1.3   Zwischen dem Allgemeinen und dem »Besonderen« 19
   1.4   Die Erfahrung der Entfremdung 24
   1.5   Zur Frage der Bildsamkeit von Menschen mit Behinderung 30
   1.6   Die Gegenwart der Heilpädagogik: Bilderverbote und Problemquellen 34

2 Gesichter der Gewalt **37**
   2.1   Zwischen Anthropologie und Eugenik 37
   2.2   Gewalt in Räumen der Verletzbarkeit 42
   2.3   Behinderung und Trauma 44
   2.4   Signaturen der Macht 50

3 Grundfragen der Heilpädagogik **53**
   3.1   Das Feld der Heilpädagogik 53
   3.2   Theorieperspektiven 57
   3.3   Der Blickwinkel des historischen Materialismus 61
   3.4   Der Beitrag der Existentialphilosophie 64
   3.5   Heilpädagogik als »System« 68
   3.6   Versuch einer Synthese: Heilpädagogik als parteinehmende Pädagogik 71
   3.7   Zwischenreflexion: Menschenbildannahmen der Heilpädagogik 74

4 Grundlagen der Personenförderung **77**
   4.1   Die Erfüllungsgestalt der Person: Eine Ideengeschichte 77
   4.2   Das Fundament guter Beziehungen 81

5 Die Praxis der Beziehungsförderung **92**
   5.1   Praxiskonzepte und heilpädagogische Ethik 96

	5.2	Kompetenzen für die Beziehungsgestaltung	101
	5.3	Merkmale heilpädagogischer Professionen	109
	5.4	Dimensionen der Empathie	115
	5.5	Personenförderung im heilpädagogischen Kontext	117
6	**Personenförderung im Kontext des Fremden**		**126**
	6.1	Die Bedeutung der Religion	129
	6.2	Dimensionen der Migration	132
7	**Rollenprofession**		**143**
	Einleitung		143
	7.1	Grundlagen der Professionstheorie	144
	7.2	Professionen in der modernen Gesellschaft	147
	7.3	Der Urknall der Moderne	149
	7.4	Die therapeutische Funktion der pädagogischen Profession ..	152
	7.5	Entwicklungsgeschichte der pädagogischen Professionen	158
	7.6	Von der archaischen Krisenbewältigung zur modernen Profession	159
	7.7	Krisen in Sozialwelten	163
	7.8	Freundschaft, Nähe und Vertrauen: Sinnkriterien der Berufsethik	177
	7.9	Herausforderungen der Berufsrolle: Helfende Professionen im Zwielicht	188

Schluss: Heilpädagogik zwischen Lebensformen **202**

Literaturverzeichnis **205**

Einleitung: Der Wert der Person für das heilpädagogische Denken

Heilpädagogik als personbezogene Disziplin – diese Überschrift wird niemanden überraschen, der sich praktisch oder theoretisch mit heilpädagogischen Fragen beschäftigt. Die traditionelle Bezeichnung Heilpädagogik steht bekanntlich als Oberbegriff für eine Praxis mit einem spezifischen »Auftrag«. Auch nach Jahren kritischer Diskussionen ist der Grundgedanke präsent, dass es im Zusammenhang einer heilpädagogischen Profession vor allem um soziale und personale Integration geht. Im Ausdruck des »Heils« ist eine tiefe Ambivalenz enthalten. Von Heilung zu sprechen, ist unter pädagogischen Voraussetzungen schwierig, wenn nicht gar ausgrenzend; doch im Wort »heil« ist eine durchaus wertvolle ganzheitliche Orientierung enthalten, die »einer drohenden personalen und sozialen Desintegration zu beggnen« versucht (Speck 2008, S. 19). Heilpädagogisches Handeln findet, ganz gleich, ob es sich mit psychoanalytischen, humanistischen oder systemischen Prinzipien verbindet, in dem positiven Auftrag, »den Menschen ganz werden zu lassen« (ebd.), eine unverzichtbare Legitimation.

Diese These ist nun keineswegs überraschend oder neuartig. Mit ihr soll keine ideologische Aussage unterstellt werden, sondern eher an ein solides Fundament erinnert werden, das für die Geschichte und die Gegenwart heilpädagogischen Handelns bestimmend ist – die Idee der Personorientierung.

In der Idee der Personenförderung kommt ein Motiv zum Ausdruck, das in den verschiedenen heilpädagogischen Kontexten entfaltet werden soll. Die Maxime der Personorientierung scheint auf den ersten Blick nichts anderes als eine überzeugende Strategie heilpädagogischer Praxis zu sein. Doch geht es hier um eine grundlegende Herangehensweise an die Heilpädagogik als Disziplin, als Praxis und als Profession. Im Mittelpunkt der Reflexionen steht die Frage nach dem pädagogischen Sinn personorientierter Beziehungsgestaltung, der bereits in der historischen Dimension zum Ausdruck kommt. Geschichte und Gegenwart, Praxis und Theorie, professionelle und soziologische Dimensionen sollen in verschiedenen Kapiteln beleuchtet werden, wobei im Hintergrund immer die Frage nach dem Eigenwert der Personorientierung steht.

Die Konzeption erstreckt sich folglich:

- auf Perspektiven der theoretischen Begründung der Heilpädagogik bzw. der verschiedenen sozialtheoretischen Herangehensweisen,
- auf die historische Verlaufsform, in der sich die Heilpädagogik als Disziplin bis zur Gegenwart bewegt hatte,
- auf die konkrete Praxis der heilpädagogischen Beziehungsgestaltung sowie

- auf Perspektiven der professionellen Selbstreflexion, die heute, vereinfacht gesagt, unter erschwerten, krisenförmigen Bedingungen zum Ausdruck kommt.

Es handelt sich, wie man sieht, um eine ganzheitlich orientierte Sicht auf die Heilpädagogik, die mit Ideen kommunikativer Erfüllungsgestalten zusammengelesen wird. Dieser Blick auf das »System Heilpädagogik« erlaubt es, so steht zu hoffen, die existentialistische Dimension der Profession herauszuarbeiten.

Warum Orientierung an Personen? Was besagt der Titel, wenn er nicht nur etwas Selbstverständliches zum Ausdruck bringen soll? Gefragt, welchem der ethischen Begriffe man die größte Bindungswirkung zuspreche, würde die Antwort eines Zeitgenossen wohl auf ebendiesen Eigenwert der Person zielen. Für diesen Verdacht gibt es reichlich Anhaltspunkte, wobei der naheliegende wahrscheinlich in der Sphäre des Rechts zu verorten wäre. Menschenrechte sind unverfügbare Rechte, für die wir im Allgemeinen alle moralischen Kräfte aufbieten. Menschenrechte wie persönliche Würde oder das Recht auf Unversehrtheit haben nicht nur einen beliebigen Wert für jemanden, sondern sie erscheinen geradezu als sakral.

Die Philosophie von Hans Joas hat diesen Gedanken philosophisch durchbuchstabiert. Die Menschenrechte haben, so Joas, heute einen Stellenwert, der den Vergleich zur Religion nahelegt. Sie ermöglichen die Wahrnehmung des Sakralen und gleichen somit den ältesten Quellen menschlicher Erfahrung – Erfahrungen, bei denen wir die Grenzen unserer selbst überschreiten, die uns mit »affektiver Intensität« ergreifen (Joas 2013). Und man könnte durchaus den Schluss ziehen: dass zur Kultur der Gegenwart eben jenes Gespür für den Wert der Person zählte, für die Gestalt des Lebens, das uns als eine Totalität in aller Verletzbarkeit begegnet.

Menschenrechte ermöglichen die Erfahrung des Sakralen, die jedoch keineswegs selbstverständlich ist. Der *Wert der Person*, so wie wir ihn heute verstehen wollen, ist historisch gewachsen und somit als Ergebnis langwieriger Kämpfe um Anerkennung zu betrachten. Er hat somit zugleich einen normativen Geltungsanspruch und eine spezifische Geschichte in seinem Rücken. Er kann philosophisch begründet werden – dann erfährt er eine universalistische Interpretation; er kann darüber hinaus aber auch geschichtlich reflektiert werden – dann wird seine historische Dimension deutlich. Zum Wert der Person zählt insofern die Gewissheit, die sich aus der philosophischen Begründung ergibt; aber ebenso das Fragen nach der historischen Entstehung und somit auch seiner Begrenzung (Joas 2015).

Von dieser Philosophie des Menschenrechts lassen sich auch pädagogische Schlussfolgerungen ziehen, was aufs Ganze gesehen das Interesse der vorliegenden Reflexion zum Ausdruck bringt. Die Überlegungen zielen zuerst auf die Gestalt der Person, die gewissermaßen das Zentrum, die Mitte und den Anker pädagogischer Bemühungen bilden könnte oder sollte. Diese Orientierung an der Person ist nun keineswegs selbstverständlich – und genauer zu definieren. Denn: An wen sollte sich die Pädagogik sonst richten, wen sollte sie adressieren, wenn nicht »Personen«? Doch legt der alltagsweltliche Verstand hier vielleicht falsche Prämissen zugrunde.

Der Wert der Person unterliegt – in gewisser Vergleichbarkeit zur Genealogie der Menschenrechte – einer diffusen Wunsch-Gestalt. Warum hat der Begriff so eine starke Wirkung und worauf gründet er tatsächlich? Vermutungen verweisen uns in die Richtung der Berufsethik der helfenden Professionen. Hier hat die Orientierung an Personen naturgemäß einen guten Klang; sie gehört gewissermaßen zum guten Ton. Die Gründe hierfür sind vielschichtig: Wer von Personen spricht, möchte sich von den Fallstricken der Administration distanzieren. Ihm geht es vermutlich darum, den Anderen nicht als ein Objekt der verwalteten Welt zu behandeln, ihm bürokratische Prozesse aufzubürden, sondern vielleicht eher: ermutigen, stärken, fördern, jemanden empathisch begleiten. Der Unterschied liegt so deutlich vor Augen: Jenseits einer Welt der Objekte und Relationen, der abstrakten Systemprobleme und der kalten Verfahren ist die Beziehung zu Anderen primär und lebensdienlich. Sich unmittelbar, unverstellt und authentisch an Personen zu wenden, darin kommt ein Grundzug zum Ausdruck, der den festen Kern der Berufsethik auszeichnet.

Es handelt sich hier um mehr als ein bloßes Gefühl oder eine beliebige Haltung. Der Wert der Person ist zu verteidigen, gerade weil wir in Zeiten leben, die die erhöhte Verletzbarkeit des Menschen sichtbar werden lassen (Dziabel 2017). Über Vulnerabilität im weitesten Sinne wird viel geschrieben, doch steht in Frage, welcher Weltbezug sich als tragend erweisen kann und worauf sich die ethische Reflexion gründen könnte.

Leben wir demgemäß in einem Zeitalter der erhöhten Verletzbarkeit, wie die zeitgenössische Philosophie dies nahelegt? Allein durch die Tatsache der »Geografien der Verletzbarkeit«, so Marc Crepon stellvertretend, steigt unser Bewusstsein für die allen gemeinsame Verletzbarkeit, die die Menschen »über kulturelle oder religiöse Differenzen hinweg verbindet« (Crepon 2014, S. 271). Die Verwundbarkeit zeigt auf den Spalt inmitten einer globalisierten Welt und somit auf die wechselseitige Abhängigkeit, die mit jeder weiteren Gewalt »vergrößert, ausgeweitet und schließlich universalisiert« (ebd.) werde.

Wer von Personen spricht, hat somit immer mehr als nur das bloße, nackte Leben im Sinn. Die Philosophie des verletzbaren Lebens erzeugt vielmehr einen spezifischen Druck, der überall, auch in der Sphäre der pädagogischen Professionen, spürbar wird. Denn es reicht wohl nicht hin, die Würde des Einzelnen zu betonen, wenn dieser bereits in der Sprache oder durch die geografische Lage ausgesetzt wurde. Hier macht die neuzeitliche Philosophie darauf aufmerksam, dass gegen die vielfältigen Gesichter der Gewalt letztlich nur die »Rückbindung an die Singularität des Opfers hilft« (Kapust 2014, S. 51). Eine Erinnerung an das unverfügbare Maß, an das jede ethische Reflexion gebunden ist.

Indes: Können wir diese Aussagen auf der Höhe der zeitgenössischen Philosophie auf konstruktive pädagogische Ebenen übertragen? Können wir also in gleichem Maße von Unverfügbarkeit und Einzigartigkeit in pädagogischen Sinnzusammenhängen sprechen? Dies soll in den folgenden Teilen der Reflexion von verschiedenen Seiten her gezeigt werden.

Zuvor ist jedoch an die gesellschaftliche Situation zu denken, in der solche Reflexionen ermöglicht werden. Seit mehreren Jahrzehnten wird von Seiten der Soziologie ein Zusammenspiel von *Verlust und Gewinn* vernehmbar, ein gesellschaftlicher Zustand, in dem der Einzelne von *Entbettung, Identitätsverlust und Überforderung* bedroht werde. Das Aufwachsen in spätmodernen Lebensverhältnissen erfordert Fitness, Anpassungsfähigkeit, das Mitschwimmen im Strom liberaler Ordnungen. Wer dies nicht kann, wird zu einem jener Opfer der Freiheit, die die

Soziologie der Moderne so eindringlich beschrieben hat. Die Herausforderungen sind nicht auf einen Ort oder eine prekäre Situation allein zurückzuführen. Gefordert wird der modulare, extrem flexible Mensch, der sich keiner Option verschließen darf und jederzeit der »Fitness-Narration« (Keupp 2003, S. 16) folgen muss. Das Leben wird zum Betrieb und der Einzelne zu einem eifrigen Bastler seiner Biografie – dies nannte man in anderen Zeiten Freiheit. Die Situation spitzt sich freilich zu, weil nur noch wenige die Wahlmöglichkeiten als Gewinn und die meisten die negative Freiheit als Bürde verstehen. Wenn man es auf einen Punkt bringen will, dann scheint die Bindungslosigkeit zur Signatur der Moderne zu zählen. Junge Menschen fühlen sich entbettet; sie fürchten die Unberechenbarkeit der modernen Lebenswelten, in der allenthalben Potentiale eingefordert und Wissensbestände dominant werden. Nicht Schritt halten zu können mit der Beschleunigung, ist die alltagsweltliche Erfahrung; als Fragmentierung und Zersplitterung wird sie soziologisch beschrieben. Es seien »hohe psychische Spaltungskompetenzen gefordert«, so Heiner Keupp, »um nicht verrückt zu werden« (ebd., S. 24).

Es genügen diese Andeutungen, um den Wert der Personorientierung nahe zu legen. In einer sehr allgemeinen – und somit noch sehr vagen und unverbindlichen – Form ist die Orientierung an Personen in pädagogischen Situationen eine ethische Maxime. In Zeiten, die von großer Unsicherheit, realen Bedrohungen geprägt sind, haben positive Erzählungen naturgemäß einen großen Vorteil. Die Sehnsucht nach Orientierung, ja, nach einer rettenden, gleichsam heilsamen Narration ist unabweisbar. Doch kann dieses Verlangen ja nicht durch die Schönheit und Überzeugungskraft von Erzählungen alleine gestillt werden. Die Hürden sind also hoch, um unter Beweis zu stellen, dass die Orientierung an Personen in einem substantiellen Sinne geboten und hilfreich ist.

Die Betonung des Wertes der Person kommt indes nicht ohne das Gesamtwerk aus, das im Grunde das Fundament aller weiteren Bestimmungen gelegt hat. Der Name Carl Rogers genügt in pädagogischen Kontexten, um zu verdeutlichen, worum es in diesem Moment eigentlich geht. Die Zeiten, in denen der berühmte Psychotherapeut seine Theorien entwickelt hatte, sind nun mit den gegenwärtigen Zeiten nicht gleich zu setzen. Wozu also der Rückgriff auf Begriffe, die nahezu überall gebraucht werden?

Die Antworten werden im Rahmen der folgenden Reflexionen zu geben sein. An dieser Stelle soll der Hinweis genügen, dass es nicht um eine Wiederholung einer längst etablierten Theorie geht. Sondern um die tiefenscharfe Erfassung der Idee, die Person als solche in das Zentrum zu rücken. Damit wird also mehr erfasst als allein ein Zweig der Psychotherapie, mehr als nur ein paar Variablen guter Personenförderung, die man beizeiten gebrauchen mag. Es geht in einem umfassenden Sinne um die Geschichte, die Voraussetzung, die Dimensionen und die professionellen Horizonte der *Begegnung zwischen Personen* – und dies hier im Rahmen einer heilpädagogischen Grundlagenreflexion.

Dies aber heißt natürlich auch: die Idee der Personenförderung in den jeweiligen besonderen Kontexten zu entfalten. Die Orientierung an der Person ist eine ebenso einfache wie voraussetzungsreiche Maxime. Sie ist der Kern eines pädagogischen Sinns, der die positive Beziehungsgestaltung als einen Eigenwert erkennt (Rogers 1973a; ders. 1973b; Rogers/Lewis/Pfeiffer 2007).

In der idealen Form setzt dieser Sinn auf allen Seiten einen unbedingten positiven Wert. Auf der Seite des pädagogischen Subjekts: Ihm wird eine Entwicklungsfähigkeit und Problemlösungsfähigkeit zugetraut, so sehr sie auch verschüttet sein mag. Mithin auch auf der Seite der Pädagogik und der Therapie: Hier geht es um die Haltung, die Beziehungs- und Entwicklungsförderung überhaupt erst gestattet, in der wertfreien Akzeptanz und Wärme sowie in der Kongruenz und Echtheit.

Zwischen dem lern- und bildungsfähigen Subjekt und dem authentischen Gegenüber entsteht eine Allianz, ein Bündnis, ein Zusammenhalt, der in Pädagogik und Therapie als Beziehungsgestaltung bezeichnet wird. Doch wäre es falsch, an diesem Punkt bereits den Erfolg einer therapeutischen Haltung zu messen oder sogar in dieser Konstellation ein ganzes Weltbild zu erkennen. Vielmehr gilt es, die Grundgedanken der Personenförderung in ihrer Tiefe zu vermessen und dabei auch dem Negativen, Verdrängten und dem Fremden Geltung zu verschaffen.

Vereinfacht gesagt: Der Vielfalt positiver Gestaltungsmöglichkeiten in der Pädagogik entspricht die Fülle abweichender, unerfüllter, dissonanter Beziehungs- und Verhaltensmuster. Gute Therapie ermöglicht die Stärkung der Person, gute Pädagogik befördert die konstruktive Entwicklung und findet verschüttete Potentiale. Die Beziehungsgestaltung hat insofern einen ethischen Kern, der in der Sorge, im Schutz, in Beistand und Trost besteht. Doch ist die Gestaltung positiver Beziehungen um eine wesentliche Dimension zu erweitern. Sie müsste auch im Zusammenhang der existentiellen und lebensweltlichen Härte gewissermaßen standhalten und ihre Grundhaltung auch gegen jegliche Formen des Widerständigen verteidigen können.

Eine existentialistische Deutung ist insofern unumgänglich, um der Argumentation eine Festigkeit und Widerstandsfähigkeit zu verleihen. Die philosophische Anthropologie ergänzt die ethische Reflexion um eine bedeutsame Einsicht, denn sie bezeichnet das Negative als den eigentlichen Kern unserer Existenz. Damit ist jedoch nicht zwangsläufig eine pessimistische Anthropologie (und ebenso wenig eine negativ-destruktive pädagogische Weltsicht) verknüpft. Vielmehr geht es um die philosophische Einsicht in die Fragilität aller menschlichen Verhältnisse, die erst im eigentlichen Sinne den Grund der Moralität verdeutlicht.

Um diese besondere Philosophie, die mal explizit, mal hintergründig die Reflexionen mitbestimmt und beeinflusst, zu verdeutlichen, sollen zumindest einige wegweisende Grundfragen diskutiert werden:

Wir haben es – verkürzt gesagt – in einer menschlichen Welt mit einer Praxis zu tun, »die immer auf die Gefahr ihres Scheiterns hin gelingt«, so Thomas Rentsch (1999, S. 265). In dieser Brüchigkeit aller Praxis kommt ein konstitutives Element eines tragenden Sinns zum Ausdruck. Sie führt in der moralischen Reflexion zum Modus der *kommunikativen Solidarität*[1].

---

1 U. a.: Thiersch 2019, S. 42–60. Von der kommunikativen Solidarität führen die Überlegungen zur konkreten pädagogischen Solidarität; freilich ist der Begriff des Solidarischen hier differenziert zu verstehen. Die Differenz von Nähe und Distanz ist womöglich die bessere Beschreibung, wenn es um den pädagogischen Alltag der Adressatinnen und um Formen der Bewältigung geht. Nähe und Distanz sind jedoch vielschichtige Begriffe. Sie gehen keineswegs in psychologischen Formeln auf, die einseitig auf unbedingte solidarische

Gemäß der philosophischen Anthropologie ist das menschliche Leben prinzipiell durch die Bedrohung durch Leiden und Tod, durch untilgbare Macht- und Herrschaftsstrukturen, durch die sexuelle Differenz sowie die individuelle und kulturelle Alterität (Andersheit) geprägt. Die menschliche Praxis wird durch diese negativen Bestimmungen geprägt und liegt somit allen lebensweltlichen Aspekten zugrunde. Der erste Ansatzpunkt, wenn wir nach den Bedingungen des Lebens gehen (»am Rande oder in der Mitte der Gesellschaft«), ist somit die menschliche Grundsituation (Rentsch 1999, S. 63).

Damit erschließt sich eine negative Basis unseres Lebens auf einer elementaren Ebene. Ontologisch als Versagung und Nichtigkeit, anthropologisch als die Fähigkeit, nein sagen zu können. Beide Modi sind in praktischen Situationen anschaulich, wenn wir es zulassen, Krankheit, Tod oder Leiden als Sinnkriterien des gemeinsamen Lebens zu erfassen. Zudem in Situationen, in denen uns konkrete fehlbare Menschen begegnen, in denen das Missverstehen größer als das mögliche Verstehen ist. Die praktische Beurteilung dessen, was als negativ erlebt wird, ist philosophisch von größtem Wert.

Früher nannte man es moralische und geschichtliche Schuld oder gefährdete Sittlichkeit – für die Pädagogik indes zeigt sich das Negative als eine Form der Einsicht in die Grenzen unserer Handlungsfähigkeit.

Damit ist der Weg der vorliegenden Reflexion ein Stück weit vorbereitet. Er führt keineswegs geradewegs in eine harmonische Welt, sondern soll als Brückenschlag verstanden werden. Worin könnte diese Verbindung bestehen? Verschiedene Sinnkriterien sollen thematisiert werden, die einen philosophisch unzerstörbaren Kern besitzen:

- die sinnkonstitutive Bedeutung der Wahrhaftigkeit in der gemeinsamen Sprache,
- die Bedeutung der Zusammenarbeit bei der Realisierung des gemeinsamen Lebens und des Überlebens,
- die Bedeutung der Offenheit und der nicht-instrumentellen Verhältnisse zueinander.

Diese Aspekte beschreiben die Basis der Moralität in existentialphilosophischer Hinsicht, doch können sie mit sozialpädagogischen Ideen zusammengelesen werden (auch wenn die Differenzen nicht übersehen werden dürfen).

Worum es in den folgenden Kapiteln also insgesamt betrachtet geht, ist vereinfacht gesagt: den Gedanken der Personorientierung auszuloten und von diesem Impuls ausgehend in alle gesellschaftlichen Bereiche zu schauen, in denen das ursprüngliche Motiv gegenwärtig Anwendung finden könnte.

Folgende Schritte sind vorzunehmen, um die Heilpädagogik als personorientierte Disziplin zu beschreiben – und zu verteidigen.

Ein historischer Rückblick auf die Geschichte der Heilpädagogik steht zu Beginn im Mittelpunkt (▶ Kap. 1). Hier wird es weniger darauf ankommen, neue ge-

---

Nähe, also Parteinahme, Mitgefühl und Empathie setzen. Vielmehr sind beide Kategorien der Nähe und der Ferne notwendig, um sowohl das pädagogische Handeln der Professionellen als auch die Veränderungsbereitschaft der Adressaten zu beschreiben.

schichtliche Einsichten zu gewinnen als vielmehr darauf, die fundamentalen ethischen Gehalte herauszuarbeiten, von denen wir auch gegenwärtig ausgehen können. Wohin hat uns die Geschichte der Heil- und Sonderpädagogik geführt; und inwieweit hat diese Historie zur Ausprägung von Motiven, Ideen und Werten geführt, von denen heute so selbstverständlich die Rede ist?

Es gilt indes, eine verbindliche Klammer für die Situationen zu finden, in denen sich verletzbare oder marginalisierte Subjekte wiederfinden, zugleich eine Klammer für die damit einhergehenden Beziehungen zwischen Macht, Sozialität, Gesellschaft und Kultur. Unter dem Titel »Gewaltverhältnisse« sollen diese Reflexionen zusammengefasst werden (▶ Kap. 2). Bis zu diesem Punkt werden die Aspekte der Macht und der Bemächtigung im sozialen Raum zusammengefasst. Sie münden sodann in einer Form der Praxis- und Methodenreflexion, die den engeren und konkreteren Bereich der heilpädagogischen Arbeit beschreibt.

Die weiteren Analysen beginnen als gleichsam »von unten«, das heißt hier, vom Boden der Grundlagenreflexion der Disziplin. Was macht heilpädagogisches Handeln im Kern aus, was sind die wesentlichen Motive, die das Denken über und das Handeln mit Menschen in besonderen Lebenslagen auszeichnen? Es sind diese Grundfragen der Heilpädagogik, die uns im Verlauf beschäftigen und uns in verschiedenen sozialtheoretischen Entwürfen begegnen, sei es in einem historisch-materialistischen, einem existentialphilosophischen oder einem systemtheoretischen Arrangement (▶ Kap. 3). Hier – in den Entwürfen von Otto Speck, Wolfgang Jantzen, Emil Kobi und des weiteren Urs Haeberlin – erfahren wir etwas über den besonderen Eigenwert, der die heilpädagogische Reflexion ausmacht. Stets geht es um einen Versuch der Vermittlung zwischen gesellschaftlichen Sphären, die nie frei von Widerspruch und Gewalt sind, mit den unverfügbaren Sinnbedingungen der humanen Grundsituation.

Es gilt hiernach den Eigenwert der Kategorie zu beschreiben, der das ideelle Zentrum der vorliegenden Erörterungen bildet. Hier müssen wir weit über die Fachgrenzen der Disziplin hinausdenken und uns mit der Sozialtheorie der Moderne befassen, die den Boden für die wesentlichen Erkenntnisse geebnet hat (▶ Kap. 4). Verschiedene Denkfiguren rücken hier in das Zentrum; die vielleicht einprägsamste ist die Beschreibung der Menschenrechte als Idee des Sakralen (H. Joas).

Erst nach dieser historischen und sozialtheoretischen Orientierung geht es konkret um die Praxis der Heilpädagogik, die wir hier von einem besonderen Punkt aus betrachten werden. In Form der heilpädagogischen Beziehungsgestaltung kommt die erwähnte Orientierung an der Person in besonderer Weise zum Ausdruck. In zweifacher Hinsicht sind diese Reflexionen zu verstehen: Wir leben – anthropologisch betrachtet – stets in Beziehungen und sozialen Mustern; wir sind auf Andere verwiesen und somit immer in einer Ko-Existenz befindlich. Aber aus pädagogischer Sicht ist darüber hinaus die Praxis der Beziehungsgestaltung, Beziehungsförderung und Beziehungsermöglichung von besonderem Interesse. Diese möglichst tiefenscharf, unter Einbezug aller denkbaren Widersprüche zu erfassen, ist das Ziel (▶ Kap. 5; ▶ Kap. 6).

Worauf zielen die abschließenden Überlegungen? Eine vollends befriedigende Antwort muss hier ausbleiben. Die Reflexionen zur Professionstheorie und Professionsethik schließen zumindest den Kreis der Argumentation: Geschichte und Ethik der Heilpädagogik sowie die Philosophie der Person bilden gewissermaßen das Fundament, auf dem nun vorsichtige Antworten für professionelle Probleme zu finden sind (▶ Kap. 7).

1 Ein Blick in die Vergangenheit: Kurze Geschichte der Heilpädagogik

Zwei Etappen sind auf dem vorliegenden Weg zu bewältigen: ein Rückblick auf die Entwicklungsgeschichte der Heilpädagogik sowie eine sozialphilosophische Reflexion, die sich auf die Idee der Person bezieht. Beide Etappen führen uns in die Gegenwart, in der uns die Heilpädagogik als Disziplin mit einem philosophisch-ethischen und einem besonderen historischen Hintergrund begegnet.

1.1 Wozu Geschichte?

Was ist der Sinn der Geschichte? Unterscheiden können wir diverse Spielarten der Historiographie, die sich mal auf Struktur- oder Alltagsgeschichte, mal auf Ereignis- und politische Geschichte, mal auf Sozial- oder Ideengeschichte beziehen. Die Geschichte der Heilpädagogik ließe sich also unter verschiedenen Gesichtspunkten betrachten, etwa *von oben*, in der parallelen Bewegung zur politischen Ereignisgeschichte oder *von unten*, was hier bedeutet, die Ideen von Reformern oder professionellen Pädagogen zu rekonstruieren. Vorab aber bedarf es einer Offenlegung der erkenntnisleitenden Interessen, die jede Form der Darstellung bedingt. Dazu zählt hier zuerst die Einsicht, dass jede historische Praxis und jede historisierende Darstellung an ihre eigenen Voraussetzungen gebunden ist (Koselleck 1985).

Als kritische Sozialwissenschaft bemüht sich diese Spielart der Historiographie um ein Bewusstsein der Aufklärung, Aufklärung im mehrfachen Sinne.

Geschichte folgt keinem reinen Objektivitätsideal, sondern sie schärft das Bewusstsein für die Interpretation des Vergangenen; Geschichte ist standortgebunden und deckt sich nicht mit dem Anspruch auf vollkommene Wertfreiheit. Sie ist demnach sowohl pluralistisch als auch kritisch; zudem eröffnet sie Perspektiven für die Gegenwart, mithin für die handelnden Subjekte, die ihre Identität mit und durch die Begegnung mit dem Vergangenen erwerben.

Jörn Rüsen spricht von einem *Darüber-Hinaus* jeder geschichtlichen Betrachtung. Das Vergangene wird gegenwärtig, während man im Handeln immer schon über diese Vergangenheit hinaus ist; das historische Denken biegt nun »dieses Darüberhinaussein des menschlichen Lebens über seine Voraussetzungen, Bedingungen und Umstände zurück auf die Vergangenheit« (Rüsen 2003, S. 34).

Geschichte ist insofern in mannigfacher Weise bedeutungsvoll; eine Tatsache voller Fallstricke und Ambivalenzen. Denn wir müssen einsehen – mit offenem

Visier für reale politische Verhältnisse – dass Geschichte in der Hand der Mächtigen zu einem Instrument wird, das spezifischen Interessen dient. Tendenzen der »Verschönerung« und der »Aufhellung« entnehmen der Geschichte das Erinnerungswerte, blenden aber die unschönen Ereignisse aus. Demgegenüber ist das Bemühen um geschichtliche Reflexion zu verteidigen, solange es die Bedenklichkeit der Geschichte bewahrt, was vor allem bedeutet, ihre Aneignung, Repräsentation und Deutung mit den Orientierungsbedürfnissen der Menschen zu verbinden.

Dieser Beweggrund des Historischen soll im Folgenden als Grundverständnis dienen: Geschichte ist dann »sinnvoll«, wenn sie das Bewusstsein für die eigene Bedingtheit und das Bestimmtsein durch die Vergangenheit wach hält. Es ist die minimale »Ethik des historischen Denkens« (ebd., S. 12), die sich auch als Aufgabe der pädagogischen Reflexion als verbindlich erweist. Ihr kultureller Orientierungswert liegt in der Spur, die »vergangenes menschliches Leiden und Tun in die Zukunftsperspektive unserer eigenen Lebenspraxis und ihrer kulturellen Orientierung hinein erstreckt« (ebd.).

Was heißt das nun für die Gegenwart der Sonderpädagogik, wie auch für die helfenden Professionen im Allgemeinen? Bedenklich muss stimmen, dass sich der besondere geschichtliche Sinn in dem Maße erschließt, in dem er für handlungsfähige Subjekte in Gegenwart, Zukunft und Vergangenheit zusammengefügt wird. Geschichte ist gerade vom Standpunkt der Betroffenen aus nicht vergangen, sondern: Die geschichtliche Reflexion findet ihren Ausgangspunkt in den Problemen der Gegenwart. Eben dies aber macht eine Darstellung der heilpädagogischen Entwicklungsgeschichte so anspruchsvoll.

Begonnen werden müsste, wenn man Geschichte ernst nehmen will, beim Gegenstandsfeld der Heilpädagogik, in dem ja schon die elementaren Gesichtspunkte umstritten sind. Was dürfen wir unter dem Titel der *Behinderung* verstehen, welche relativen und relationalen Beziehungen, welche Auslassungen und Unterlassungen, welche Ausgrenzungen und Einschließungen müssen wir berücksichtigen? Folgen wir den gängigen wissenschaftlichen Beschreibungen logischer Objektivität und folglich auch der Klassifikation (die für manche als Vorform der Sortierungspraxis gelten)? Erkennen wir im besonderen Bildungs- und Förderbedarf eine schlichte Kategorie für die pädagogische Praxis oder eine machtvolle Abstraktion, die gesellschaftlichen Interessen dient?

Diese Fragen sind nicht neu, sie wurden von Generationen in heilpädagogischen Zusammenhängen immer wieder gestellt. Für eine historische Darstellung stellen die jedoch eine Hürde dar: Denn wir können nicht umstandslos von einem gefestigten Fundament ausgehen, das unseren Blick in die Vergangenheit zweifelsfrei anleitet. Wir müssen für die Geschichte und Gegenwart der Heilpädagogik von einem Mit- und Gegeneinander kontroverser Positionen ausgehen.

Unumstritten ist wohl der ethische Gedanke, der im Motiv der Behinderung eine Situation erkennt, in der ein unteilbarer Anspruch nicht zur Geltung kommt. Diese Normativität ist vorrangig, sie zielt letztlich auf das Merkmal der Anerkennung der Person. Im Zentrum der heilpädagogischen Betrachtung stehen Menschen in belasteten oder erschwerten Bildungs- und Lebenssituationen, denen die volle Teilhabe an gesellschaftlichen Vollzügen vorenthalten wird.

1.2 Zwischen Ohnmacht und Bemächtigung: Zur Ethik historischen Denkens

Eine Entwicklungsgeschichte der Heilpädagogik zu schreiben, ist anspruchsvoll. Viele offene Fragen stellen sich im Moment der Vergegenwärtigung dessen, was die gegenwärtige Heil- und Sonderpädagogik geschichtlich betrachtet ausmacht. Aber auch methodische und sachliche Schwierigkeiten sind nicht von der Hand zu weisen, die in der »Natur« des Gegenstandes einer besonderen Pädagogik liegen. Charakteristisch für diese Profession bzw. für dieses Fach ist eine gewisse Ambivalenz. Sie steht zwar für eine unbezweifelbare ethische Haltung, die gewissermaßen auf eine eigene Geschichte zurückblicken kann. Gegenwärtig kann man mit guten Gründen davon sprechen, dass die Ethik der Behindertenpädagogik von historischen Lernprozessen beflügelt wurde; dass das zeitgenössische Bewusstsein also gleichsam von *Lehren aus der Geschichte* profitiert. Doch bleibt eine solche Geschichtsbetrachtung schwierig, wenn sie allein als eine unbedingte Fortschrittsgeschichte verstanden wird.

Der lange und mühsame Weg hin zur Heilpädagogik der Gegenwart hat unbestritten zu Rechtsfortschritten im Zeitalter der Inklusion geführt, denen moralische Begriffe der Selbstbestimmung und der Anerkennung entsprechen. Doch es ist wohl ebenso notwendig, die Brüche und Gefährdungen darzustellen, die diesen Weg geprägt haben – und zugleich die kritischen Aspekte der Gegenwart herauszuarbeiten, die das Leben in erschwerten Situationen nach wie vor bedingen.

Damit ist zumindest eines deutlich: Eine reine Fortschrittsgeschichte ist nicht zu erwarten, wenn dieser Fortschritt allein auf einem Gebiet stattfindet – oder in einem ausgesuchten Funktionssystem. In Frage steht hier also zuerst, was wir von einer historischen Darstellung erwarten dürfen und was sich unter historiographischen Gesichtspunkten als schwierig erweist.

Die Diskurse in den Geschichtswissenschaften geben einige Anhaltspunkte darüber, wie wir Geschichte verstehen können und was sich unter Umständen als problematisch erweist. Fragen wir nach einer guten, sinnhaften oder wahren Geschichte oder nach einer Meistererzählung? Beide Möglichkeiten umgeben das weite Feld der Geschichtsschreibung; aber es ist die Kategorie der Meistererzählung, die zum Gegenstand der Kritik geworden ist. Auch die Geschichte der Heil- und Sonderpädagogik lässt sich mit dieser Unterscheidung betrachten.

Wie kann und wie soll Geschichte geschrieben werden? Im alltäglichen Gebrauch einer Erzählung erwarten wir eine kohärente Darstellung eines »Plots«, einer Begebenheit, die narrativ vermittelt wird und darüber hinaus eine gewisse Prägkraft besitzt. Sie ergreift gewissermaßen das Bewusstsein, indem die stoffliche Seite – das Geschehen selbst – mit Sinn verknüpft wird. Ereignisse, Strukturen und Personen werden auf einzigartige Weise miteinander verbunden, so dass sie sich zu einer geschichtlichen Erzählung zusammenschließen. Die historische Vergegenwärtigung reiht »die Perlen der Vergangenheit zu einer Erzählkette auf.« Sie bildet sich in Form einer Leiterzählung, die das Wesentliche und »Erzählwürdige« betont und somit auch Auslassungen vornimmt (Sabrow 2013, S. 147).

Es fällt nicht schwer, genau diese Bestimmung der Historie auf die Geschichte der Sonder- und Heilpädagogik anzuwenden. Denken wir etwa an den ersten Moment, an dem sich in der Bildungslandschaft die Idee der besonderen Förderung etablierte. Die ersten Vertreter der Heilpädagogik waren der Überzeugung, dass Menschen mit Sinneseinschränkungen – zuerst im Bereich des Hörens, der Sprache und des Sehvermögens – auf ihre Weise förderbedürftig, aber eben auch bildungsfähig wären. Wir könnten diesen Gedanken nun historisch rekonstruieren und seine Wirkung bis zur Gegenwart verfolgen.

Doch ist ein zweiter Zeitstrahl denkbar, der nun eine alternative Erzählkette bildet. Denn der Moment der Entdeckung der Bildsamkeit behinderter Menschen war zugleich, wenn auch in zeitlichen Abständen, der Moment der Abtrennung von Personengruppen, die unterschiedlichen Kategorien angehören. Die Geschichte enthält also zwei Tiefendimensionen: einen ethischen Gehalt, der sich auf den Wert der allgemeinen Bildsamkeit bezieht, und einen organisatorischen, klassifizierenden Sinn der Trennung.

Geschichte ist von daher eine komplexe, widerspruchsoffene Angelegenheit. An die Geschichte wird ein begründetes Wahrheitsinteresse gerichtet (das immer auch ein Stück weit Wahrhaftigkeit verlangt); doch ist es scheinbar unvermeidbar, dass jede Form der Darstellung von einem subjektiven Motiv gebrochen wird. Geschichte ist somit als eine Deutungsmacht richtig verstanden (Rüsen 2003). Geschichte prägt unser Wissen und unser Bewusstsein, insbesondere dann, wenn man sich auf ein besonderes Erzählmuster bezieht. Im Zusammenhang der Geschichte der Nationalstaaten wird der Umgang mit Sprache rasch einsichtig – wenn spezifische Opfer- und Leidensgeschichten konstruiert werden oder die »großen Männer der Geschichte« gefeiert werden. Doch auch in der hier interessierenden Geschichte der Heilpädagogik können wir von einer diskursiven Struktur ausgehen, die ein sinnträchtiges Bild der Vergangenheit prägt.

Denken wir nur an die Begriffe des Besonderen, der Aussonderung oder der Selektion: Es bereitet große Schwierigkeiten, sie in einem nicht-normativen Sinne zu begreifen. Das Gleiche gilt positiv gewendet für Begriffe wie soziale Integration, eine inklusive Kultur oder für universale, unveräußerliche Rechte. Solche positiv oder negativ aufgeladenen Kategorien bilden ein etabliertes »Sprachinventar« (Sabrow 2013, S. 148), das ein Bild der Vergangenheit aufscheinen lässt und zugleich eine vorbewusste Akzeptanz erzeugt.

In Frage steht also, auf welchen Begriff der Geschichte man sich einigen will, insbesondere dann, wenn man eine spezifische, materiale Geschichte (hier der Heilpädagogik als Disziplin) nacherzählen will. Die Diskurse der Geschichtswissenschaft legen zumindest einen reflexiven, gleichsam bescheidenen Umgang mit historischem Wissen nahe. Wir dürfen natürlich von einem faktischen Wissensbestand ausgehen, müssen aber zugleich die Begrenztheit wissenschaftlichen Fortschritts anerkennen. Zum einen in Richtung einer sich immer wieder verändernden und erneuernden Forschung, zum anderen auch in Richtung des zugrunde liegenden Wissenschaftsverständnisses. Die Geschichtsschreibung erweist sich als ein rekonstruierendes Verfahren, das auf seinen Standort der Betrachtung verwiesen bleibt. Damit ist nicht alles zur Relativierung verdammt – aber man kann diese

Wissenschaftlichkeit mit einer gewissen Skepsis verbinden. Die Geschichte ist gewissermaßen nie ganz vergangen und jede Erkenntnis bleibt vorläufig und begrenzt.

Die Entwicklungsgeschichte der Heilpädagogik muss insofern mit spezifischen Hypotheken umgehen, mit geschichtlichen Ereignissen, die zu konfrontieren sind, aber auch mit normativen Problemen, die sich einer eindeutigen Beurteilung entziehen. Wie gehen »wir« heute mit dem Faktum der Verschiedenheit von Menschen um? Die Frage hat nicht nur eine rein ethische Dimension. Sie unterstellt ein »Wir«, das genauer bezeichnet werden müsste. Auch die semantische Ebene ist mehrdeutig: Verschiedenheit verweist auf das Besondere, das unter spezifischen historischen Umständen den Keim der Absonderung in sich trägt. Doch an diesem Punkt benötigt man die Klarheit der Betrachtungsweise: Dass Menschen in ihrer Existenz bedroht wurden (und faktisch der Vernichtung preisgegeben wurden), ist eine historische Tatsache. Die Identität der Heil- und Sonderpädagogik geht auf diese Einsicht zurück, doch lässt sich aus der historischen Kritik nicht das gesamte Selbstverständnis des Fachs in der Gegenwart ableiten. Hier könnten internationale Vergleiche ansetzen, die aufzeigen, welche Wege die einzelnen Gesellschaften eingeschlagen haben, um Menschen mit Behinderung in ihre sozialen und wirtschaftlichen Ordnungen zu integrieren.

Die in Westdeutschland lange vorherrschende Praxis der Segregation im Hilfe- und Fördersystem ist nicht die »ganze Geschichte«, sondern nur ein Ausschnitt aus einer breiten kulturellen und sozialen Entwicklungsgeschichte. Jedes normative Urteil über die Geschichte der Sonderpädagogik müsste daher die Vielfalt von Entwicklungslinien beachten, die den historischen Verlauf geprägt haben, aber auch die semantische Vielschichtigkeit der Begriffe *Norm, Normalisierung, Inklusion vs. Exklusion, Besonderung oder Separierung*.

Eine erste Zielstellung der folgenden Darstellung ist damit möglich. Die Geschichte der Sonderpädagogik unterliegt in der Darstellung besonderen Voraussetzungen und Bedingungen. Sie muss mit offenem Visier die historischen Verletzungen und geschichtlichen Brüche aufzeigen, die nach wie vor jene historischen Hypotheken im europäischen und deutschen Bewusstsein bilden. Dabei muss diese Darstellung aber auch von spezifischen, außergeschichtlichen Interessen freigehalten werden. Und schließlich müsste die Geschichte der Heilpädagogik den Wandel des Selbstverständnisses von Geschichte allgemein und von Erziehungsgeschichte im Besonderen ermöglichen (Ellger-Rüttgardt 2019, S. 10 ff.).

1.3 Zwischen dem Allgemeinen und dem »Besonderen«

Die Schwierigkeiten beginnen an dem Punkt, an dem wir über diese menschenrechtliche Perspektive hinausdenken. Bezeichnet die Kategorie Behinderung etwas sozial Ungewünschtes, für das wir lediglich politische Korrektheit einfordern? Mit welcher Form des Wissens und Könnens erheben sich Praktikerinnen über die existentielle Situation, in der die Betroffenen stehen? Herrscht nicht weiterhin der Geist der Bevormundung, der zwar heute unter anderen kulturellen und politischen Vorzeichen steht, aber nach wie vor die Kluft zwischen Experten und Laien aufrecht erhält (hierzu Gerspach 2009, S. 7–39)?

Diese Fragen sind hier nicht zu beantworten. Sie führen uns aber zur entscheidenden Perspektive historischer Reflexivität. Es gibt verschiedene Wege, um sonder- und heilpädagogische Geschichte zu schreiben. Um sie zu entwirren, muss das Ganze von den einzelnen Teilen bewusst auseinander gehalten werden. Wir sprechen heute von der »Sonder-, Heil- und Behindertenpädagogik« und legen damit eine allgemeine Beschreibung zugrunde, die nicht selbstverständlich ist. Die historische Genauigkeit zwingt uns, von einer anderen Geburtsstunde der Heilpädagogik auszugehen: Zuerst, das heißt, im späten 18. Jahrhundert sprach man von der Pädagogik der Taubstummen, der Blinden sowie von Geistesschwachen; erst im 19. Jahrhundert erschienen Schriften, in denen von der allgemeinen Heilpädagogik die Rede war (Ellger-Rüttgard, 2019, S. 14).

Dies bedeutet, es ging zuerst um die Wahrnehmung spezifischer Menschengruppen und spezifischer Einschränkungen und deren Behandlungsbedürftigkeit. Das Gebiet der Heilpädagogik als übergreifende Disziplin hat insofern eine andere geschichtliche Verlaufsform als die Einzeldisziplin. Als eine Alternative oder Ergänzung zur allgemeinen Pädagogik hat die allgemeine Heilpädagogik insofern auch eine eigene Historizität und Normativität.

Dieser Gesichtspunkt ist von Relevanz für die Ausgangslage der heilpädagogischen Geschichte. Diese kann als eine Geschichte der sonderpädagogischen Einzeldisziplinen geschrieben werden – mit diesem Blick kommen dann auch die Facetten des Störungsbildes in den Blick, das jeweils zugrunde gelegt wurde und somit auch die Geschichtlichkeit der jeweiligen Veränderbarkeit (Solarova 1983).

Begreifen wir hingegen die Geschichte der Heilpädagogik als eine übergreifende Gesamtdarstellung, ändern sich die Koordinaten zwischen dem Allgemeinen und dem Besonderen. Nun geht es vorrangig um den Bezug zur allgemeinen Bildung und um das Verhältnis zur allgemeinen Pädagogik, welche von der Heilpädagogik als eigene Disziplin eingenommen wird.

Andreas Möckel hat dieses Verhältnis von allgemeiner und besonderer Pädagogik in das Zentrum gerückt (Möckel 1988). »Die« Heilpädagogik hat demnach vom Beginn an ein inferiores Dasein am Rande der Gesellschaft geführt, was sich im nachrangigen Verhältnis zur Allgemeinen Pädagogik ausdrückte. So negativ diese Bestimmung auch zunächst klingt; hier wird zumindest der Versuch gemacht, die Heilpädagogik als ein Ganzes in die Zeitläufe einzuordnen, wenn nicht sogar ein historisierbares Paradigma zu begründen. Worin besteht indes der Kern dieser eigenständigen, aber zugleich vermittelten Wissenschaft?

Für Möckel erschließt sich der Wert heilpädagogischen Denkens in Grundbegriffen; in Fragen, die gewissermaßen so vorher nicht gestellt wurden.

»Wodurch ist Erziehung in heilpädagogischen Institutionen geschichtswirksam geworden? Was war die erste Bedingung dafür, dass Pädagogik sich in neuen, bis dahin unerhörten Institutionen auskristallisierte? Behinderte und verwahrloste Kinder hat es immer schon gegeben, aber erst im 18. Jahrhundert nahmen sich berufsmäßige Erzieher ihrer ernsthaft an, entstanden Schulen und wurde ihre Erziehung ein öffentliches Thema« (ebd., S. 23).

Dieser ersten Bemühung um eine Menschengruppe, die nun zum Gegenstand einer pädagogischen Betrachtung wurden, führten zu gesteigerten Reflexionen, zur Verfeinerung der Methoden, mithin auch zu konkurrierenden Entwürfen, wem welche Hilfe wann zukommen sollte. Sie führten aber zugleich zu einer *gemeinsamen Geschichte* eines heilpädagogischen Selbstverständnisses, das sich über die Einzelperspektiven hinaus bewegte (Georgens/Deinhardt 1861). So lässt sich mit Möckel die berechtigte Frage stellen, was denn den inhaltlichen Kern resp. den Ursprung dieser frühen heilpädagogischen Einrichtungen ausmacht. War es ein genuin pädagogischer Ursprung, der einen elementaren Bezug zwischen Erzieherinnen und Kindern nur tiefenschärfer wahrnehmen konnte? Oder veränderte die Geschichte der Heilpädagogik die Wirklichkeit behinderter Kinder, »indem sie ihnen zum Ausdruck verholfen und ihre Klagen vernehmbar gemacht haben?« (Möckel 1988, S. 25).

Kein Zweifel besteht wohl an der Einsicht, dass der grundlegende Vorsatz dieser Geschichte in dem neuen Blick, der sich nun auf die öffentliche Anerkennung behinderter und beeinträchtigter Kinder und Erwachsener richtete. Dass es sich hierbei um einen dialektisch zu erschließenden Sachverhalt handelt, erkennt man erst bei einer differenzierteren Betrachtung. Lange Wege waren notwendig, um den Eigenwert einer Person mit Behinderung zu erkennen und in eine lebensdienliche Sprache zu fassen. Es begann nicht mit der rückhaltlosen Bejahung und Affirmation, sondern eher mit einer gesteigerten Aufmerksamkeit für die Bedürfnisse, vor allem aber für die Bildungsfähigkeit von Individuen, die bislang ein Schattendasein führen mussten.

Wie ist diese neue Aufmerksamkeit in die Historisierung der allgemeinen Bildungstheorie einzubinden?

Bei Möckel wird die Geschichte der Heilpädagogik im Horizont der Grenzfragen der allgemeinen Pädagogik dargestellt. Die Entdeckung der Bildungsfähigkeit des Kindes in der Aufklärung war dementsprechend ein revolutionärer Akt, der im Kontext der Heilpädagogik die Brutalität der Naturherrschaft verringerte. Nun ging es um eine alternative Lebensform, in der nicht mehr die rohe Gleichgültigkeit gegen die Unterschiedlichkeit der Menschen herrsche, sondern um erste Versuche eines Bildungsgeschehens, das niemanden außen vorlässt. Dieser Aspekt der Heilpädagogik ließe sich als den positiven wie auch ganzheitlichen Kern herausstreichen, wobei der negativistische Impuls nicht übersehen werden darf. Die Geschichte der Heilpädagogik wird zwar als humanistische Ideengeschichte aufgefasst, doch liegt ihr die negative Einsicht der Bedürftigkeit und Angewiesenheit, des Versagens in der Erziehung zugrunde, für die heilpädagogische Institutionen dann die ersten Antworten waren (ebd., S. 26).

Schließlich lässt sich eine dritte Variante bestimmen. Heilpädagogik kann als Gegenentwurf gegen die naturalistische Pädagogik bestimmt werden, mithin als Versuch einer neuen Einheitsstiftung der Allgemeinen Pädagogik. Das Besondere einer Heilpädagogik kann hiergegen aber auch im Horizont einer Geschichte der Pädagogik erkannt werden, welche einem unveräußerlichen »Universalitätsanspruch auf Bildung für alle« unterliegt (Ellger-Rüttgardt 2019, S. 15).

Damit wird ein neuerlicher Wechsel in der Blickrichtung vollzogen. Nun wird nicht die Erscheinung eines Kindes mit Behinderung in den einzelnen Epochen thematisiert, also nicht die Geschichte des Scheiterns und des Versagens erzählt, die schrittweise zu neuen Institutionen, neuen Ideen und neuen Menschenbildern führte. Sondern hier ist der Ausgangspunkt ein Allgemeines: »Bildsamkeit« als Zentralbegriff der Erziehungswissenschaft, die aus anthropologischer Gewissheit keinen Menschen übersieht und dementsprechend vom Beginn an universalistisch ansetzt. »In ihrer praktischen Wirksamkeit«, so Ellger-Rüttgardt, »führt diese Idee der Bildsamkeit zu Besonderheiten, zur Partikularität, sei es durch spezifische Methoden, besondere Bildungsorganisationen oder aber eigene Professionsgruppen« (ebd., S. 15f.).

Versuchen wir diese historische Grundfrage, die allen genannten Ansätzen implizit zugrunde liegt, für die vorliegenden Reflexionen zu übersetzen, stoßen wir auf folgende Aspekte.

- Die Geschichte der Heil- und Sonderpädagogik ist nicht zuerst die Geschichte der Besonderung, sondern die Orientierung an der Person im allgemeinen Sinne. Bildung zu vermitteln, ist als unverbrüchlicher Anspruch zu formulieren, der gleichwohl historisch mit Brüchen und Widersprüchen verknüpft ist.
- Der Bezugspunkt führt uns auf einen allgemeinen verbindlichen Kern: Jeder ist im weitesten Sinne zu Bildung fähig und verdient entsprechende Bemühungen.
- Auf welchem Weg dies erreicht wurde, wann es bezweifelt oder verneint wurde und welche Formen der Anerkennung und Missachtung sich durchsetzen konnten, ist im Verlauf zu zeigen.

Nicht jede Verzweigung in den Zeitläuften können wir im Folgenden abbilden und nicht jede einzelne differenzierte Position kann zur Sprache kommen. Die Geschichte der Heilpädagogik ist komplex – bis zur Gegenwart. Um Komplexität zu reduzieren, kann man sich auf die »historischen Grundfragen« beziehen, um zu sehen, in welche Richtung man im Einzelnen blicken müsste. Diese Grundfragen bilden gewissermaßen narrative Pfade, sie stellen Möglichkeiten dar, die Geschichte der Sonderpädagogik anhand bestimmter Sinnkriterien zu erzählen.

Zu fragen ist demnach

- nach den *dahinterstehenden Ideen:* Warum werden behinderte Kinder und Jugendliche überhaupt gebildet, erzogen oder diszipliniert?
- nach der *Person:* Wer kommt für sonderpädagogische Verfahren in Frage, wer wird aus diesem Personenkreis ausgeschlossen?
- nach den jeweiligen *Methoden:* Wie kommen wir einem förderbedürftigen Subjekt mit welcher »Technik« nahe?
- nach den *Institutionen:* In welchen Räumlichkeiten wird die spezielle Förderung praktiziert?
- nach den *professionellen Akteuren:* Wer hilft Menschen mit Behinderung aufgrund welcher professionellen Motivstruktur?

- nach der *Identität der Bildungssubjekte:* Unter welchen Bedingungen können sich die Betroffenen darstellen und artikulieren (ebd., S. 17)?

Es scheint, als würden hier mannigfache Geschichten einer pluralen Sonderpädagogik zur Sprache kommen, die gar nicht unter einem einheitlichen Blickwinkel versammelt werden könnten. Tatsächlich ist es wohl so, dass sich diese Hintergrundfragen als Kernfragen erweisen und dass die spezifischen Antworten bereits selbst auf besondere Epochen verweisen.

Der von Reinhart Koselleck geprägte Begriff der Zeitschicht käme hier zu seinem Recht (Koselleck 2000). In besonderen Epochen wurden Erfahrungsstrukturen und Erwartungshorizonte verfügbar, die von den Zeitgenossen vorher auf diese Weise nicht wahrgenommen wurden – denken wir etwa an Epochen mit religiösen Letztbegründungen. Eine vergleichbare Situation stellt sich hier: Heute fragen wir wie selbstverständlich nach den subjektiven und unveräußerlichen Rechten oder wie Andere zur Selbstbestimmung befähigt werden. Es sind stets umstrittene Kriterien, die in anderen Epochen anders formuliert wurden oder eben nicht verfügbar waren. Dies hat natürlich erheblichen Einfluss auf die Positionierung von Menschen mit Behinderungen in geschichtlichen Situationen.

Indes ist mit Blick auf die Grundfragen der Geschichte der Heilpädagogik festzustellen: Eine reinliche Trennung der einzelnen Orientierungspunkte ist hier nicht zu erwarten – die Frage nach den Bildungssubjekten etwa, nach der Professionalität und Ethik ist gar nicht isoliert zu beantworten. Doch lässt sich aus dieser Gemengelage ein anderer Vorteil ziehen: Die spezifischen historischen Grenzfragen sollen im Folgenden *in ihrer Bedeutung* für die Gegenwart beleuchtet werden. Vergangenheit und Gegenwart stehen hier in einem engen Bezug zueinander, anders formuliert: Die Geschichte ist hier nicht in musealer Distanz zu betrachten, sondern als eine dynamische und unabschließbare Form der Vergegenwärtigung des Vergangenen.

Die Aufgabe, eine Geschichte der Heilpädagogik unter den genannten Bedingungen zu schreiben, benötigt weitere Vorüberlegungen. Der Gegenstand, von dem die Rede sein wird, ist vom Titel her einschlägig, denn es geht um eine besondere, ausdifferenzierte Theorie besonderer Erziehung im Zusammenhang einer gesellschaftlich etablierten Pädagogik. Doch bereits im Titel wird eine weitere Komplexität sichtbar, die sich auf die Bereiche der Besonderung, der Behinderung, der Heilung erstreckt. Wie sind diese Titel sinnvoll auseinander zu halten? Die Differenzierung der heilpädagogischen Varianten kann indes nicht isoliert erfolgen. Sie ist eng mit der Geschichte der Institutionen und somit auch mit Gründungsfiguren verbunden. Diese sollen hier zur Sprache kommen, jedoch nicht in der gebotenen Detailliertheit und Genauigkeit (hierzu die Werke von S. Ellger-Rüttgardt, S. Solarova, A. Möckel und O. Speck). Die Geschichte heilpädagogischer Institutionen wird hier auf eine Alternative verwiesen: auf die Geschichte der pädagogischen Personorientierung, die sich parallel zur Geschichte der Heilpädagogik entwickelte.

1.4 Die Erfahrung der Entfremdung

Es ist kaum übertrieben und vielleicht sogar notwendig, die Heilpädagogik als ein randständiges System der Gesellschaft zu beschreiben. Eine inferiore, auf Ausschluss und Missachtung beruhende Position hat das Phänomen »Behinderung« wohl schon immer begleitet und ein ähnlicher Zusammenhang lässt sich für die wissenschaftliche und professionelle Wahrnehmung von Menschen mit Behinderung in erschwerten Bildungssituationen behaupten. Doch mit dieser Einsicht alleine ist das Verständnis zum historischen Phänomen noch nicht erfasst. Denn nun steht zunächst in Frage, unter welchen Voraussetzungen man sich einer Geschichte der Pädagogik bei Behinderung nähern will: Bildet die gesellschaftliche Ungleichheit und somit die ökonomische Situation den ersten und letzten Gesichtspunkt, was uns unmittelbar auf die historisch-materialistische Version der Behindertenpädagogik führt?

Vieles spräche für eine solche Darstellung. Menschen mit spezifischen Schädigungen und Einschränkungen lebten jahrhundertelang in einem Schatten der Gesellschaft; und bevor sich spezielle Pädagogik einer Behinderung überhaupt entwickeln konnte, waren die Individuen von der Gutmütigkeit einzelner Pädagogen bzw. von der Barmherzigkeit christlicher Nächstenliebe abhängig.

Man könnte also zunächst unterschiedliche Pfade der Geschichte der Pädagogik bei Behinderung konstruieren: eine offizielle Geschichte der Institutionen und pädagogischen Systeme sowie eine untergründige Geschichte, die auf individuelle Initiativen zurückginge. Diese beiden Linien würden, wie angedeutet, von einer geschichtlichen Verlaufsform überschattet, die auf die materielle Dimension zurückweist. Der Umgang mit Behinderung wäre demnach in Abhängigkeit von der Gesellschaftsform und deren Reproduktion zu betrachten (Jantzen 2004).

Eine weitere Variante wird indes sichtbar, wenn man phänomenologisch argumentiert und die Sache der Pädagogik von ihrer Grunderfahrung her erschließt. Grunderfahrung meint hier tatsächlich zunächst etwas Negatives im tieferen anthropologischen Sinne. Damit ist hier keineswegs die negative Beurteilung angesprochen, die der Wahrnehmung eines Defektes unterliegt, sondern eher die phänomenologische Tradition der »Erkundung des Fremden«. Wir versuchen im Folgenden einen Brückenschlag von dieser sehr spezifischen phänomenologischen Einsicht in die Grenzen unserer Wahrnehmung hin zur pädagogischen »Bewältigung« des Fremden.

Nicht erst im Moment der Bezeichnung eines geschädigten Anderen, sondern ganz prinzipiell können wir – im Sinne der Philosophie von Bernhard Waldenfels (Waldenfels 1986; ders. 1997) – von einer Bewältigungsstrategie der Normalisierung angesichts der Erfahrung des Fremden ausgehen. Fremdheit ist eine anthropologische Grunderfahrung. Wir fühlen uns »*entfremdet*«, wir können etwas »*verfremden*« und erlernen Fremdsprachen; schließlich können ganze Kulturen einander *fremdwerden*. Dem steht eine andere grundlegende Dimension gegenüber, die man als Normalisierung oder Ordnung bezeichnen kann: Wie selbstverständlich sprechen wir von guten Ordnungen oder von einer Normalität, die dem Charakter eines Winkelmaßes entspricht (Waldenfels 2016).

Normalität und Abweichung werden dementsprechend gern »sauber« auseinandergehalten: Im einen Fall finden wir uns in einer Ordnung wieder, in der alles einer übergeordneten Struktur entspricht; im anderen Fall geht die Sicherheit verloren, weil hier Ambiguitäten, Zweideutigkeiten oder gar Unbestimmtheit erfahren wird. Diese Erfahrung der Fremdheit ist vielschichtig und eben in besonderem Maße für die Begegnung mit Abweichungen bedeutsam. Sie kann zu Abjektionen und Widerständen führen – oder zu einem offenen, vorurteilsfreien Umgang.

Der Titel der Normalisierung ist in diesem Zusammenhang wegweisend (Dederich 2012; ders. 2019). Die Begegnung mit dem Fremden wirft die komplexe Frage nach der Normalisierung sozialer Beziehungen auf. Die Norm hebt sich von einer Abweichung, Normales von Abnormalem ab. Der »normale« Gang führt zur Einverleibung, Begradigung, Vereinnahmung des Außerordentlichen, das Individuelle wird anders formuliert, von einem Allgemeinen überschattet. Es fügt sich ein und wird somit normalisiert – oder es führt ein randständiges Dasein. Für diese Situation ließen sich viele Fallbeispiele finden, die uns unvermeidlich auf die Praxis der Normalisierung führen. Das Normale erscheint uns als eine »Urform, Kernbestand oder Regelfall« und genießt einen stillschweigenden Vorrang, während alle Behinderungen und alle Pathologien am Maß des Normalen gemessen werden.

Es handelt sich hier um kein selbstbezügliches Sprachspiel, sondern um eine Beschreibung sozialer Machtkonstellationen gerade auch in Bezug auf abweichende Individuen, die sich typischerweise der gängigen Norm entziehen, dem *Wahnsinn verfallen sind*, als *Kranke* und *Debile* bezeichnet und in spezifischen Anstalten versammelt wurden.

An diesem Punkt zeigt sich, dass Geschichte und Gegenwart, die historischen »Fakten« und die zeitgenössischen normativen Diskurse unauflöslich ineinander verstrickt sind. Wir reden heute über die Flexibilität von Normen, über die Vielfalt von anerkennungswürdigen Lebensformen, blicken dabei aber auf eine Vergangenheit zurück, die von einer prinzipiell anderen Kultur der Normalisierung ausging. Daher wird die vorliegende Darstellung genau auf diesen empfindlichen Punkt der Normalisierung Wert legen.

Im Hintergrund steht jedoch ein philosophisches und erkenntnistheoretisches Problem: Was »wissen« wir überhaupt über Normen in Bezug auf gesellschaftliche Ordnungen?

In den Gesundheitswissenschaften kann man sich auf die Vorstellung beziehen, dass man therapeutisch auf die Wiederherstellung von Gesundheit zielt, dabei aber unterschiedlichste Ordnungen – kultureller, sozialer, geschichtlicher und individueller Natur berücksichtigen müsste. In der Frage der Bildungsfähigkeit aller Menschen – inklusive der Menschen mit Behinderung – mussten indes lange Wege um Anerkennung beschritten werden, die letztlich erst am Ende des 20. Jahrhunderts zu einem formalen Ziel fanden.

Die Frage nach der Vielfalt von Normen und der Machtförmigkeit von Normierungen stellte sich nicht, solange nicht Menschen mit Behinderungen eine eigene Stimme hatten. So ließe sich die Geschichte der Heilpädagogik zunächst als eine düstere, verschattete Geschichte erzählen, in der Menschen mit Behinderung in einem Klima von Distanz und Hilflosigkeit leben und lernen mussten. »Normalität« und Abweichungen waren prototypisch festgesetzt, das heißt, man orientierte sich an einem Maß der Bildsamkeit, das eine starre Grenze zu allem bildete, was der natürlichen Norm nicht entsprach.

Um es in eine einfache Sprache zu fassen: Die belasteten Individuen unterliefen die Norm der Bildungsfähigkeit und gerieten somit in die Abhängigkeit von der Mitsorge der Erziehungsautoritäten. Diese Erzählung der Geschichte der Heilpädagogik ist nicht zuerst die Geschichte der Institutionen, sondern der gesellschaftlichen, klimatischen Verhältnisse und Sorgebeziehungen. Wie wurden behinderte Menschen von der Mehrheit oder von den Bildungsautoritäten wahrgenommen, welchen Prozeduren der Einschließung oder des Einschlusses unterlagen sie? Prinzipiell könnte man hier eine Linie zu den sozialen, helfenden Professionen ziehen, die sicherlich auf eine vergleichbare, wenn auch komplexere und tiefere Geschichte verfügt (Schilling/Klus 2018).

Diese Linie führt von der mittelalterlichen Sorge um Armut bis zur Etablierung von Professionen, die diese Hilfe säkularisiert haben. Mittelalterliche Hilfe war eine Quelle der »Caritas«, das gottgefällige Wohlverhalten gegenüber Schwächeren. Man konnte durch gute Taten »Gott dienen«, doch man bestätigte zugleich, dass die Menschen am unteren Ende der Gesellschaft dem gewollten Bild der göttlichen Ordnung entsprachen.

Dementsprechend waren es wohl seltene Momente, in denen ein bedürftiger, von Armut bedrohter, behinderter, kranker Mensch auf die Barmherzigkeit seiner Umwelt hoffen durfte. Es waren lediglich geringe »Quentchen Mitsorge« (Speck 2008, S. 44), die der Herrschaft, dem Klerus oder den Privatinitiativen Einzelner abgerungen wurden.

Es gehört nun zu den Eigentümlichkeiten der heilpädagogischen Geschichte, dass sie nicht in einem gradlinigen Weg zurückverfolgt werden kann. Auf die moralischen Fortschritte auf dem einen Gebiet folgten Rückschritte im historischen Verlauf, die sich im Zuge der Industrialisierung und im Zusammenhang der Geburt der Nation noch verschärften. Wir stoßen an diesem Punkt auf eine bemerkenswerte Dialektik.

Vor den ersten »offiziellen« heilpädagogischen Initiativen war das Verhältnis der Pädagogik zu den »elenden« oder »kranken« Kindern von spontanem Mitleid, wohl aber auch von einer gewachsenen Distanz geprägt.

Man muss sich vor Augen halten: Wissenschaftliche Einsichten über die sozialen Bedingungen von Entwicklungsstörungen waren nicht vorhanden und es gab keinerlei Ansätze, um die jeweilige Situation der betreffenden Menschen ins Auge zu fassen, geschweige denn sie zu verbessern. Behinderung galt als gottgewolltes Schicksal.

Die ersten medizinischen Erklärungsversuche zielten demgegenüber auf die pathologische Beschreibung, d. h. auf den körperlichen, seelischen oder geistigen Defekt. Die Sprache enthüllt, wie sich die Beziehungen von oben her ausdrückten: Man hatte es mit »Debilen« und »geistig Schwachen« zu tun, deren Existenz mit dem Charakter der Last gleichgesetzt wurde.

Gleichwohl sind positive Beispiele zu nennen, die sich über die Rohheit der allgemeinen Wahrnehmung hinwegsetzten. Denken wir an die frühen Initiativen vereinzelter Zeitgenossen, die sich für die Bildungsrechte der schwächeren Individuen einsetzten:

1.4 Die Erfahrung der Entfremdung

Der große Schweizer Pädagoge Heinrich Pestalozzi (1756–1827) hatte sich bekanntlich für eine ganzheitliche Volkspädagogik und die Stärkung der Einzelnen in demokratischen Bildungsanstalten eingesetzt; sein Anspruch der Bildungsbefähigung umfasste aber auch die geistig schwächeren Kinder. Pestalozzi gilt als Vorläufer der Reformpädagogik, doch hatte er auch das »Fundament der Fürsorge verwahrloster Kinder« gelegt (Speck 2008, S. 45).

Denken wir ferner an die sogenannte Rettungshausbewegung, die als christliche soziale Bewegung die ersten sozialpädagogischen Motive verkörperte; hier stehen die Namen Johannes Falk oder Johann Hinrich Wichern für eine frühe Form der sozialpädagogischen Solidarisierung (überliefert im Titel des »Rauen Hauses«), als man sich den gefährdeten und bedrohten Kindern und Jugendlichen widmete.

Weitere frühe Beispiele erscheinen als private Initiativen, denen keine oder nur geringe Aufmerksamkeit zuteilwurde: Der Pariser Arzt Jean Itard (1774–1838) unterrichtete erstmalig ein von Verwahrlosung bedrohtes Kind aus den Wäldern von Aveyron; der Privatlehrer Gotthard Guggenmoos gründete in Österreich eine erste Privatschule für geistig behinderte Schüler und Schülerinnen. Doch blieben diese Versuche vor dem Geschichtsbild des 19. und des frühen 20. Jahrhunderts nicht nur vereinzelt, sondern auch isoliert – eben, weil das Denken und Klassifizieren des vermeintlich »Pathologischen« in eine andere Richtung führte.

Eben dies ist hier mit Dialektik gemeint. Gegen die Initiativen einzelner Pädagogen, die zumindest ein minimales berufsethisches Fundament der Heilpädagogik gelegt hatten, müsste die ganze *Geschichte der Pädagogik* als *Geschichte der Macht* gelesen werden. Nicht nur fehlte in der Allgemeinen Pädagogik der Neuzeit das Interesse für Kinder mit Behinderungen, es muss auch betont werden, dass sich im Rückblick ein Bild »globaler Distanziertheit, Desintegriertheit und Verfremdung« ergibt (ebd., S. 46).

Verschiedene Motive greifen hier – in dieser Geschichte der Marginalisierung – ineinander:

- Die Pädagogik des 18. Jahrhunderts stand unter dem Eindruck der Naturphilosophie von J. J. Rousseau (1712–1778). Diesem wird bekanntlich der Verdienst zugeschrieben, eine an der Natur angelehnte Pädagogik begründet zu haben, die sich gegen die technokratische Verkümmerung der herrschenden Bildungsinstitutionen positionierte.
- Die Arbeit in der Natur, außerhalb der von Konkurrenz geprägten Stadt, befördert demnach eine ideale Entwicklung des Kindes, das sich mit Anderen schöpferisch und wissbegierig in natürlichen Situationen bewegt. Die äußere und die innere Natur finden hier zusammen, solange nur die äußeren Umstände der Moderne außen vor bleiben. Es handelt sich um einen pädagogischen Entwurf, der vielleicht ebenso viele Potentiale wie auch Schattenseiten einer aufgeklärten Pädagogik enthält, die wir hier nicht vertiefen können. Zu würdigen ist die Einsicht in die Ambivalenz des gesellschaftlichen Fortschritts, der zur Verschärfung der sozialen Ungleichheit führt (Bender 2012).
- Im Kontext der Pädagogik bei Behinderung aber findet die natürliche Förderung des Kindes eine ebenso »natürliche« Grenze. Diese Hinwendung zur Natur ent-

blößt die Rohheit, ja die Brutalität eines Einvernehmens mit der Natur, die jeder Schwäche gegenüber »naturalistisch« verfährt. Kranke, schwächliche und missratene Individuen werden gnadenlos ausgesondert; nach ihrem Lebens- und Bildungsrecht fragt die Natur nicht. Der pädagogische Entwurf von Rousseau zeigt sich für die Heilpädagogik insofern als verkürzt und ethisch problematisch.

Die bekannte Geschichte des Umgangs mit Fremdheit hält des Weiteren bekanntlich noch weitere Tiefpunkte bereit. Kinder mit Behinderungen blieben desintegriert oder sie wurden zum Objekt einer Mediko-Pädagogik gemacht, der die Einsicht in die sozialen Wirkungszusammenhänge von Behinderung fehlte. Darüber hinaus entwickelte sich die Distanz zu heilpädagogischen Phänomenen im Zuge der Geschichte des Staates, der sich bekanntlich in seiner Entstehungsphase rücksichtslos auf Praktiken der Macht und der Exklusion zu beziehen wusste.

Wie ist man damals mit abweichenden Individuen umgegangen? Es sind die sprachlichen Muster, die eine wachsende Distanz zu den marginalisierten Anderen zum Ausdruck brachten. Vom mittelalterlichen Denken her war die Ausgrenzung missgebildeter Individuen überliefert worden, die eine »Strafe Gottes« zu erleiden hatten; in kriminellen Handlungen erkannte man den »geborenen Verbrecher«, obdachlose oder verwahrloste Jugendliche galten als »unerziehbar«. Es ist diese Distanz gegen alles, was man als fremd oder unnatürlich empfand, die gewissermaßen den Zündungsmoment der heilpädagogischen Theoriebildung ausmachte. Doch wie genau sich diese »Heilpädagogik« gegen eine unterkühlte Sprache und gegen die allgemeine Hilflosigkeit gegenüber Behinderungen auszeichnen konnte und auf welchen Weg diese Geschichte führte, ist hier nicht in einer linearen Form darstellbar.

Der Weg in die Vernichtung bzw. in die geschichtliche Katastrophe des 20. Jahrhunderts zeigt, dass es um ein Ineinander von Vernunft und Macht, von Fortschritten und Regressionen geht. Um dies in eine »Entwicklungsgeschichte« einfassen zu können, muss im Grunde die Geschichte in verschiedenen Anläufen erzählt werden. Die Geschichte der Heilpädagogik hat mit anderen Worten verschiedene Gesichter. In dieser werden ethisch relevante Gesichtspunkte thematisiert:

- der Umgang mit Fremdheit,
- die latente oder offene Ablehnung oder gar Feindseligkeit gegen alles Befremdliche,
- die Mechanismen der pädagogischen und sozialen Selektion, der Auslese und der vermeintlichen Höherbildung,
- schließlich die Erringung einer kulturellen Höhe des ungeteilten Miteinanders.

Keiner dieser Gesichtspunkte darf außen vor bleiben. Doch welchem Ziel dient eine historische Reflexion angesichts dieser normativen und sachlichen Komplexität? Wie eingangs geschildert, wird die Historie hier mit den Bedeutungen für die Gegenwart verknüpft, was für die Pädagogik der Behinderung zu gleichsam existentialistischen Aussagen führt. Die folgenden sozialtheoretischen Aussagen sollen uns dabei helfen, einen Überblick in dem Dickicht der Geschichte der Heilpädagogik zu erhalten. Sie bilden zugleich die Struktur, der wir in den nächsten Kapiteln folgen werden.

(1) Die Heilpädagogik bildete sich geschichtlich um die Frage der Bildsamkeit behinderter Menschen herum. Die Frage, ob allen Menschen ein Bildungsrecht zustehe, ist die eine rechtlich fassbare Seite dieses Phänomens; ihr ist jedoch die Frage nach der Bildsamkeit als elementare Kompetenz vorgeordnet. Wenn man etwa behauptet, dass bestimmte Individuen aus bestimmten Gründen einer Bildung nicht zugänglich sind, hat man bereits bestimmte pädagogische Entscheidungen getroffen. Diese Frage nach der Bildsamkeit führt von der Pädagogik der Aufklärung bis zu den Kontroversen der Zeitgeschichte. Die Debatten der Gegenwart haben zu der fundamentalen Einsicht geführt, dass die Ab- oder Anerkennung eines Bildungsrechts kategorial an die Anerkennung eines Lebensrechts gebunden ist. Daher sollte die Darstellung der Idee der Bildsamkeit nicht bei den historischen Modellen stehen bleiben, sondern sie muss weiter geführt werden bis hin zu den zeitgenössischen Diskursen um Normalisierung und Integration.

(2) Eine weitere Facette der Historie wird aufgezeigt, wenn man die Heilpädagogik unter dem Gesichtspunkt ihrer begrifflichen Bestimmbarkeit betrachtet; auch dies ist ein Aspekt mit historischer Tiefe und anthropologischer Komplexität. In Frage stehen nicht allein die möglichen Bezeichnungen einer negativen Sicht auf eine Person, sondern die viel schwierigere Frage nach dem passenden Menschenbild, das wir uns von dem »Anderen« machen können, dürfen, sollen. Diese Erzählung beginnt mit historischen Ereignissen, die wir als bekannt unterstellen dürfen, die aber eine Reihe von ungeklärten Fragen aufgeworfen haben. Die Heilpädagogik ist insofern aus historischen Motiven heraus eine wertegeleitete Wissenschaft (U. Haeberlin), die einem »Bilderverbot« unterliegt und zugleich einer ethischen Perspektive verpflichtet ist.

(3) Die letzte Station eines Gangs durch die Geschichte führt zur Vergegenwärtigung zeitgenössischer Umbrüche, die man vereinfacht auf die Situation »nach 45« zurückführen kann. Hier geht es zum einen um die jüngere Geschichte der Heilpädagogik, die sich gewissermaßen neu formieren musste und mittlerweile auf eine besondere geschichtliche Dynamik zurückblickt. Zu der Entwicklungsgeschichte der Heilpädagogik zählen dementsprechend die Kontroversen um die Begriffsvielfalt wie die gegenwärtigen Diskurse um die Sorgeproblematik. Wir werden am Ende dieser Darstellung auf die entscheidenden Problemquellen der Gegenwart stoßen, die nochmals die Notwendigkeit eines strapazierbaren Personbegriffs unterstreichen.

1.5 Zur Frage der Bildsamkeit von Menschen mit Behinderung

Wie oben angesprochen, ist die Geschichte der Heilpädagogik nicht auf einer geraden Linie zu verorten. Die Vorstellung, dass Menschen mit spezifischen Sinneseinschränkungen oder gewissen Defekten zu großen Leistungen fähig sind und dass auch unter erschwerten Bedingungen Bildung vermittelt werden kann, ist nicht an einzelne Epochen oder Namen gebunden.

Tatsächlich erkennen wir in der Menschheitsgeschichte in diesem Punkt eine anthropologische Grundfrage. Wie haben sich Personen zu anderen Personen in Beziehung gesetzt, die auf bestimmte Weise als bedürftig oder schwach erschienen? Können wir eine grundlegende humanistische Ethik zugrunde legen, die nicht erst formal als ein Produkt der Neuzeit erscheint, sondern viel früher begann und sich sogar in den frühesten menschlichen Interaktionen und Begebenheiten ausdrückte? Oder handelt es sich hier um eine unangemessene Spekulation, die den menschlichen Beziehungen eine solidarische Harmonie einredet, wider besseren Wissens um die Gewaltfähigkeit des Menschen?

Wir können uns bei einem Blick in die archaische Zeit bzw. in die Vorgeschichte auf keine evidente Forschung beziehen; und doch lässt sich ein Beispiel der Archäologie heranziehen, das bedenklich stimmt:

> »In Südmähren (Tschechische Republik) bei der Ortschaft Dolní Vestonice haben Archäologen im Jahre 1986 ein prähistorisches Grab entdeckt, in dem ein weibliches und zwei männliche Skelette lagen. [...] Was ist an diesen Skeletten für die Geschichte der Heilpädagogik interessant? Die pathologische Untersuchung hat folgende Gegebenheiten festgestellt:
>
> - Die Frau war ca. 20 Jahre alt und um die 160 cm groß, der Mann rechts neben ihr war ca. 18 Jahre alt und 170 cm groß und der Mann links neben ihr war ca. 17 Jahre alt und 175 cm groß.
> - Die genetische Analyse weist darauf hin, dass alle drei miteinander verwandt sind.
> - Die Skelette weisen pathologische Veränderungen des Bewegungsapparats auf, welche mit dem heutigen Begriff Körperbehinderung durchaus zutreffend bezeichnet werden können, sie müssen bei den drei Menschen ein schmerzhaftes Leiden verursacht haben« (Greving/Ondracek 2010, S. 12).

So schwierig hier die Aussagen sind, die sich auf das soziale Miteinander in spekulativer Weise beziehen, so sind doch Vermutungen über das menschliche Angewiesen-Sein nicht unzulässig. Wie gingen Menschen auch in frühesten Zeiten mit denen um, die sich als schwach, gebrechlich, verletzt oder behindert beschreiben lassen? Die Geschichte ist voller Beispiele für die Praxis der Aussetzung und Exklusion, doch können wir nicht davon ausgehen, dass in prähistorischen Zeiten die Schwächeren grundsätzlich ausgesondert wurden. »Eher ist gut vorstellbar«, so Greving/Ondracek, »dass die prähistorische Jäger- und Sammlergruppe ihre länger bzw. schwer kranken oder verletzten Mitglieder nicht verlassen, verstoßen oder gar getötet hat, sondern sie auch über längere Zeit versorgte« (ebd.).

Das Beispiel wirft grundlegende anthropologische Fragen auf. Was hier über jede historische Epoche hinausführt, ist die Einsicht in die conditio humana: Menschen sind zeitlebens aufeinander angewiesen, bedürftig, verletzbar. Ihre Schwächen stehen mit ihren Stärken eng zusammen und bilden eine ganzheitliche Sicht auf das Wesen der menschlichen Existenz. Das menschliche Leben, das unter stärkerer oder minderer Belastung besteht, bewegt sich stets zwischen den Polen der Krankheit und Gesundheit.

Näher an die Geschichte der Heilpädagogik im hier verfolgten Sinne rücken wir jedoch, wenn wir den Aspekt der Bildung hinzuziehen. Wie erwähnt, gab es in der Geschichte immer wieder einzelne Bildungsinitiativen für Menschen, die am Rande der Gesellschaft und somit an der Grenze zur Bildungsfähigkeit verortet wurden. Comenius (1592–1670) hatte im ausgehenden Mittelalter als erster eine didaktische Theorie entworfen, die auch Menschen unter schwierigen Bedingungen weiter helfen könnte. Insgesamt ist es aber schwierig, den exakten Zeitpunkt einer heilpädagogischen »Geburtsstunde« zu bestimmen.

Die Akzeptanz vom Menschen mit Behinderung war nicht zu allen Zeiten gleich. Einzelne Beispiele aus der Vergangenheit lassen sich heranziehen: das »blinde Mädchen von Brauron« etwa, das zum Kreis gehobener Töchter im antiken Athen gehörte; man hört ferner von blinden Musikern in China und Japan, die ihren Nachwuchs selbstständig heranzogen. Auch in den Kulturen der Sumerer und Ägypter gibt es Hinweise auf eine gesteigerte Aufmerksamkeit, die Menschen mit Sinneseinschränkungen erfahren durften (Ellger-Rüttgardt 2019, S. 21).

Der wirkliche Startpunkt einer heilpädagogischen Konzeption begann freilich wohl erst im 17./18. Jahrhundert, vorrangig in der Epoche der Aufklärung. Nicht allein einzelne Pädagogen, sondern auch die Kultur- und Bildungstheorien haben ihren Teil dazu beigetragen, dass Menschen mit Behinderung unter einem anderen, neuen Licht betrachtet wurden. Die planvolle Förderung von Menschen mit Sinneseinschränkungen benötigte indes einen langen Zeitraum.

Das 18. Jahrhundert wird in diesem Zusammenhang gern als das pädagogische Jahrhundert bezeichnet (Tenorth 2008). Darunter verstehen wir eine Epoche verstärkter Bildungsanstrengungen, die für die Geschichte der Heilpädagogik von Bedeutung ist. Die entscheidende Wende wurde mit der Beachtung der unteren, ärmeren Schichten vorgenommen. In den »besseren Kreisen« bemühte man sich seit längerem um die Lage von Menschen mit Einschränkungen; als aber die Schule sich nach und nach auf die gesamte Gesellschaft erstreckte und Bildung universalisiert wurde, hatte dies eben auch Konsequenzen für die bis dato ausgeschlossenen Bildungssubjekte. Entscheidend waren mehrere Aspekte: dass auch die unteren Stände verschult werden sollten; dass schulische Bildung durch die Etablierung naturwissenschaftlicher Verfahren ergänzt wurde, zudem dass sich eine sensualistische Lerntheorie entfalten konnte.

Es war der geistesgeschichtliche Rahmen der Aufklärung, der einen Anteil an dieser »Bildungsrevolution« hatte. Der Gedanke von Kant, sich aus der Unmündigkeit zu befreien und sich seines Verstandes zu bemächtigen, führte zu weiteren, intensivierten Ansprüchen. Die Erkenntnis des Zusammenspiels der verschiedenen Sinne ermöglichte eine andere Betrachtung von Lernvorgängen, aber auch von Einschränkungen.

Wir haben es hier – also in der Epoche der Aufklärung – gewissermaßen mit einem Weltbild der Heilpädagogik zu tun, in das verschiedene geistesgeschichtliche Motive hineinspielen.

Zu diesen Motiven zählt:

a) die Entdeckung der Bildbarkeit von Menschen mit Sinneseinschränkungen,
b) die Integration von Menschen am unteren Ende der Gesellschaft,
c) schließlich auch die politischen Initiativen der Bildungsgerechtigkeit.

Alle diese Aspekte weisen in die Gegenwart, in der diese Gedanken wieder aufgegriffen werden.

Zu a: Einen ersten Meilenstein setzte D. Diderot mit seinem »Brief über die Blinden« (Diderot 1961). Dieser Essay, 1749 in London verfasst, ist keine reine Streitschrift für die Rechte Behinderter. Eher handelt es sich um eine philosophische Untersuchung, die sich mit den Wechselwirkungen der Organe, der Sinnestätigkeiten und der Moralität befasst. Im Zeichen der sensualistischen Lerntheorie wurden hier gewissermaßen erste materialistische Erkenntnisse formuliert. Die Abwendung von religiösen und metaphysischen Konzepten bilden den wissenschaftshistorischen Hintergrund.

Es ging dem Autor also um die Hinwendung zum Menschen, der aus der Abhängigkeit des sündentheologischen Weltbildes befreit werden sollte, doch zugleich auch um die Hinwendung zu dem Menschen mit Sinnesbehinderungen. Diderot betrachtete das Zusammenspiel der unterschiedlichen Sinne auf eine neue, prinzipiell andere Weise. Menschen mit angeborener oder erworbener Blindheit wurden traditionell als defizitär und bedürftig angesehen. Der Blickwinkel des Sensualismus hingegen betonte die Spielräume und Möglichkeiten kompensatorischer Sinnesleistungen. Der Tastsinn bietet bekanntlich ungeheure Möglichkeiten der Wahrnehmung, die ohne visuelle Hilfen auskommen. In diesem Motiv steckt indes mehr als nur eine entwicklungstheoretische Einsicht. Denn: In dem Moment, in dem der Blinde ernst genommen und als entwicklungsoffenes Wesen anerkannt wird, verändert sich zugleich die Interpretation der zugrunde liegenden Maßstäbe von Krankheit und Gesundheit. Der anthropologische Unterschied zwischen dem Blinden und dem Sehenden, dem defizitären und dem wohlgeborenen Menschen wird verwischt. »Damit bestand die Aufforderung an findige Pädagogen, Methoden und Hilfsmittel zu erdenken, durch deren Einsatz bei der Beanspruchung der Stellvertretersinne das Bildungspotenzial behinderter Menschen zur Entfaltung zu bringen war« (Ellger-Rüttgardt 2019, S. 23). Es war sicherlich nur ein erster Schritt, aber ein bedeutsamer. Er beförderte den sinnstiftenden Gedanken der Bildsamkeit, die auch in besonderen Situationen galt.

Zu b: Noch einmal ist an diesem Punkt an die Pädagogik von Pestalozzi (1746–1827) zu erinnern. Als Kind der Aufklärung und als »Doyen« der Pädagogik im besten Sinne ist Pestalozzi das Verdienst zuzuschreiben, sich verstärkt auch jenen Bildungssubjekten zuzuwenden, deren Situation durch eine existentielle Mangellage erschwert war. Pestalozzi steht gleichsam stellvertretend für die Pädagogik der Schwachen und der Armen, die zwar im Titel eine diskrete Abwertung zu offenbaren scheint, die aber für eine bestimmte Pädagogik stilbildend war und ist. Franz Fanon schrieb etwa über die »Verdammten dieser Erde«, also über die Menschen am Rande der Weltgesellschaft (Fanon 2015); Paulo Freire schrieb in ähnlichem Duktus über die Pädagogik der Unterdrückten (Freire 1973). Beide Autoren gelten als Denker einer Pädagogik der dritten Welt, die über keine Stimme verfügte. Das Anliegen ist ein klassisch sozialpädagogisches, das auf Selbstbemächtigung und Befreiung zielt.

Der Vergleich zur Epoche der Aufklärung ist problematisch, aber das normative Motiv verdient Beachtung: das Interesse an einer allgemeinen Menschenbildung. Pestalozzi hatte 1771 mit 25 Jahren einen ambivalenten Erziehungsversuch auf seinem erworbenen Gut, dem »Neuhof« gestartet. Mit seiner Frau setzte er dabei auf die Mitarbeit »armer« Kinder, die im Haus am Fuß des Kestenbergs im Birrfeld (bei Zürich) aufgenommen wurden. Die harte Arbeit auf den Feldern brachte indes nicht den gewünschten Ertrag, wohl aber die Einsicht, die er beim Versuch der Unterrichtung »armer« Kinder erwerben konnte: Verwahrlosung, Mangel, Armut und Lebensbrüche können durch Anerkennung und ganzheitliche Bildung ausgeglichen werden. Die Ideen der Volkspädagogik und der Elementarerziehung sind nach wie vor aktuell; sie zielen vereinfacht gesagt auf das Motiv der Kraftentfaltung, zu dem jeder junge Mensch prinzipiell befähigt werden kann.

Pestalozzis Beitrag zur Geschichte der Heilpädagogik besteht in verschiedenen Aspekten. Die Integration auch der schwächeren Mitglieder einer Gemeinschaft ist wohl unabweisbar, aber dem Pädagogen ging es auch um die ernsthafte und durchaus mühselige Zuwendung zu Anderen.

Es ist der ernste Ton und die Glaubwürdigkeit der pädagogischen Szenen, die diesen frühen Entwurf so bedeutsam machen. Die Kinder, mit denen Pestalozzi zu tun hatte, waren widerständig, von Verwahrlosung geprägt und somit in ihren Möglichkeiten blockiert. Erfahrungen von struktureller und durchaus handfester Gewalt hatten sie vermutlich »abgehärtet«, aber auch im Negativen geprägt. Wie kommt man an diese jungen Menschen heran, wenn man im gleichen Atemzug von Nähe, von Ganzheitlichkeit, von Lernen und Leben mit Herz, Hand und Kopf spricht? Nur durch einen gewissermaßen totalen Einsatz der eigenen Person des Erziehers/der Erzieherin, nur durch Hingabe und Engagement, durch Pflege und Versorgung. Pestalozzis Denken zielte auf eine Form der Welteröffnung: Wo die Gewaltsituationen zu Exklusion, Gleichgültigkeit und Verkümmerung geführt hatten, solle den davon versehrten Kindern ein eigener Weg aufgezeigt werden.

Allem Pathos zum Trotz, das heute nicht mehr zeitgemäß wirkt, sind damit bedeutende Aspekte der (heil-)pädagogischen Sinnsituation aufgezeigt. Es ist gleichwohl eine Position, die nicht unkritisch übernommen werden darf, wie Hans Thiersch es beschreibt: »Die Spannung von Nähe und Distanz im pädagogischen Verhältnis ist hier von der Nähe her akzentuiert, ja so emphatisch pointiert, dass darin auch die in ihr angelegte Gefahr der erdrückenden Okkupation (und damit der pädagogischen Anmaßlichkeit) deutlich wird« (Thiersch 2019, S. 49).

Wir sehen hier also zusammengefasst einen ersten pädagogischen Impuls, der ein für das heilpädagogische Denken elementares Motiv zu Tage förderte: die besondere Zuwendung in einer besonderen Situation.

1.6 Die Gegenwart der Heilpädagogik: Bilderverbote und Problemquellen

Kann die Geschichte der Heilpädagogik nun abgeschlossen werden, vielleicht in dem Sinne, dass wir gegenwärtig in einer Kultur leben, die uns alle Möglichkeiten eines solidarischen und rücksichtsvollen Miteinanders bietet? Eine solche Geschichte wäre vermutlich auf eine Weise moralisch gefärbt, dass sie die Dissonanzen und Widersprüche unserer Zeit ausblendet. Die Frage stellt sich in aller Dringlichkeit, wie wir die geschichtlichen Einsichten mit den Problemen der Gegenwart verbinden, so dass sich ein stimmiges, kohärentes Bild ergibt. Dazu müssen historische Erkenntnisse mit den praktischen Problemen der Gegenwart vermittelt werden.

Wir versuchen im Folgenden diesen Anspruch einzulösen, indem wir zum einen die Problemquellen der Gegenwart möglichst ungeschönt zum Ausdruck bringen. Zum anderen indem wir die moralischen und berufsethischen Implikationen herausarbeiten, die sich aus der bisherigen Entwicklungsgeschichte ergeben. Die Überlegungen führen schließlich zur Perspektive der Personalität bzw. zum Eigenwert der Person, jener Kategorie, die für die Berufsethik gleichsam unverzichtbar ist.

Wenn wir Geschichte mit der Gegenwart verbinden wollen, müssten indes verschiedene Entwicklungen bedacht werden. Politik und Sozialpolitik, Pädagogik und Therapie, Sozial- und Naturwissenschaften, sogar Recht und Justiz müssten hier zur Sprache kommen, weil alle diese Sphären für unsere Wahrnehmung einer behinderten Person relevant sind. Anstelle einer ausführlichen Schilderung aller dieser Teilbereiche müssen wir uns auf »Problemquellen« beziehen, die gleichsam Herausforderungen für die gegenwärtige Heilpädagogik darstellen (Greving/Ondracek 2010, S. 62; Greving/Gröschke 2002). Dazu zählen wissenschaftliche Tendenzen, politische Konflikte ebenso wie ethische Orientierungsprobleme. Wir gehen im Folgenden von gesellschaftlichen Tendenzen aus, von denen man nicht exakt sagen kann, wie sie sich entwickeln und welche Bedeutung sie für die Heilpädagogik als Profession erhalten werden.

Die Heilpädagogik hat sich als Wissenschaft, als Profession und Praxis längst etabliert (unabhängig von den begrifflichen Rahmungen). Gegenwärtig liegt die Herausforderung in der möglichen Zusammenarbeit mit anderen Wissenschaften, Wissensformen, Wissenschaftstheorien, zugleich mit allen pädagogischen und therapeutischen Professionen. Allein mit dem Willen zur Kooperation ist diese Problematik nicht zu bewältigen. Auf der Ebene der Handlungsfelder wird man eine Offenheit (gerne auch als Toleranz bezeichnet) gegenüber Menschen mit Behinderungen in Rechnung stellen oder erwarten dürfen. Doch auf der wissenschaftlichen Ebene sind diese Dinge komplexer. Biologie, Genetik, Neurologie und Medizin sind als Wissenssysteme in ihrer Eigenlogik zu betrachten. Hier läuft der Fortschritt in linearen Bahnen und fördert die Logik des »Immer weiter« und »Immer besser«. Die Heilpädagogik ist demgegenüber darauf verwiesen, sich bestimmten Imperativen zu entziehen und sich gegen spezifische Tendenzen eines möglichen Zeitgeistes zu behaupten. Doch zugleich ist die Heilpädagogik auf den Zusammenschluss angewiesen: »Will sich die Heilpädagogik weiterhin als praxisrelevante Handlungswissenschaft verstehen, so muss sie eine intensivere Vernetzung mit der Praxis anstreben und sich gerade in den drängenden Fragen eben dieser nicht weiter von ihr entfernen« (Greving/Ondracek 2010, S. 63).

Stärker als zuvor ist die Heilpädagogik als Profession auf ihre Orientierungsfunktion in ökonomischer, erzieherischer und ethischer Hinsicht verwiesen. Die Ökonomie scheint dabei den größten Stellenwert einzunehmen. Nicht wenige kritische Sozialtheorien sehen in der gegenwärtigen Gesellschaft eine Tendenz zur rücksichtslosen Ökonomisierung aller Lebensbereiche am Werk. Die neoliberale Marktlogik dominiert demnach alle Lebensbereiche und Handlungssphären und lässt somit auch die helfenden Professionen nicht unbeschadet. Zu dieser Einschätzung kann man unterschiedlich stehen; aus einer historisch-verstehenden Perspektive betrachtet wäre jedoch ein besonderer Einwand maßgeblich. Es ist zu verhindern, dass sich die bildungs- und sozialrelevanten Tätigkeitsfelder unter das endgültige Diktat wirtschaftlicher Wertorientierungen begeben. Die staatlichen, fiskalischen und sozialpolitischen Konflikte stehen außer Frage – und können hier nicht ansatzweise dargestellt werden. Aber prinzipiell gilt es, einen sozialethisch und historisch reflektierten Anspruch aufrecht zu erhalten, der sich gegen neue sozialdarwinistische und utilitaristische Tendenzen zur Wehr setzt.

Sozialdarwinismus – dieser Begriff ist, wie gezeigt, historisch belastet. Die Vergangenheit gleicht einer Hypothek, die die späteren Generationen unter Druck setzt, die Fehler aus der Vergangenheit nicht zu wiederholen. Was genau dies für die konkreten Gestaltungsansprüche einer egalitären und solidarischen Gesellschaft bedeutet, ist eine sozialphilosophische Frage, die nicht linear aus der Vergangenheit abgeleitet wird. Aber zu bedenken ist doch ein minimaler Konsens: Der Wert des Menschen ist nicht als »rentabel« zu betrachten und der Wert einer behinderten Person nicht an seiner Produktivität zu messen.

Die gegenwärtige Wissenschaft der Heilpädagogik zielt demgemäß auf eine selbstbewusste Parteinahme für den Menschen mit Behinderung in verschiedener Hinsicht.

- *In gesellschaftskritischer Hinsicht:* Gegen die Tendenz des absolut gesetzten Individualismus gilt es, das sozialethische Denken und Fühlen zu reaktivieren (Lutz 2011).
- *In gesellschaftstheoretischer Hinsicht:* Die Bedingungen einer sich immer weiter polarisierenden, gespaltenen Gesellschaft sind zu vergegenwärtigen und die inferiore Rolle der vermeintlich schwächeren Mitglieder der Gesellschaft ist zu reflektieren. Auch hier sind Verbindungen zwischen Vergangenheit und Gegenwart zu bedenken, die sich unter anderem in neuen »sozialen Fragen« ausdrücken.
- *In pädagogischer Hinsicht:* Dem drohenden Verlust des Erzieherischen ist durch eine Betonung pädagogischer Prinzipien zu begegnen. Der Orientierungsverlust der Pädagogik geht auf die Unverbindlichkeit von Normen zurück; diese müssten in einem neuen Rahmen jenseits obsoleter autoritativer Modelle neu formuliert werden – auch dies ist eine Aufgabe mit starkem Bezug auf die Vergangenheit.

Schließlich ist auch die Tatsache zur Kenntnis zu nehmen, dass die moderne Pränatalmedizin und Genforschung eine Optimierung des modernen Menschen anstreben. Diese Erfolge sind ambivalent: Der Siegeszug der Medizin verhindert Krankheit und Leiden; er bewirkt aber auch eine Schieflage in Bezug auf die Bewertung behinderten Lebens (Beck-Gernsheim 2006).

Es entsteht im Zusammenhang der Pränataldiagnostik ein sozialer Druck der genetischen Verantwortung, der von vornherein die Geburt eines geschädigten oder behinderten Kindes als »unverantwortbar« beschreibt. Man spricht in diesem Zusammenhang von der »wrongful life« Debatte (Picker 1995).

Wie kann sich die moderne Heilpädagogik in diesem vielschichtigen Feld behaupten? Und wie müsste die Parteinahme für die Klientel letztlich aussehen? Wie kann sich die moderne Heilpädagogik in diesem vielschichtigen Feld behaupten? Und wie müsste die Parteinahme für die Klientel letztlich aussehen? Dies sind wohl die schwierigsten Fragen, die wir aus der geschichtlichen Erfahrung erhalten. Die naheliegende Antwort wäre: sich auf den Wert der Person zu beziehen, der sich unmittelbar aus der humanistischen Reflexion gleichsam wie von selbst ergibt. Doch hat die Geschichte gezeigt: Wir leben in einem historischen Raum, in dem die Anliegen von bedrohten Gruppen und die gesellschaftlichen »Lösungen« immer wieder neu bestimmt werden. Eine einfache Antwort ist zudem nicht verfügbar, da wir uns in einer stetigen Spannung zwischen anthropologischen Zuschreibungen und ethischen Grenzen bewegen (Jakobs 1996).

Die Heilpädagogik – wie auch die helfenden Professionen im Allgemeinen – ist daher notwendig anthropologie- und gesellschaftskritisch. Zu ihrem Selbstverständnis zählt die ständige Wachsamkeit sowie eine elementare Skepsis gegenüber dogmatischen Menschenbildern ebenso wie gegenüber spezifischen Menschentechniken. Beide Aspekte sind bekanntlich historisch problematisch; und in welchem Gewand sich die neueren Wissensbestände, technischen Innovationen und sozialpolitischen Instrumente auch zeigen, es bleibt aus professioneller Sicht der Vorrang einer Heilpädagogik als wertegeleitete Wissenschaft (Haeberlin 1997).

2 Gesichter der Gewalt

Die Versuchung liegt nahe, die Geschichte der Heilpädagogik als eine Geschichte des Fortschritts zu schreiben. Und es lassen sich ja auch nicht wenige Gründe dafür angeben, Fortschritte zu reklamieren, die sich im Denken und Handeln, im Umgang mit Abweichung und in der generellen Haltung gegenüber Menschen in erschwerten Situationen niederschlagen.

Die nun folgende Beschreibung stellt jedoch einen Umweg dar, von dem wir uns einige konstruktive Einsichten versprechen. Wir gehen von verschiedenen Situationen aus, die sich in Form von Belastungen, Widerfahrnissen oder Krisen beschreiben lassen und zur Bewältigung anstehen. Darin – im Situationsbezug – zeigt sich, was trotz aller Fortschrittlichkeit als soziale und gesellschaftliche Problematik zu benennen ist. Diese Form der Darstellung hat möglicherweise den Vorteil einer angemessenen und realitätsnahen Vergegenwärtigung. Behinderungen zeigen sich in intimen oder gesellschaftlichen, offenen und geschlossenen Situationen. Wir unterscheiden hier Situationen, in denen Macht wirksam und Gewalt erfahren wird – in je spezifischen Institutionen, im Nahbereich der Familie, aber auch im Schnittfeld gesellschaftlicher Teil-Systeme und auch in der internationalen Dimension. Es handelt sich jeweils um Felder, in denen Menschen mit Behinderung eine besondere Form der Aussetzung erfahren, während sie sich zugleich als die Subjekte und aktiven Gestalter ihrer eigenen Situation erfahren.

Entscheidend ist also zweierlei: sowohl die Betrachtung eines gesellschaftlichen Feldes als auch die aktive, gestaltende Kraft innerhalb dieses Raumes. An die historische Ausgangssituation ist hier zunächst anzuschließen. Welche Gefährdungen für das Weltbild der Heilpädagogik müssen wir konfrontieren?

2.1 Zwischen Anthropologie und Eugenik

Das historische Bewusstsein trägt die Bürde, verschiedene und vor allem widersprüchliche Verbindungen herzustellen. Dazu gehört unter anderem die Einsicht, dass wir es in der Geschichte der Heilpädagogik mit verschiedenen »Entwicklungsgeschichten«, verschiedenen Pfaden zu tun haben, die schwerlich in einen integrativen Zusammenhang gebracht werden können.

Man kann z. B. die Begründung von Sonderklassen und Förderschulen als einen Fortschritt betrachten, der zwar nicht frei von Ambivalenzen, aber immerhin einer gestiegenen Sensibilität entsprungen war. Doch sollen diese Entwicklungsschritte im Bildungssystem nicht isoliert betrachtet werden. Erst wenn wir die Optik erweitern und die gesellschaftliche Evolution im Ganzen betrachten, können wir von einem umfassenden Bild ausgehen. Wie lassen sich industrielle und wirtschaftliche Entwicklung, wie Wissenschaft und Hygiene, wie Politik und Militär in einer Zeitschicht zusammenfügen? Wie haben sie zu dem besonderen Klima, dem »Zeitgeist« beigetragen, der gewissermaßen das Vorspiel zum Zeitalter der Extreme (S. Huntington) bildete? Wir können hier nur einen engen Ausschnitt der Geschichte vornehmen, der vom Wilhelminischen Kaiserreich bis zur Gründung der Weimarer Republik reicht. In dieser Zeit haben sich Ideen entwickelt, die zu gewaltigen Bedrohungsszenarien wurden.

Folgende Begriffe müssen im Folgenden in die Überlegungen einbezogen werden: der Sozialdarwinismus, die Rassenhygiene und die Eugenik sowie die Rassenanthropologie. Diese Aspekte bilden einen inneren Zusammenhang eines gesellschaftlichen Klimas, das kritische Analysen erfordert.

Wie groß ist heute noch die Wirkung der Lehren Darwins auf das zeitgenössische Bewusstsein? Zumindest muss man in Rechnung stellen, dass es sich nicht nur um Erkenntnisfortschritte der Biologie handelte, sondern um die Umwälzung eines Weltbildes, für das der Begriff des Sozialdarwinismus steht. Dieser letztere Begriff hat bis heute einen alarmierenden Klang, der vor bestimmten gesellschaftlichen und soziopolitischen Zuständen warnt. Darwin hatte indes seinen Teil zu dieser Entwicklung beigetragen, insofern er seine Abstammungslehre mit politischen Ideologien verknüpfte: Nicht nur würden die körperlich und geistig Schwächeren »unter den Wilden« bald eliminiert, sondern diese Prozesse seien auch in modernen Gesellschaften unvermeidlich, wenn diese nicht der Degeneration anheimfallen wollten.

Die Gesellschaft habe sich, so lautete der ungeschönte Vorwurf, die Schwäche zu eigen gemacht, die sich in den Einrichtungen »für Idioten, Krüppel und Kranke« ausdrücke, in Armengesetzen und lebensverlängernden Maßnahmen, durch Impfungen und falsche Moralität gegenüber den Schwächsten.

»Niemand, der etwas von der Zucht von Haustieren kennt, wird daran zweifeln, dass dies äußerst nachteilig für die Rasse ist. Es ist überraschend, wie bald Mangel an Sorgfalt, oder auch übel angebrachte Sorgfalt, zur Degeneration einer domestizierten Rasse führt«, schrieb Darwin in seiner bekanntesten Monographie (Darwin 1899, zitiert nach Ellger-Rüttgardt 2019, S. 132).

Um zu verstehen, wie groß der Einfluss dieser Denkhaltung auf das breite Bewusstsein war, müssten ausführlichere Schilderungen vorgenommen werden, die hier nicht möglich sind. Aber man kann zumindest die leitenden Begriffe und Kategorien herausgreifen und sie in ihrer sozialen Reichweite beurteilen: Der Sozialdarwinismus war nicht nur die Übertragung einer naturwissenschaftlichen Erkenntnis auf gesellschaftliche Zusammenhänge. Der Sozialdarwinismus war eine internationale Bewegung, deren Normen Einlass in die juristische Reflexion, die Soziale Arbeit und Wohlfahrtspflege, in Kultur und Pädagogik gefunden hatten.

Eugenik, Rassenhygiene und Rassenanthropologie bildeten ein biopolitisches Netz. Die einzelnen Richtungen sind zu unterscheiden, aber ihr Zusammenschluss muss zugleich kritisch analysiert werden. Denn im Ganzen stand der gesellschaftliche Konsens in Frage, mit dem über die Lebensrechte bestimmter Personengruppen entschieden wurde. Die Zuschreibung der Minderwertigkeit stand so selbstverständlich im Mittelpunkt dieser Diskurse, wie sie im oben erwähnten Zitat von Darwin zum Ausdruck kommt. Verschiedene Faktoren und verschiedene Instanzen hatten Anteil an dem unterkühlten biopolitischen Klima, in dem das Schwache bedingungslos und restlos entfernt werden sollte.

Zunächst die Rassenhygiene: Sie ging auf die Vererbungslehre von Francis Galton zurück. Galton war britischer Naturforscher, Schriftsteller und Gründungsvater der sogenannten Eugenik (Galton 1910). Diese Eugenik lässt sich in positive und negative Richtungen aufteilen, wobei die Orientierung an der Verbesserung des menschlichen Erbguts den Ausschlag gab. Man muss hier die kühle Distanz der Forschung mit den gesellschaftlichen Praktiken in einen Zusammenhang bringen. Galton ging es wie vielen Forschern seiner Zeit um die nüchterne, statistische Betrachtung der Gesellschaft und des Individuums. Ebenso nüchtern betrachtete man die Möglichkeiten, das Schwache und die Schädigungen in Gesellschaften präventiv zu beseitigen. Man sprach von positiver Eugenik – hierbei ging es um die Förderung des genetisch Wertvollen, wenn man so will: um die Bestenauslese.

Zugleich reflektierte man über negative eugenische Maßnahmen, die dazu beitragen sollten, dass sich bestimmte negative Eigenschaften der Bevölkerung nicht verbreiten. Dieser eugenische Diskurs hat viele Erscheinungsformen, die bis in die Gegenwart reichen; man muss jedoch vor Augen stellen, dass sich die angeblich objektiven Erkenntnisse leicht in normative Aussagen ummünzen lassen – die sich in der Rede von »Minderwertigen« ausdrücken.

Diese Muster des Denkens sind nicht einfach zu analysieren. Die Ideologie der Ausmerzung hat bekanntlich in der Zeit des Nationalsozialismus jede Vorstellung übertroffen.

Doch reichen die kulturgeschichtlichen Wurzeln der Ausmerzideologie tief (Propping/Schott 1992). Weiterhin in Frage steht, welche Antriebe zu den Aktionen der Misshandlung und der Vernichtung beigetragen haben, wenn man von extremen Formen des Sadismus absieht. Es sind Fragen im Spannungsfeld von Politik, Wirtschaft und Kultur, aber auch Fragen der Massenpsychologie.

Die Tatsache, dass in einer bestimmten historischen Phase überlieferten kulturellen Wertvorstellungen sowie ethische Handlungsprinzipien außer Kraft gesetzt wurden, verlangt nach einer tieferen psychologischen Auseinandersetzung.

Die langwährenden ökonomischen Diskurse hatten ihren Teil zu dem gesellschaftlichen Klima beigetragen. Karl Binding und Alfred Hoche veröffentlichten 1920 eine wegweisende Schrift zur Vernichtung lebensunwerten Lebens (Binding/Hoche 1920). Behinderungen wurden in einer menschenfeindlichen Sprache als »Ballastexistenzen« betrachtet, die die Gesellschaft als Ganzes in den Ruin treiben würden.

Ökonomische und sozialpolitische Diskurse wurden von biologischen Begründungen unterstützt. Die Rassenbiologie unterschied bekanntlich nicht nur Erbkranke, sondern ganze Rassen, die sich angeblich klassifizieren und hinsichtlich ihrer Wertigkeit beurteilen ließen. Auf diesen Irrwegen, von manchen Literaten als Lehren des Abgrunds bezeichnet, gab sich eine spezifische Angst zu erkennen: Angst vor der »Degeneration«, Angst vor dem gesellschaftlichen Untergang. Die darin erkennbare Zivilisationsskepsis gehörte zu dem bestimmenden Lebensgefühl der Epoche und scheint nur mit Hilfe psychoanalytischer Kategorien verständlich zu werden – zu groß erscheinen die Symptomatiken der Angstabwehr (Schott 1992, S. 10).

Die Eugenik war eine internationale Bewegung mit großem Einfluss; in Deutschland existierte sie unter dem Titel der Rassenhygiene. Die Kritik an diesen Phänomenen ist natürlich eine Sache der Moralität – es handelt sich in einfachen Worten um ein krudes Menschen- und Weltbild, das den Wert menschlichen Lebens allein an seinem Zweck für das Ganze zu messen versucht. Eine negatorische Utopie, die von vornherein bestimmten Menschengruppen das Recht auf Dazugehörigkeit abspricht.

Doch lassen sich auch konkrete historische Dimensionen in diese kritische Bewertung integrieren, die von hoher Bedeutung für die personale Pädagogik sind. Denken wir an das Verhältnis der *Rassenhygiene* zur *Armenfürsorge* seit den 1920er Jahren in der Weimarer Republik. Soziale Fürsorge und Wohlfahrtspflege waren als gesellschaftliche Strukturen von biologistischen Weltbildern eigentlich weit entfernt; und doch lassen sich gewissermaßen Infiltrationsprozesse im Nachhinein rekonstruieren:

»Der zentrale Kritikpunkt der Eugenik/Rassenhygiene war, dass die soziale Fürsorge und Wohlfahrtspflege, im weiteren alle sozialen Sicherungssysteme, zu den Hauptverursachern der verschiedensten sozialen Problemlagen gehörten, die sie gerade zu lösen vorgaben« (Reyer 1991, S. 9). Die Eugenik wendet sich gegen das, was im Verständnis der Gegenwart als humanitäre Errungenschaft zu denken wäre: Die Zivilisierung des Zusammenlebens zwischen Starken und Schwächeren, die solidarische Zustimmung im Gesundheitssystem, der Eigenwert sozialer Einrichtungen, von Caritas und moderner Medizin.

In der Wahrnehmung der Eugeniker waren es diese sozialen und politischen Aspekte, die auf lange Sicht den Effekt der Degeneration bewirkten. In das Zentrum der Aufmerksamkeit rückten verschiedene Problemgruppen: »Krüppel« und »Schwachsinnige«, die »konstitutionell Defekten«, »Hilfsschüler« und »Fürsorgezöglinge«, Psychopathen, Alkoholiker, Nichtsesshafte, Arbeitsscheue[2]. Unter dem Sammelbegriff der Minderwertigkeit fasste man diese Personen in einer abstrakten Diktion zusammen.

Die Eugenik und Rassenhygiene traf zu Beginn des 20. Jahrhunderts auf günstige sozialpolitische Umstände. Gesellschaftliche Krisensymptome führten zu Verteilungskämpfen, so dass die Wohlfahrtssysteme und Hilfeeinrichtungen zunehmend unter Druck gerieten. Der Legitimationsdruck stieg im Maße, wie sich der Gedanke der gesellschaftlichen Verbesserung durch eugenische Maßnahmen durchsetzen konnte. Warum man überhaupt einen behinderten, kranken oder leidenden Menschen dauerhaft versorgen und pflegen sollte, war nicht mehr selbstverständlich.

---

[2] Parallelen zwischen Vergangenheit und Gegenwart sind immer ambivalent. Was hier deutlich vor Augen steht, sind die Symptome in einer kulturellen und sozialen Situation, die sich in bestimmten Überzeugungen der Menschenfeindlichkeit ausdrücken. Vergleichen wir die oben erwähnte Liste von Personen mit den Syndromen der Ungleichwertigkeit der Gegenwart, drängen sich durchaus Parallelen auf. Vgl. Heitmeyer 2018; ders. 2022.

Der Traum der Erlösung der Gesellschaft vom Leiden konnte seine negatorische Macht entfalten; er wirkte in Züchtungsutopien, in marxistisch inspirierten Gesellschaftsentwürfen vom neuen Menschen, in Philosophie und Politik (v. Bredow/Noetzel 1991). Keineswegs sind diese Aspekte auf einem linearen Pfad zu verorten, der unweigerlich in die Gewalt des Nationalsozialismus und dessen Rassenlehre führte. Eher müssen hier wichtige Differenzierungen vorgenommen werden. Die Rassenanthropologie betonte bekanntlich die Rassenunterschiede der Völker und den vermeintlichen Wert des nordischen bzw. des arischen Typus (de Gobineau 1935). Doch müssen diese heute bizarr wirkenden Lehren von der viel breiteren und in sich differenzierten Lehre von der Eugenik getrennt betrachtet werden.

Das Weltbild des Darwinismus hatte sich in verschiedene gesellschaftliche Sphären, in die Köpfe und Werke eingeschrieben. Es überrascht, wie auch bedeutende Schriftstellerinnen und innovative Werke vom Gedanken der Höher- und Minderwertigkeit ergriffen wurden. Im Werk von Ellen Key, der schwedischen Pädagogin und Frauenrechtlerin: »Das Jahrhundert des Kindes« finden sich Passagen, die zeigen, wie sich auch die Pädagogik vom Zeitgeist überwältigen lässt (Key 1902).

Im Jahrhundert des Kindes mag man eine Hinwendung zum Recht des Kindes auf Entfaltung vermuten, also auf einen Gegenentwurf zu der damals herrschenden Strenge und autoritären Lernformen hoffen. Doch handelt es sich eher um eine Auseinandersetzung mit dem Weltbild Nietzsches. Die christliche Kultur wäre in ihrer Milde so weit gegangen, dass sie das Leben der Schwächsten und Kranken verlängert; die heidnischen (»naturnahen«) Gesellschaften hätten hingegen die Starken gefördert, weil das Schwache frühzeitig ausgeschlossen wurde. Die Begriffe der Verantwortung, der Erlösung und Barmherzigkeit werden hier anders gelesen, als man es vermuten würde: Kinder mit angeborenen Defekten, die Schwachen und Verkrüppelten fallen dem Gebot der Ausmerze zum Opfer; einem Weltbild also, das sich als moralisch präsentiert, aber letztlich nur einen moralischen Abgrund verhüllt.

Wie weit das Denken in biologistischen Mustern ging, zeigt sich in weiteren Beispielen. Maria Montessori übernahm, obwohl sie mit den rassenhygienischen Konzepten keine Berührung hatte, biologisch gefärbte Denkmuster. Und wenn man die Quellen der damaligen Zeit genauer betrachtet, müssen auch die sonder- und heilpädagogischen Professionen der Kritik unterzogen werden (Brill 1994). Die führenden Vertreter der damaligen Heilpädagogik hatten sich dem Diktat des Sozialdarwinismus – wenn auch untergründig und vorbewusst – unterworfen. Zwar wurde die eigene Klientel (also ausgewählte Gruppen mit spezifischen Einschränkungen) verteidigt, weil sie für die Gesellschaft produktiv genug seien; doch wurde die Eugenik und auch die drohenden Maßnahmen der Euthanasie befürwortet, insofern sie lediglich die Schwächsten und Unproduktiven beträfen. Es sind zusammengefasst Positionen, die zeigen, wie eng der Zusammenhang zwischen historischen Verläufen und dem jeweiligen moralischen Weltbild ist.

2.2 Gewalt in Räumen der Verletzbarkeit

In den *Geographien der Verletzbarkeit* – mit dieser Redewendung wird die internationale Gewalt angesprochen, die uns in der medial erschlossenen Weltgesellschaft gegenübertritt (Staudigl 2014). Es sind dort die geopolitischen Bedingungen gemeint, die in extremen Formen der Gewalt erscheinen. Die Redewendung hat jedoch eine universelle Bedeutung, dies auch für heilpädagogisch relevante Felder, da sie sich umstandslos auf intime, nahe und lokale Formen der Vulnerabilität übertragen lässt.

Wir müssen uns von zwei Seiten an das Feld der Gesellschaft annähern. Zum einen von der Seite der bedrohten bzw. geschädigten Subjekte; zum anderen von der Vielgestaltigkeit der Problemlagen, die zur Verschärfung beitragen.

Man könnte das nun folgende Fallbeispiel unter dem Titel »Gewalt gegen Menschen mit Behinderung« zusammenfassen. Doch legt dies eine einseitige Interpretation nahe, der man mit juristischen und polizeilichen Mitteln begegnen könnte. Hier aber geht es, wie wir sehen werden, um komplexere Situationen, die sich nicht mit einfachen Schematisierungen entschlüsseln lassen.

Das folgende Fallbeispiel dient zunächst der Annäherung an den Situationsbegriff, der für eine Theorie der Behinderung im Feld der Macht bedeutsam ist.

> »Claudia, 11, schwer mehrfachbehindert, nach Integration in einer Grundschule jetzt auf der Sonderschule für Körperbehinderte, kotet ein.
>
> Claudia wurde in der Beratungsstelle vorgestellt, wenige Wochen, nachdem sie ins 5. Schuljahr einer kleinen Sonderschule für körperbehinderte Kinder aufgenommen wurde. Die Eltern berichteten, seitdem kotete Claudia ein und sie sei morgens kaum dazu zu bewegen, das Schultaxi zu besteigen.
>
> Claudia hat eine ausgeprägte Bewegungsstörung, sie kann ihre rechte Seite fast gar nicht gerichtet einsetzen, das Laufen bereitet ihr große Mühe, ihr Wortschatz umfasst etwa 10 Wörter, die sie nicht immer sinngemäß einsetzt. Ihre Ausstrahlung ist freundlich, fast fröhlich zu nennen. Als im Beratungsgespräch von der Schule die Rede ist, verfinstert sich ihr Blick und kurze Zeit später wird deutlich, dass Claudia die Hosen voll hat. Die Verhaltensbeobachtung in der Schule zeigt, dass Claudia nicht gut integriert ist. Ihre kommunikativen und körperlichen Fähigkeiten haben es ihr nicht ermöglicht, in der Pause auf dem Schulhof mit den anderen Kindern spielerisch Kontakt aufzunehmen. Niemand vermittelt. Statt dessen wird das Mädchen geschubst, auch manchmal gekratzt und gebissen, ihre geringen Körperkräfte erlauben ihr keine effektive Gegenwehr. Das Verhältnis zwischen Schule und Eltern spitzt sich so zu, dass Klärungen immer unmöglicher erscheinen. Die Eltern haben schon mehrfach mit dem Rechtsanspruch gedroht, sollten die Spuren der Misshandlung durch Kratzer und blaue Flecken weiterhin auftreten. Aus ihrer Sicht kommt die Schule ihrer Aufsichtspflicht gegenüber Claudia nicht adäquat nach.
>
> Die Schule weist dies weit von sich und lehnt auch die Vorschläge der Beratungsstelle, eine Integrationshelferin zu beantragen, als pädagogisch verfehlt und

unnötig ab. Auch das zuständige Sozialamt lehnt die Verantwortung ab: die Finanzierung einer Therapie sei Sache der Krankenkassen. [...]

Claudias Gewalterfahrungen in der Schule und die machtvolle Abschmetterung aller Verbesserungsbemühungen der Eltern durch die verschiedenen Behörden tragen in diesem Fall dazu bei, das auffällige Verhalten von Claudia aufrecht zu erhalten. [...]Erschwerend kommt hinzu, dass Claudia durch ihr Erscheinungsbild in ihren körperlichen und kognitiven Möglichkeiten häufig überschätzt wird, was mit dazu beigetragen haben mag, dass sie vor allem unter scheinbar Schwächeren so häufig Opfer von Willkür und Gewalt wird. Claudia und ihre Eltern werden in dieser Situation nachhaltig und gewaltsam in eine randständige soziale Position gedrängt, die geeignet ist, immer neue, zur Chronifizierung neigende psychosoziale Krisen zu reproduzieren« (Kassebrock/Rühling 2005, S. 175).

Wenn man es genauer betrachtet, dann finden zwei dunkle Linien der Geschichte der Gewalt zueinander und bilden etwas Neues: die historische Gewalt gegen Kinder und die historische Gewalt gegen Menschen mit Behinderung.

Im ersten Fall lassen sich Schlaglichter nennen: Denken wir an die Gewalt der legalen Kindestötung in archaischen und antiken Zeiten, die lange Historie der Aufnahme von Kindern in geschlossenen, repressiven Anstalten, Zwangsarbeit und die Gewalt als Erziehungsmittel. Es ist ein langer Schatten, den man nur zögernd nachverfolgt und der für das zeitgenössische Empfinden eine hohe Belastung ist. Wir können jedoch in Zeiten des Humanismus dieser Vergangenheit relativ selbstbewusst entgegenblicken.

Auch die Geschichte der Gewalt gegen Menschen mit Behinderung hat viele Gesichter. Bekanntlich wurde es den Menschen mit Einschränkungen die längste Zeit schwer gemacht, in angemessener Form an der Gesellschaft teilzuhaben; als »Behinderte« im substantiellen Sinne wurden diese Personen bekanntlich in Sonderinstitutionen verbannt und als Sonderform menschlichen Lebens diskreditiert.

Die Umstände und Haltungen sind heute differenzierter zu betrachten. Behinderung wird heute anders konnotiert, das Phänomen ist von der strengen Asymmetrie der Macht ein Stück weit befreit; wie weit, ist jedoch zu fragen. Mit offenem Visier müsste man von individueller und struktureller Gewalt gegen Kinder und Jugendliche mit einer Behinderung sprechen (Jantzen 1999, S. 33 ff.). Diese Redewendung zeigt die Vielschichtigkeit der Gewaltverhältnisse an, die nicht auf ein einzelnes Element – wie eine vermeintliche »Behindertenfeindlichkeit« – zu reduzieren sind.

Gewaltverhältnisse finden auf der höchsten Ebene einen Ausdruck, die in dem Wunsch nach Leidfreiheit explizit werden. Auf der Agenda der Biopolitik steht, vereinfacht gesagt, der Wunsch nach dem »perfekten Kind nach Maß«. Es gilt unter biologischem und bioethischem Blickwinkel, ein Leben mit Behinderung unbedingt zu vermeiden. Die zeitgenössische »Bio-Ethik« beschreibt ein tief verankertes Dispositiv der Moderne, mit dem versucht wird, über das gute Leben zu verfügen. Dementsprechend gelten technische Innovationen im Gesundheitssystem als Fortschritte, die zur Vermeidung von Krankheiten, aber auch zur Verzerrung der Sprache führen (Waldschmidt 2007).

Richten wir das Objektiv auf nahe, lebensweltliche Situationen des Alltags. Hier kann man nichts verallgemeinern und es dürfte indes schwierig bleiben, manifeste Gewalttaten gegen Behinderte nachzuweisen, wenn sie nicht bereits publik gemacht wurden. Es bleiben Vermutungen über ein Dunkelfeld bestehen, in dem Pflege und Versorgung geleistet wird und die Pflegebedürftigen, Insassen oder Klienten einem strukturellen Gewaltverhältnis ausgesetzt sind.

Wie gewöhnlich sind Gewalthandlungen gegen Kinder, Jugendliche oder auch gegen bedürftige Erwachsene mit einer Behinderung? Eine nicht zu entscheidende Frage, die durchaus zur Polarisierung geeignet ist. Denn auf der semantischen Ebene wird gegenwärtig das Ethos der Akzeptanz und des inklusiven Miteinanders gepflegt. Auf der konkreten Handlungsebene aber bestehen Gefährdungen in verschiedenen Aspekten. Denken wir an die Mittel der Fixierung, die der Ruhigstellung des Betreffenden »dienen« sollen, oder an die Gewalt in Einrichtungen, die zum »Wohle des Kindes« gerechtfertigt wird. Der Einsatz robuster und konfrontativer Methoden gehört ebenso in diesen Zusammenhang, sofern auch hier blinde Flecken der Legitimation außergewöhnlicher Methoden bestehen. Man kann sich demgemäß auf ein vermeintlich höheres Recht berufen, um abweichende Karrieren zu vermeiden, wobei hier eine differenzierte Auseinandersetzung angebracht wäre (Weidner/Kilb 2004).

Einen Schritt weiter führt die Argumentation, die von der Behinderung als einem *zentralen Konstitutionsmechanismus* ausgeht. Gewalt gegen Behinderte sei, so Wolfgang Jantzen, in institutionelle und gemeinschaftliche Prozesse eingebettet, ständig präsent, aber nur selten reflektiert. Der tiefere Grund für Gewalt oder gar Hass sei nicht in der Persönlichkeit Einzelner zu suchen, nicht in fehlender Kompetenz oder mangelnder Selbstkontrolle, sondern in der hintergründigeren strukturellen Gewalt. Geistig behinderte Menschen seien nicht nur dem Hass ausgesetzt, sie gehörten auch zu einer Minderheit,

> »die ausgelöscht zu werden beginnt. Entsprechende private und öffentliche Phantasien spielen auch in Gegenübertragungsprozessen in der Umgebung von behinderten Kindern eine zentrale Rolle. Und entsprechend müssen die Kinder Abwehrmechanismen entwickeln, die diesen Angriffen auf ihr Selbst Rechnung tragen« (Jantzen 1999, S. 40).

2.3 Behinderung und Trauma

Eine weitere Dimension gesellschaftlicher Ungleichheit ist zu diskutieren, die weit über die lokalen Verhältnisse hinausführt. Zwei Kategorien haben in den letzten Jahren Beachtung gefunden, weil sie der besonderen Situation der Personen geschuldet sind, die als Vulnerabilität und Traumatisierung im Kontext gesellschaftlicher Aussetzung charakterisiert werden.

Diese Sachverhalte sind jedoch nur von einem weit ausgreifenden, alle politischen und sozialen Verhältnisse umfassenden Blickfeld aus zu verstehen. Zu den größten Schwierigkeiten zählt, dass die internationalen Konflikte immer stärker in den Fokus geraten und für die Reflexion helfender Professionen hoch relevant sind; dass diese Aspekte aber naturgemäß keine kurzatmige Historisierung erlauben.

Die miteinander in Beziehung stehenden Begriffe von Migration und Flucht, Trauma, Behinderung und Intersektionalität verdienen eine intensive Auseinandersetzung, die hier nur angedeutet werden kann. Verschiedene Kategorien werden in bestimmten Situationen aktualisiert und bisweilen unreflektiert wiedergegeben; zu den offenen Fragen zählt etwa die Unterscheidung von Trauma und traumatisierenden Bedingungen, von Migration, Flucht und dem sogenannten Migrationshintergrund. Die stärkste Relevanz zeigt sich indes in der intensiver und deutlicher zu Tage tretenden Belastungssituation im Kontext von struktureller Gewalt in der internationalen Dimension.

Die Theorie der Heilpädagogik muss diese Sachverhalte zur Kenntnis nehmen, sich ggf. an veränderte Rahmenbedingungen, vor allem im schulischen Kontext, anpassen und zugleich ein eigenständiges Profil bewahren. Denn nicht für alles, was man in einer miserablen Situation der Aussetzung erkennt, sind sozialstaatliche Lösungen vorhanden; und obwohl es offensichtliche Zusammenhänge zwischen Schädigung, Behinderung, Verletzung und Trauma gibt, ist nicht alles der unmittelbaren Zuständigkeit der Heilpädagogik zuzurechnen.

Zuerst sind die Verbindungen zwischen Behinderung und der Kultur zu thematisieren. Kulturelle Traditionen können hier zu Widersprüchen führen, die freilich keineswegs zur Abschließung kultureller Welten führen müssen. Die Unterschiedlichkeit ist indes klar zu benennen. Das »westliche« Verständnis von Behinderung beruht auf nationalstaatlichen und internationalen juristischen Codierungen. Die Behindertenrechtskonvention (BRK) stellt die Kategorie der Behinderung in eine Beziehung zu den äußeren Barrieren und Beeinträchtigungen.

Behinderung ist demnach kein Merkmal einer individuellen Person, sondern ein Konstrukt in einer gesellschaftlichen Situation. Diese Barrieren können genau bezeichnet und ggf. abgeschafft werden; während die Person selbst gleichsam unbeschrieben bleibt. Als singuläre Totalität entzieht sie sich einer analytischen Perspektive.

Die internationale Klassifikation der WHO (Weltgesundheitsorganisation) stellt das Phänomen hiergegen als eine bio-psycho-soziale Struktur vor. Behinderung ist somit das Resultat einer Wechselwirkung personbezogener, körperlich-somatischer und gesellschaftlicher Eigenschaften, die man nicht isoliert betrachten sollte. Im Zentrum dieses Verständnisses steht wiederum die Frage, inwiefern Handlungs- und Teilhabemöglichkeiten geschaffen oder unterdrückt werden.

Im deutschen Sozialrecht wiederum spricht man von der Gefahr einer Behinderung, wenn körperliche Funktionen, geistige Fähigkeiten oder die seelische Gesundheit für einen längeren Zeitraum eingeschränkt ist. Eine Behinderung im sozialrechtlichen Sinne liegt also vor, wenn die Gesundheit belastet und/oder die Teilhabe in gesellschaftlichen Systemen eingeschränkt ist (Hirschberg 2009; Bundesamt für Justiz 2016).

»Wir« nehmen also Behinderung als in dem dichten Geflecht zwischen bestehenden Barrieren, individuell-gesundheitlichen Faktoren, lebensalterbezogenen Normen (die einen ungleich höheren Stellenwert in Bezug auf diagnostische Einschätzungen eines schulischen Förderbedarfs einnehmen) und Teilhabemöglichkeiten wahr.

In verschiedener Hinsicht ist die Bedeutung der Kultur in diesem Zusammenhang bedeutsam. Zum einen in der Perspektive interkultureller Verflechtungen und Begegnungen. Da man schwerlich von kompakten Kulturbegriffen ausgehen kann, ist hier von einer komplexen Lebenswirklichkeit auszugehen, in die der abstrakte Charakter einer »Kultur« hineinspielt. Die Kultur eines Herkunftslandes, das fern von der geschilderten »westlichen« Perspektive liegt, kann unter Umständen zu Missverständnissen und höchst problematischen Deutungen führen.

Wie etwa überschreiben und interpretieren wir das Phänomen einer Behinderung? Der konstruktivistische Charakter des Phänomens ist mittlerweile anerkannt, er bildet das Selbstverständnis einer inklusiven Kultur. Ein Konsens mithin, der nicht in jeder Hinsicht vorauszusetzen ist. Andere Interpretationen des Phänomens sind ebenso denkbar.

> »Ist die Behinderung beispielsweise ein Geschenk Gottes, dann wird der Mensch mit Behinderung eher als Auszeichnung für die Familie empfunden und entsprechend behandelt. Die Idee, ein Geschenk Gottes unvollständig zu finden und fördern zu sollen, kann dann eine Anmaßung darstellen. Als Folge dieser unterschiedlichen Sichtweisen können bspw. gut gemeinte Fördervorschläge und Bemühungen der Pädagogen seitens der Eltern weder anerkannt noch umgesetzt werden. Wird Behinderung dagegen als Fluch oder Strafe verstanden, ist der Umgang mit dem Menschen mit Behinderung vielleicht schambehaftet oder nachlässig, da dieser Mensch durch seine Behinderung eine Schande für die Familie darstellen kann« (Falkenstörfer 2019, S. 191).

Es ist die Frage, wie eng oder wie durchlässig hier die Grenzen des Kulturbegriffs zu ziehen sind; vor allem, welche Bindungen und Wirkungen von kulturellen Übertragungen ausgehen. Die Einschätzungen variieren, wobei aber positiv festzuhalten ist, dass eine kultursensible Haltung im besten Fall Türen öffnen kann, die von politischer Seite aus oft als geschlossen definiert werden (Mecheril 2003a; ders. 2003b).

Eine kultursensible Haltung wird im Allgemeinen als Möglichkeit präsentiert, die Schwierigkeiten mit dem Kulturbegriff zu verringern. In Fällen, in denen das Wissen über das komplexe Behinderten-, Schul-, Gesundheits- und Sozialsystem in Deutschland fehlt, sind Widersprüche und Barrieren zu erwarten, die den Beteiligten gleichsam persönlich zugerechnet werden, auch wenn die Hintergründe viel komplexer sind. Kooperation kann nicht erzwungen werden; das mangelnde Wissen resultiert ggf. aus den kulturgebundenen Kategorien der Betroffenen, die Sprache kann zudem ein weiteres Hindernis sein. Die auftretenden Irritationen werden dann leichter, wenn »die Wahrnehmung für die eigenen Normen, Werte und Haltungen« (Falkenstörfer 2019, S. 192) geschärft werden und der offene Blick für das Fremdverstehen geübt wird – ein Stück weit zumindest und immer mit dem Blick für das individuelle Wohlergehen.

Kultursensible Haltungen, die mit Wertschätzung und Offenheit einhergehen, bilden ein hehres Ideal für die Profession. Dies muss freilich mit dem unverstellten Blick für die Perspektive der Subjekte einhergehen und deren individuelle Lebensläufe in den Mittelpunkt rücken. Hier kommt eine weitere Kategorie ins Spiel, die man als »Intersektionalität« bestimmt (Winkler/Degele 2010; Amirpur 2016). Intersektionsanalysen knüpfen Verbindungen zwischen den Dimensionen der Heterogenität. Aber mit dieser Ausdrucksweise wird man den Phänomenen möglicherweise gar nicht gerecht. Die Dimensionen der Verschiedenheit umfassen bekanntlich Kategorien wie Geschlecht/Gender, Behinderung, Alter, Ethnie oder Kulturkreis.

Das Phänomen beschreibt verschiedene Sachverhalte: relativ neutrale Zuordnungen wie die Zugehörigkeit, zugleich aber auch Formen der Erfahrung im negativen Sinne. Diskriminierungsformen wie Rassismus, Antisemitismus, Sexismus, Abwertungen und Phobien bei Kulturen oder Religionsformen. Solche Erfahrungen können durch Überkreuzungen verstärkt oder auch in ihren Interdependenzen übersehen werden.

Die Theorie bietet hier verschiedene Anknüpfungen; etwa an historische Konflikte oder an spezifische zeitgeschichtliche Bedingungen, unter denen bestimmte Gruppen leben mussten. Sie bietet aber auch Ansätze für die Biografieforschung: wenn »Behinderungen« in einem besonderen Zusammenhang erfahren und zugeschrieben werden.

Gewalt hat verschiedene Gesichter, sie ist mit Sprache und Symbolik verbunden, kann sich sowohl in einer Interaktion zu erkennen geben, aber ebenso aus einer gesellschaftlichen und sozialen Struktur heraus ergeben. Struktureller und symbolischer Gewalt gebührt ein gewisser Vorrang, alleine weil sie das Bewusstsein für bestehende Ungerechtigkeiten schärft, weil sie auf eine Schieflage des Weltzustands verweist, unter der Individuen leiden müssen.

Ein Seitenblick auf die gegenwärtige Gewaltforschung ist hier angezeigt. In der Phänomenologie spricht man von »erlittener Gewalt«. Gewalt als Form des Erleidens zwingt uns, systematisch die Perspektive des Subjekts einzunehmen, das von der Gewalt affiziert wurde oder wird.

Gewalt vom Standpunkt des erleidenden Subjekts hat zwei dominante Formen: ausschließende und einbrechende Gewalt (Delhom 2014). Weitere Unterscheidungen sind denkbar, hier aber wird systematisch danach gefragt: Unter welchen Bedingungen wird Gewalt als Erfahrung thematisierbar? Der Ausschluss ist vielleicht die unmittelbare, einleuchtende Beschreibungsform – und für die Thematik unverzichtbar.

In der sozialpolitischen und gesellschaftlichen Dimension spricht man von Exklusionsphänomenen: Die Teilhabe ist blockiert, Ermöglichungs- und Partizipationschancen sind erheblich eingeschränkt. Exklusionsverkettungen bedrohen die individuellen Lebensläufe. Demgegenüber ist die ausschließende Gewalt vor allem im Hinblick auf die individuelle Beziehung zu einer Grenze richtig verstanden. Feste Grenzen erkennen wir in der Form des Gefängnisses, einer Mauer, einer Schranke. Der physischen Zurückweisung folgt der Ausschluss von elementaren Interaktionen: Ausgeschlossene haben keine Stimme und verfügen nicht über die gleichen Rechte, sie werden von sprachlicher Kommunikation ausgeschlossen und müssen hinnehmen, dass über sie als anonyme Gestalt von Dritten gesprochen werden. Ausschließende Gewalt ist insofern gleichzusetzen mit der Verletzung eines gewöhnlichen Weltbezugs: die Entfaltung wesentlicher Aspekte des sozialen und kommunikativen Lebens wird drastisch eingeschränkt; nicht nur ein Körper wird an einer Stelle platziert, sondern auch seine Kontakte, Beziehungen, der Austausch mit Anderen und die Verbundenheit zur Umwelt werden fremdbestimmt (ebd., S. 170).

Welcher Art die Lebensweise unter der Erfahrung des Ausschlusses ist, hängt demgemäß von vielen Faktoren ab; denn sie ist ja mehr als nur der Entzug von Bewegungsfreiheit, sondern eine Verletzung des Weltbezugs. Hinzu kommt bekanntlich die schwierige gesellschaftspolitische Situation, die von Normen unterschiedlichster Art durchdrungen wird: Ein Ausschluss hat mit *geltendem Recht* zu tun, ist aber auch immer eine *Maßnahme*, die von Anderen gebilligt oder verurteilt wird und die als Ausdruck einer akzeptierten gesellschaftlichen Hierarchie die vielleicht schärfste Form der Verletzung darstellt. Das Gefälle zwischen denen, die innerhalb einer Rechtsordnung stehen und jenen, die von dieser Ordnung ausgeschlossen sind, ist zumindest bewusst zu machen. Die brüchige Normativität der Verletzung und die soziale Normativität einer Ordnung bilden eine Spannung, die für die Erleidenden als Unrecht wahrgenommen werden kann.

Pascal Delhom lenkt in diesem Zusammenhang die Wahrnehmung der Gewalt auf einen selten bemerkten Unterschied. Verletzungen erweisen sich aus Sicht des Getroffenen als »Widerfahrnis«, das die »Umkehrung seines Weltbezugs« (ebd., S. 157) erzwingt. Die Hinnahme der Gewalt überschattet alles andere: Man wird getroffen und einem Geschehen unterworfen, das man nicht überblickt oder aktiv herbeiführt. Gleichwohl ist die intersubjektive Gleichung, die etwa einen Gewalttäter einem Gewaltopfer gegenüberstellt, der phänomenologischen Sicht nicht gleichzusetzen. »Die Perspektive des Erleidens ist nicht notwendig diejenige der Erleidenden« (ebd., S. 159).

Die Phänomenologie der Gewalt hat hier den Vorteil, dass sie nicht reduktionistisch auf Sozialfiguren oder Akteure abhebt, sondern die Betrachtung des Gewaltgeschehens aus den gewohnten Bezügen hebt. Da es nicht zu einer exakten Deckung kommt zwischen dem, was geschieht und dem, was erlitten und erfahren wird, ergibt sich die Konsequenz einer entsprechenden professionellen Haltung. Diese ist vor allem auf ein Geschehen gerichtet, in der Andere Gewalt erfahren haben, deren Sinnhorizont sie nicht überblicken können. Es sind Perspektiven des Erleidens, die sich der unmittelbaren Einordnung entziehen. Der biografische und lebensweltbezogene Sinn muss zurückerobert werden, ohne dass einfach nur die Kausalität der Gewalt expliziert wird.

Schließlich ist auch der Begriff des Traumas zu erwähnen; insofern es sich hier zugleich um medizinische und heilpädagogische Bezüge handelt.

Traumatisierung ist im westlichen Medizinverständnis ein Ereignis, das eine besondere Behandlung nahelegt. Ereignisse von größter Wucht und einbrechender Gewalt bilden den Anlass des Leidens. Die Symptome, die die Betroffenen fortan zeigen, lassen sich konkret überprüfen; die ICD 10 spricht von langanhaltenden Störungen, von erhöhter Sensitivität, Reizbarkeit, Schlafstörungen, Depressionen; Symptome, die tiefgreifend und dauerhaft sind. Erst wenn sie aber mit einer offiziellen Diagnose verknüpft werden, sind sie in der westlichen Gesellschaft anerkannt.

Was folgt, ist hier als reflexives Motiv zu verstehen, das kritisch betrachtet werden muss und zugleich eine logische Konsequenz beinhaltet.

Klassifizierbare Störungsbilder werden im Allgemeinen in das Raster aller modernen medizinischen Verfahren eingefügt: Diagnosen werden erstellt, therapeutische Hilfen in Gang gesetzt; die Störungen erhalten gewissermaßen einen Namen (Mosser 2016; Prasad 2017; Velho 2017). Dies aber wird von Seiten kritischer Beobachter als problematisch erachtet. Der »westliche« Umgang mit Trauma sei der Vielfalt von Biografien, brüchigen Lebensläufen nicht angemessen. Dabei wird nicht in Abrede gestellt, dass den Betroffenen geholfen werden muss und dass es sich um komplexe Situationen handelt, denen Menschen ausgesetzt sind. Es ist also einerseits zu bedenken, dass Schmerz, Leiden, Angst, psychische und körperliche Grenzüberschreitungen usw. allgemeine anthropologische Phänomene sind. Niemand bleibt von dieser Gewalt prinzipiell unberührt und niemand wird die Perspektive des Erleidens als mögliches Phänomen negieren. Aber unter welchen Bedingungen geht man mit einer solchen denkbaren Erfahrung um?

Die eingeforderte »Reflexivität« heißt hier vor allem: Differenzierung. Gewalterfahrungen müssen bewältigt werden, sie müssen in jeder Situation in lebbare Verhältnisse überführt werden. Einer der vielen Wege ist der Weg der Therapie, ein anderer Weg verweist auf die Klassifikationen der Psychopathologie. Damit werden aber die sozialen und politischen Bedingungen ausgeblendet, obwohl diesen eine ebenso große Bedeutung zukommen sollte. Die diagnostische Zuwendung kann paradoxerweise jemanden isolieren und Probleme verstärken, wenn es als ein Problem eines Einzelnen formuliert wird, dem Schlimmes widerfahren ist. Die Alternative zu diesem Denken wäre die Rekonstruktion einer Biografie, die sich, wie angedeutet, durch einbrechende und ausschließende Gewalt auszeichnet und die sich nicht auf ein einzelnes traumatisches Ereignis reduzieren lässt.

Was eine solche Rekonstruktion umfassen würde, kann hier nur angedeutet werden: Die Umstände, in denen sich Vulnerabilität verschärft und diese als Intersektionalität beschrieben werden kann, sind schwer mit rationalen Begriffen zu erfassen, sie sind zumindest nicht auf eine autonome Entscheidung zurückzuführen. Die Erfahrung der Entfremdung wäre auf mehreren Ebenen nachzuvollziehen: Man wird durch enge Korridore des Rechts geführt, anstatt sich einen eigenen Weg zu suchen. Man wird aufgenommen oder zurückgewiesen, ohne dass die Gründe den Betroffenen jeweils transparent sind. Willkür, polizeiliche Gewalt und die Schranken des Rechts führen zum Phänomen der Aussetzung. Das alles wird flankiert von Ausgrenzungs- und Rassismuserfahrungen, offen oder latent, verborgen in gesellschaftlichen Diskursen und Leugnungen.

Die Alternative ist nicht radikal, sondern als eine Erweiterung zu verstehen. Die therapeutischen und pädagogischen Programme sollten, so die Schlussfolgerung, von einem konstruktivistischen Verstehensprozess umrahmt werden. Symptome und Einschränkungen zählen in dieser konstruktivistischen Sicht zur Lebenswirklichkeit der Betroffenen. Die »Entfernung der Symptome« ist ein legitimes Ziel, aber ebenso denkbar sind Lebensweisen, in denen krankhafte und gesunde, gestörte und angepasste Momente in einem Gleichgewicht bestehen. Anders formuliert: Der Zustand vollkommener mentaler und physischer Gesundheit wird nicht absolut gesetzt, sondern ein Leben mit allen Einschränkungen, Brüchen, Defiziten und Schädigungen wird als Möglichkeit zugelassen.

Die Grenze zwischen Gesundheit und Krankheit ist bekanntlich porös: Nicht jede krankheitsbedingte Einschränkung ist überwindbar, nicht jedes Leiden ist pathologisch zu nennen, nicht jedes Symptom lässt sich aus dem Leben auslöschen. Dieser Gedanke ist dann wertvoll, wenn er mit dem gebotenen Ernst verbunden wird, die die Situation der Hilfesuchenden verlangt. Der primäre Gedanke ist hier einer der wichtigsten Aspekte der helfenden Professionen: die Orientierung an der Selbstmächtigkeit, an »agency«.

Das Bild des »Klienten« ist hier voraussetzungsvoll und von Bedeutung für die Heilpädagogik wie für alle helfenden Professionen: Nicht als »Patient« oder »Bedürftiger« im Sinne eines Leidenden findet er eine rechte Beschreibung, sondern immer auch Gestalter seines Lebens. Die Zentrierung auf das Trauma korrumpiert gewissermaßen seine Fähigkeit, konstruktive Kräfte zu entfalten. Erfahrungen der Gewalt sind nicht zu leugnen oder zu überspielen, sondern sie sind in den Lebensvollzug zu integrieren. Dazu kann die Heilpädagogik einen Beitrag leisten, indem sie die betroffene Person als einen kreativen Akteur mit einer eigenen Biografie versteht.

Jenseits der Etikettierung des krankhaften Menschen müssten Freiräume geschaffen werden, in denen ein eingeschränktes Leben unter großen Anstrengungen gelingen kann.

2.4 Signaturen der Macht

Eine weitere Ebene der Reflexion erzeugt eine hilfreiche Distanz zu den bisher beschriebenen, durchaus dramatischen Konstellationen.

Denn insgesamt steht ja zur Diskussion, in welchem Rahmen und mit Hilfe welcher Methodik »Heilpädagogik« als Praxis erlebt und vollzogen wird. Unweigerlich mit dieser Praxis verbunden ist die Frage der Macht in Institutionen und Professionen. Macht als Kategorie zwischen Menschen – was uns alltäglich vor Augen gestellt wird – muss mit der Macht auf einer höheren Ebene zusammengedacht werden.

Um die vielfältigen Wirkungen zwischen formaler und persönlicher Macht, Machtpotentialen und Ohnmachtserfahrungen auf der anderen Seite zu erkennen, ist eine interdisziplinäre Vorgehensweise ratsam. Macht ist primär ein Gegenstand für die Soziologie, ganz einfach, weil diese Wissenschaftsdisziplin die Distanz aus einer gewissen Flughöhe bevorzugt und damit einen Abstand zur Praxis gewinnt. Macht wird als Phänomen zu einer abstrakten Größe, die mit Erwartungen, Selektionen und auch mit Kommunikation zu tun hat.

Die Theorie sozialer Systeme (Luhmann 1984; ders. 2000) sieht im Kriterium der Macht eine Einrichtung der Sprache, die vorrangig auf der Ebene sozialer Codierungen abläuft. Eine überraschende Beschreibung – gehen wir doch spontan davon aus, dass Macht im Besitz einer Person oder eines Amtes ist und somit etwas Kraftvolles, Autoritäres verkörpert.

Als Kommunikation wird die Macht jedoch in ihrem eigentlichen Sinne explizit, denn sie gilt als Vorteil auf einer Seite eines Kommunikationsprozesses. Kommunikation verbindet die Teilnehmer – und die Macht regelt die ungleiche Verteilung von Handlungsoptionen. Wem ein Mehr an Möglichkeiten zusteht, hat ggf. machtvolle Optionen, wem diese Möglichkeiten verbaut sind, wird sich als machtlos oder zumindest unsicher erfahren. Man kann diese abstrakte Definition sehr gut auf die Wirklichkeit professioneller Beziehungen beziehen.

Denken wir an Situationen,

- bei denen Akteure der helfenden Professionen sich als handlungsunfähig erfahren, weil ihnen von Machtinhabern, etwa in Führungspositionen, der Politik oder der Verwaltung bestimmte Interventionen untersagt werden,
- in denen die Subjekte in Bildungseinrichtungen Zwängen unterworfen werden, die ihre Handlungs- und Wahlmöglichkeiten einschränken,
- in denen die Akteure ihre sehr geringen Spielräume – etwa im Sinne einer Vetomacht oder als Verweigerungshaltung – ausnutzen.

Man sieht – die Kategorie der Macht spiegelt sich in vielen Beziehungen: Sie ist nicht einfach nur ein Instrument in den Händen eines Machthabers. Macht kann ebenso für eigene Zwecke »gebraucht« werden, wie sie auch Gestaltungsräume zwischen den beteiligten Subjekten öffnen und erweitern könnte – wenn eben ein Interesse an der Minimierung des Machtgefälles besteht.

Die Zusammenhänge von Macht und Organisation lassen sich also mit psychologischen und soziologischen Aspekten verbinden. Zudem sind philosophische und heilpädagogische Hintergründe zu erhellen, die wir hier in zentralen Thesen wiedergegeben werden (im Folgenden Greving/Ondracek 2010, S. 176 ff., 194 ff.).

- Organisationen bestehen, weil ihre Mitglieder an sie »glauben«.
- Organisationen resultieren aus dem Bedürfnis nach Ordnungen.
- Organisationen haben formale und informelle Seiten: In der formalen Organisation wird den existentiellen Bedürfnissen prinzipiell nicht entsprochen.
- Organisationen bringen das schöpferische Potential des Menschen zum Ausdruck.

Diese Axiome lassen sich mit Hilfe anthropologischer Kriterien erklären. Der Mensch ist gewissermaßen ein Wesen der Ordnung, er bildet Organisations- und Handlungsräume, die ihm Entlastung und Konzentration verschaffen. Zu den skeptischeren Einsichten der Soziologie zählt freilich auch, dass diese Einrichtungen zwar auf sozialer Ebene von höchstem Wert sind, dass aber eine unmittelbare Erfüllung individueller Erwartungen nicht erfolgen kann.

Es werden in Organisationen immer nur formale Erwartungen integriert, was aber nicht bedeutet, dass der Einzelne mit seiner besonderen Biografie und seiner Partikularität angemessen integriert wird.

Im Falle heilpädagogischer Organisationen bedeutet dies, dass auch hier die Strukturmerkmale als Phänomene sozialer Macht erscheinen. Dies drückt sich auf der Ebene der heilpädagogischen Tätigkeit und Haltung aus, auf der Ebene von Normsetzungen sowie dem Verhältnis von Freiheit und Definitionsmacht.

Im Mittelpunkt der heilpädagogischen Begegnung steht trivialerweise die Interaktion verschiedener Personen, die einander fremd erscheinen. Es dominieren aus subjektiver Sicht das Nicht-Wissen und die Distanz zu einem Anderen. Um Übersicht und Handlungsfähigkeit zu erreichen, werden daher diagnostische Mittel eingesetzt, Aussagen festgeschrieben, Ziele gestellt und evaluiert, was vorrangig dem Motiv der Sicherheit geschuldet ist. Das erwähnte Nicht-Wissen wird in vorläufiges, nicht festgelegtes, sondern dynamisches Wissen überführt. Dies eben ist als ein Prozess der Machtstabilisierung zu beschreiben.

Macht in heilpädagogischen Institutionen wird durch die Orientierung an Veränderbarkeit gemildert. Das heißt, durch die Diagnosen und Normen werden Individuen festgeschrieben, ggf. sanktioniert und sozialisiert. Doch kann diese Perspektive auf die Macht durch das Eingeständnis der Veränderbarkeit gemildert werden. Für kritische Theoretiker ändert sich dabei wenig an der grundlegenden Machtfrage; das Erziehungs- und Bildungssystem hat demnach ein Interesse am Machterhalt und ist somit nicht wirklich an der Auflösung von Unterschieden interessiert (Feuser 1995). Aber auf der Ebene des Vollzugs stehen machterhaltende Formen neben den Formen der Hinterfragung der Macht.

Sind heilpädagogische Institutionen somit auf Macht festgelegt? Eine Eindeutigkeit ist in dieser Frage nicht zu haben. Seit Jahrzehnten wird gewissermaßen eine Kultur der Lockerung verfolgt, deren Ziel es ist, Festschreibungen, Kategorisierungen als unveränderbare Normen zu hinterfragen. Heilpädagogisches Handeln wird demnach aus den ideologischen Fesseln befreit; es orientiert sich an Prinzipien der Normalisierung (»ein Leben so normal wie möglich zu führen ...«); es versteht sich selbst in Begriffen der Assistenz und öffnet nach Möglichkeit Räume der Selbstentfaltung. Doch ohne Macht – die Definitionsmacht der Akteure, die Vetomacht der Betroffenen bis hin zu den Figurationen gesellschaftlicher Macht – ist diese zeitgemäße Heilpädagogik nicht angemessen zu beschreiben.

3 Grundfragen der Heilpädagogik

3.1 Das Feld der Heilpädagogik

Was ist Heilpädagogik, was dürfen und sollen wir eigentlich unter diesem Titel verstehen? Die Arbeit mit Menschen, die als behindert gelten? Worin bestehen der Sinn und Zweck solcher Arbeit (die als »Arbeit« bereits den Menschen unangemessen verkürzt)? Worin zeigt sich der Kern dessen, was im weitesten Sinne zu den modernen Professionen zählt?

Wer so fragt, sieht sich einer Flut von Theorien, Konzepten und Kontroversen ausgesetzt. Zwar lässt sich sinnvoll bestimmen, was die Profession der Heilpädagogik im engeren Sinne ausmacht – diese hat mit Bildung und Förderung in einer erschwerten Lern- und Lebenssituation zu tun. Doch deuten sich bei einer genaueren Lektüre immense Schwierigkeiten an, wenn man das gesamte »Feld« heilpädagogischer, assistierender, helfender Tätigkeiten überblicken will. In diesem pädagogischen Raum geht es um historische Aspekte, die von Erfahrungen der Segregation und Isolierung bis zur zeitgemäßen Assistenz reichen; es geht um moralische Konzepte von Anerkennung, Selbstbestimmung und Fürsorge, vor allem aber um die Abwehr sozialdarwinistischer Tendenzen.

Heilpädagogik ist aber auch eine methodische Form, die einen spezifischen Bezug zwischen den beteiligten Personen ermöglicht. Und schließlich ist die Heilpädagogik in einem politischen und gesellschaftlichen Kontext zu betrachten, wobei neuere Ansätze von Inklusion, Empowerment und »Care« besondere Beachtung verdienen.

Einen passenden »Einstieg« in das Feld der Heilpädagogik zu finden ist nicht leicht. Man könnte mit einer engen Definition des Objektbezugs beginnen oder mit einem methodischen Fallbeispiel, einer historischen Anekdote oder einfach mit der Frage nach den Themen, die Heilpädagogik als etwas Spezifisches auszeichnen. Bei einer näheren Betrachtung fällt indes auf, dass alle diese und weitere Aspekte im Grunde bei einer einleitenden Bestimmung beachtet und integriert werden können. Denn wenn wir auf einem traditionellen Weg die Heilpädagogik zu bestimmen versuchen, geraten wir rasch in einen Erklärungsnotstand. Den ursprünglichen Motiven folgend könnten wir die Heilpädagogik als Lehre einer besonderen Pädagogik für Menschen mit Behinderung verstehen – doch ist das Besondere als etwas Negatives und Abwertendes fehlinterpretiert worden. Wir könnten ferner an die spezifischen heilpädagogischen Felder denken, in denen »heilpädagogisch« gearbeitet wird – doch haben sich hier längst gegenläufige Tendenzen der Dezentralisierung und der Inklusion gebildet. Wir könnten schließlich die Heilpädagogik als eine Handlungsform oder eine Handlungswissenschaft bezeichnen, in der diagnostische Verfahren, Zielbestimmungen und Interventionen ineinandergreifen – doch bliebe diese Wissenschaft unzureichend, wenn sie nicht mit berufsethischen, integrativen und wertegeleiteten Motiven zusammengeschlossen würde.

So bleibt zuletzt ein Einstieg denkbar, der keinen der genannten Aspekte isoliert betrachtet und gewissermaßen in der Mitte gesellschaftlicher Spannungsfelder ansetzt. Anders formuliert: Heilpädagogik thematisiert »Kontingenzen« (Kobi 2004), sie ist mit »Problemquellen« (Greving/Ondracek 2010) verflochten und sie nimmt gesellschaftliche Strukturmuster wahr (Jantzen 2004). Diese Begriffe zeigen, dass heilpädagogisches Denken inmitten gesellschaftlicher, sozialer und politischer Verhältnisse beginnt und schlichtweg nicht ohne diesen Bezug zu klären ist. Doch muss der Widerspruch des Ganzen immer im Blick behalten werden, wenn wir hinzufügen, dass heilpädagogisches Denken sein Proprium, also seine Eigentümlichkeit im besonderen Bezug zur Person hat.

Wir versuchen im Folgenden, diese beiden Ebenen sinnvoll zu verknüpfen und somit auch einen Überblick über die nachfolgenden Darstellungen zu ermöglichen.

Heilpädagogik kann als *integrative, ethische, kritische und als personorientierte* Wissenschaft verstanden werden. Mit jedem dieser zunächst unklar bleibenden Titel sind wissenschaftstheoretische Entscheidungen verbunden (im Folgenden Greving/Ondracek 2010, S. 55 ff.). Integrative Heilpädagogik will selbstredend die personale und soziale Integration des Einzelnen befördern, aber sie versteht sich vor allem als integrative Tätigkeit im Horizont gesellschaftlicher Problemlösungen. Ausgehend von der humanen Grundsituation wird eine Problemsituation erkannt, für die gesellschaftliche Hilfen benötigt und angefragt werden.

Die Bestimmung des Arbeitsfeldes unterliegt verschiedenen Gesichtspunkten. Sie bedarf einer phänomenologischen Betrachtung, mit der ein spezifisches Leiden artikuliert wird; sie muss Axiome bilden und eine Topologie schaffen (an welchen Orten kann dem Problem Aufmerksamkeit gegeben werden?). Die Bestimmung umfasst diagnostische Einsichten, Zielsetzungen, Interventionen und Methodiken, die miteinander zu verzahnen sind und ein belastbares Arbeitsbündnis ermöglichen. Schließlich ist es die professionelle Aufgabe, ein Verhältnis der Solidarisierung zu ermöglichen (Kobi 2004).

Heilpädagogik, die *integrativ* ansetzt, fügt diese einzelnen Perspektiven zusammen; im Ergebnis kommt man zu einem heilpädagogischen Feld, in dem sich die Disziplinen, Akteure und Konzepte, die parteilichen und unparteilichen Subjekte zusammentreffen. Solche Interdisziplinarität und Kooperation kann man einfordern; aber sie ist mit immensen Schwierigkeiten verbunden. Verschiedene Aspekte sind schwer objektivierbar und nicht immer in rationale Verfahren zu überführen; manche enthalten ambivalente Werte, manche Gesichtspunkte führen unweigerlich zu Dissens und Widerstreit.

Ab wann ist einem artikulierten Leiden Aufmerksamkeit zu geben, wann muss es in offizielle Verfahren überführt werden? An welchen Orten und in welchen Räumen wird der individuellen Geschichte ein lebensdienlicher Rahmen verliehen? Wie geht man mit den Schwierigkeiten der diagnostischen »Urteile« um, die etwa die Kluft zwischen »Experten« und sogenannten »Laien« eher vertiefen? Wie mit der Gefahr des Scheiterns auf allen Ebenen der professionellen »Behandlung«?

Heilpädagogisches Denken ist selbsthinterfragend, mit Zweifel und Unsicherheiten durchsetzt. Wissen und Können, subjektive Strategien und objektive Erfordernisse, ein individueller Fall und die soziale Umwelt treten oft auseinander. Dies heißt nicht, alles auf den schlimmsten Fall oder Negativitäten zu beziehen, sondern *kritische Kontingenzen* zu reflektieren.

Dieser Anspruch repräsentiert eine weitere wichtige Dimension heilpädagogischer Theoriebildung. Heilpädagogik soll kritisch und konstruktiv sein und eine tragende Verbindung zwischen der Mikroebene der familiären Beziehungen und der gesellschaftlichen Sphäre herstellen. Der Blick auf das Kontingente meint: Auf allen den genannten Ebenen könnten die Sachverhalte anders gestaltet sein. Der Trugschluss wäre es, den Blick auf das »behinderte« Individuum zu richten und die übergreifenden Spannungen und gesellschaftlichen Strukturen auszublenden. Einen Schritt näher an das, was heilpädagogisches Handeln im Kern ausmacht, gelangen wir mit der Zielsetzung einer Gestaltung des Lebens, welche von den übersichtlichen, nahen Lebensräumen über soziale Einrichtungen bis hin zu gesellschaftlichen Strukturmustern reicht. Dieser Blickwinkel ist praxisorientiert, setzt »beim kleinen alltäglichen Detail« ein und bemüht sich um eine »kritische Mikroanalyse der Lebensumstände behinderter Menschen und ihrer familiären und/oder professionellen Bezugspersonen« (Jakobs 1997, S. 255).

Somit rückt eine Kategorie in den Mittelpunkt, die ebenso einleuchtend wie zwiespältig ist: Ein Subjekt, das als verletzbar, fragil oder geschädigt bezeichnet wird. Die Ambivalenz rührt zum einen vom gesellschaftlichen Bezug her, der jede individuelle Position prägt, zum anderen aber auch von der langen Geschichte der Heilpädagogik und ihrer widerständigen Motive.

Die Praxis der Heilpädagogik ist historisch betrachtet aus einer starken Hierarchie heraus entstanden. Fürsorgende Zuwendungen für ein behindertes Individuum galten als Akt der Nächstenliebe, sie waren Ausdruck einer Beziehung der Barmherzigkeit, die mit einer demütigenden Herablassung einherging. Jahrhundertelang konnte diese Asymmetrie in verschiedenen Formen aufrecht erhalten werden (während indes an den Verhältnissen und der zugeschriebenen Minderwertigkeit immer auch Kritik artikuliert wurde).

Wird heute die Geschichte der Heilpädagogik neu geschrieben? Dies ist eine offene Leitfrage, die uns auf den Kerngesichtspunkt führt. Zumindest dieses können wir als Fortschritt behaupten: Das Subjekt, dem unter fachlichen Gesichtspunkten alle Aufmerksamkeit zukommt, wird »heute« nicht mehr als passives Objekt verstanden, dem man Hilfe zukommen lässt, sondern es handelt sich um ein aktives, selbstbestimmtes, handelndes Subjekt. Ein Subjekt, das freilich einen besonderen Lebensweg hinter sich gelassen hat und ein Leben unter besonderen, oftmals einschränkenden Bedingungen führen muss. Die Kategorie der Verletzung und Schädigung verdient somit im gleichen Maße Geltung wie diejenige der Anerkennung.

Die Profession der Heilpädagogik umfasst letztlich auch diese, oftmals missverstandene Kategorie der Vulnerabilität und Schädigung, die zu einer erschwerten Lebens-, Lern- und Bildungssituation führt. Hier ist die Disziplin keineswegs mehr autonom, sondern auf den Austausch mit benachbarten Disziplinen verwiesen.

Insbesondere die Tiefenpsychologie hat hier einen besonderen Stellenwert. Jenseits einer gelehrten Fachterminologie kann man dies mit einfachen Worten beschreiben. Die erschwerte Lebenssituation ist komplex, mehrdimensional und beziehungsreich und sie bildet sich in einem bestimmten Störungsbild ab, für das wir tiefenpsychologische Motive benötigen. Warum konnte sich – beispielhaft beschrieben – nicht die gewünschte Autonomie in einer Entwicklung entfalten? Welche negativen Ereignisse haben zu einer geschädigten Biografie geführt? Welche Bindungsmuster wurden ausgebildet, die auf ein gestörtes Interaktionsverhalten in der Familie schließen lassen? Solche Fragen sind nicht einfach zu beantworten und nicht mit Hilfe kurzatmiger Interventionen einfach zu »beseitigen«. Heilpädagogik ist somit als eine ernsthafte, an den biografischen Verletzungen orientierte Disziplin richtig verstanden.

Der Kerngesichtspunkt der Disziplin wird somit mit jenen Begriffen erfasst, die leicht ausgesprochen und schwer zu verwirklichen sind. *Subjektorientierung* meint hier, dass wir die Person mit allen ihren Schichten und Facetten in das Zentrum rücken. Die *Personorientierung* drückt konkreter die Art und Weise aus, an der sich die Praxis der Heilpädagogik sinnhaft orientieren kann. Und natürlich ist die kritische Diskussion der gesellschaftlichen Verhältnisse mit diesen Motiven zusammen zu schließen. Im Bemühen um eine inhaltliche Bestimmung der Professionalität könnte man insofern einen Raum bezeichnen, in dem die Tätigen – Professionelle und Betroffene, Lehrende und Lernende – in einen gemeinsamen »Beziehungs- und Bezogenheitsraum« (Greving/Ondracek 2010, S. 58) eintreten. In diesem Raum sollten Herrschaftsansprüche und Machtaspekte benannt werden, doch zugleich Beziehungen gestiftet und Sinnverstehen ermöglicht werden. Heilpädagogik wird somit zu einer »sinnverstehenden Wissenschaft«, in der eine »Rückbesinnung auf das Subjekthafte« (Gerspach 1997, S. 175) verfolgt wird.

Man kann diese Überlegungen als eine erste Grundlagenreflexion verstehen, mit der die Praxis der Heilpädagogik begründet wird. Verschiedene Konzeptionen wären an dieser Stelle zu nennen, die an die erwähnten Aspekte anknüpfen. Diese theoretischen Perspektiven zeigen in ihrer Vielschichtigkeit, wie voraussetzungsreich die theoretische Entschlüsselung der Praxis der Heilpädagogik ist. Man kann die »Sache« der Heilpädagogik etwa

- in einem gesellschaftstheoretischen und philosophischen Rahmen betrachten. Dann werden Fragen zur Subjektkonstitution und die Idee eines unverfügbaren »Anderen« möglich (Dederich 2012).
- unter einem ethischen und gesellschaftlichen Aspekt thematisieren, wobei Machtfragen und Integrationsprobleme in den Mittelpunkt rücken (Jantzen 2004).
- als vorrangig berufsethische Aufgabe bestimmen, die sich in jeder einzelnen Situation neu und anders darstellt (Moser 1995; Oevermann 2013).
- unter einem professionellen, reflexiven oder inklusionspädagogischen Blickwinkel betrachten (Sander 2004; Waldschmidt 2003; Boban/Hinz 2005; Vf. Wevelsiep 2019).

Jede dieser geschilderten Perspektiven weist offensichtlich Schwerpunkte auf, die auf besondere wissenschaftliche Bahnen zurückführen. Wir begnügen uns jedoch zunächst mit der Diskussion einer entscheidenden Kategorie, die wohl bei jeder hier angesprochenen Sozialtheorie involviert ist: die Kategorie der Person.

Heilpädagogisches Denken entzündet sich an Personen – diese Aussage wird uns im Folgenden immer wieder beschäftigen. Sie meint im engeren Sinne zum einen, dass die einzelne Person Zentrum, Anker und Mitte heilpädagogischer und allgemeinpädagogischer Bemühungen ist. Sie meint aber darüber hinaus, dass personale Kategorien von entscheidender Bedeutung sind; Kategorien, die im Bezogen-Sein, im Verhältnis zu Anderen, in der Spannung zwischen Selbst-Sorge und Fürsorge einen besonderen Wert aufweisen.

Für Emil Kobi etwa realisiert sich das heilpädagogische Handeln als Deutungsarbeit, die an den »menschlichen Beziehungsverhältnissen« (Kobi 2004, S. 25) ansetzt. Wir können an diese Formulierung anschließen und den Wert einer zeitgemäßen Pädagogik in der Art und Weise bemessen, in der die interexistentielle Dimension zwischen Subjekten Einlass in die Praxis findet.

Man könnte natürlich einwenden, dies sei kaum überraschend und gleichsam selbstverständlich. Doch ist diese theoretische Ausgangslage keineswegs trivial, weil sie den Wert der individuellen Person (der uns sozial, rechtlich und moralisch betrachtet deutlich vor Augen liegt) mit der Dynamik menschlicher Beziehungen zusammenschließt. Die Grundfragen der Heilpädagogik lassen sich sinnvoll erschließen, wenn wir den Blick auf ein Individuum bzw. ein Subjekt richten, das sich in einer besonderen, mithin »fragwürdigen« Situation befindet (ebd., S. 17). Die Auswege aus solcher Fragwürdigkeit finden wir dabei nicht im verengten Blick auf die Person an sich, sondern in ihren Daseins- und Existenzvollzügen, ihren Beziehungsverhältnissen und subjektiven Welten. Heilpädagogik meint in diesem Sinne, eine Rahmung der vorgefundenen Wirklichkeit zu ermöglichen, die auf ein Verstehen der subjektiven Welten zielt. Diese Sozialtheorie ist subjektzentriert und zugleich an den dynamischen Wechselbeziehungen orientiert; sie betrachtet die Selbsterhaltung des Subjekts in größeren und kleineren Zusammenhängen. Die Schlussfolgerungen dieser Grundentscheidung sind weitreichend: Wir sind demnach gehalten, uns an der subjektiven Wirklichkeit eines verletzbaren Subjekts zu orientieren, aber dort nicht stehen zu bleiben. Wir ziehen die Parallelen und Wirkungen zwischen Subjekt und Umwelt mit ein und müssen insofern die strenge Trennung zwischen Subjektivem und Objektivem auflösen. Im Zuge dieser Orientierung verliert die Erziehung ihren Anspruch der Absolutheit und wird sich ihrer relativen Stellung bewusst; eine Beschreibung, die sich in den nachfolgenden Reflexionen immer wieder aufweisen lässt.

3.2 Theorieperspektiven

Heilpädagogik ist eine interdisziplinäre, somit vielschichtige, aber auch »widerständige« Profession. Sie stand und steht inmitten der Gesellschaft, einerseits »am Rande«, andererseits im Zentrum moralischer und gesellschaftlicher Konfliktlagen.

Es ist diese doppelte Hinwendung – in marginaler Position und in defensiver Haltung, zugleich mit offensivem Geist, die die Bedeutung der Heilpädagogik im gesellschaftlichen Kontext ausmacht.

Wir sind somit gehalten, die Disziplin nicht isoliert zu betrachten, sondern der Einsicht zu folgen, dass sich in der Praxis immer auch gesellschaftliche Entwicklungen und ein spezifisches kulturelles Klima abbildet. Eine solche Positionierung zwingt uns dazu, die einleitenden Bestimmungen in einem Geflecht von Wissenschaftstheorie und Gesellschaftspolitik einzuordnen.

Aufgrund der Zentralstellung der Kategorie Behinderung für das Fach können wir uns an verschiedene Disziplinen wenden, um mehr über die Situation eines Menschen mit Behinderung zu erfahren. Entwicklungspsychologie und Neurologie, biologische und medizinische Forschungen, genetische und therapeutische Diskurse – alle diese höchst unterschiedlichen Diskurse fließen in der Disziplin zusammen. Um ein angemessenes »Bild« vom Menschen mit Behinderung zu erhalten, müssen wir zudem die Sozial- und Geisteswissenschaften hinzuziehen, müssen kritisch-theoretische Reflexionen ermöglichen, die uns über Inklusion und Exklusion, Macht und Ausschluss, soziale Integration und Identitätsbildung informieren.

Es gibt in diesem Zusammenhang eine Reihe von problematischen Entwicklungen, die ernst zu nehmen sind und hier zu einem spezifischen Wertefundament führen, das wir ausführlicher darlegen werden. Denn es ist keineswegs so, dass sich die erwähnten Fachdisziplinen einfach zu einem ganzheitlichen Bild *der Heilpädagogik* zusammenfügen. Diese Formulierung ist zwar unvermeidlich, aber problematisch. Die Gefahr steht im Raum, von einem umgreifenden Bild einer Heilpädagogik als Einheit auszugehen, was verschiedene Schwierigkeiten mit sich bringt.

Zum ersten richtet »die Heilpädagogik« – die hier ebenso als Sonder-, Behinderten- oder Inklusionspädagogik bezeichnet werden kann – ihr Augenmerk auf Kinder und Jugendliche, deren Entwicklung gefährdet, eingeschränkt oder stark belastet ist; aufgrund physiologischer Schädigung, seelischer Behinderung, kommunikativer Einschränkung oder gesellschaftlicher Marginalisierung.

Diese Formulierung zeigt, dass zum einen die Wahrnehmung einer einheitlichen, homogenen Disziplin nicht unbedingt sinnvoll ist. Bedenken wir die Vielfalt von disziplinären Richtungen, die über die Jahre hinweg ausdifferenziert wurde: Es gab und gibt unter anderen Titeln die Geistigbehinderten- und Körperbehindertenpädagogik, Taubstummen- und Blindenpädagogik; Pädagogik für »Lernschwache« oder »Erziehungsschwierige«. Die Bezeichnungen haben sich geändert, aber die Phänomene müssen differenziert wahrgenommen werden. Hier zeigt sich die Komplexität einer pädagogischen Disziplin, die höchst unterschiedliche Situationen in ihr Weltbild integrieren müsste: körperlich-motorische Einschränkungen, chronische Erkrankungen, ein »autistisches« Selbst, psychosoziale Problemlagen. Wie dies gelingen kann, steht in Frage; ebenso wie die Tatsache, dass die Pädagogik im Allgemeinen von Umwelteinflüssen und gesellschaftlichen Entwicklungen nicht unberührt bleibt.

Der schwierige Punkt zeigt sich in einem Schnittfeld von gesellschaftlichen, oft als Krisen überschriebenen Entwicklungen und allgemein-pädagogischen »Herausforderungen«. Wie sind Bildung und Erziehung angesichts dramatischer weltgesellschaftlicher Ereignisse noch zu verstehen, wie können Bildungsprozesse auch unter erschwerten gesamtgesellschaftlichen Bedingungen ermöglicht werden? Kriege und Krisen rücken nicht nur medial näher an die Wohlfahrtsstaaten der ersten Welt heran, sondern sie betreffen sie unmittelbar. Diverse Ereignisse führen zu Erschütterungen und sozial- und individual-psychologischen Traumatisierungen. Davon kann auch die Heilpädagogik nicht unberührt bleiben.

Wir können die angedachten Themen hier nicht vertiefen, aber doch auf die eminenten Schwierigkeiten hinweisen. Zu den Problematiken zählen die Aufgaben der Integration und der interkulturellen Verständigung, die »Bewältigung« von psychologischen Problemlagen, mithin die politische Verantwortung in Zeiten, in denen die pädagogischen Einrichtungen stärker als zuvor unter Druck geraten. Verschiedene Fragen bleiben ein Stück weit unbeantwortet, die vor allem mit chronischer Überlastung zu tun haben; in Frage steht aber besonders, wie man das heilpädagogisch-ethische Fundament bewahren kann, ohne dabei neue rigide Unterscheidungspraktiken zu etablieren (also neue Formen der Exklusion zu schaffen).

Fest steht, die »reale Erziehung« steht unter besonderer Beobachtung, weil sie den eigenen Geltungsansprüchen nicht mehr genügen kann; weil sie gleichsam von gesellschaftlichen Faktoren zerrieben wird und eher hilflos Strategien gegen Erschöpfung entwickelt. Aus Sicht der Heilpädagogik wird es angesichts dessen schwieriger, die eigenen Motive für die Klientel in das Zentrum zu rücken, ihnen Stimme und Anerkennung zu verschaffen, wenn die gesellschaftlichen Probleme Überhand nehmen.

Die Spannung zwischen Theorie und Praxis ist somit genauer zu beschreiben. Sie zeigt sich in zwei Richtungen, die man gewissermaßen in eine Balance überführen müsste. Wie viel Wissenschaftlichkeit ist angemessen, notwendig, vertretbar oder problematisch? Eine provokative Formulierung. Ist nicht Wissenschaftlichkeit ein so hoher Wert, dass es kein »genug« geben kann, so dass wir uns gewissermaßen vollkommen den wissenschaftlich-rationalen Erkenntnissen zuwenden können, um die Fortschritte in der Praxis zu gewährleisten?

Die Zwischenstellung der Heilpädagogik als verstehende, sinndeutende Praxisform ist insofern zu vergegenwärtigen und ein Stück weit zu verteidigen. Wir verharren im Moment der Auseinandersetzung mit Anderen einerseits nicht selbstherrlich, autonom, in souveräner Allmacht, sondern müssen uns befragen lassen und in einen Dialog mit Dritten treten. Dazu zählt die wissenschaftliche Verfahrensrationalität wie weitere professionsethische Gesichtspunkte.

Andererseits ist es wichtig, zu erkennen, dass die Wissenschaftlichkeit kein absoluter Zweck ist, sondern ein Mittel zur besseren Verständigung. Die Rückführung menschlicher Beziehungen auf letzte Gewissheiten mit wissenschaftlichem Anspruch ginge letztlich an der Wirklichkeit vorbei.

Insofern ist auch der Aspekt der Verunsicherung zu benennen, der die Heilpädagogik als Profession in verschiedenem Maße betrifft. Die wohl tiefste Dimension erkennen wir im Blick auf Ökonomisierungstendenzen. Hier ist freilich eine angemessene Sprache zu finden, die normativ im Gleichgewicht bleibt. Populär ist die Kritik an einem Gesellschaftsmodell, das sich als »neoliberal« beschreiben ließe; diese Kritik ist insofern berechtigt, wenn humane Dienstleistungen allein unter wirtschaftspolitischen Gesichtspunkten betrachtet werden. Es ist die Frage, ob sich diese legitime und durchaus notwendige Kritik als neuer Sozialdarwinismus bezeichnen lässt, als notdürftig kaschierte Allianz von Wirtschaftsliberalismus, Utilitarismus und Kommerzialisierung (Jantzen 2004). Die Verunsicherung hat hier ein Janusgesicht, denn es gilt zum einen, auf die Gefahren der negatorischen Haltung hinzuweisen, die sich im Zuge einer Verbetrieblichung der Humansysteme entfaltet. Wenn eine solche Tendenz der Entfremdung zunähme und letztlich jeder pädagogische Aspekt im Licht von Leistung und Produktivität betrachtet würde, dann droht das Wertefundament der helfenden Professionen ausgehöhlt zu werden. Andererseits können wir uns den Hinweis nicht ersparen, dass auch Pädagogik und Bildung in den Zusammenhang einer kapitalistisch *und* sozialstaatlich verfassten Ordnung eingebettet sind. Je radikaler die Kritik ausfällt – die Rede von Sozialdarwinismus etwa verhindert jede weitere Argumentation –, umso schwieriger wird eine balancierte, ausgewogene Positionierung.

Die Verunsicherung betrifft die Professionen aber auch noch in anderer Hinsicht. Das Stichwort der Technik bringt die Zusammenhänge auf den Punkt: Technik in naturwissenschaftlicher Forschung hat immense Fortschritte ermöglicht, deren Schattenseiten schwer wahrnehmbar sind; unter anderem wird die Möglichkeit einer Behinderung mittlerweile pränatal großflächig ausgeschlossen. Ein Fortschritt in einer Hinsicht, der Leiden verhindert; doch vor dem Hintergrund der gentechnischen und eugenischen Optimierung zeigt sich eine tiefe Ambivalenz. Ist es noch möglich, unter den bekannten Umständen in der modernen Gesellschaft ein Kind mit Behinderung zur Welt zu bringen? Wir groß ist der »Druck«, der in sozialer, sozialpolitischer, kultureller Hinsicht auf solchen Entscheidungen lastet?

Nicht zuletzt ist die Verunsicherung in genuin pädagogischer Hinsicht zu erkennen. Neue Diskurse kreisen um Aspekte einer neuen Autorität (Köngeter 2013), welche die vermeintlich älteren Modelle ablösen sollte; man diskutiert eine neue Haltung, die den Verlust der Erziehung auf allen Ebenen kompensieren sollte. Die Problematik besteht auf verschiedenen Ebenen: Es fehlt ein einheitliches Modell familiärer Erziehung, als auch die Selbstsicherheit der Pädagogik, mit problematischem Verhalten umzugehen. Die Hintergründe sind jedoch vielschichtig und in einem Geflecht von interkulturellen Problemen, Selektionstendenzen und natürlich der bestehenden gesellschaftlichen Ungleichheit zu sehen. Für die Heilpädagogik nimmt diese Verunsicherung eine besondere Form an, ganz einfach, weil die Orientierung in besonderen Einrichtungen und besonderen Situationen erschwert wird. Es wäre zu überprüfen, ob die Allgemeine Pädagogik in dieser Hinsicht vom Professionsdiskurs der Heilpädagogik etwas lernen könnte.

Was sind nun die Schlussfolgerungen, die wir auf einer Ebene der Grundlagenreflexion ziehen könnten? Weil die heilpädagogische Disziplin nicht auf *eine Wissenschaftstheorie*, nicht auf *ein wissenschaftliches Modell* zurückläuft, muss die Darstellung unter besonderen Bedingungen verlaufen. Die Balance zwischen den fachlichen Erfordernissen, wissenschaftlich gestützter Erkenntnis, methodisch kontrollierter »Techniken« und gesellschaftlichen und bildungspolitischen Aspekten ist zu finden. Eine solche Reflexion kann eben nicht ohne das Motiv der Parteinahme ablaufen, welches heilpädagogisches Denken seit Beginn an begleitet. Diese Parteilichkeit ist nicht mit moralrigoristischen Positionen zu vermengen; sie muss vielmehr sozialtheoretisch und sozialphilosophisch untermauert werden. Sie ist anderseits gegenwärtig durchaus mit Selbstbewusstsein zu verbinden, ein Bewusstsein der langen Kämpfe um Anerkennung und Selbstbestimmung (Speck 2008, S. 36).

Mit den moralischen Diskursen im Rücken kann die Heilpädagogik als eine vielschichtige, etablierte Profession gesehen werden, für die sowohl wissenschaftliche Kriterien als auch ein Wertefundament charakteristisch ist. Letzteres mündet hier in der Theorie der Personorientierung, die jenseits aller ideologischen Vereinnahmung so etwas wie eine solide Basis bildet.

Welche Theorien stehen nun bereit, um konkreter das Profil der Heilpädagogik der Gegenwart zu schärfen? Wir werden im Folgenden nicht das gesamte Spektrum heilpädagogischer Ansätze erfassen können und nur sehr selektiv einzelne Positionen herausgreifen. Die Theorie der Heilpädagogik blickt auf eine längere Geschichte zurück, an der natürlich immer weiter geschrieben wird. Zu den wichtigeren Positionen zählen traditionell existenzphilosophische (E. Kobi), professionsethische (U. Haeberlin), praxeologische (D. Gröschke), historisch-materialistische (W. Jantzen) und system-ökologische Ansätze (O. Speck). Ohne hier eine Theorie zu stark an wissenschaftlich etablierte Namen zu binden, sollen hier folgende Schwerpunkte gebildet werden.

Heilpädagogik ist als eine Theorie zu verstehen,

- in der sich Kontingenzen und Ambivalenzen der Daseinsgestaltung abbilden,
- in der gesellschaftspolitische und materialistische Faktoren die individuelle Situation bestimmen,
- in der spezifische System-/Umwelt-Faktoren im Verhältnis von Theorie und Praxis zu beachten sind,
- die letztlich in der Vorstellung personaler Würde, personaler Kompetenzen und personaler Autonomie einen unveräußerlichen Kern findet.

Wir werden im Folgenden einige Schlaglichter der heilpädagogischen Theoriebildung aufzeigen, die sich als bedeutsam für die Entwicklung des Personenbezugs herausstellt.

3.3 Der Blickwinkel des historischen Materialismus

Beginnen wir mit einer Position, die möglicherweise in vergleichsweise größerer Distanz zu weiteren wissenschaftstheoretischen Positionen steht. Gemeint ist hier der genuin historisch- materialistische Ansatz von Wolfgang Jantzen und Georg Feuser. Während die Existentialanalyse einen subjektiven Rahmen heilpädagogischer Theoriebildung vorgibt, steht die Perspektive der kritisch-materialistischen Dialektik unter anderen theoretischen Vorzeichen.

Wie viele andere Ansätze geht die historisch-materialistische Heilpädagogik vom konkreten handlungsfähigen Menschen aus, der sich in einer bestimmten historischen und gesellschaftlichen Situation befindet. Diese scheinbar selbstverständliche Ausgangslage hat hier aber einen besonderen, eben materialistischen Hintergrund. Diese Theorie besagt, dass menschliches Denken, menschliche Handlungen und Entwicklungen von materiellen Bedingungen abhängig sind. Psyche und Geist, Identität und Selbstbewusstsein sind Ausdruck eines historischen Vorgangs inmitten materieller Gegebenheiten. Die Heilpädagogik fragt in diesem Kontext nicht nach den ideellen Werten oder nach dem Ideal der Selbstverwirklichung; ihr Grundanliegen liegt eher darin, das Phänomen der Behinderung als einen sozialen und geschichtlich gewordenen Tatbestand zu entziffern.

Jantzen bestimmt Behinderung dementsprechend mit kritischem Einschlag als eine »Arbeitskraft minderer Güte«, als »reduzierte Geschäftsfähigkeit«, die den Menschen mit Behinderung daran hindert, seine »Arbeitskraft selbständig und in üblicher Weise zu Markte zu tragen« (Jantzen 1987; S. 39; ders. 2004; Feuser 1994; ders. 1995).

Behinderung wird also in einer asymmetrischen, inferioren Beziehung zum übergreifenden Ganzen gesehen. Dieses »Ganze« besteht aus Konsum- und Produktionssphären, die Güter bereitstellen und spezifische Distributionsverhältnisse erzeugen und aufrecht erhalten. Es sind die Kategorien von Karl Marx, die hier im Hintergrund stehen und mit neueren kritischen Vorstellungen verknüpft werden. Behinderung wird diesem Ansatz entsprechend als ein Phänomen betrachtet, das einem verbrämten gesellschaftlichen Ausbeutungsverhältnis zugrunde liegt. Dem Menschen mit Behinderung ist die Teilhabe nicht deswegen versagt, weil er oder sie aus bestimmten Gründen nicht inkludiert wird, sondern weil man dem »Gebrauchswertversprechen« (Jantzen 1987, S. 40) nicht genügt. In einer denkbaren Übersetzung ließe sich mit Pierre Bourdieu sagen, dass das materielle, symbolische und soziale Kapital fehlt; mit Niklas Luhmann würde man sich auf den Gegensatz von gesellschaftlicher Semantik und der Sozialstruktur beziehen. Man begegnet dem Menschen mit Behinderung sprachlich mit dem Versprechen der Inklusion und Anerkennung; in den konkreten Handlungssphären bleibt aber die Teilhabe versagt.

Für eine zeitgemäße Heilpädagogik (die hier nicht in die Tiefen des Historischen Materialismus eintauchen kann) liegt es nahe, sich auf die konkreten Prozeduren des Ausschlusses zu beziehen, weniger auf die Semantik des Klassenkampfes. Wie stellt sich das Leben eines Menschen mit Behinderung unter den bekannten Vorgaben dar? Programmatisch beantwortet Georg Feuser diese Frage mit dem Dual von Integration und Ausgrenzung, womit zum einen die Wertsetzung der heilpädagogischen Praxis, zum anderen die konkreten Erfahrungen in der Gesellschaft angesprochen sind.

Es sind folgende Aspekte, die aus Sicht einer materialistisch-kritischen Theorie im Zusammenhang von »Behinderungen« betrachtet werden sollten:

- die konkrete Praxis der Segregation von Menschen mit Behinderung im Bildungswesen,
- die damit zusammenhängende Tendenz zur strengen Kategorisierung von Störungsbildern, zur Klassifizierung von Gruppen, die einer spezifischen Behandlungsform zugeordnet werden,

- das manifeste psychiatrisch-medizinische Modell, das von der Asymmetrie zwischen Gesundheit und Krankheit ausgeht,
- die Dominanz einer »neuen Euthanasie«, die anders als historische Vorläufer nicht durch eine abwertende Sprache der vermeintlichen Minderwertigkeit vorgeht, sondern sich durch subtile Exklusionsstrategien auszeichnet (Feuser 1995, S. 17).

Heilpädagogisches Handeln müsste sich, so Feuser, gegen dieses Welt- und Menschenbild wenden, indem es systematisch den Vorrang des Sozialen beachtet, eine konsequente Deinstitutionalisierung und ebenso konsequent die Personorientierung in der Pädagogik verfolgt.

In Bezug auf das Menschenbild ist es hier von Vorteil, die Dinge in einer vereinfachenden Terminologie zu beschreiben. Im klassischen Paradigma der Heilpädagogik wird eine Personengruppe der Behinderten aufgrund interner Schädigungen in bestimmter Weise klassifiziert und den Normen der Gesamtgesellschaft gegenübergestellt. Es sind dies die bekannten Praxen der Sortierung, der »Defizit-Diagnosen«, des vorübergehenden Ausschlusses aus dem Bildungssystem und der Zuordnung zu segregierenden Räumen, die vom Autor kritisiert werden.

Die Alternative wird in zweierlei Hinsicht deutlich: zum einen in der gesellschaftspolitischen und bildungspolitischen Umorientierung im Sinne von Integration und Inklusion; zum anderen aber auch mit Blick auf das einzelne Individuum.

Feuser und Jantzen fassen zudem den Menschen als eine integrative Einheit von Biologischem, Psychischem und Sozialem auf, was im weitesten Sinne zu einer Vermeidung von (ausgrenzenden) Praxen der Normalisierung führt. Dieses Menschenbild wird in naturwissenschaftlicher und naturgeschichtlicher Perspektive herausgearbeitet, wobei bisweilen die schwindelerregende Höhe einer *Theorie des Lebens* erreicht wird[3].

In zweierlei Hinsicht kann man an diese Untersuchungen anschließen. Höchst aktuell erscheint die Übersetzung in aktuelle geopolitische und geoökologische Forschungen; hier ist es die Einsicht in die unabweisbare Verflechtung geologischer, biologischer, humanökologischer und sozialer Prozesse. Für unsere Überlegungen stellt sich die Frage, wie sich das »behinderte Leben« interpretieren ließe.

Wir können den abstrakten Theorien durchaus praktische Reflexionen im Sinne heilpädagogischer Konzeptionen abgewinnen: Die erwähnte Modifizierung des klassisch mechanistischen Paradigmas etabliert ein Weltbild, das den biografischen Eigenzeiten des individuellen Lebens Aufmerksamkeit gibt. Der Begriff der Eigen-

---

3 Wir müssen diese komplexen Analysen hier stark zusammenfassen: Im Hintergrund steht die wissenschaftstheoretische Überzeugung der Abkehr vom Newton'schen Weltbild und dessen mechanistischen und positivistischen Aspekten. Die Welt und der Mensch erscheinen in diesem älteren Weltbild als beschreibbare Objekte, die vor allem die Frage adäquater Messverfahren aufwerfen. Demgegenüber betonen Feuser und Jantzen die Eigenbewegungen und Eigenzeiten alles Lebendigen, die eine Erweiterung und Vertiefung des theoretischen Wissens erzwingen. Der Grundgedanke schließt an die Einsicht in die Interdependenz und historische Verflechtung des Lebendigen an: Entwicklung bedeutet »die zunehmende Verflechtung von Makro- und Mikroevolution als Wechselwirkungsprozess«; durch eben diese Verbindungen »entstehen neue Formen in der Entwicklung der materiellen Welt« (Jantzen 2007, S. 19).

zeit bringt hier eine besondere Erkenntnis zum Ausdruck: Menschen leben in einer Autonomie, so sehr sie auch von Umweltbedingungen mitbeeinflusst werden; ihre inneren Abläufe, Entwicklungen und Prozesse gehorchen einer inneren, von außen nicht bestimmbaren Logik (Feuser 1995, S. 120). Die neuere (u. a. systemtheoretische) Forschung spricht hier von Autopoiese bzw. Selbstschöpfung. Diese Betrachtungsweise des Lebens (die bereits auf dieser Ebene zu Kontroversen führt, denn kann man eine Theorie der Biologie mit sozialen Kategorien vermengen?) ergibt ein spezifisches Bild der Person. Diese ist weitgehend frei in ihren Abläufen und Zielsetzungen, zentriert um das eigene Gedächtnis und die eigene Biografie und ausgerichtet auf Möglichkeiten, die nur im Rahmen ihrer eigenen Geschichtlichkeit zur Verfügung steht.

Man könnte hier den Einwand vorbringen, dass die Betonung eigener Systemgesetzmäßigkeiten in pädagogischer Hinsicht fragwürdig ist, weil jeglicher Einfluss von außen und jegliche Förderung damit überflüssig würde. Aber dieser Einwand trägt nicht weit, denn die kategorische Übersetzung wäre hier ein Fehlschluss: Absolute Autonomie ist ebenso wenig denkbar wie absolute Determination. Die Freiheit, die wir der Vorstellung der Eigenzeitlichkeit entnehmen können, führt uns eher zur Eröffnung pädagogischer Spielräume.

Die pädagogischen Schlussfolgerungen führen, wie angedeutet, zur Betonung der integrativen Orientierung, nicht nur der Heilpädagogik, sondern auf allen bedeutsamen gesellschaftlichen Ebenen. Sie können thesenförmig zusammengefasst werden. Heilpädagogik findet ihren berufsethischen Kern:

- in der konsequenten Personorientierung und der Vertiefung des dialogischen Prinzips,
- in der authentischen Begegnung, in der die wechselseitige Ermöglichung der Teilnahme am Dasein des Anderen verfolgt wird,
- in der Präsenz, Wahrhaftigkeit und Gegenwärtigkeit, in der die Wahrnehmung des Anderen im Moment der Beziehung erfahrbar wird,
- in der Integration der historisch-biografischen Dimension, die jede Person betrifft.

3.4 Der Beitrag der Existentialphilosophie

Die materialistische Perspektive, so wie sie oben in aller Kürze dargelegt wurde, führt uns bereits zu den Grundgedanken der Existentialphilosophie, die im gleichen Maße für die heilpädagogische Reflexion von Wert ist. Die Grundfrage, die diese Position anleitet, ist im Grunde leicht verständlich, weil sie jeden Menschen in gewisser Weise betrifft; im Hintergrund stehen hier zugleich phänomenologische Untersuchungen, die mit abstrakten Kategorien des Eigenen und des Fremden operieren.

Ausgangspunkt der heilpädagogischen Reflexion ist die Grundfrage an bzw. vom Menschen mit Behinderung, wie es dazu kommt, dass er bzw. sie sich in einem bestimmten Zustand wiederfindet. Die im Grunde einfachste Frage wird hier zu einer komplexen Denkaufgabe: inwiefern wir jemanden als »behindert« bezeichnen können.

»Behinderungen« haben Formen, Strukturen und Gestalten mit anthropologischer Bedeutsamkeit. Behinderung wird als Auffälligkeit, Andersartigkeit, als etwas Nicht-Konformes, Unpassendes oder nicht Zeitgemäßes erfahren und zugeschrieben. In einer bewusst zugespitzten Ausdrucksweise können wir den Menschen mit Behinderung als jemanden erfassen, der sich in einer Situation der Abhängigkeit befindet, die relativ zu einer historisch und kulturell vermittelten Situation ist. Es ist ein »jemand«, der seine eigene Gestalt, seine Erscheinung und seine Identität in bestimmter Weise in Abhängigkeit von den realen Zuschreibungen seiner soziokulturellen Umwelt wahrnimmt und sich im Extremfall als abnorm oder minderwertig erfährt. Eine weitere Dimension tritt hinzu. Jemand wird in seiner Handlungsfähigkeit, seiner sozialen Integration und seiner Selbstentfaltung in bestimmter Weise eingeschränkt.

Diese negative Herangehensweise ist natürlich nicht der einzige Weg einer Beschreibung des Phänomens. Entscheidend für eine nähere Bestimmung des Phänomens Behinderung ist darüber hinaus die Kontrastbildung, die zwischen eigenen und fremden Bedürfnissen, eigenen und fremden Normen, eigener und fremder Wahrnehmung besteht. Die entsprechenden Hilfen, die als Inklusion, Assistenz, Empowerment usw. vollzogen werden, sind entsprechend nicht negativistisch (also an dem Nachteil an sich orientiert) orientiert, sondern sie müssen zwischen den Eigen- und den Fremdwahrnehmungen ansetzen.

Weil die Zusammenhänge also nicht auf einer Seite, der subjektiven oder der objektiven zu verorten sind und wir uns im Kontext Behinderung auf einem Feld bewegen, auf dem die Subjekt-Objekt-Relationen in ihrer Komplexität entfaltet werden müssten, liegt die philosophische Disziplin der Phänomenologie nahe.

Diese Disziplin hat verschiedene Ausläufer und Varianten. Ihre philosophischen Ursprünge gehen auf die Philosophie Edmund Husserls zurück, die sich als »Prima Philosophia« etablierte und zu den Sachen selbst vorstoßen sollte, die wir im unmittelbaren Bewusstseinserleben wahrnehmen. Die zeitgenössische Phänomenologie knüpft daran an, bildet aber eigene Schwerpunkte. Für unsere Überlegungen maßgeblich ist die »Philosophie des Fremden«, die von Bernhard Waldenfels programmatisch untersucht wurde. Sie ist für die Befassung mit Themen von Behinderung und Abweichung von hohem Wert, weil sie die gewohnten Kategorien unseres alltäglichen Sprachgebrauchs verschiebt und sie in ihren Tiefenstrukturen auslotet.

Diese Philosophie des Fremden buchstabiert die Themen von Krankheit und Entfremdung, Schmerz, Gewalt und Tod in einer anschaulichen Weise aus (Waldenfels 1987; ders. 1997; ders. 2016). Diese Philosophie ist hilfreich, denn es geht darum, die gewöhnlichen Unterscheidungen zu hinterfragen, die im Zusammenhang von Krankheit und Behinderung, Norm und Abweichung gleichsam unwillkürlich getroffen werden.

In der phänomenologischen Sicht gibt es keinen Bereich, der nicht von der Erfahrung des Fremdwerdens heimgesucht wird, keinen Ort, an dem sich das menschliche Leben nicht entfremdet. Dies betrifft die realen Orte, die reale Praxis ebenso gut wie das Feld des Leiblich-Physischen und des Sprachlichen.

> »Wer jemanden in einer fremden Sprache reden hört, die er selbst nicht beherrscht, hört, was er nicht versteht, und bemerkt zugleich, dass er es nicht versteht. Etwas zeigt sich ihm, indem es sich ihm entzieht. Dieses Nichtverstehen kann fatale Folgen haben. Ein Beispiel liefern jene Ureinwohner der Neuen Welt, die – wie Kolumbus mit naiver oder gespielter Verwunderung in einem seiner Reiseberichte feststellt – es versäumten, der feierlichen Proklamation, in der die Besitznahme ihrer Ländereien ausgesprochen wurde, zu widersprechen« (Waldenfels 1997, S. 9).

Das historische Beispiel lässt sich durchaus auf heilpädagogische Themenfelder übertragen. Zwischen Subjekten, die im heilpädagogischen Feld aufeinander angewiesen sind, kann sich Fremdheit ebenso gut wie Vertrautheit entwickeln; kann die Sprache stocken und in Situationen der Sprachlosigkeit und des Unverstehens stecken bleiben. Desgleichen wird hier der Aspekt der Macht in bestehenden Ordnungen angesprochen, der sich in Bildungsinstitutionen als strukturelle Macht erweisen kann – etwa, wenn versucht wird, Andere, Kranke, Behinderte in eine Ordnung zu zwingen, sie nach einem Schema zu beurteilen oder sie als Verfügungsobjekte für willkürliche Interventionen zu missbrauchen.

Noch ein weiterer Aspekt wird in der Phänomenologie angedeutet, der für unsere Überlegungen hilfreich ist. Dabei geht es um die Kategorien an sich und deren Gebrauch in alltäglicher Sprache, die bis auf ihren Entstehungsgrund durchdacht werden sollen. Was wir unter Fremdsprache, Fremdkultur, Fremderfahrung verstehen können, bedarf einer langwierigen phänomenologischen Erkundung; was Erfahrung, Sprache, Vernunft, Leiblichkeit oder Ordnung im Verhältnis zum Fremden bedeuten, ist nicht mit kurzatmigen Definitionen zu verstehen.

> »Die Konfrontation mit dem Fremden löst stets einen Rückschlag aus [...]. Erfahrung des Fremden, die mehr bedeutet als einen Erfahrungszuwachs, schlägt um in ein Fremdwerden der Erfahrung und ein Sich-Fremdwerden dessen, der die Erfahrung macht. Fremdheit ist in diesem Sinne ansteckend wie Krankheit, Liebe, Hass oder Gelächter« (ebd., S. 10).

Man sieht, dass die phänomenologische Reflexion den gleichen existentialistischen Ernst mit sich führt, der auch für die Heilpädagogik maßgeblich ist. Emil Kobi lenkt den Blick auf die Existenzform des Menschen, auf seine Grundsituation, die ihm in gewisser Weise als fragwürdig erscheint. Der erste Ansatzpunkt heilpädagogischer Praxis ist es demnach, nach den methodischen Entscheidungen, den entsprechenden Räumen, der individuellen Biografie und den gemeinsam gesteckten Zielen zu fragen. Was ist genauer hier mit Existenz gemeint? Diese Kategorie bindet das Denken an die Grundsituation des einzelnen Menschen. Die Dinge nicht von einem erhöhten Standpunkt aus zu betrachten oder bestimmte Vorentscheidungen der Pädagogik dem Individuum aufzuzwängen – diese wäre mit dem Ethos der Heilpädagogik nicht zu vereinen. Vielmehr gilt, dass die heilpädagogische Praxis in der Mitte menschlicher Beziehungsverhältnisse beginnt. Diese sind »dynamisch, relational und konstruktiv«; sie gleichen »Subjektwelten«, die in der gemeinsamen Praxis zu entschlüsseln sind (Kobi 2004, S. 28).

Ziel der Heilpädagogik in diesem Sinne ist es, sich über den Rahmen einer Wirklichkeit bewusst zu werden, der weder mit einer absoluten individualisierenden Sicht noch einem abstrakten Holismus angemessen erfasst wird. Wir dürfen, anders formuliert, nicht die Position des Subjekts isolieren, sondern müssen sie in ihren Abhängigkeiten, Beziehungen, Wechselwirkungen und Kontingenzen betrachten.

Diese Beziehungskonstellationen umfassen möglicherweise:

- eine emotionale und soziale Entwicklung, die von der gesellschaftlichen Umwelt als störend oder pathologisch beschrieben wird,
- die Fremdzuschreibung eines kognitiven, sozialen, motorischen Störungsbildes, die mit medizinischen und pädagogischen Interventionen einhergeht und somit das Selbstbild des Betroffenen langfristig mitprägt,
- ein individuell artikuliertes Leiden, das in unterschiedlicher Rationalität erscheint – als Widerstand, als Symptom einer spezifischen familiären Situation oder als logische Folge einer sozialen Konstellation.

Der Blick auf die Ordnungen des Fremden und das Dasein des Menschen heißt hier also vor allem, dem »Zerrissensein des Menschen zwischen eigener Wahrnehmung und fremder Zuschreibung, zwischen selbst- und fremdkonstruierter Erfassung und Erfahrung« gerecht zu werden (Greving/Ondracek 2010, S. 74). Man sieht: Die pädagogische Reflexion setzt ganz in der Tiefe menschlicher Erfahrung an; zudem ist sie bestrebt, die möglichen negativen Eindrücke kritisch zu erfassen und sie stets als Ausdruck menschlicher Beziehungsmuster, im Großen wie im Kleinen, zu interpretieren.

Das Phänomen der Behinderung, der Störung, der Abweichung wird hier in ein dynamisches Geschehen integriert, um eine einseitige, etwa monokausale Sicht zu vermeiden. Das Subjekt bleibt eingeklemmt zwischen dem Selbstbild, seiner Selbstwahrnehmung und den fremden Konstruktionen seiner Person. Das heilpädagogische Denken greift in diese Dynamik ein, mit der gebotenen Parteilichkeit und thematisiert das Fremdbild, das in einer Situation erzeugt wird im Horizont weiterer, ausgeschlossener Bilder des Selbst. Die Öffnung von Situationen im Zeichen einer weitgehend autonomen Selbstbildung wäre somit als Ziel zu bezeichnen. Es gelingt in dem Maße, in dem die Normen und Anforderungen in lebensweltlich bedeutsamen Situationen mit den individuellen Merkmalen zusammengeschlossen werden. Dies ergibt in den meisten Fällen sicherlich keine »lupenreine Integration«, keine Sozialisation ohne Irrtümer und Verfehlungen, sondern eine weitgehend tragfähige, lebensdienliche Perspektive aus Sicht des Betroffenen.

Nicht ganz unwichtig zu betonen ist hier die Rolle der/des Heilpädagogen. Dieser ist ein Teil in einem weiten und offenen Feld, das er nicht überblicken kann und über dessen Wirkungen er nicht verfügen kann. Seine Macht ist begrenzt; bzw. die Frage der Macht als Wirkungsmacht ist im Grunde die »falsche« Frage. Es kommt nicht alleine darauf an, ob etwa förderpädagogische Ziele erreicht werden und ob Diagnostik und Interventionen »erfolgreich« sind. Solche Perspektiven sind in pragmatischer Hinsicht wichtig, aber sie übersehen, dass ein »Erfolg« immer an die Wahrnehmungen und Bewertungen des Selbst gebunden ist. Was wir beobachten –

ob ein Kind sich in Bildungssysteme disziplinieren lässt, ob Bildungsziele erreicht wurden und Zertifikate erworben, ob behinderte Individuen in Arbeits- und Wohnverhältnisse integriert wurden –, ist eine standpunktabhängige Konstruktion. Inwiefern hingegen ein Mensch mit Behinderung über seine lebensweltliche Situation ein (Störungs-)Bewusstsein entwickelt, ist die entscheidende Frage.

3.5 Heilpädagogik als »System«

Heilpädagogisches Denken kann mit Hilfe verschiedener Akzentuierungen vollzogen werden: im Rahmen einer existentialphilosophischen Analyse der Situation oder im Kontext eines historisch-dialektischen Zugangs. Wichtig zu betonen ist, dass es sich um verschiedene Konzeptionen handelt, die auf wissenschaftstheoretischen Fundamenten beruhen, die man nicht leichtfertig vermengen darf. Andererseits sind spezifische Kategorien der Heilpädagogik zu betonen, die nicht in einer exklusiven Theorie alleine vertreten sind. Die Orientierung an der Person, an ihrer Geschichtlichkeit, ihren Beziehungen und ihrer gesellschaftlichen Bedingtheit gehört zu eben jenen übergreifenden Merkmalen.

Dies gilt in besonderer Weise auch für eine weitere theoretische Perspektive, die mit dem Namen Otto Speck verbunden ist. Speck hat die Heilpädagogik als Profession in den Rahmen einer übergreifenden Differenz von System und Umwelt überführt, was für eine Theorie der Person im Sinne der Heilpädagogik zu bedeutsamen Einschnitten führt. Was zuvor in der Analyse der primären Situation bzw. der gesellschaftspolitischen Dimension beschrieben wurde, wird hier noch durch weitere Differenzen ergänzt.

Die Disziplin der Heilpädagogik wird vom Autor in ihrem historischen Verlauf und ihren aktuellen Grenzen betrachtet. Die historische Leitunterscheidung führt vom klassischen Paradigma der Behinderung zum »ökologischen Paradigma« (Speck 2008). Mit dieser Bezeichnung wird die Legitimationsfrage der Heilpädagogik neu gestellt.

Es ist das Idealbild der gemeinsamen Erziehung im Rahmen integrativer und inklusiver Strukturen, das den Stellenwert dieser »ökologisch-reflexiven« Konzeption bestimmt. Dies heißt jedoch nicht, das »System Heilpädagogik« komplett auf inklusive Begründungsmuster zu reduzieren. Vielmehr soll ein humanitäres Verständnis in einem ökologischen Rahmen erreicht werden, das sowohl dem Ethos der Inklusion als auch dem Ethos der Personalität entspricht.

Die Herangehensweise vom Standpunkt der Systemökologie ist insofern von den anderen Positionen zu unterscheiden. Hier steht der Gedanke des systemischen Widerspruchs im Zentrum. Von Beginn ihrer institutionellen Begründung an war dieses Widerständige in das Selbstverständnis der Heilpädagogik eingeschrieben. Die Heiltätigkeit entsprach bei den Gründern der Heilpädagogik einem humanitären Verständnis, das sich zwischen zwei normativen Ansprüchen orientieren musste, denn es galt an einem allgemeinen Begriff der Pädagogik festzuhalten, der sich nicht auf den »Schaden« des Individuums reduzierte und gesellschaftlichen Übeln entgegenwirkte. Die andere Seite aber fiel immer wieder ins Gewicht (bis heute), denn an bestimmten Punkten zeigte sich eine gewisse Unüberwindbarkeit einer erschwerten Lebenssituation, für die institutionelle »Lösungen« zu finden waren. Die Heilpädagogik ist somit von Beginn an, so Speck, von einer zweifachen Bestimmung ausgegangen: mit dem kritischen Blick für die existentiellen Nöte, die mit integrativen Prinzipien gelindert werden sollten; zugleich mit einer fachlichen Expertise des Besonderen in einem flächendeckenden System von spezifischen Einrichtungen.

Es ist dieser Zwiespalt zwischen einer allgemeinen und einer spezifischen Berufsethik, der bis heute als offene Frage diskutiert wird und sich auf verschiedenen gesellschaftlichen Ebenen zeigt. Im Rahmen eines »Systems Heilpädagogik« werden diese Differenzen und Widersprüche in einen konstruktivistischen und systemökologischen Zusammenhang gebracht. Wir diskutieren im Folgenden einige dieser Unterscheidungen, die für eine zeitgemäße Heilpädagogik höchst relevant sind.

Normalität und Abweichung

Einer gern zitierten Redeweise folgend kann und soll man »Vielfalt begrüßen«. Die Kultur der Inklusion hat im weitesten Sinne dazu beigetragen, dieses Prinzip zu etablieren. Der Hintergrund ist durchaus ernsthafter Natur. Lange Zeit war es selbstverständlich, von »krankhafter Abnormalität« zu sprechen, wenn eine Abweichung von einer Norm erkannt wurde. Nicht nur in der abwertenden Sprache zeigte sich hier eine Verirrung der Wertsysteme, auch in der Haltung gegenüber vermeintlich schwachen, inferioren, bedürftigen Individuen. Die Diskussionen über Normalität, Normierungen und »Normalisierungen« haben indes eine lange Tradition.

Normen und deren Abweichungen haben zudem verschiedene Facetten. Sie sind als statistische Größen vorstellbar und in eine mathematische Sprache zu übersetzen. Wir sprechen dann von Normalverteilungen, Durchschnittswerten oder Regelhaftigkeiten, die stets unterschritten werden können. Die Messung eines IQ-Wertes steht hier immer noch im Mittelpunkt einer Psychologie, die bestimmte Kompetenzen und bestimmte Funktionseinschränkungen arithmetisch erfassen will.

Um die Heilpädagogik als Disziplin hier jedoch richtig einordnen zu können, sind weitere Abstraktionsebenen zu beachten, die den Normbegriff in ein weites Feld von Machtstrukturen einbetten. Zu unterscheiden sind unter anderem biologische und soziale Normen sowie Werte- und Idealnormen. Biologisch lässt sich von funktionalen Zusammenhängen sprechen, die »normal« ablaufen oder eingeschränkt sind. Soziale Normen öffnen den Blick für Erwartungen und Gesetze, sittliche Orientierungen und Traditionen. Ideale Normen wiederum lassen sich paradigmatisch an der Geltung der »Goldenen Regel« aufweisen; sie sind tief eingebettet in das Selbstverständnis von historischen Kulturen in verschiedenen Ausprägungen (Forschner 2008, S. 118).

Schließlich ist eine weitere Ebene zu beachten, die weniger das Vorhandensein einer Normalverteilung als vielmehr ein strategisches Verhältnis zwischen deskriptiven und normativen Gesichtspunkten beschreibt. Hier können wir etwa den »Protonormalismus« und den sogenannten »flexiblen Normalismus« unterscheiden (Link 2006). Protonormal sind Verhältnisse, in denen klare Unterscheidungen zwischen Regel und Abweichung, Krankheit, Behinderung und Gesundheit herrschen; als flexibel lassen sich normalisierende Praxen umschreiben, die bewusst mit der Unzulänglichkeit einer rigiden Grenze umgehen.

Diese Begriffe sind höchst relevant für Perspektive der Heilpädagogik. Die wohl rigideste und menschenverachtende »Norm« erkennen wir in historischer Perspektive in der Debatte um den Lebenswert von Menschen mit Behinderung. Hier ging es um den Versuch einer Begründung der wohl härtesten aller ethischen Entscheidungen: Wann wem das »Recht« auf Leben aufgrund einer Entsprechung einer Norm zukäme. Doch auch in vermeintlich harmlosen Diskursen zeigt sich die Komplexität der Kategorien. So sehr auch die Maxime gefällt, *dass es normal ist, verschieden zu sein*, so bleiben doch Vorbehalte. Denn Behinderungen können im weitesten Sinne mit Leidenserfahrungen einhergehen, die man niemandem stellvertretend ausreden kann oder übersehen sollte. Normen haben darüber hinaus ihren Zweck in der sittlichen Formierung; wenn sie überschritten werden, gehen sie mit biografischen und subjektiven Ausnahmezuständen einher. Gerade im Bezug der kindlichen Entwicklung sind Normen von kategorialem Stellenwert. Abweichungen, Schädigungen, krankhafte Verläufe, chronische Zustände, symptomatische Erscheinungen, die auf soziale Probleme schließen lassen: All diese Formen sind nicht in der Form einer Abweichung einer »höheren« Norm richtig verstanden, sondern erst im Horizont der singulären Totalität des Einzelnen. Wir müssen uns also gewissermaßen zuerst an das Individuum wenden, an seine Situation und seine Geschichte, um parallel Bestimmungen der Normalität vorzunehmen.

Nur mit einer widerspruchsoffenen Herangehensweise ist dem Phänomen des »Normalen« also zu begegnen. Es gilt einerseits, dass Normen und Abnormitäten immer in zeitgeschichtlichen Zusammenhängen betrachtet und somit mit relativen Bedeutungen versehen werden. Abweichungen bestehen nicht an sich, sondern sind das Ergebnis einer Beobachtung bzw. einer Fremdzuschreibung. Dieses konstruktivistische Verständnis ist für die gegenwärtige Heilpädagogik hoch bedeutsam. Aber einschränkend ist zu ergänzen, dass die Relativität von Normen nicht das Verständnis für Leidenserfahrungen überdecken darf (Winkler 2018; Ahrbeck 2014). Heilpädagogik, die von der Bedeutung der Person ausgeht, benötigt also beides: die kritische Haltung gegenüber allen rigiden Normierungen, ebenso aber die Sensibilität für die spezifische Situation, in der sich eine Abweichung manifestiert.

3.6 Versuch einer Synthese: Heilpädagogik als parteinehmende Pädagogik

Eine der entscheidenden Fragen wird indes in Bezug auf das Wechselspiel von Personalität und Behinderung gestellt. Die bisherigen Ausführungen sollten deutlich gemacht haben, dass die Interpretation einer somatischen Schädigung alleine und isoliert missverständlich ist. Behinderung als Chiffre für eine inferiore Situation des Betroffenen ist kritisch zu beurteilen. Ein Mensch mit einem Nachteil kann ebenso stark oder schwach, begünstigt oder benachteiligt, glücklich oder leidend, erfolgreich oder ausgegrenzt sein. Es kommt fast alles auf das Wechselspiel an, in dem sich die einmalige Situation eines Subjekts zu den Umweltreaktionen verhält. Welche autorisierten Instanzen tragen zur Verfestigung einer Abweichung bei, welche Interventionen sind hilfreich, welche Wirkungsmechanismen im sozialen Nahfeld sind zu beachten? Behinderung ist eine soziale und gesellschaftliche Kategorie – diese so oft wiederholte Aussage verliert nichts von ihrem Wert.

Gleichwohl ist die Kategorie der Person genauer zu betrachten. Was ist Personalität, was die Würde der Person, was gilt als unverfügbare Autonomie? Diese philosophischen und anthropologischen Fragen sind hier wieder aufzugreifen. Hinter bestimmte Aussagen soll hier nicht gegangen werden: Die Entwicklung eines Individuums ist in einem Geflecht sozio-kultureller Bedingungen zu betrachten. Personales Leben erklärt sich durch soziale und materielle Lebensbedingungen. Es kommt freilich darauf an, den Erklärungsanspruch nicht zu überziehen, und weder soziale Wirkfaktoren noch organisch-genetische Faktizität allein zu Rate zu ziehen. Behinderung bzw. eine Person mit Behinderung ist nicht als ein Ergebnis wissenschaftlich begründeter Faktoren zu betrachten. Diese Formulierung ist bewusst wissenschaftskritisch; sie dient der Abwehr einer ideologischen Verkürzung. Ist die Person ein Ensemble gesellschaftlicher Reproduktionsverhältnisse? Ein Produkt also der Gesellschaft? Eine determinierte Form des Lebens? Oder nicht vielmehr eine sinnvolle Einheit, die von keinem äußeren Standort aus erfasst werden kann?

Mit Urs Haeberlin und anderen Vertretern ist die unverfügbare Autonomie des Subjekts ins Spiel zu bringen (Haeberlin 1997; Jakobs 1997). Was den Menschen mit Behinderung auszeichnet, ist eine Autonomie, die sich noch bei größtmöglicher Bedürftigkeit zeigt. Hierin erkennt die neuere Heilpädagogik den Wert der Person, der sich weder auf biologische Muster noch auf gesellschaftliche Abhängigkeit reduzieren lässt. Auch im Verhältnis zur neueren Systemtheorie, die alles Leben in der Sprache der Selbstorganisation erfasst, bleiben Vorbehalte.

Was ist hier mit Personalität des Menschen mit Behinderung gemeint, was nicht selbstverständlich ist? In dem schönen Satz, dass die Person eine »Eigeninstanz« ist (Speck 2008, S. 239), dass er als Person ein Leben zu führen hat, kommt der unverbrüchliche Grundgedanke der Heilpädagogik zum Ausdruck. Der Einzelne erfährt sich nicht als Produkt oder als Ergebnis, nicht als Schnittstelle zwischen höheren Kräften, nicht als personifizierte Rolle. Sondern immer als ein Selbst, als Subjekt, von dem bestimmte Wirkungen ausgehen und dem Freiheit zugedacht wird.

Bevor man nun aber radikale Schlüsse zieht und alle pädagogischen Bemühungen auf den Gesichtspunkt der Wahrung der Identität legt, ist zu klären, in welchen Verbindungen wir die Person und das gesellschaftliche Faktum der Behinderung denken müssten.

Was ist ein »Selbst«, was eine Person, was ein Mensch? Fragen, die in allen Epochen gestellt wurden und für die in allen Kulturen vergleichbare Antworten gegeben wurden. Für das Verständnis einer Behinderung in einem sozialen Kontext benötigen wir indes eine angemessene Differenzierung zwischen einem *sozialen und einem personalen Selbst.* Der Idee eines »Selbst« unterliegen zahlreiche psychologische Verbindungen, die letztlich immer wieder auf den Gedanken der Autonomie zurückführen. Wir stehen immer in einem besonderen Selbstbezug, können kraft unserer Gedanken unser Selbst an Werten ausrichten; wir lernen, unser Selbstbild und ein tragfähiges Selbstbewusstsein auszubilden. Auch Selbstzuschreibungen und das Ringen um Selbstbestimmung haben einen großen Anteil in allen Lebensvollzügen.

Schwierigkeiten bei der Ausbildung eines *sozialen Selbst* entstehen im Zuge von Rollenerwartungen und -zumutungen. Im Kontext einer Behinderung kann die Übernahme eines viablen Selbstbildes misslingen. Die Gründe hierfür sind vielschichtig, weisen tief in die Dynamik gesellschaftlicher Subsysteme und deren Erwartungen an den Einzelnen. An dem Punkt, an dem die Autonomie und Würde des Einzelnen nicht mehr bewahrt wird, weil Leistungs-, Kontroll- oder Effizienzansprüche bestehen, zeigt sich die soziale Abhängigkeit einer erschwerten Lernsituation.

Ein noch schwierigerer Punkt zeigt sich im Zusammenhang des *personalen Selbst.* Denkbar und wünschenswert wäre eine Verteidigung des personalen Selbst gegen alle gesellschaftlichen Barrieren. Genügt es nicht, so könnte man im Zuge einer solchen defensiven Haltung fragen, ein Mensch zu sein, fern aller Rollenerwartungen, fern aller Bestimmungen als gesellschaftliches und politisches »Wesen«? Es gibt zahlreiche philosophische Versuche, an diesen Kern des Menschlichen heranzukommen; doch eben diese Reflexionen stoßen früher oder später auf die Charakteristik des Sozialen. Als soziales Wesen ist der Mensch, so lesen wir bei Martin Buber, Emanuel Levinas, Hannah Arendt und anderen, seiner Bestimmung am nächsten.

Was können wir für die heilpädagogische Reflexion schlussfolgern? Die Kategorien des sozialen und personalen Selbst sowie der Bezug auf einen Anderen sind nicht als einander ausschließende Richtungen aufzufassen. Sie bedingen sich wechselseitig – und formen somit auch die heilpädagogische Perspektive. Wir blicken auf die Person, auf ein Ich in seiner Unverwechselbarkeit und Ganzheit; zugleich rücken wir die Beziehungen zu Anderen in den Mittelpunkt.

Das Individuum in seiner Einmaligkeit und die soziale Beziehung sind zusammen zu denken. Die Theorie der gerichteten und bezogenen Individualität verbindet die Vergangenheit mit der Gegenwart. Sie führt gleichsam von den Anfängen der christlich inspirierten Heilpädagogik bis zu den zeitgenössischen Entwürfen einer Pädagogik, die den Eigenwert der Person in seinem tragenden Bezug zum Anderen erkennt.

Verschiedene Aspekte einer zeitgenössischen *Ethik bei Behinderung* sind insofern zu beachten:

- Wir müssen von der Unverwechselbarkeit und Unbedingtheit eines Individuums ausgehen, das sich jeglicher Festlegung entzieht. Was das Selbst – mit und ohne Behinderung – im Kern seiner Existenz »ist«, widersteht allen Versuchen der Objektivierung. Empirische Aussagen, die wir etwa über testdiagnostische Verfahren vornehmen, haben immer einen begrenzten, konstruktiven Charakter (Rentsch 1999, S. 192 ff.).
- Dem Selbst kommt in der Heilpädagogik eine besondere Bedeutung zu, das uns in der Praxis deutlich vor Augen gestellt wird. Ein Mensch mit Behinderung ist nicht als Produkt und nicht als Summe von Teilen zu verstehen, sondern er ist um seiner selbst willen anzuerkennen. Dieses Verlangen nach Anerkennung teilen natürlich alle Menschen in allen Kulturen auf die eine oder andere Weise; hier aber ist die Balance zwischen Verkennung und Anerkennung immer schwierig und gefährdet.
- Humanwissenschaftliche Traditionen, die sich auf die positive Entwicklung der Person beziehen, haben insofern eine besondere Bedeutung für die heilpädagogische Theoriebildung, ohne dass weitere sozialwissenschaftliche Konzepte missachtet würden. Die Humanistische Psychologie spricht etwa von der »Kraft des Guten«, dem individuellen »Weg zu sich selbst«, von »Selbstentfaltung« und »Selbstbestimmung« (Rogers 1993; ders. 2000).
- Es sind diese Motive, die nicht nur eine moralische Redlichkeit verbürgen sollen, sondern auf eine Entscheidung hinauslaufen. Heilpädagogik wie auch Therapie und allgemeine Pädagogik misslingen in Formen der Manipulation, der Herstellung und der Kontrolle. Sich auf die Kraft des Einzelnen zu konzentrieren, ist jedoch gewagt und immer riskant. In der Theorie gehen wir davon aus, dass in jeder Person die Potentiale verborgen liegen, dass also jeder und jede die Kraft zur Selbstentfaltung prinzipiell besitzt. Doch ist damit keineswegs schon der Königsweg zur gelingenden Entwicklung vorgegeben.
- Schließlich ist zu betonen, dass wir die einzelne Person und das umgebende soziale Feld als aufeinander bezogene Kräfte verstehen. Die Haltung der helfenden Professionen ist personbezogen, zugewandt, ermutigend und begünstigend. Doch sie droht immer an Grenzen zu stoßen, und muss sich insofern dieser Grenzen immer bewusst sein. Wenn es am Ende in der Entwicklung auf willkürlich verengte, egozentrische, »monomanische« Weltsicht hinausläuft, wird die Idee des Personenbezugs pervertiert. Bedürfnisorientierung, Anerkennung und Ermutigung, Wachstum und Selbstentfaltung müssten also in und durch dialogische Beziehungen verwirklicht werden.

3.7 Zwischenreflexion: Menschenbildannahmen der Heilpädagogik

Versuchen wir, an diesem Punkt ein vorläufiges Fazit zu ziehen. Heilpädagogik ist auf Menschenbildannahmen verwiesen, die, wie gezeigt, in verschiedene Richtungen zielen. Bei allen Unterschieden, die von einem wertegeleiteten, einem materialistischen oder konstruktivistischen Standort aus betont werden, lässt sich doch von einer gemeinsamen reflexiven Basis ausgehen. Diese lässt sich auf zweierlei Weise beschreiben: von innen, das heißt ausgehend vom Bewusstsein und Erleben des Menschen mit Behinderung. Und von außen, ausgehend von der Theoriebildung in verschiedenen historischen Kontexten.

Von innen her betrachtet ist der einzelne Mensch die erste Instanz der Beurteilung. In welcher Art und Weise sich eine Person mit ihren Lebensbedingungen auseinandersetzt, was sie bewältigen muss oder was sie überwältigt, welche Widerfahrnisse sie belasten und welche Formen der Selbstbehauptung sie erringt – dies alles ist von außen nicht zu bestimmen. Die Bewältigungsformen umfassen introvertierte und extrovertierte Haltungen, geringe oder hohe Ängstlichkeit, Sensibilität oder Robustheit.

Historische Exempel sind bekanntlich zwiespältig. Gerne werden klassische Beispiele bemüht, um die vermeintliche Hegemonie des Willens unter Beweis zu stellen; denken wir an die phänomenale Schöpfungskraft eines Ludwig v. Beethoven, dessen Gehör eingeschränkt war. Mythisch überhöhte Erzählungen von Menschen mit Behinderungen, die sich trotz ihrer Einschränkung zu großen Taten beflügelt sahen, sollen demnach zeigen, wozu der Mensch fähig ist. Doch bedarf es keiner Heldengeschichten, um zu belegen, dass die Verarbeitung einer Schädigung prinzipiell innengeleitet ist und mit singulären Entscheidungen verknüpft ist. Von innen betrachtet heißt: Wir müssen die spezifischen Antworten auf die belastete Situation vom Subjekt her anschauen und sie in einem Spektrum des Gelingens und des Scheiterns verorten. *Die sich abzeichnende Taubheit kann bewältigt und kompensiert werden; eine Körperbehinderung kann beflügeln, um sich trotz allem auf den steinigen Weg zu machen; ebenso kann aber eine soziale Phobie zu Rückzug und Isolation führen.* Dies sind Beispiele, die nicht auf der Klaviatur des Erfolgs spielen, sondern die unverfügbare Dimension der Personalität unterstreichen.

Der Perspektive des Innen entspricht eine Außenperspektive in fachlicher Dimension. Diese Beschreibung ergänzt den vorrangigen Blick auf das Subjekt in verschiedener Hinsicht. Wir können also ergänzend zeigen, dass es verschiedene Interpretationen der eingeschränkten Bildungs- und Lebenssituation gab, verschiedene Einschätzungen eines Lebens mit Behinderung. Polarisierende Menschenbildannahmen haben diese Interpretamente zunächst geprägt, bis sich nach und nach ein alternatives Denken in Kategorien von Selbstermächtigung entwickelte.

Die Geschichte der Heilpädagogik hat bekanntlich unterschiedliche Verläufe angenommen, die zeitgeschichtlich bedeutsam waren, zudem aber auch normative Leitgedanken hervorgebracht haben. Dass Behinderung heute als ein komplexer Interaktionsprozess zu verstehen ist, auf diesen Minimalkonsens kann man sich vermutlich verständigen. Doch wie ist man bis zu diesem Punkt gekommen? Am Beispiel des Fachs der Geistigbehindertenpädagogik kann man eine bestimmte Entwicklung nachvollziehen.

Nach 1945 änderten sich bekanntlich in Deutschland nicht nur die politischen Bedingungen, sondern auch die bildungspolitischen Konzeptionen. Der Status des geistig Behinderten war gleichsam von Beginn an neu zu definieren nach der grundstürzenden Erfahrung der Bedrohtheit des Lebens, insbesondere des vulnerablen Lebens. Menschen mit geistigen Entwicklungsstörungen blieben zunächst »Patienten«, sie galten also als bedürftig und krank. In den 1960er Jahren regten sich erste Widerstände gegen das einseitige Bild »des Behinderten«; Vereine für Lebenshilfe wurden gegründet, das Recht auf den Schulbesuch als Menschenrecht erstritten.

Die Vorstellung einer besonderen Förderung für besondere schützenswerte Fälle wurde nach und nach von anderen Leitideen abgelöst. Man löste sich vom Gedanken der pflegenden Verwahrung und rückte die Selbstbestimmung in den Mittelpunkt.

Ursula Stinkes nennt verschiedene Konzepte von Menschenbildannahmen, die sich in dem Zeitraum der zweiten Hälfte des 20. Jahrhunderts ablösten (Stinkes 2003, S. 33): Es dominierte zunächst die polarisierende Unterscheidung von Norm und Abweichung, die schließlich von dem gesellschaftlichen Faktor ergänzt wurde. Behinderung wurde nun in der wechselseitigen Dynamik von gesellschaftlichen Konstruktionen und individuellen Formen betrachtet.

Für die vorliegende Darstellung von unverzichtbarem Wert ist die Frage nach der Person des Menschen mit Einschränkung. Mit wem haben »wir es eigentlich zu tun«? Die Frage auf diese Weise zu formulieren, heißt, sich von den gewöhnlichen Alltagsbezügen zu lösen und das kategorisierende Denken zu öffnen. Menschen mit geistigen Entwicklungsproblemen wurden etwa in den 1960/70er Jahren als eine Personengruppe angesehen, die notwendigerweise eine besondere pädagogische Förderung erhalten sollten. Waren sie doch eingeschränkt in ihrer Handlungsmöglichkeit, ihrer Selbstständigkeit, ihrer Autonomie! Es galt die unhinterfragte Gestalt des Menschen mit Behinderung, der sich auf unmittelbare Bedürfnisbefriedigung fixierte (der Entwicklungsstufe des Kleinkindes vergleichbar). Das Lernvermögen lag dauerhaft hinter den Entwicklungsmöglichkeiten der Nichtbehinderten; möglich erschien allenthalben ein »anschaulich-vollziehendes Aufnehmen, Verarbeiten und Speichern von Lerninhalten« (ebd.).

Es ist ein verzerrtes, einseitiges Bild gewesen, das in Bildungssituationen den Ton bestimmte: Man unterstellte eine »sachverhaftete Ansprechbarkeit« (ebd.), die unmittelbare Konsequenz eines Mängelwesens war. Entsprechend handelte man unter den Bedingungen anschaulich-vollziehenden Lernens, geringer Abstraktionsfähigkeit, begrenzter Aufnahmekapazität. Die sonderpädagogischen Prinzipien wurden unhinterfragt weitergegeben, sie festigten das Bild der Nachteiligkeit, die sich in geringerem Lerntempo, minderwertigem Gedächtnis oder schwacher Intellektualität ausdrückte.

Zaghafte, doch auch energische Schritte in Richtung eines anderen Menschenbildes wurden seitdem gemacht. Es gibt nicht den einen großen Durchbruch zu einem Bild des Menschen mit Behinderung, der nun ein für alle Mal ein geschlossenes Weltbild hervorbrächte. Eher sind verschiedene gesellschaftliche Reformen, juristische Weichenstellungen und die Etablierung einer neuen Kultur zu erkennen, die für Bewegung und Veränderung sorgten. Man erkannte, dass die defizitäre Sichtweise Möglichkeiten ungenutzt ließ; einen besonderen Stellenwert sah man berechtigterweise in der Semantik der Bildungsfähigkeit. Wer bestimmten Menschen das Potential zur Entwicklung abspreche, der versage ihnen nicht nur das Recht auf Teilhabe. Er negiere in letzter Konsequenz das fundamentale Lebensrecht.

Diese normativen Bestimmungen wurden von Forschungsaktivitäten begleitet und vorangetrieben, die das Bild des geschädigten Menschen korrigierten. Auch sogenannte »Schwerstbehinderte« oder Menschen mit mehrfachen schweren Schädigungen sind zur Förderung geeignet. Mit diversen Forschungsaktivitäten wurde das Spektrum der Pflege und Förderung derjenigen Menschen erweitert, die unter erheblichen Sinneseinschränkungen und Schädigungen litten. Kommunikationsformen, Dialogizität, das Miteinander in offenen Bildungssituationen wurden in einem neuen Bezug wahrgenommen. Die Dimension der Leiblichkeit erhielt einen neuen Stellenwert. Denn hier waren Einsichten möglich, die über die gewöhnliche Asymmetrie hinausgingen, die zwischen »Abnormalität« und Vernunft, zwischen Sprachmächtigkeit und vermeintlicher Sprachlosigkeit zementiert wurde (Fröhlich/ Heinen 2017).

Wenn wir das ältere Bild der Behinderung nun aus seiner Schieflage befreien, heißt dies nicht, Probleme zu leugnen oder Gefährdungen zu überspielen. Womit folglich eine zeitgemäße Theorie der Heilpädagogik zu tun hat, ist weiterhin eine Herausforderung, für die vorläufige Antworten ohne ideologische Muster benötigt werden.

4 Grundlagen der Personenförderung

4.1 Die Erfüllungsgestalt der Person: Eine Ideengeschichte

Die Idee der Person ist ein guter Gedanke. Dass Menschen als Personen, also in ihrer Würde und Einzigartigkeit ernst zu nehmen sind, scheint eine Selbstverständlichkeit zu sein. Keineswegs ist diese Vorstellung aber trivial. Sie ist aus langen Kämpfen um Anerkennung, philosophischen Denkfiguren und mühsamen moralischen Reflexionen entstanden. Wer über die pädagogischen Grundlagen der Beziehungsförderung sprechen will, muss sich auch über diese Idee verständigen, denn im Gedanken der Förderung kommt eine ethische Vorschrift zum Ausdruck, die Erfahrung der Gegenseitigkeit zuzulassen. Die Praxis therapeutischer und heilpädagogischer Arbeit mit verhaltensauffälligen und entwicklungsgestörten Kindern, die im weiteren Verlauf thematisiert wird, hat einen ethischen, sozialen und historisch vermittelten Grund, der unsere Aufmerksamkeit auf verschiedene Gesichtspunkte lenkt:

- auf das Verhältnis von Rechtsentwicklung und Moralempfinden,
- auf die Bedeutung von sozialen Resonanzverhältnissen, in denen die Individuen der Moderne Einbettung erfahren können,
- schließlich auf die Bedeutung der Integration von Negativitätserfahrungen im weitesten Sinne, die in vormodernen Zeiten noch der Theologie alleine überlassen wurden.

Wie wir sehen, sind die Quellen der *Idee der Personenförderung* vielschichtig und weitreichend. Ein Durchgang durch die Philosophiegeschichte bietet sich insofern an, um ein verbindliches normatives Fundament zu erhalten. Wir konzentrieren uns im Folgenden auf ausgewählte Werke der Sozialtheorie, die für die Idee der Person von höherer Bedeutung sind.

Wir gehen, sehr verallgemeinernd gesprochen, heute von einem Universalismus von Werten und Normen aus, der uns als selbstredend erscheint; denken wir etwa an den Allgemeinheitsanspruch der Menschenrechte. Wie sich diese Rechte zu kulturellen Bedingungen und zu geschichtlichen Traditionen verhalten, wird zwar intensiv diskutiert. Doch können wir zumindest die Existenz eines Denkgebäudes zugrunde legen, das uns nach Jahrhunderten philosophischer Begründung als gleichsam fest und unerschütterlich erscheint. Doch wie lassen sich die Geltung von unrelativierbaren Rechten und die Entstehung von Werthaltungen zusammendenken?

Der Sozialphilosoph Hans Joas erkennt in der Geschichte der Menschenrechte eine besondere Erzählung, in der sich religiöse Orientierungen, rationale Begründungen und sakrale Gefühle auf besondere Weise verschränken (Joas 2011). Die Menschenwürde sei demnach als das Resultat eines besonderen Sakralisierungsprozesses aufzufassen, dem sich menschliche Wesen heute wie damals schwerlich entziehen können. Sakralität ist indes nicht mit Religiosität an sich zu verwechseln; sondern es geht hier um subjektive Evidenz und affektiv-emotionale Intensität. Diese Sakralität kann sich auf viele Objekte richten, doch ist sie im Hinblick auf die Wahrnehmung der Person von entscheidender Bedeutung.

Diese Philosophie des Sakralen hat unmittelbare Bezüge zur pädagogischen Anthropologie. Martin Buber hat sein personalistisches Menschenbild im Grunde in vergleichbarer Art und Weise konzipiert: Menschen sind keine statischen Wesen, in sich ruhend, vollkommen autonom und auf sich gestellt, sondern Wesen, die sich im Gegenüber und im Miteinander entwickeln. Die Sprache Bubers erschließt den Wert der Person im sozialen Austausch, in der Begegnung; der Andere ist in Bezug auf meine eigene Person existentiell[4].

Der sakrale Wert der Person verweist also auf verschiedene Dimensionen. Er stellt Verbindungen her zum rechtlichen Fundament menschlicher Würde; doch er hat auch praktische heilpädagogische Bezüge. Bindungsforschung und empirische Entwicklungspsychologie, Gestaltpsychologie und Humanistische Psychologie verorten die psychologischen Voraussetzungen für die gute seelische Entwicklung im stetigen Miteinander, das keineswegs in harmonischer Glückseligkeit mündet, sondern den Austausch und das Gegeneinander, Streit und Widerstreit umfasst.

Mit Hilfe dieser wissenschaftlichen Perspektiven werden die Grundlagen für die pädagogische Beziehungsgestaltung gelegt, wobei die Umschreibungen Bubers durchaus zentral sind: »Aufeinanderzugehen, sich abwenden, zumachen, ansprechen, ich lasse mich berühren, wir sprechen uns aus, ich gehe auf ihn ein, ich gehe aus mir heraus, er geht mir aus dem Weg, ich übersehe ihn, er beachtet mich nicht, ich fasse ihn an der Hand, er begleitet mich« (Flosdorf 2009, S. 19).

Es sind diese harmlosen, alltäglichen (und an religiöse Formsprache angelehnten) Redewendungen, die den eigentlichen, »sakralen« Sinn der heilpädagogischen Beziehung ausmachen.

---

4 Das Werk und das Denken von Martin Buber ist bekanntlich vor allem von seiner religionsphilosophischen Haltung geprägt. Das Verhältnis des Menschen zu Gott wird mit dialogischen und existentiellen Beziehungen beschrieben und das Thema des Dialogs hat verschiedene philosophische und politische Denkrichtungen beeinflusst. Wie man die Pädagogik und Heilpädagogik im Verhältnis zur Philosophie des Dialogs beurteilt, ist aber keineswegs einfach. Wir haben es mit einer fundamentalen Grundlegung zu tun, die zwischen Subjekten vermittelt und hier ein bedeutendes interexistentielles Motiv zugrunde legt. Gleichwohl bleibt die religiös-theologische Sprache ambivalent: Es droht die Gefahr, die sakrale Komponente der Beziehung über Gebühr zu betonen, so dass ggf. alle weiteren gesellschaftlichen und politischen Dimensionen übersehen werden (Buber 1973; ders. 2005).

Eine weitere sozialtheoretisch bedeutsame Facette ist im Werk von Charles Taylor zu finden. Taylors Philosophie, so reichhaltig sie auch ist, zentriert sich um einen bedeutsamen Gedanken herum: das Welt- und Selbstverständnis des modernen Menschen. Woher stammen die moralischen Überzeugungen der Gegenwart, woher die Quellen der Vernunft, woher aber auch die Fehlentwicklungen einer Moderne, die in Anonymität und Sinnverlust bestehen? Die Antworten führen auf ein weites Feld von Moralphilosophie und politischer Philosophie; sie münden zugleich in der Frage nach dem guten, dem sinnerfüllten Leben (Taylor 1996; ders. 2009).

Auch hier ist der Bezug zur Thematik der Beziehung naheliegend. Der Philosoph sah einen Grundkonflikt in der modernen Situation angelegt (der zum einen von der Bewegung des Kommunitarismus aufgenommen wurde, aber auch im postmodernen Denken zu finden ist): der Gegensatz zwischen technischen Vollzügen und dem Begehren nach Authentizität.

Kritisiert wird die Idee des vollkommen autonomen Individuums, das vermeintlich am Anfang als »heilige« Idee der Moderne stehe. Diese Autonomie und Selbstgenügsamkeit sei ein Trugschluss, der die Individuen nicht selten zu Verzweiflung und Entfremdung führe. Erst die Erlangung eines engagierten, nicht neutralisierten, sondern gebundenen Selbst in sozialen Lebensformen könne zur Grundlage der Moral werden.

Politisch führt diese Kritik zur Neubesinnung auf gemeinsame Werte und politische Ideale, mithin auf unverzichtbare Solidarität. Doch es lassen sich auch *psychologische* und *pädagogische* Gedanken anschließen. Denken wir etwa an die Forschung der Bindungstheorie, die sowohl entwicklungspsychologische wie auch gesellschaftstheoretische Aspekte beinhaltet. Taylor sprach von einem Weltverhältnis, das eingebettet und erfüllt sein solle; Bowlby und Ainsworth thematisieren die »sichere Basis«, die die Grundlage für eine gesunde Entwicklung bietet (Ainsworth 1978; Bowlby 2018). Die Grundannahmen der Bindungstheorie bestätigen also auf gewisse Weise die philosophischen Einsichten: Ein geglücktes, erfülltes Bindungsverhalten resultiert in einem offenen, strapazierfähigen, gleichsam resilienten Selbst, das sich vor den Widerfahrnissen des Lebens zu schützen weiß. Die einfühlsame Betreuung am Beginn des Lebens sichert den weiteren Weg; während die negativen Erfahrungen (Deprivation, Trauer, emotionale Verletzung, Zurückweisung, Vernachlässigung oder gar Missbrauch) zu unsicherem, orientierungslosem Bindungsverhalten im weiteren Lebenslauf führen.

So einsichtig und scheinbar selbstverständlich diese Themen der Entwicklung auch erscheinen, hier werden erste Wegweisungen für die Theorie der Beziehung gelegt. Sie weisen zudem psychologische, philosophische und soziologische Tiefenschichten auf:

Psychologisch betrachtet wird in der Bindungstheorie der Primat emotionaler Bindungen gegen die Dominanz psychoanalytischer Kategorien verteidigt. In der Entwicklung zeigt sich die starke Bedeutung von realen Nöten des Lebens; Vernachlässigung, Gewalt- und Verlusterfahrungen führen zu psychischen Störungen, weniger ein diffuser, triebhafter Zustand (etwa der sogenannte »Todestrieb«). Philosophisch zeigt sich im Verhalten der Menschen eine existentielle Orientierung im gesamten Leben, die im Streben nach emotionalen Bindungen zum Ausdruck kommt. Das eingängige Bild einer Mutter-Kind-Dyade, in der Vertrauen durch angemessene Nähe und Neugierde durch Fürsorge gefördert wird, hat eine darüber hinausweisende existenzphilosophische Bedeutung. Die Bindungstheorie spricht von sicher gebundenen Kindern, die von der sicheren Basis aus »Unternehmungen« in eine fremde Welt starten; die verlässliche Basis »bildet dabei eine unverzichtbare Voraussetzung, um das Leben optimal bewältigen und psychisch gesund bleiben zu können« (Bowlby 2018, S. 99).

Es sind die Themen von Weltverlust im Horizont der existentiellen Weltbeheimatung, die sogar einen Bezug zur Philosophie des 20. Jahrhunderts ermöglichen, wenn auch in einem ganz anderen Kontext. Etwa bei Hannah Arendt wird das existentielle Thema der Weltbeheimatung mit eminenter politischer Bedeutung aufgeladen[5].

Schließlich hat das Thema der Weltbeheimatung auch aktuelle soziologische Bezüge, mit denen wir wieder auf das Grundthema von Charles Taylor zurückkommen. Wie ist ein gutes, erfülltes Leben möglich, welche Erfahrungen müssen gemacht und welche äußeren Bedingungen sollten ermöglicht werden? Hier treffen die vorliegenden Reflexionen auf eine erste Schwelle, wenn nicht sogar auf eine ernstzunehmende Hürde. Alles scheint im Sinne der Bindungstheorie auf Begriffe mit scheinbar magischer Anziehung hinauszulaufen, die zwiespältig sind: Die »feinfühlige Mutter« und die sichere Bindung in der Dyade bietet offenbar den »ewig verschollenen Schlüssel zu gelingender Erziehung, zu erfolgreicher Therapie und schließlich zu befriedigendem Leben der Subjekte« (Trescher/Krebs 2008, S. 8 Einleitung).

In der einseitigen Interpretation von Bindungsproblemen deuten sich theoretische Schwierigkeiten an. Der Vorbehalt wendet sich in verschiedene Richtungen: in Richtung von Gender- und Rollentheorie; hier besteht zumindest die Gefahr einer neokonservativen und damit nostalgischen Verklärung biologischer Muster. Aber auch in Richtung sozialkritischer Positionen. Denn Bindungsstörungen sind nicht mit pathologischen Bindungen an sich gleichzusetzen, sondern in einem Geflecht von sozialen, sozialstrukturellen, gesellschaftspolitischen, kulturellen und persönlichen Bezügen zu betrachten.

Können wir die Überlegungen zu der Erfüllungsgestalt der Person somit zusammenfassend auf ein verbindliches Fundament stellen? Dies scheint schwierig angesichts der Fülle von sozialtheoretischen Beiträgen, die sich wissenschaftstheoretisch nicht vereinnahmen lassen. Doch lohnt sich hingegen der Versuch einer anthropologischen Grundlegung einer beziehungsförderlichen Herangehensweise, die viele Facetten umfasst. Die Philosophie der Person, hier nur in Umrissen skizziert, mündet hier also in einer Philosophie der Personen*förderung* und ihrer Bedeutung für die helfenden Professionen im Ganzen.

---

5 »Wir haben«, schrieb Arendt in einem ihrer ersten englischsprachigen Texte, »unser Zuhause und die Vertrautheit des Alltags verloren. Wir haben unseren Beruf verloren und damit das Vertrauen eingebüßt, in dieser Welt irgendwie von Nutzen zu sein. Wir haben unsere Sprache verloren und mit ihr die Natürlichkeit unserer Reaktionen, die Einfachheit unserer Gebärden und den ungezwungenen Ausdruck unserer Gefühle« (Arendt 2016, S. 10).

4.2 Das Fundament guter Beziehungen

Wie angedeutet, stehen die vorliegenden Beschreibungen in der Gefahr einer Vereinseitigung. Denn so überzeugend die Angebote von pädagogischen Konzepten auch sind, die sich auf die Erfahrung von einvernehmlicher Gegenseitigkeit berufen, so problematisch wäre eine Verklärung der Sache der Beziehungsgestaltung. Diese ist, wenn man so will, mühsamer und fordernder, als es die gängigen Beschreibungen vermuten lassen. Doch geht es hier um mehr als nur die Verteidigung eines Konzepts, sondern um ein pädagogisches Weltbild.

Mit der folgenden theoretischen Beschreibung steht zu hoffen, dass dieser Weltbildcharakter eben nicht zur erwähnten Einseitigkeit tendiert, sondern sowohl die negativen wie auch die positiven Aspekte pädagogischer Beziehungen im Allgemeinen in den Blick bekommt; dabei sowohl die spezifische heil- und sonderpädagogische Tradition als auch die umfassende allgemeinpädagogische Bedeutung erfasst.

Eine Philosophie gelingender pädagogischer Beziehungen ist theoretisch voraussetzungsvoll. Denn es kann nicht allein darum gehen, eine überlegene Konzeption zu ermitteln, die sich aufgrund langjähriger Praxis bewährt hat und somit der allgemeinen Überzeugung entspricht, »effektiv« zu sein. Woran messen wir solche Effektivität, woher stammen überhaupt die Variablen, die uns von einer »richtigen« und »passenden« Methodik in pädagogischen Beziehungen sprechen lässt? Welche pädagogisch relevanten Menschen- und Weltbilder haben wir im Rücken, wenn wir in der konkreten Beziehungsgestaltung ein Gefühl des gelingenden und tragenden Bezugs haben?

Diese vagen Beschreibungen können nicht in letzter Konsequenz »rationalisiert« werden; sie können aber mit den elementaren und unverzichtbaren Wissenschaftstheorien vermittelt werden. Das »Bauchgefühl« sagt einem Erzieher und einer Erzieherin, ob die pädagogische Beziehung förderlich und die Förderung hilfreich war und worauf die Gründe des Scheiterns zurückzuführen sind. Doch erst die philosophische Explikation von Grundfragen bindet dieses »Gefühl« an existentielle Gründe und anthropologische Motive.

Der Schweizer Heilpädagoge Emil Kobi hat seine heilpädagogische Lehre an solchen Grundfragen ausgerichtet (Kobi 2004). Den Ausgangspunkt bildet ein Subjekt, das sich in einer besonderen, das heißt, belastenden, irritierenden und somit fragwürdigen Situation befindet. Diese Beschreibung entspricht der gängigen Definition einer Behinderung – diese ist nicht zuerst als individuelle Schädigung, sondern als eine gestörte Bildungs-, Lern- und Lebens-Situation zu verstehen.

Kobi greift indes den Begriff der Fragwürdigkeit heraus, der ihn zu einer Reihe elementarer Zwischen-Fragen führt:

- zur Frage nach dem »Wer«, also nach dem Ausgangs- und Zielpunkt menschlicher Subjektivität,
- zur Frage nach dem »Was« in phänomenologischer Tradition; was also generell als Heilpädagogik und Erziehung von allem anderen sinnhaft ausgegrenzt werden kann,

- zur Frage nach dem »Wo«, also dem Ort, an dem Erziehung und Förderung stattfinden,
- zur Frage nach der Zeit, nach der Chronologie des individuellen Lebens und ggf. den Brüchen des Lebenslaufs,
- zu Fragen nach dem »Warum«, nach Gründen und Motiven, die sich kausal mit den Störungsbildern zusammenführen lassen,
- zur teleologischen Frage: Welchen Sinn- und Wertorientierungen, welchen Zwecken dient das pädagogische Arbeitsbündnis, das gebildet werden soll?
- schließlich zur methodischen und dialogischen Frage (»Wie«?). Hier geht es konkret um die Wahl einer Technik, eines Mediums und einer Form, in der die Förderung vonstattengeht; zudem aber auch um die Perspektive der kommunikativen Vernunft. Ein Dialog ist zu initiieren, in dem sich alle Teilnehmer ernst genommen fühlen und Verantwortung übernehmen (Kobi 2004, S. 18; Greving/Ondracek 2010, S. 70 ff.).

Diese Fragenkomplexe bilden gewissermaßen einen Leitfaden, um sich im Labyrinth des komplexen Systems der Heilpädagogik zurecht zu finden; manche der Fragen sollen hier auch explizit aufgegriffen werden. Etwa die topologische Frage nach den Räumen und situativen Bedingungen ist im folgenden Kapitel aufzugreifen. Und besonders die methodische Frage bildet den Kern der nachfolgenden Kapitel.

Die Grundgedanken führen uns zudem zu den wichtigsten erkenntnistheoretischen Perspektiven, die wir zuvor diskutieren sollen. Dazu gehört zum einen die Frage des Menschenbildes (a), die Perspektive der Psyche (b) sowie die Aspekte der Fragilität und Verletzbarkeit (c).

Es sind einfache Fragen, die wir hier zum besseren Verständnis der Wissenschaftstheorie formulieren können:

- Mit welchen Begriffen erfassen wir den Menschen an sich, besonders aber den Menschen in der Entwicklung und den entwicklungsgestörten Menschen?
- Welche allgemeinen und welche spezifischen Attribute des Menschseins sind für die Gestaltung von Beziehungen erforderlich?
- Wie können wir in psychologischer Perspektive den Menschen in seinem gestörten Selbst-Sein erfassen, ohne ihn zu »verurteilen«, das heißt, ihn nur noch als »störendes« Subjekt zu verstehen?
- Und inwieweit müssen wir die Möglichkeit der Verletzbarkeit in sozialen und gesellschaftlichen Bezügen in unsere Praxis einbeziehen?

4.2.1 Positive Beziehungsgestaltung

Die Humanistische Psychologie, die unmittelbar auf die Forschungen von Carl Rogers zurückgeht, ist hier in das Zentrum zu rücken; sie mehr als ein schlichtes Konzept und etwas anderes als eine bloße »Technik«. Das Menschenbild, der Weltbezug, die existentialistischen und anthropologischen Motive schließen sich vielmehr zu einem Ganzen zusammen, das den genuinen Sinn der heilpädagogischen Haltung und der therapeutischen Ethik bildet. So sehr die grundlegenden Ideen zur Person, zur Beziehung und zu gelingendem Dialog auch überzeugen, heißt diese nicht, diese Analysen unhinterfragt zu übernehmen. Sie sind eher konstruktiv und kritisch weiterzuführen.

Das weite Feld der Psychotherapie, auf dem die Humanistische Psychologie beheimatet ist, müssen wir hier außer Acht lassen (Rogers 1973; ders. 1973a; Rogers et al. 2007). Da es vorrangig um den Aspekt der Beziehungsgestaltung in pädagogisch/heilpädagogischen Situationen geht, sind vorrangig die Definition des Selbst, die Interpretation eines Störungsbildes sowie die grundlegenden Aspekte der Beziehungsgestaltung zu erwähnen, und auch dies in der gebotenen Knappheit.

In einfacheren Worten ist der Mensch ein Wesen, das nicht auf Teile reduziert werden kann, die angeblich sein Streben und Handeln bedingen. Allen einfacheren behavioristischen Überzeugungen und allen populären Interpretamenten der Psychoanalyse wird ein prinzipiell anderes Bild des Selbst entgegengestellt. Erst als ein Wesen, das sich ständig selbst aktualisiert, seine Erfahrungen, Erlebnisse und Gefühle unterschwellig in sein Selbstkonzept integriert, ist er richtig verstanden.

Die entscheidenden Überlegungen weisen indes in die Richtung von negativen Erfahrungen und destruktiven Konzepten, die vielleicht den schwierigsten Punkt einer insgesamt positiven Theorie des Menschen bildet:

- Wie wird die Inkongruenz zwischen dem Selbstbild und der individuellen Erfahrung bewältigt, wie wird Verletzbarkeit in misslingende oder gelingende Handlungen überführt?
- Wie gehen Menschen im Allgemeinen mit Angst und Unsicherheiten um, und wie jene jungen Menschen, die sich in erschwerten Lebenslagen befinden?
- Was wird als Bedrohung wahrgenommen und welche Mechanismen der Abwehr stehen zur Verfügung?
- Und wie können die spezifischen Störungsbilder und Anpassungsschwierigkeiten mit einem pädagogischen Konzept verbunden werden, das dem Bedürfnis nach positiver Beachtung und positiver Selbstbeachtung Rechnung trägt?

Theorie und Praxis stehen hier in einer schwierigen Beziehung. In Frage steht, wie man mit dem Verlangen nach Anerkennung und dem unmittelbaren Bedürfnis, als Person wahrgenommen zu werden, im konkreten Miteinander umgeht. Denn wir haben es in der Praxis nicht mit »gefügigen« Subjekten zu tun, die ihr Verhalten an dem Wohlwollen des Gegenübers ausrichten, sondern mit autonomen Wesen in singulärer Geschlossenheit. Allein der Bezug auf wertschätzende Gesten verhilft noch zu keiner tragenden Beziehungsgestaltung. Deswegen müssten wir zuerst in aller Offenheit das »Objekt« der Heilpädagogik ins Auge fassen (so sehr dieses Gegenüber auch nicht *zum Objekt gemacht* werden soll).

Die Person, mit der wir es in einer pädagogischen und therapeutischen Beziehung zu tun haben, ist nicht nur, wie beschrieben, autonom in ihrem Denken und Handeln, sondern vor allem ein verletztes wie verletzbares Individuum, das verschiedene psychische Spannungszustände erfährt. Für diese Spannung liefert uns die Humanistische Psychologie die entsprechenden Begriffe, die wir mit praktischen Fällen vergleichen können.

Denken wir an Kinder und Jugendliche mit externalisierenden aggressiven Schüben, mit einem scheinbaren Mangel an Empathie, mit der unerklärlichen Tendenz zur Selbstschädigung und Selbstgefährdung; denken wir ferner an alle Verhaltensstörungen, die bei aller Relativität den gefühlten Rahmen des Zumutbaren verlassen. In diesen Situationen werden bekanntlich entsprechende sozialpädagogische, psychologische und pädagogische Interventionen in Gang gebracht. Doch eine einheitliche Diagnose und eine kurzfristige, einem Problem-Lösungs-Schema entlehnte Handlungskonzeption widerspricht in den meisten Fällen der sozialen Komplexität. Schon deshalb ist die Perspektive der Humanistischen Psychologie von höherem Wert, weil sie dem gängigen Reflex der sozialen Problem*bearbeitung* entzogen bleibt und sich ganz auf die allgemeine Struktur menschlicher Beziehungsdynamik bezieht.

Die Theorie erkennt im betreffenden Subjekt zuerst einen tiefen Widerspruch zwischen dem wahrgenommenen Selbst und den tatsächlichen Erfahrungen. Diese ständige Inkongruenz führt zu einem Mangelerleben, mithin zum Fehlen einer Klarheit bewussten Erlebens und entsprechender sprachlicher Kompetenz. Die innere Konfusion, für die das ganze Arsenal der Psychopathologie gebraucht wird, geht auf die Tendenz der Selbstaktualisierung zurück, die trotz aller Widerstände, aller sozialen Isolation, aller sozialen Probleme vorangetrieben wird.

Das »abweichende«, »neurotische«, »fehlangepasste« Verhalten unterliegt also einer besonderen Verletzbarkeit, die weniger nach kausalen Mustern als vielmehr nach eigengesetzlichen Bestimmungen abläuft. Die biografischen, familiären, sozialen Aspekte bilden den Hintergrund einer individuellen Geschichte; aber die psychische Konfusion ist mehr als nur die Konsequenz vorheriger Erfahrungen (die natürlich eine Bandbreite von Mangelsituationen, Zurückweisungen, Vernachlässigung, Entwürdigung oder schädigenden Einflüssen umfasst).

Es ist von größerer Bedeutung, diese Theorie der Subjektivität nicht als ein negatives Störungsbild zu verstehen, das in der Praxis zu spezifischen fachlichen Interventionen führt. Das heilpädagogische Ethos beginnt an dem Punkt, an dem eine Klarheit für die Schwierigkeiten der individuellen Situation erreicht wird, die noch überhaupt keinen Ansatz für eine konkrete Hilfe bietet. Dem Denken dieser Theorie entspricht es vielmehr, sich auf Situationen einzulassen, in der Bedrohungen wahrgenommen werden, in der die psychischen Fehlanpassungen ihre ganze Kraft entfalten oder in der bestimmte Abwehrreaktionen gezeigt werden.

Erfahrene Psychotherapeutinnen interpretieren alle destruktiven und schädigenden Verhaltensmuster als Form einer Wahrnehmungsverzerrung oder Wahrnehmungsverweigerung, die dazu dient, »die Selbststruktur vor Bedrohung zu bewahren« (Rogers 2020, S. 37).

Bereits jetzt scheint sich ein, wenn nicht *der* wichtigste Gesichtspunkt einer förderlichen pädagogischen, therapeutischen und heilenden Intervention abzuzeichnen. Die Bestrebungen weisen in die Richtung des Wiedergewinns der Kongruenz von Selbst und Erfahrung. Der unerwünschte, als belastend empfundene Zustand der Inkongruenz, verknüpft mit verschiedenen alters- und kulturspezifischen Ausdrucksformen des Leidens, solle alsbald überwunden werden. Wie genau diese psychischen Integrationsprozesse ablaufen, ist schwierig zu sagen. Entscheidend ist eher die Frage, mit welchen positiven Handlungskompetenzen ein sozial viables

Selbstkonzept einhergeht. Man kann es in plakativen Begriffen ausdrücken: Individuen mit guter Kongruenz sind wahrnehmungssensitiv mit sich und anderen, sie lassen Selbsterfahrungen in fließenden Momenten der Gewahrwerdung zu, können ihre Gefühlsregungen in Einklang mit ihrem Selbstkonzept bringen. Dieser Zustand ist idealtypisch und wird mit guten Gründen nicht durchgängig erreicht. Offenheit für neue Erfahrungen und psychische Ausgeglichenheit sind Kennzeichen einer Persönlichkeit, die nicht nur über ein entsprechendes klares Bewusstsein verfügt, sondern natürlich auch von günstigen Umständen ihres Lebens profitiert.

Doch noch einmal ist zu betonen, dass es hier vorrangig auf den Gesichtspunkt der Kongruenz ankommt: Menschen, die sich diesem Zustand annähern, können ihre lebensweltlichen Probleme, Erfahrungen des Mangels und der Zurückweisung wie auch alle ernsten Herausforderungen besser in ihr Selbst integrieren.

Wenn man sich bis zu diesem Punkt damit begnügt, die wesentlichen Kategorien der Psychologie der Person zu beschreiben, liegt es natürlich nahe, die damit verbundenen kritischen Aspekte anzusprechen. Von einem sozialkritischen Standpunkt der helfenden Professionen erscheint die Fokussierung auf Persönlichkeitstheorie und Variablen der Beziehungsgestaltung als problematisch; denn dies blendet die gesellschaftlichen und z.B. sozialpolitischen Variablen weitgehend aus. Wir versuchen im Folgenden, solch möglicher Kritik zuvorzukommen und die skizzierten Grundlagen der Personentheorie mit gesellschaftlichen und anthropologischen Strukturen zusammenzulesen.

4.2.2 Psychoanalytische Perspektiven

Der Wert von positivem Kontakt, von offenen und tragfähigen Beziehungen dürfte somit außer Frage stehen. Das Menschenbild der Humanistischen Psychologie ist vom Grundgedanken der Selbstverwirklichung des Menschen geprägt, von seinem Streben nach Selbstaktualisierung, Entwicklung und Reifung. Dieses Menschenbild ist durchdrungen von einem Optimismus, dem man sich schwer entziehen kann.

Rogers sprach bekanntlich vom Lernen in Freiheit, vom »Werden« der Persönlichkeit und vom Wert unmittelbarer, repressionsfreier Begegnungen (Rogers 1984; ders. 1993; ders. 2000). Auch soziale Fragen und Aspekte der Friedenspolitik haben das Denken und Wirken von Rogers geprägt; und so kann man durchaus behaupten, dass das spezifische Menschenbild der Psychologie gesellschaftliche Aspekte berührt, die alle angehen und niemanden kalt lassen.

Die folgenden Reflexionen über das Menschenbild sind keine Zweifel an dem grundlegenden Wert des spezifischen Humanismus, den man bei jeder neuen Lektüre verspürt; sie sind eher als konstruktive Rückfragen an ein anthropologisches Paradigma zu verstehen.

Ganz und gar einem Missverständnis gleich käme eine Interpretation, die in jeder Beziehung bereits den Weg zur Integration eines Selbst erkennt. Eine Fehlinterpretation deswegen, weil wohl jeder Praktiker in psychosozialen Problemlagen die Schwere und Härte von psychischen Fehlanpassungen erkennen und »schätzen« würde. Diese sind gewissermaßen ernst zu nehmen und nicht durch kurzatmige »wertschätzende« Begegnungen aus der Welt zu schaffen.

Kontakt und Kommunikation, Beziehungsgestaltung und Formen der Unterstützung sind in der Praxis elementar, doch heißt dies nicht, sich bereits in der Tiefe und Qualität einer förderlichen Beziehung zu befinden. Diese Prozesse setzen erst dann ein, wenn die personenförderlichen Aktivitäten über das Fremdwerden von Personen, über Distanz und Abwehr hinaus sind. Es gibt hierbei keine einfachen Wege und keine Rezepte, die den psychologischen Kontakt als einen »erfolgreichen« garantieren.

Was es braucht, um eine Beziehung positiv zu gestalten, wird in den folgenden Kapiteln ausführlicher besprochen; die Variablen der Empathie, der bedingungslosen Wertschätzung und der positiven Haltung bilden bekanntlich das Grundgerüst der helfenden Beziehungen im weitesten Sinne.

Doch muss zuvor das Menschenbild aus dem Rahmen gelöst werden, der vom Optimismus der 1960er Jahre getragen ist und – unter bestimmten Voraussetzungen – zu einer einseitigen Wahrnehmung führen kann. Es gilt, die Sache der Beziehungs- und Persönlichkeitsstörung genauer zu betrachten und sie mit den nachfolgenden konstruktiven Wegen der Förderung zusammenzuschließen. Dies aber bedeutet, auch das Negative und Störende in den Mittelpunkt zu rücken, das nun einmal im Kontext von Störungsbildern und Behinderungen im Allgemeinen in Rechnung zu stellen ist.

Wir fassen die Vielfalt an möglichen abweichenden Formen hier unter dem Begriff des herausfordernden Verhaltens zusammen. Es ist eine fachliche Kategorie, die zuerst in den Bereich der sozial-emotionalen Entwicklungsstörung (oder: »Verhaltensgestörtenpädagogik«) und der Förderung bei geistiger Entwicklung fällt; doch ist es zugleich ein Titel, der menschliches Verhalten im Allgemeinen erfasst.

Das Negative dieser Störung ist vor allem in sozialen Zusammenhängen zu denken. Verhaltensstörungen haben innere und äußere Facetten, innere und äußere Wirkungen; in Frage steht dabei immer, wie man zu diesen Aspekten Stellung bezieht. Sind es Verhaltensprobleme, die von den Betroffenen nicht hinreichend gesteuert werden können, so dass Selbst- und Fremdgefährdungen zu befürchten sind – oder sind sie als Eigentümlichkeiten zu bewerten? Führen Störungen im Verhalten zu Störungen im Prozess der Integration, der Förderung und Eingliederung oder in sozialen Beziehungen? Wie stark sind die Ausgrenzungstendenzen einer »Umwelt« zu bewerten, die jene Störungsmuster nicht als Symptom, sondern eher als Provokation auffasst?

Seit Jahren, so kann man ohne Übertreibung behaupten, wird in Theorie und Praxis darauf hingewirkt, falsche Etikettierungen zu vermeiden und passende, nicht ausgrenzende Begrifflichkeiten zu gebrauchen. In der internationalen Perspektive gibt es hier viele innovative Ansätze; in Großbritannien hat sich etwa die Formel des »challenging behaviour« durchgesetzt; in den Niederlanden spricht man seit längerem von »Menschen in festgefahrenen Situationen« (Heijkoop 2014, Einleitung).

Letztere Beschreibung hat einige Vorteile, denn sie beschönigt nichts (was u. U. auf den Vorschlag des »originellen Verhaltens« zutrifft) und verweist zudem auf die soziale und psychische Komplexität. Prinzipiell gilt, dass Menschen mit geistiger Behinderung und Menschen mit Verhaltensstörungen im weitesten Sinne in der Lage sind, sich im Rahmen ihrer Möglichkeiten zu entwickeln, ebenso prinzipiell muss man aber das Außergewöhnliche von symptomatischen Verhaltensformen genau betrachten:

> »So gibt es Kinder und Erwachsene, die sich ständig selbst verletzen, die aggressiv sind, die sich Kleider zerreißen, andere an den Haaren ziehen, die alles verschlucken. Es gibt behinderte Menschen, die tagein, tagaus ihr Essen erbrechen, ohne dass sie krank sind. Andere haben sich in wiederholten Bewegungen ihres eigenen Körpers zurückgezogen. Wir, die Normalen, halten solche Verhaltensweisen für bizarr. Wir können uns nicht vorstellen, warum jemand so etwas tut« (ebd., S. 15).

Man kann diese Beschreibung durchaus erweitern, wenn man zudem den Blick auf die Gruppe der Kinder und Jugendlichen mit schweren Verhaltensstörungen lenkt. Auch hier steht der Eindruck eines fremden, unverständlichen, unsinnigen Verhaltensmusters ggf. im Mittelpunkt. Denken wir an kindliche Verhaltensweisen, die nicht »altersangemessen« erscheinen; an aggressive Schübe, die jedes Maß überschreiten, an Ängste, die schwer nachzuvollziehen sind; an die mangelnde Kompetenz in vermeintlich einfachen sozialen Situationen oder die Überempfindlichkeit bei wahrgenommenem Stress. Es sind, wie oben angedeutet, Situationen, die festgefahren sind.

Um zu verdeutlichen, wie voraussetzungsvoll und schwierig der Umgang mit problematisch erlebten oder gar krisenförmigen Verhalten ist, genügt es, entsprechende Sicherheitsvorschläge in akuten Krisensituationen zu betrachten.

Die moderne Kinder- und Jugendpsychologie, Entwicklungspsychologie, sonderpädagogische Fachdisziplinen und die Heilpädagogik bieten ein ganzes Arsenal an Deutungen an, um diese Verhaltensmuster zu interpretieren. Tiefenpsychologische, bindungstheoretische, behavioristische, humanistische, systemisch-konstruktivistische oder handlungstheoretische Interpretationen erweitern in diesem Sinne unser Wissen über den Anderen, über die Ursachen und Zusammenhänge, die in der pädagogischen Situation zu beurteilen sind. Doch geht es hier um etwas anderes als die analytische Kompetenz, die natürlich in vielen professionellen Kontexten unerlässlich ist.

Ohne solche gleichsam vorbestimmten Herangehensweisen stellt sich die Aufgabe auf einer anderen sinnlichen und sinnhaften Ebene. *In Kontakt zu treten mit einem Anderen in einer belasteten Situation* erfordert – neben allen gebotenen konzeptionellen und handlungspraktischen Perspektiven – eine tiefenhermeneutische und tiefenpsychologische Grundlage. Dies bedeutet hier nicht, dass eine bestimmte wissenschaftstheoretische Tradition zuungunsten anderer Perspektiven gewählt wird, sondern eher, dass diese nicht aus dem Selbstverständnis der Heilpädagogik ausgeschlossen wird. Die *psychoanalytische Heilpädagogik* ist an dieser Stelle explizit hinzuzuziehen, weil sie eben den Gesichtspunkt des Sinnverstehens in das Zentrum der Pädagogik stellt (Leber 1988; Gerspach 2009).

Die Tiefenpsychologie hat im Kontext moderner therapeutischer Konzepte einen schweren Stand, vermutlich weil sie eng an die traditionellen Interpretationen der Psychoanalyse gebunden wird.

> Verschiedene Motive sind insofern zu benennen, die dieses »Vorurteil« aus der Welt schaffen:
>
> - Die psychoanalytische Pädagogik stellt die spezifische Störung in den Kontext einer individuell zu klärenden Lebensgeschichte und fragt darüber hinaus nach dem lebensgeschichtlichen, aber auch nach dem unbewussten Sinn eines Störungsbildes.
> - Die Psychoanalyse hilft dabei, eine ins Stocken geratene Lebens- und Bildungssituation aus ihrer Erstarrung zu lösen und sie mit einem förderlichen Dialog zu entflechten. Ein Selbstverständnis, das wohl auf die meisten pädagogischen Konzeptionen zutrifft, hier aber in einer spezifischen Distanz zu einem »technizistisch« wirkenden Förderverständnis steht (Gerspach 2009, S. 14).

Entscheidend für den Umgang mit Beziehungs- und Persönlichkeitsstörungen ist die Vorstellung über die Zielgerichtetheit aller pädagogischen Handlungen. Wer einem anderen gegenübertritt, *um das Störende im Keim zu ersticken*, den Anderen gewissermaßen mit allen gebotenen Mitteln nach seinem Ideal der Vernunft zu formen, verfehlt gleichsam die psychische Ebene der Unverfügbarkeit.

Im Mittelpunkt einer psychoanalytisch reflektierten Heilpädagogik steht vielmehr ein »Beziehungsgewebe«, in das der Zweifel an der Illusion individueller Autonomie immer schon eingeschrieben ist. Wir sollten, so Manfred Gerspach in diesem Sinn, »uns vor der Illusion hüten, als gehe der Andere in unserem Erkenntnisprozess gleichsam ohne Rest auf« (Gerspach 2009, S. 18).

4.2.3 Fragilität und Verletzbarkeit

Will man es auf den Punkt bringen, dann erweist sich der Eigenwert der Tiefenpsychologie für die Pädagogik wohl zuerst im Prinzip radikaler Offenheit. Ohne die Sicherungsmechanismen von Handlungskonzepten beginnt die pädagogische Begegnung mit dem Eingeständnis der Grenzen des Fremd- und Selbstverstehens. In psychoanalytischer Tradition haben wir es mit einem Anderen zu tun, den wir nicht kategorisch einer allgemeinen Erziehungsnorm unterwerfen (was die Orientierung an verallgemeinerbaren Erziehungszielen natürlich nicht ausschließt). Wir können nicht einmal davon ausgehen, einen endgültig transparenten Zugang zum pädagogischen »Objekt« zu erhalten, in dem wir das eine Tun untersagen und das andere unbedingt fördern (ein nicht unwichtiger Aspekt erscheint etwa in der Interpretation von selbstschädigendem Verhalten, der durchaus kontrovers diskutiert werden kann[6]).

---

6 So Manfred Gerspach in diesem Zusammenhang: »Nehmen wir die Situation, dass sich ein Jugendlicher mit autistischen Zügen beständig den Kopf anschlägt, bis er blutet. Wir unterbinden dieses Tun, weil wir es für stereotype Selbstschädigung erklären. Warum sind Stereotypen schlecht für einen Autisten? Vielleicht erleichtert ihm die immerfort wieder-

Wir können die bisherigen Überlegungen bis zu diesem Punkt wie folgt zusammenfassen. Der Wert einer Personorientierung liegt im Ganzen betrachtet in einem humanistischen Selbstverständnis, das seinen Grund in der unverfügbaren Singularität eines Anderen aufweist. Diese Einsicht verbindet moralische Einsichten mit praktischen Vollzügen, die uns gleichsam den wissenschaftstheoretischen Boden bereiten, auf dem alle Praxis im Miteinander abläuft. Das ethische Motiv, das hier angesprochen wird, ist keineswegs beliebig und mit den reinen Attributen des Sollens nicht vollends erfasst. Denn erst in der Tiefe der moralischen Reflexion erkennen wir, dass ein Humanismus der Alterität einen negativistischen Kern besitzt, den man in sein moralisches Weltbild einfügen muss (T. W. Adorno sprach im Sinne der kritischen Theorie bekanntlich vom »Nicht-Identischen«, das ihm als unabweisbare Vorgabe aller ethischen Reflexion galt).

Negativität ist eine Aufgabe für das moralische Denken. Ihr entspricht die Einsicht in die Autonomie aller lebendigen Wesen, aber eben auch die wechselseitige Verdecktheit, Intransparenz, Unverfügbarkeit und Unaustauschbarkeit. Wir können uns dem Anderen *als Anderen* nur dann angemessen nähern, wenn wir seine Einmaligkeit, singuläre Totalität und irreduzible Ganzheit verstehen (Rentsch 2000, S. 112).

Pädagogische und therapeutische Richtlinien werden damit zwar nicht festgeschrieben, aber es lassen sich Leitorientierungen bestimmen:

- Der Andere ist kein Wesen, das von einem anderen Standpunkt aus als Objekt einer Intervention zu verstehen ist (daraus resultiert eine diskrete Distanz zu allen übermäßigen Förderplanungen).
- Der Andere ist Subjekt in seinem Handeln und Tun, aber auch in seinen Verfehlungen und Abweichungen (wir rekonstruieren sein Welt- und Selbstbild, können aber nicht in ihn »eindringen«).
- Der Andere unterliegt in der Begegnung »mit mir« einer Individuiertheit, die sich durch die gesamte Praxis durchhält. Jede Förderung, jeder Moment einer Beziehungsgestaltung ist nur als singuläre Situation erfassbar. Unsere gemeinsamen Handlungen sowie alles Trennende sind nicht das Resultat eines vorgefertigten Plans, sondern immer nur Ausdruck einer singulären Gestaltwerdung (alle pädagogischen Begegnungen beginnen gleichsam bei Null; wir müssen in jeder konkreten Begegnung »bei uns« beginnen).
- In der Perspektive ethischer Authentie zeigt sich zugleich die Störfaktizität und Brüchigkeit unserer Praxis.

Der letztere Gesichtspunkt ist von hoher Relevanz. Er rückt die Aufmerksamkeit auf die Verletzbarkeit und Fragilität, die prinzipiell in allen humanen Formen enthalten ist, im Kontext der helfenden Professionen aber besonders intensiv diskutiert wird.

Verständlicherweise wurde zuletzt der Kategorie der Vulnerabilität besondere Aufmerksamkeit zuteil. Diese hat gewissermaßen eine anthropologische und eine

---

holte Handlung eine Orientierung in Zeit und Raum? Trifft der Begriff Selbstschädigung den wahren Sachverhalt?« Vgl. Gerspach 2009, S. 19.

realpolitische Seite. Zuerst zu denken ist hier an jene Personengruppe, die im Kontext gegenwärtiger Fluchtbewegungen im besonderen Maße »ausgesetzt« ist. Im September 2016 befanden sich ca. 240.000 begleitete und 56.000 unbegleitete Kinder in der Bundesrepublik Deutschland (Thiele 2017).

Unbegleitete Minderjährige werden in der Regel von den Jugendämtern in Obhut genommen und nach sogenannten »Clearing-Verfahren« in Einrichtungen der Kinder- und Jugendhilfe untergebracht; begleitete Minderjährige leben meist mit ihren Familien in Not-, Erstaufnahme- und Gemeinschaftsunterkünften. Wir können diese Situation hier nicht in der Tiefe erfassen, und müssen uns mit Hinweisen begnügen: Viele der genannten Minderjährigen fallen nicht in die Wahrnehmung der Jugendämter, wiewohl die allgemeinen Kriterien für eine Begutachtung gegeben »wären«.

Wir haben es hier mit einer Situation zu tun, in der das Moment der *humanen Fragilität* in mehrfacher Hinsicht dominant wird: *Fragil* sind die Verhältnisse, unter denen Andere leben und überleben müssen; *fragil* sind auch die gesellschaftlichen »Problemlösungen«, die zu strukturellen Ausschlüssen im Jugendhilfespektrum führen (ebd., S. 122); *fragil* sind schließlich auch die Entwicklungsperspektiven von Minderjährigen in permanenten Ausnahmesituationen.

Für die vorliegende Darstellung ist es wichtig, die mit Händen zu greifenden, schädigenden Aspekte in diesem Zusammenhang auszudifferenzieren. Im Kontext Flucht ist die strukturelle Dimension erfahrener Gewalt vordringlich; diese Kinder haben mit oder ohne ihre Eltern Situationen erfahren, in denen ihre Grundrechte und Grundbedürfnisse in vielfacher Weise eingeschränkt wurden. Die Diskussion über den jeweiligen »Grad« an Kindeswohlgefährdung ist gleichwohl kompliziert, weil sie bekanntlich von einer Gefährdung des seelischen, leiblichen und geistigen Wohls des Kindes ausgeht, also von einer Schädigung, die seine Eltern faktisch nicht abwenden können oder konnten – dies ist eben in Nothilfeunterkünften aus strukturellen Gründen häufig der Fall.

Eine weitere Differenzierung betrifft die heil- und sonderpädagogische Dimension: Geflüchtete Menschen mit Beeinträchtigungen erfahren die erwähnte Vulnerabilität in besonderem Maße. Bemängelt wird in diesem Zusammenhang, dass es in der Bundesrepublik Deutschland zwar gut ausgebaute Hilfe-, Beratungs- und Versorgungssysteme gibt, aber zu wenig Schnittstellen zwischen diesen Instanzen. Für die Personengruppe, die sich im Zentrum dieser Schnittstellen befindet, hat sich die Kategorie der Intersektionalität etabliert. Zum einen fließt in dieses neue Paradigma die Erkenntnis ein, dass es sich bei dem Phänomen der Behinderung um eine gesellschaftliche Konstruktion handelt, in der langfristige körperliche, geistige, seelische und Sinnesbeeinträchtigungen mit strukturellen institutionellen und sozialen Barrieren zusammenwirken – mit der Konsequenz der Verhinderung der vollen gesellschaftlichen Teilhabe. Dieses prozesshafte Geschehen wird nun aber durch die Intersektion mit anderen Kategorien beeinflusst, Formen der Diskriminierung oder Exklusion aufgrund von Rasse, Hautfarbe, Geschlecht, Sprache oder Religion (Heilmann/Kösell 2017, S. 147 ff.).

Intersektionale Analysen richten den Blick auf die Schattenseiten der Globalisierung. Vom Standort der Theorie aus sind wohl alle Analysen entsprechend kurzatmig; denn sie können nur bruchstückhaft beschreiben, welchen miserablen

Verhältnissen die Menschen ausgesetzt sind. Umso dringlicher erscheint die Frage, unter welchen Bedingungen und in welcher Form man pädagogische Beziehungen gestalten kann, wie man sich Anderen zuwenden und eine Art von Arbeitsbündnis in Gang setzen kann, das den erwähnten Erfahrungsdimensionen Rechnung trägt.

5 Die Praxis der Beziehungsförderung

In Beziehung treten – eine Redewendung, die, so oft sie auch gebraucht wird, höchst voraussetzungsvoll ist. Menschliches Leben findet bekanntlich *in Beziehungen* statt, ist ohne Beziehungen schlicht nicht denkbar. Doch so viele Beziehungen auch unser Leben bestimmen, so ist die Sache der Beziehungs*förderung* höchst anspruchsvoll. Denn der Ausdruck zielt auf einen psychologischen Sachverhalt, der sich der »gezielten Intervention«, der konkreten Planung und dem Wissen der Profession entzieht. Beziehungen können gestiftet und ermöglicht werden, sie können mit Sinn verbunden werden und die Beteiligten auf spezifische Weise erfüllen. Aber in der pädagogischen, heilpädagogischen oder therapeutischen Gestalt ist die Kategorie der Beziehung etwas nicht »Logofizierbares«. Dies heißt: Analysierbar und logisch zu bestimmen sind besondere Beziehungsverhältnisse, die uns in Berufsrollen, in Verhältnissen der Nähe und der Ferne, in sachlichen und professionellen, persönlichen oder virtuellen Bezügen begegnen. *Nicht logisch zu behandeln* sind aber jene Beziehungen, in denen sich idealerweise Personen einander auf Augenhöhe begegnen, und auf beiden Seiten ein höherer symbolischer Sinn in einem gemeinsamen Bezug erfahrbar wird.

Somit könnten wir behaupten: Die Beziehungsförderung ist als eine »Methode« der pädagogischen und heilpädagogischen Wissenschaften durchaus ambivalent. Sie hat einen hohen Wert – nicht nur im pädagogischen Sinne – und bildet gewissermaßen den Kerngesichtspunkt helfender Professionalität. Doch ist sie im hohen Maße von Umständen abhängig, über die professionelle Helfer/innen nicht verfügen können. Was Beziehungsförderung bewirken kann, in welchem Rahmen sie stattfindet und vor welche Grenzen sie gestellt wird, wird erkennbar, wenn wir uns an die Grenzen der menschlichen Situation erinnern.

Diese Grenze liegt im Wesen des Menschen selbst begründet, in den Tiefen unseres Selbstseins, das in mehrfachem Sinne unverfügbar ist, eines Selbstseins, für das es viele philosophische und psychologische Formeln gibt, das aber auch in alltäglichen Situationen erscheint. Ein Zitat aus einem Lehrbuch der Psychologie bringt diese Philosophie zum Ausdruck.

> Geschichte einer Frau aus Verl: »Also wissen Sie, wenn es mir schlecht geht, traue ich mich meist nicht, mit jemanden darüber zu sprechen.« – »Warum nicht?« »Aus Angst, der Andere könnte mir helfen wollen.« – »Was wünschen Sie sich denn stattdessen?« – »Ich wünsche mir einen Anderen, von dem ich sicher sein kann, dass er mir unendlich lange zuhört, damit ich so lange reden kann, bis ich selbst wieder weiß, was los ist und was ich zu tun habe« (Dörner 2019, S. 19).

Alles, was wir in diesem kurzen Zitat von dieser Person erfahren, scheint auf das Begehren nach Autonomie schließen zu lassen. Ein Verlangen, das jeder und jede in gewissem Maße spürt und insofern nachvollziehen kann, das aber im Grunde schon immer erfüllt ist, weil wir philosophisch betrachtet Wesen in der *singulären Totalität* sind. Ein kompakter Begriff, der die unverfügbaren Sinnbedingungen unserer Existenz auf den Begriff bringt.

Pädagogische Beziehungen zu gestalten, wird somit zu einem ungemein hochwertigen Verfahren, das im Grunde ein stetiger Versuch ist, der Paradoxie der Autonomie zu entraten. Denn so unteilbar die Individualität und so klar uns auch die Autonomie der Person vor Augen liegt, so ist die menschliche Praxis doch von Abhängigkeiten und Verbindungen geprägt, die die Autonomie und Selbstständigkeit ständig unterlaufen. Wir sind, wiederum vereinfachend gesprochen, bedürftige Wesen, angewiesen und einander ausgesetzt, wie es der Philosoph Emanuel Levinas formuliert. Die Illusionen der Autonomie sind im gleichen Maße bedenklich wie die unbezweifelbare Singularität. Und dies gilt in einem besonderen Sinne in praktischer Hinsicht, wenn wir mit anderen Individuen verständigen, die beispielsweise in ihrer Kommunikation, ihrer leiblichen Integrität, in ihrer Emotionalität und Sozialität gestört sind.

Um die Zielrichtung der folgenden Darstellung zu präzisieren, macht es Sinn, sich auf die unverzichtbaren anthropologischen und pädagogischen Grundlagen zu verständigen. Dazu zählen die Kategorien der Verletzbarkeit, der Behinderung und der Störung im Horizont einer unterstellten Normalität sowie die Kategorie der Beziehung. Es sind Begriffe, die wir alltäglich gebrauchen und über deren Sinn wir uns normalerweise nicht vorab verständigen müssten, Menschen leben in guten und schlechten Beziehungen, erfahren Störungen in ihrem Selbst, ihrem Wohlbefinden oder in ihren sozialen Bezügen. Die wohl wichtigste Einsicht für die Perspektive der Beziehungsförderung besteht in der Tatsache, dass wir ohnehin immer in unterschiedlichster Form *in Beziehungen leben.* Bevor wir konkret in professionellen Bezügen gemeinsam handeln, sind bereits Beziehungsmuster ausgebildet und besondere Erfahrungen gemacht worden. Dies ist so einsichtig wie nicht-trivial und führt uns zu der Definition der Beziehungsarbeit.

Unterstellen können zunächst, dass gestörte Beziehungen in bestimmter Weise mit gestörten Subjekten zu tun haben. Ein schwieriger Punkt, denn es gilt, die negative Verengung auf alles, was mit Abweichung, Behinderung, mit Leiden, Krankheit und Schädigung zu tun hat, zu vermeiden. Zu den Prinzipien einer zeitgemäßen Heilpädagogik zählt der adäquate und hilfreiche Gebrauch von Terminologien und Zuschreibungen: Die Störung an sich sollte nicht dazu verleiten, die Sicht auf das pädagogische Subjekt unangemessen festzuschreiben. In diesem Sinne »gibt es« keine beziehungsgestörten Subjekte, die vollkommener Objektivität entsprechen. Zugleich ist zu bedenken, dass ohne eine hilfreiche, »viable« oder einfach passende Bestimmung einer Störung die gesamte Praxis der Hilfe wenig Sinn ergeben würde.

Vorrang gegenüber personalen Zuschreibungen hat für unsere Überlegungen die Bestimmung der übergeordneten Struktur, in der Beziehungen ermöglicht, entdeckt, gestiftet und gefördert werden können. Allein diese Orientierung verlangt, weite Horizonte der Ethik, der Sozialtheorie und Anthropologie zu erschließen und deren wichtigste Einsichten mit zu bedenken. Denn es geht im Vorliegenden um mehr als nur ein vermeintlich harmonisches Miteinander, um etwas anderes als eine gewisse Sensibilität im Umgang miteinander (welche man ja eher voraussetzen würde und bestimmte Konflikte ggf. immer schon außen vor ließe).

Die Förderung von Personen hat, wie wir sehen werden, einen unhintergehbaren Anspruch, der zwar auf die konkrete Situation von Menschen in erschwerten Lebenslagen bezogen ist, aber zugleich mit sozialen, ethischen und letztlich auch politischen Bestimmungen einhergeht.

Man kann die folgenden Darstellungen vielleicht dann am besten verstehen, wenn man die Bedeutung des Begriffs der Begegnung genauer ins Auge fasst. Eine Begegnung kann vieles bedeuten und sie kann mit ebenso negativen wie positiven Konnotationen umschrieben werden, sie kann unheimlich und beängstigend oder erfüllend und harmonisch gestaltet sein. Bevor man sich jedoch den notwendigen Bedingungen zuwendet, die genau solche Positivität hervorbringt, sind einige Vorbehalte zu benennen. Denn Begegnungen sind wohl erst richtig verstanden, wenn die existentiellen Variablen bedacht werden. Wir begegnen uns genauer betrachtet nicht als vollkommen Gleiche (wie man es vielleicht politisch formulieren würde), sondern als ungleiche, bedürftige und fragile Wesen. Wir sind – entsprechend einer existentialistischen Weltsicht – auf andere angewiesen und begegnen uns in spanungsvollen und asymmetrischen Beziehungen. Die konkrete Interaktion zwischen Kindern und Erwachsenen, zwischen Lehrerinnen und Schülerinnen, Therapeuten und »Patienten« sollte selbstredend positiv gestaltet werden; in einem Rahmen, in dem das Störende und Dissonante verringert wird. Aber die erste Einsicht gilt dem Gefälle, das zwischen dir und mir besteht. Jemand ist dem Anderen gegenüber Objekt, der Andere ein Subjekt, jemand wendet sich in der Ungeschütztheit seiner Existenz an einen Anderen und der Andere antwortet auf seine Weise. Dieses Gefälle erfordert Verantwortlichkeiten – auf beiden Seiten!

Interessanterweise enthält der Begriff der Begegnung einen kontraintuitiven Klang: In vielen europäischen Sprachen wird Begegnung mit »kontra« und Gegnerschaft beschrieben; eine Denkfigur mit einiger Berechtigung. Denn es geht, wie angedeutet, in Begegnungen um ein *Miteinander*, das vom *Gegeneinander* gar nicht weit entfernt ist. Erfasse ich die Situation mit einem unbekannten Subjekt als gegnerschaftlich, »bringe ich damit meine Achtung vor deiner Fremdheit und Würde zum Ausdruck« (Dörner 2019., S. 21). Diese Einsicht gilt in einem psychiatrischen Kontext, in dem es zuerst um Fremdheitserfahrungen und vielleicht auch unverständliche Verhaltensmuster geht. Aber die Prinzipien, von denen dort die Rede ist, lassen sich durchaus auf heilpädagogische und pädagogische Situationen im Ganzen übertragen. Unterstellt wird kein »Dankbarkeitszwang für Helferwillen« (ebd.), sondern lediglich die Anerkennung eines ungleichen Maßes. Als Unvergleichliche begeben sich die Personen in eine Situation der Ungewissheit, ohne einander zu kennen, ohne überlegenes Wissen, wohl aber mit einer Suchhaltung, sich einer neuen Sicht zu öffnen.

Es genügen hier wohl diese Andeutungen, um die Relevanz der Gedankenfigur der Begegnung zu belegen; aber auch, um zu verdeutlichen, warum die konkrete heilpädagogische Beziehungsförderung auf viele wissenschaftliche Einflüsse zurückgeht. Die Darstellung soll im Folgenden diesen vielen Ursprüngen und Quellen

Rechnung tragen. Die Grundlagen der Person und Beziehungsförderung liegen nicht allein in der Pädagogik, sondern in einem Schnittfeld von Psychologie, Therapie, Gesellschaftstheorie und Anthropologie.

Die weiteren Analysen vermessen gewissermaßen das heilpädagogische Feld der Personenförderung, wobei hier zwei Aspekte besonders betont werden. Zum einen verdient die Theorie der Personenförderung der humanistischen Psychologie besondere Beachtung, weil sie bekanntlich die Grundlagen der förderlichen Grundeinstellung gelegt hat. Zum anderen sollten die methodischen Feinheiten der Beziehungsgestaltung im weitesten Sinne dargelegt werden, die in Verfahren der Heilpädagogik, Therapie und Pädagogik verkörpert werden.

Die bisherigen Darstellungen deuteten es an: Die Theorie und Praxis der Beziehungsgestaltung sind von einem gewissen Eigenwert, ohne Gebrauchswert zu sein. Damit soll gesagt werden: Wir können zwar die Einsichten, wie Kommunikation und Dialog am besten »funktionieren«, in unsere alltäglichen Handlungen integrieren und sie für professionelle und private Beziehungen nutzen. Aber verknüpft mit dem Gedankengebäude der Personenförderung ist doch mehr als ein vorübergehender »Nutzen«; eher wäre der Begriff eines Ethos notwendig. Carl Rogers paraphrasierend ließe sich sagen, dass die Zukunft nicht von naturwissenschaftlicher Optimierung abhänge, sondern nur von dem menschlichen Miteinander.

Doch was bedeutet es im Kern, sich an Personen zu orientieren und pädagogische Begegnungen im erwähnten Sinne zu gestalten? Im Umfeld helfender Professionen, in der Sozialarbeit, in Beratungs- und in pädagogischen Kontexten ist der Gedanke der Personzentrierung (desgleichen die »Klientenzentrierung«) wohlvertraut. Gleichwohl ist eine gründliche Differenzierung notwendig, wenn wir nicht diese Konzepte zu einem harmonischen Umgang im fachlichen Gespräch herabstufen wollen. Die folgenden Überlegungen gleichen insofern einer Verteidigung einer Denkweise, die die Welt nicht besser macht, aber einen unabweisbaren humanistischen Kern hat. Diese Verteidigung ist hier nicht auf die fachlichen Kontexte zu reduzieren, sondern in ihrer allgemeinen praktischen Dimension aufzuweisen.

Erinnert sei an die theoretische Haltung von Emil Kobi angesichts einer fragwürdigen heilpädagogischen Situation. Wir können hier an den Gedanken, die existentiellen Aspekte einer erschwerten Grundsituation aufzuhellen, anknüpfen: An welchen Orten, mit welchen Mitteln und in welchen Bezügen findet heilpädagogische Beziehungsgestaltung statt? Eine vollkommen systematische Ableitung wäre schwierig aufgrund der Verzweigungen und Überschneidungen der psychosozialen Praxisformen; doch können wir zumindest drei wichtige Grundunterscheidungen vornehmen:

(1) Wie werden Beziehungen im pädagogisch/heilpädagogischen Zusammenhang gestaltet?
(2) Wo findet heilpädagogische Beziehungsgestaltung überhaupt statt?
(3) Womit, das heißt, mit Hilfe welcher Inhalte, Themen, Methoden, Medien lässt sich die Beziehungsgestaltung vertiefen?

Diese Fragen haben einen inneren Zusammenhang: Sie schreiten vom Speziellen zum Allgemeinen voran und erweitern nach und nach die möglichen pädagogischen Bezüge. Einleitend ist es wichtig, die Grundlage zu verdeutlichen, was mit der Personorientierung eigentlich gemeint ist. Ebenso relevant aber ist eine Erweiterung des theoretischen Blickwinkels, der sich folglich auf informelle Gruppen, auf pädagogische Alltagssituationen ebenso wie auf spezifische Erfahrungskontexte bezieht. Nicht zuletzt soll gezeigt werden, dass eine isolierte Analyse von Gesprächssituationen problematisch wäre; denn Beziehungen werden im weitesten Sinne in der Auseinandersetzung mit lebensweltlich bedeutsamen Themen und im kreativen Bezug gestaltet.

5.1 Praxiskonzepte und heilpädagogische Ethik

Heilpädagogische Theorien sind Vermittler zwischen Theorie und Praxis. Dies gilt hier im Besonderen, weil die bisherigen Reflexionen notwendigerweise abstrakt und theoretisch erscheinen. Zu bedenken ist indes zweierlei: Es gibt keinen gradlinigen Königsweg von einer überzeugenden Theorie zu einer gelingenden Praxis. Die Dynamik zwischenmenschlicher Begegnung, auch in Situationen der Förderung, ist immer in Rechnung zu stellen. Andererseits müssen wir bedenken, dass die Praxis der Förderung kein »Anhängsel« ist, mit der die Entscheidungen der Theorie ins Recht gesetzt werden. Heilpädagogische Werte und heilpädagogisches Tun sollten sich im besten Fall ergänzen; sie sind als zwei Seiten eines integralen Zusammenhangs zu verstehen.

In diesem Sinne sollen hier heilpädagogische Aufgaben mit dem »Übungscharakter« der Praxis verbunden werden. In das Selbstverständnis der Aufgabenbereiche, in die Übungsformen und Methoden fließen die bisherigen Überlegungen ein, auch wenn sie nicht explizit genannt werden können. Heilpädagogik ist so betrachtet keine Wissenschaft, die objektive Erkenntnisse in Handlungen störungsfrei übersetzt, sie ist aber auch keine mächtige Instanz, die exekutive Funktionen steuert, um das Handeln eines anderen anzupassen. Es sind dies Bilder, hier der Neuropsychologie und Hirnforschung entlehnt, die falsche Vorstellungen erzeugen. Exekutive Funktionen sind Kontrollfunktionen; heilpädagogisches Handeln muss aber ohne den Anspruch auf Kontrolle und Effizienz auskommen. Was das Handeln im Kern ausmacht, soll deswegen im Folgenden ausführlich beschrieben werden. Sinnvoll erscheint zunächst eine Bestimmung der Aufgaben, die logisch geordnet werden können; um danach konkret Möglichkeiten der Förderung darzustellen.

Die Grundlagen heilpädagogischen Handelns lassen sich zunächst unterteilen in:

- präventive Aufgaben zur Sicherung des Wohlergehens und zur Verhinderung von Desintegration,
- habilitative Aufgaben der Unterstützung und Förderung ungenutzter Potentiale,
- fördernde Aufgaben mit eindeutigen Zielstellungen und exklusiver Programmatik,

- rehabilitative Aufgaben, bei der Menschen in erschwerten Lebenssituationen bei der Führung ihres Lebens unterstützt werden (Greving/Ondracek 2010, S. 299).

Nicht alle diese genannten Bereiche müssen immer explizit als »Heilpädagogik«, nicht einmal als professionelle Hilfe erkennbar sein; denkbar sind sowohl allgemeine pädagogische Situationen oder Schnittstellen zwischen Lebenswelt und Hilfesystemen.

Entscheidend ist aber, dass wir mit Hilfe dieser Unterscheidung alltägliche, spezifische und übergeordnete Bereiche differenzieren. Die Beziehungsgestaltung mit den Lernenden oder die Arbeit mit Eltern weist verschiedene Strukturmerkmale auf, die interpretiert werden müssen; denken wir an die Motive der Zugewandtheit oder des Vertrauens, die jeweils erwartet, aber auch enttäuscht werden können.

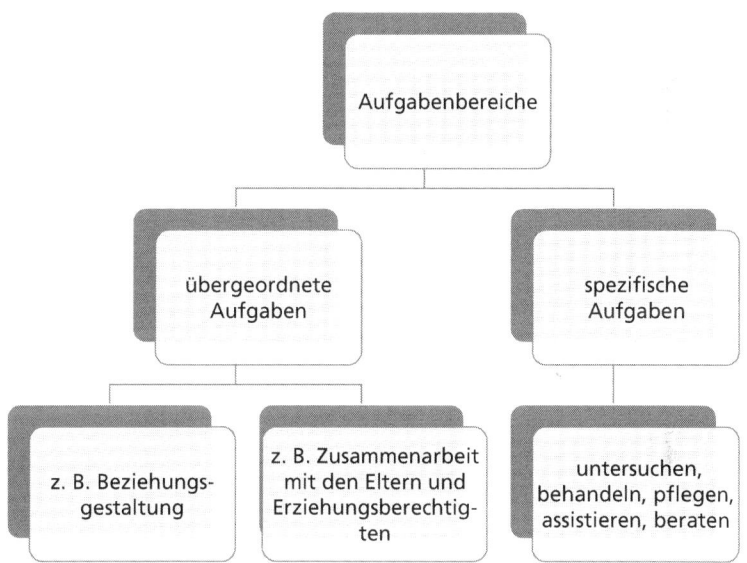

Abb. 1: Aufgabenbereiche der Profession Heilpädagogik (in Anlehnung an Greving/Ondracek 2010, S. 300)

Wie ist es hingegen mit den spezifischen Aufgaben? Hier sind wir gehalten, einen unverstellten Blick in den Alltag in Handlungsfelder vorzunehmen und gewissermaßen das Gespür für den Wert des Alltäglichen zu schärfen. Denn: Im täglichen Miteinander – was wir mit Gefühlen der Strapaze, des Stresses, aber auch des Gelingens verbinden – zeigt sich der Wert heilpädagogischer Handlungsfähigkeit. Sowohl in Bildungseinrichtungen als auch in Wohn- oder Heimformen geht es um eine Alltags- und Lebensbewältigung, die mit qualifizierten Handlungsentscheidungen einhergeht. Zeitliche Rhythmen und die Bedürfnisstrukturen sind zu beachten; in den Alltag fließen also verschiedene subjektive und objektive Vorgaben ein. Doch ist damit noch nicht das Handeln im eigentlichen Sinne beschrieben, denn die heilpädagogisch Tätigen werden sich nicht als »Getriebene« selbst beschreiben und auch nicht als »Arbeitende«, die lediglich vorgefertigte Arbeitspläne ausführen.

Spezifische Aufgaben in diesem Zusammenhang lassen sich vielmehr als »fördernde Kommunikations- und Interaktionsabläufe« beschreiben (ebd., S. 300). Heilpädagogische Handlungs- und Übungsformen werden mit Blick auf vorhandene Potentiale, Selbstständigkeit und Verantwortlichkeit bewusst eingesetzt. Diese Entscheidungen (welche Methoden und Praktiken, welche Themen, welche didaktischen Formen in welchem zeitlichen und sozialen Rahmen?) sind keineswegs trivial. In sie fließen vielmehr Unterscheidungen ein, die mehr oder weniger bewusst, mehr oder weniger reflektiert werden.

Solche Übungsformen umfassen folgende Bereiche, die wir als menschliche Basisformen kennen: die Bereiche der Sprache und Soziabilität, der Kognition und der Affekte, der verschiedenen Sinneswahrnehmungen und der Bewegungssteuerung bzw. Senso- und Psychomotorik.

In allen diesen Bereichen kann also heilpädagogische Förderung ansetzen, wobei das Spektrum äußerst weit gefasst ist: Es führt von dem frühesten Kindes- und Entwicklungsalter (Frühförderung, basale Stimulation) bis hin zu dem Entwicklungsalter, in dem kognitive und sprachliche Funktionen, soziale und emotionale Beziehungen, Gedächtnisleistungen, Körper- und Bewegungsleistungen verlangt werden. Welche Formen man in welchem Kontext auch wählt, zu bedenken ist, dass in die formale Entscheidung bestimmte Orientierungen und Werte einfließen.

Spezifische »Wirkungsmerkmale« kennzeichnen den Kontakt zwischen der zu fördernden Person und dem Heilpädagogen:

- Akzeptanz, Annahme und Wertschätzung,
- Empathie und Verstehen,
- dialogische Beteiligung,
- die Öffnung sinnlich-sensorischer Zugänge sowie
- der assistierende Angebotscharakter sowie
- soziale und personale Integration (ebd., S. 317).

Diese genannten Wirkungsdimensionen sind in der Heilpädagogik tief verankert; sie werden niemanden überraschen, der sich mit heilpädagogischer Theorie vertraut gemacht hat. Für die vorliegende Reflexion ist es aber notwendig, das Selbstverständnis zu klären, auf dem heilpädagogische Übungsformen aufruhen. Und an diesem Punkt ist auf dem weiten Feld von Praxisformen, aber auch der Wissenschaftstheorien auf die Bedeutung der Personorientierung hinzuweisen.

Kommunikativ-dialogische, methodische, hermeneutische und gestaltende Aspekte bilden einen gemeinsamen Zusammenhang. Die Ermöglichung von Dialog und Kommunikation unter Beachtung der individuellen Störungsbilder findet auf der Beziehungsebene statt. Schwer zu bestimmen ist hier, was jeweils als Beziehung mit welchen Wahrnehmungen, welchen Empfindungen und Zuschreibungen zu verstehen ist. In jedem Fall beginnt die Personenförderung mit der Bereitschaft, sich auf diese Ebene zu begeben und dialogische Prinzipien, die bis zur Philosophie von Martin Buber zurück reichen, wirken zu lassen. Hermeneutische Prinzipien knüpfen an diese Bereitschaft an, insofern sie als Versuche des Verstehens eines Anderen gelten. Diese Interpretationsleistung gilt auf allen Ebenen – auf der dialogischen Ebene, in Bezug auf konkrete Willensäußerungen, auf der affektiven Ebene ebenso wie der motorischen Ebene. Auch diese Ebene – jeweils vermittelt durch die sensorisch-motorische, leibliche und kinästhetische Situation – ist auf den Nachvollzug des Pädagogen angewiesen.

Insgesamt folgt die hermeneutische Dimension der Identitätsbildung des Subjekts: Dieses lernt, im Spiegel des Gegenüber sich selbst zu erkennen, im besten Falle sich selbst anzunehmen. Die methodische Wirkungsebene schließlich ist keineswegs additiv zu verstehen; auch hier geht es um den fördernden Dialog und das einvernehmliche Miteinander, das nun mit Behandlungs- und Therapieformen kombiniert wird.

Für die Wahl einer Methodik – also für didaktische Überlegungen, für spezifische therapeutische Elemente, für Spiel- und Interaktionsformen, psychomotorische Übungen usw. – gilt, dass sie im Zusammenhang der genannten Prinzipien steht und dass die Reaktionen der Bildungssubjekte prinzipiell als sinnvolle Antworten auf diese Entscheidung zu verstehen sind. Im Blick auf die subjektive Befindlichkeit erhält die Heilpädagogik ihren Bestimmungsgrund – und dies kann sich sowohl in dissonanten Gefühlen, in der Abwehr oder im Scheitern, aber auch in gelingenden und viablen Passagen der Förderung ausdrücken.

Wie steht es aber um die professionelle Person, wie ist sie in diese Überlegungen einzubinden? Nicht gerade die geringste Bedeutung ist mit der Person des Heilpädagogen verbunden. Verschiedene Begriffe bieten sich an, etwa des »Lernhelfers« und »facilitators«, des »Assistenten« oder des »Lehrenden«. Vor allem aber sind die Personen der Heilpädagogik als ein »Medium« in einem ganz bestimmten Sinne zu sehen. Dieses Selbstverständnis bezieht sich auf die gemeinsame Ebene, die man im Moment der Förderung betritt sowie die ganzheitliche Perspektive, die im Blick behalten wird. Nicht in den Kategorien der Einweisung oder der Asymmetrie lassen sich die medialen Eigenschaften erfassen, sondern vielmehr in Begriffen der Ansprache. Man *tritt in Beziehung, eröffnet eine gemeinsame Situation*, in der sich der Andere einbringen kann und seinen Fähigkeiten entsprechend auf die Angebote reagiert. Diese Beschreibung entspricht der Zwischenstellung der Heilpädagogik zwischen Therapie, medizinischer Behandlung und formaler schulischer Unterrichtung. Auf keinen dieser Bereiche ist heilpädagogisches Handeln alleine zurückzuführen; wiewohl die einzelnen therapeutischen, medizinischen oder didaktischen Elemente die Heilpädagogik ergänzen.

Man kann die Überlegungen mit den Beiträgen von Urs Haeberlin abrunden, der die Heilpädagogik unbedingt als wertegeleitete Wissenschaft verstanden wissen will. Heilpädagogik sei in erster Linie »parteinehmende Pädagogik« (Haeberlin 1996); was im Besonderen bedeutet, die Autonomie des Menschen mit Behinderung ernst zu nehmen und ihn nicht an ein falsches Verständnis von Leitbildern zu binden. Die Überzeugung, dass man sich nicht an ein überliefertes Bild des Normalmenschen bindet, hat in verschiedener Hinsicht Geltung – auch in der täglichen Praxis, in der wir Kinder mit Störungsbildern zu Übungen animieren, sie besten Wissens disziplinieren, fördern und fordern. Stets geht es dabei um die Verkörperung einer Grundhaltung.

Diese Haltung ist von besonderem Wert für die heilpädagogische Selbstreflexion. Sie steht gewissermaßen an mehreren Fronten und kann in wechselnden kulturellen und zeitgeschichtlichen Konstellationen immer wieder neu gerechtfertigt werden. Sie steht zum einen gegen den Anspruch einer objektiven Wissenschaft, deren »Forschungsgegenstände« auf der »Objektebene der behinderten Person« liegen (ebd., S. 35). Hier liegt ein tiefgründiges Missverständnis, das über das subjektive Mandat der Heilpädagogik hinweggeht. Dieses Mandat wehrt sich gewissermaßen gegen verschiedene Herausforderungen: etwa gegen die Tendenz, den Wert eines Bildungssubjekts zu quantifizieren oder dieses als gesellschaftlich verwertbar zu betrachten. Die heilpädagogische Haltung soll diesen Tendenzen, die in immer neuen Wendungen auf die Heilpädagogik treffen, entgegenwirken (Kobi 1983). Dabei lässt sich jedoch nicht bestreiten, dass man sich der massiven Kritik einer mangelnden Wissenschaftlichkeit aussetzt. Denn woran sollte man das Vorhandensein einer »Haltung« erkennen und welche Kriterien würden es auszeichnen?

> »Trotz wissenschaftlicher Klarheit der Beobachtung wird man immer wieder auf das Problem stoßen, dass hinter dem Verhalten nicht beobachtbare und nicht präzise definierbare Persönlichkeitsvariablen verborgen sind. Damit wären wir wieder bei dem wissenschaftlich unfassbaren und unklaren Sachverhalt der Haltung« (ebd., S. 37).

Es sind schließlich die Merkmale des Dialogischen, die aus diesen Widersprüchen herausführen und die hier zu den Kategorien zählen, die unbedingt zu verteidigen sind. Mit der Annahme der Person als Partner und Subjekt, dem Vertrauen in die Potentiale des Gegenübers und mit der Echtheit der eigenen Person werden die Eckpfeiler einer personorientierten Heilpädagogik gesetzt.

Diese bilden eine Basis und zugleich einen Leitfaden für die nachfolgenden Darstellungen.

Die Darstellung unterliegt dem Zweck, den Wert der Personorientierung gleichsam zu verteidigen und diesen zu profilieren. Man könnte unter Umständen behaupten, dass die charakteristischen Elemente dieser heilpädagogischen Tradition weit verbreitet sind und nichts Neues mehr für den pädagogischen Diskurs bereithalten. Man könnte ferner unterstellen, dass die erwähnte Eigensinnigkeit der heilpädagogischen Haltung mit dem Verlangen nach wissenschaftlichen Gütekriterien nicht zu vereinbaren wäre. Diese und weitere Diskussionen sollen hier nicht noch einmal geführt werden; das Ziel liegt auf einer anderen Ebene.

Letztlich geht es in dem weiten Feld der helfenden Professionen und der Humanwissenschaft darum, die Tiefe des Gedankens der Personorientierung auszuloten und zudem in alle gesellschaftlichen Bereiche zu schauen, in denen das ursprüngliche Motiv gegenwärtig Anwendung finden könnte. Denn die heilpädagogische Haltung ist nichts, was einem verschwiegenen Innenraum der Heilpädagogik reserviert werden sollte; sie ist von einem größeren Wert für die helfenden Professionen und die allgemeine Pädagogik. Worin die Vorzüge liegen, soll hier in einem weiten Bogen gezeigt werden. Dieser umfasst folgende Eckpunkte: die Idee der Personorientierung und die Praxis des Beziehungsgestaltung, des Weiteren die historische Dimension der Heilpädagogik und die Perspektive der helfenden Professionen. Die den Kapiteln zugrunde liegende Idee ist es, Verknüpfungen zwischen Geschichte und Gegenwart der Heilpädagogik und ihrer professionellen Haltung zu ermöglichen. Was auch jeweils als charakteristisch für eine Epoche, für eine pädagogische Leitidee oder für eine professionelle Selbstbeschreibung identifiziert wird – der Wert der Person erweist sich als eine Konstante, als ein Motiv, das von Beständigkeit und existentieller Tiefe ist.

5.2 Kompetenzen für die Beziehungsgestaltung

Menschliche Entwicklung vollzieht sich in der Auseinandersetzung mit Anderen. Dieser so selbstverständliche Gedanke wird spannungsreich – und keineswegs einfacher –, sobald wir ihn auf die konkrete Begegnung beziehen, die von Reibungen und Störungen, Projektionen und Dynamiken erfüllt ist. Wenn wir hier konkret an die Gestaltung von Beziehungen bei Behinderungen denken, werden erschwerte Situationen sinnlich und vorstellbar.

Denken wir etwa an:

- *Menschen mit Lernproblemen*, welche tiefgründiger im Selbstbild verankert sind: Wer sich aufgrund diverser Zurücksetzungen als »unfähig« oder »schlecht« ansieht, äußert sich auf diese Weise in diversen Interaktionen.
- *Junge Menschen mit Verhaltensproblematiken:* Ungünstige Sozialisationsbedingungen führen im Allgemeinen zu ungünstigen Entwicklungsverläufen. Die Selbstverständlichkeit im sozialen Miteinander geht verloren; emotionale Ausbrüche und unangepasstes Verhalten verfestigen sich im schlechteren Fall. Vieles, was in einer »normalen« Entwicklungsperspektive mühelos erlernt wird, muss hier von neu beginnen. Es gilt, empathische Reaktionen zu ermöglichen und das Selbstbild im Spiegel der Anderen neu zu justieren.
- *Lernbereich Sprache:* Störungen in der sprachlichen Entwicklung haben viele Seiten und können sozial oder physiologisch geprägt worden sein; auch hier gilt es, einen Dialog in Gang zu setzen und Verständigung gegen alle Barrieren zu erzielen.
- *Körperliche Einschränkungen:* Hier sind Akzentuierungen denkbar, die von einem möglicherweise belasteten, eingeengten Selbstbild ausgehen. Eine gestörte Motorik hat nichts mit einem gestörten Selbst zu tun, doch können sich natürlich Identitätsproblematiken verfestigen, je nach sozialem Umfeld. Hier kann die Beziehungsgestaltung buchstäblich auf Augenhöhe beginnen, wenn akzeptiert wird, dass ungleiche leibliche Bedingungen sich gleichsam in gelingenden Beziehungen auflösen (ohne die Schwere von Barrieren zu ignorieren).
- *Geistige Entwicklung* zuletzt ist ein bedeutender und nicht einfacher Bereich, an dem die Gestaltung von Beziehungen ansetzt. Geistige Entwicklung meint hier keine defiziente Spielart einer unterstellten Normalität, sondern die Vielfalt von Varianten geistigen Selbst- und Weltbezugs. Gleichwohl müssen wir zur Kenntnis nehmen, dass die Verhaltenszüge ungewöhnlich, eventuell gefährdend und bis-

weilen erschreckend sein können. Wiederum gilt, die Bedeutung eines Miteinanders unter Fremden zu betonen, die hier in basalen Formen vorzustellen ist.

Unter den genannten Einschränkungen sollen Beziehungen gefördert und Beziehungsfähigkeit ermöglicht werden. Gehen wir hier zunächst von einer Grundproblematik in einer vereinfachten Situation aus, in der zwei Teilnehmer in einem pädagogischen Zusammenhang miteinander handeln sollen. Auf der Seite des Pädagogen werden hier qualifizierte Handlungen erwartet, um alsbald eine ausbaufähige und tragfähige Beziehung im Miteinander zu erreichen. Doch haben wir es in dieser allgemeinen Form mit einer paradoxen Ausgangslage zu tun: Die Kompetenzen, die in dieser Situation abgerufen werden, sind »Sache« des Pädagogen und zugleich eine Sache zwischen den Handelnden. Die Verantwortung liegt natürlich auf der Seite der Profession, und doch muss zur Kenntnis genommen werden, dass die verschiedenen Variablen im Zusammenhang eines gesamten Beziehungsgeflechts betrachtet werden muss.

Um sich die spezifische heilpädagogische Situation vorstellen zu können, ist eine Visualisierung hilfreich. Das sogenannte Bewusstheitsrad ist ein Mittel, um die Wechselwirkungen und Funktionen des Erlebens auszudrücken. Im Titel drückt sich bereits eine Erwartung an die Handelnden aus. Im Zustand der wachen Aufmerksamkeit werden aktuelle »Wahrnehmungen, Gefühle, Phantasien, Gedanken, Absichten, Bewertungen und Handlungen« registriert (Flosdorf 2009, S. 23).

Eine oberflächliche Rezeption dieser Methodik würde ggf. zu Verkürzungen neigen, denn die hierfür erforderlichen Prozesse sind höchst voraussetzungsvoll und gewissermaßen mühsam. Das Einfachste in pädagogischen Interaktionen, jedem und jeder gut vertraut, ist ja die Verdeutlichung der eigenen Intention, die Durchsetzung eines Willens, die Befolgung von Regeln oder die entsprechende Sanktionierung. Man kann es das Alltagsgeschäft der Erziehung und Pädagogik nennen. Hier geht es jedoch um eine diffizile Psychologie: Es geht um »fließend sich verändernde seelische Akzentuierungen« (ebd.), den Speichen eines Rades vergleichbar, die kontinuierlich weiter laufen oder an bestimmten Momenten ins Stocken geraten.

Die Metapher des Rades hat verschiedene Dimensionen, darunter den Kontrast zwischen einer »runden« oder weichen Bewegung, bei der die psychischen Reaktionen des Vorstellens, Interpretierens, Fühlens und Handelns ineinandergreifen. Ihr negatives Kontrastbild verweist auf eskalierende Situationen, in denen Frustration, Ärger, Unlust herrschen. Man muss sich zur Vergegenwärtigung dieser Methode eine typische Situation – denken wir etwa an die pädagogische Arbeit in Heimeinrichtungen – vorstellen. Nicht die reibungslose Umsetzung von Anweisungen eines Lehrenden bestimmt das pädagogische Miteinander, sondern das ständige Mit- und Gegeneinander von Individuen mit höchst sensiblen, höchst fragilen Lebensläufen.

Damit erlangt man noch keine hinreichende Sicherheit, um eskalierende Situationen zu schlichten. Es wird hier eher das Grundgefühl für den Wert einer echten Begegnung erzeugt, um den nicht planbaren, eigengesetzlichen Prozess der Beziehungsgestaltung in Gang zu setzen:

»Was nehme ich in der Situation außen/beim anderen wahr und was nehme ich bei mir selbst wahr? Die Mitteilung des Wahrgenommenen induziert die Gegenseitigkeit und bringt so den Prozess der Beziehungsgestaltung in Gang. Wahrnehmen und Mitteilen sind deshalb basale, initiierende und steuernde Variablen für die Beziehungsgestaltung« (ebd., S. 25).

Methodisch erfassen wir hier ein weites Feld. In Beziehung zu treten, meint unter heilpädagogischen Vorzeichen: in einen gemeinsamen Raum der Phantasie, der Vorstellungskraft und der Träume einzutreten. Prototypisch ist hier die Spieltherapie; eine Methodik mit großer Tradition, in der das Kind aus der Tiefe seines eigenen Erlebens spezifische Konflikte gleichsam freilegt. Verschiedenste therapeutische Ansätze haben sich seit den Anfängen der nicht-direktiven Kinderspieltherapie verzweigt und ausdifferenziert. Die Möglichkeiten scheinen unbegrenzt, denn es geht primär um die kreative, dingliche Erweckung der kindlichen Tätigkeit. Im Rahmen von szenischen Spielen, Puppentheater, Sandspieltherapie und narrativen Therapien usw. soll ein Zugang zu verschütteten, von Angst verdeckten psychischen Bereichen geschaffen werden. Dabei geht es freilich nicht mehr um psychoanalytische Kategorien im klassischen Sinne – bei der es etwa um die rationale Aufarbeitung einer nicht bewältigen Phase der Entwicklung geht. Sondern eher um die freie Entfaltung der kindlichen Erlebensweise mittels bedeutsamer und motivierender Narrative und entsprechender medialer Welten.

Diese methodischen Aspekte werden im Folgenden intensiver diskutiert. Zunächst sind jedoch die Wirkmomente der Beziehungsgestaltung zu nennen, die je nach Zeit, Raum und Personen variieren können.

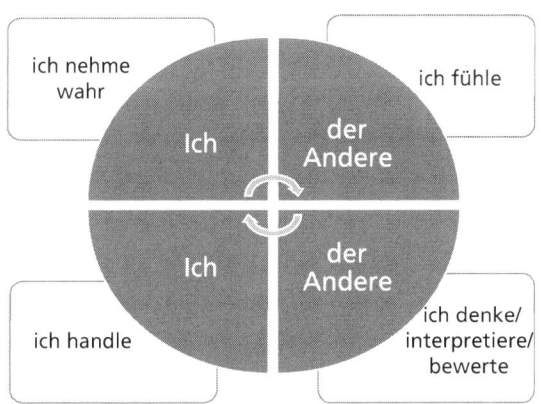

Abb. 2: Das Bewusstheitsrad (in Anlehnung an Flosdorf 2009, S. 24)

Dazu zählen folgende Punkte:

Achtsamkeit als Grundeinstellung

Achtsamkeit ist scheinbar ein Modebegriff, der sich mal auf die Wahrnehmung eigener Bedürfnisse, mal auf Umweltproblematiken bezieht. Im engeren Sinn meint Achtsamkeit die Klarheit der Wahrnehmung, für das, was eigentlich in der Situation geschieht. Das Gewahr-Werden der inneren Vorgänge des Gegenübers, der eigenen Erlebensweise und Gefühle sowie der äußeren Ereignisse ist dafür zentral. Diese Achtsamkeit ist erst zu erwerben, sie ist anspruchsvoll und gewissermaßen nicht von selbst gegeben. Im Alltag, zumal im pädagogischen Alltag ist Achtsamkeit problematisch, weil die äußeren Einflüsse eine Konzentration auf das Erleben verhindern; Pädagogen sind dabei nicht unbedingt nur gestresst, aber angespannt und gleichsam vielfältigen Reizen ausgesetzt. Es ist die Frage, inwieweit die therapeutischen Variablen umstandslos auf pädagogische Situationen übertragen werden könnten. Doch ist hier zunächst die idealtypische Situation zu betonen: Von der Alltagsbewusstheit und spontanen Handlungen wird zu einer inneren und äußeren Achtsamkeit umgeschaltet. Das innere Erleben ermöglicht erst alle weiteren Variablen in der Begegnung, die häufig genug betont werden.

Inhalt und Beziehung

Die Humanistische Tradition ist als offene, anschlussfähige Theorie im wissenschaftstheoretischen Sinne zu verstehen. Daher sind auch weitere, erkenntnistheoretische Perspektiven zu integrieren: Denken wir an die elementaren Aussagen des Konstruktivismus, der uns entscheidende Einsichten über unsere Wirklichkeitskonstruktionen ermöglicht.

Die *Erkenntnistheorie des Konstruktivismus* hat verschiedene Varianten, die mal als radikal, mal als kognitiv, mal als sozial oder kulturalistisch bezeichnet werden. Die radikale Variante bezieht sich vor allem auf die Bedingungen der Möglichkeit von *Erkennen und Wissen*. Radikal ist diese Position insofern zu nennen,

- weil sie keine objektive Realität außerhalb gelten lässt, der wir als erkennende menschliche Subjekte gewahr werden können,
- weil davon auszugehen ist, dass jeder Mensch prinzipiell seine eigene Realität, gewissermaßen seine eigene »Welt« im Rahmen seiner Erfahrungen konstruiert,
- weil Menschen prinzipiell als strukturdeterminierte Systeme resp. Wesen zu betrachten sind, die selbstreferentiell handeln und kommunizieren.

Ein kurzer Seitenblick auf die Kommunikationstheorie von Paul Watzlawick verdeutlicht, was mit *»selbstreferentiell«* und *»strukturdeterminiert«* gemeint ist. Keineswegs, so müsste man hier betonen, bedeutet es, dass Menschen determiniert, also ohne jegliche Wahlfreiheit handeln würden. Es geht vielmehr um die spezifischen Bedingungen, unter denen in der Gesellschaft kommuniziert wird.

Können wir hier einen Bezug zur Gestaltung positiver Beziehungen finden? Am Anfang des sozialen Handelns (in der Therapie, der Heilpädagogik sowie in der Sozialen Arbeit) steht ja nicht selten ein negativer Befund: dass Kommunikationsprobleme in diversen Situationen herrschen, die eine erfolgreiche Arbeit auf Dauer unterminieren. Die gängige Schlussfolgerung ist plausibel: man müsse die Kommunikation verbessern, um nachhaltige Erfolge zu ermöglichen. Was auf den ersten Blick plausibel und gängig erscheint, ist jedoch höchst voraussetzungsvoll. Denn Kommunikation ist zwar ein grundlegendes Element in menschlichen Lebenswelten, sie ist gewissermaßen die Grundeinheit menschlicher Interaktion und insofern vertraut und selbstverständlich. Aber Kommunikation ist eben auch komplex und anspruchsvoll. Die Möglichkeiten brüchiger und scheiternder Kommunikation sind ebenso groß wie die Verstehensmöglichkeiten.

Menschliche Kommunikation hat mit subjektiven Erfahrungen, Deutungen und Konstruktionen zu tun, mit Sinnkonstrukten, die mit den Konstrukten anderer Teilnehmer zusammengeführt werden. Grundlegend soll hier zwar von den prinzipiellen kommunikativen Fähigkeiten des Menschen ausgegangen werden: Der Mensch ist zu reflexiver, deutender, sinnhaft-konstruktiver Kommunikation fähig, er gestaltet seine Welt mithilfe einer kommunikativen Grammatik, die prinzipiell jedem menschlichen Wesen zugestanden wird (Rogers et al. 2007). Aber zugleich ist zu betonen, dass der Prozess des Verstehens hoch voraussetzungsvoll ist, weil es immer um die komplexe Verschmelzung von subjektiven Deutungen geht und immer hochgradig individuelle Interpretationen der Wirklichkeit im Spiel sind.

Um diesen Bedingungen kommunikativer Erfahrungswelten gerecht zu werden, genügt es daher nicht, in Bildungs- oder Wirtschaftsorganisationen »an der Kommunikationskultur zu arbeiten« – dies würde vermutlich in den Sackgassen der Übersteuerung und Überregulierung münden, die wenig effektiv sind. Eher scheint es ratsam, das Phänomen der Kommunikation von der erkenntnistheoretischen Seite her zu erkunden und diese Theorien der Kommunikation dann mit den Strukturmerkmalen der Profession zu verknüpfen.

Die Antworten liefern Theorien der Kommunikation, deren Vorzug darin gesehen werden kann, dass sie Kommunikation in alle Richtungen entfalten und sowohl formale als auch dynamisch-interaktive Aspekte integrieren. Das *Vier-Seiten-Modell* von Schulz v. Thun wäre hier zu nennen, insofern es die Elemente Selbstoffenbarung, Sachinhalt, Beziehung und Appell diskutiert, die bei jeder kommunikativen Handlung ins Spiel kommen. Die Grundlagen der Sprach- und Kommunikationstheorie, die bei Paul Watzlawick, Karl Bühler und anderen ausformuliert wurden, werden hier in ein integrierendes Modell eingefasst (Schulz v. Thun 2002; ders. 2004).

Kommunikation umfasst bekanntlich Inhalts- und Beziehungsaspekte; wo der Inhalt »eigentlich« den Vorrang hat, gibt es möglicherweise unterbewusste Motive, die die Kommunikation erschweren. Zudem ist jede Kommunikation eine Selbst-Darstellung: Die Handelnden geben nicht nur einfach eine Information weiter, sondern er oder sie macht zugleich ein Statement, man zeigt, wer man durch seine Botschaften ist oder wer man sein will.

Und nicht zuletzt steckt in jeder Mitteilung auch eine Intention, ein Appell. Nachvollziehbar wird dies in professionellen Kontexten, in der es zu Unstimmigkeiten und Differenzen über »richtige« oder falsche Interventionen kommt. Nicht immer werden nur Informationen ausgetauscht und stillschweigend hingenommen – stets ist ein Moment der Beeinflussung, oder gar des strategischen Kalküls im Spiel, das die eigene Wirklichkeit auf die Wirklichkeit der Anderen verweist. Und da solche Tendenzen offensichtlich unterbewusst oder versteckt ablaufen, ist die Analyse solcher Verwicklungen mit langwierigen kommunikativen Klärungsprozessen verbunden.

Das Variablenkonzept

Beziehungsgestaltung ist, wie gezeigt, ein kommunikatives Geschehen, für dessen Eigenheiten wir also die entsprechenden theoretischen Mittel benötigen. Doch hier geht es bekanntlich im besonderen Maße um das Motiv der Empathie in einer spezifischen »Begegnung«.

Die Variable der emphatischen Einfühlung ist dabei jedoch komplizierter, anspruchsvoller, als man es vielleicht vermutet. Der ursprüngliche Gedanke war vom Urheber gewissermaßen schwer erkämpft worden: Im empathischen Verstehen sollte der innere Bezugsrahmen des Anderen möglichst exakt wahrgenommen werden, gleichsam, als würde man mit der anderen Person gedanklich verschmelzen. Liegt hierin bereits eine missverständliche Deutung, so zeigte sich im Zuge der Rezeption der klientenbezogenen Therapie eine Irritation. Carl Rogers äußerte sich dahingehend in den 1970er Jahren, dass grundlegende Variablen seiner Ideen fehlgedeutet wurden. Was ist unter empathischem Verstehen eigentlich zu verstehen? Ginge es nur darum, die Äußerungen des Gesprächspartners wiederholend zu spiegeln, wäre dies eine erhebliche Verkürzung. Die Methodik der Personbegegnung würde somit auf eine reine Technik herabgestuft. Gefühle zu spiegeln – diese relativ leicht erlernbare Strategie wurde zu einer Art Karikatur: Mechanische Wiederholungen verzerrten demnach den eigentlichen Gehalt einer viel tieferen, viel komplexeren Auseinandersetzung (Weinberger 2013, S. 42).

Natürlich: Das einfühlsame Zuhören wird vielfach überhöht oder gar instrumentalisiert – wenn es nur um den Widerhall der Worte geht. Das eigentlich Bedeutsame ist umso deutlicher zu betonen: Im Rahmen einer personorientierten Begegnung wird ein Bezugspunkt gesucht, der am inneren Erleben des Anderen einsetzt. Eine Zielstellung, die kaum exakt planbar ist und die Momente des Fremdseins einbeziehen muss. Die Intensität der Kommunikation würde im Idealfall das betreffende Subjekt in die Lage versetzen, frei, ohne Angst und ohne Zurückhaltung etwas preiszugeben, ohne es zu »gestehen«. Der Einsatzpunkt ist indes von dem Empfinden, der Sensibilität der Beteiligten abhängig, so dass man vorsichtiger von Orientierungspunkten sprechen könnte:

- Die Person erfährt keine Belehrung, keine Korrektur, sicherlich keine Herabsetzung, so dass sie zur Selbsterkundung ermutigt wird;
- im gemeinsamen Handeln und Sprechen erfährt die Person größte Zuwendung, die sie möglicherweise in anderen Situationen niemals erfährt;
- Annahme und Wertschätzung, die weiteren Variablen der Theorie, stehen in unmittelbarem Bezug zum Einfühlen. Das empathische Verstehen erstreckt sich auch und vielleicht besonders auf jene Bereiche der Person, die verdeckt, düster, »anrüchig« und abgründig erscheinen.
- Schließlich ist die Empathie in verschiedenen Dimensionen zu betrachten, besonders auch in der leiblichen, non-verbalen Dimension. Emotionale Intelligenz stellt einen nicht unwesentlichen Bestandteil der Konzeption dar (Goleman 1998).

An dieser Stelle muss betont werden: Die erwähnten Variablen sind zunächst vor allem im Kontext der therapeutischen Beziehung zwischen Therapeut/in und Klient/in zu betrachten.

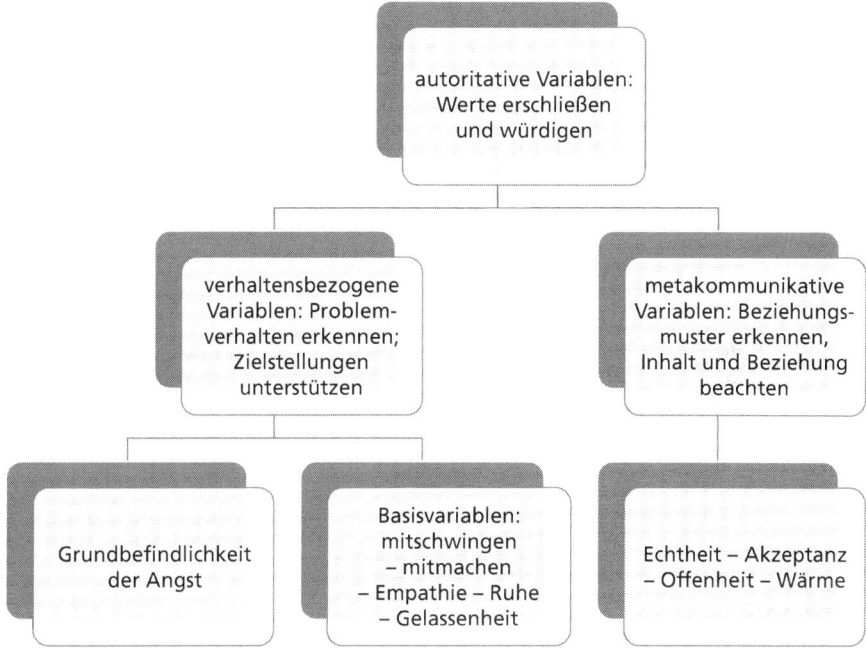

Abb. 3: Variablenkonzept (in Anlehnung an Flosdorf 2009, S. 41)

Die Übertragung auf pädagogische und psychosoziale Kontexte ist natürlich gebräuchlich, doch immer zu differenzieren.

Insofern verlassen wir im Folgenden ein Stück weit gedanklich den engeren Bereich der Psychotherapien und erkunden das Feld der heilpädagogischen Beziehungsgestaltung. Unter welchen Bedingungen müssten und können wir hier von Personenvariablen sprechen? Und können wir so weit gehen, von einem ganz anderen Bedingungsfeld auszugehen?

In heilpädagogischen wie auch allgemein-pädagogischen Situationen herrschen tatsächlich zunächst Bedingungen, die unbedingt in die theoretische Reflexion zu integrieren sind: eine vielfältige Klientel mit motorischen, ggf. hyperaktiven, ggf. reduziertem Bewegungsdrang, mit emotionalen, kognitiven und sozialen Störungsbildern, die den Moment der Kontaktaufnahme erschweren können. Hier beginnt gleichsam die heilpädagogische »Arbeit«.

Die Variable des Verstehens ist natürlich auch hier zentral, unverzichtbar, aber sie steht in einem Verhältnis zum Bedingungsfeld und zu weiteren bedeutsamen Eigenschaften. Während die Therapie im Ganzen betrachtet durch gewährendes Verstehen, so ist die Beziehungsgestaltung von einer vielschichtigen Haltung geprägt. Hier geht es um Verstehen, aber auch um Konfrontieren, Sich-Einbringen,

Begegnen, Fordern und Fördern. Das genuin Erzieherische nimmt hier besondere Gestalt an und rückt somit keineswegs in die »zweite Reihe«.

Inhaltlich sind verschiedene Aspekte zu nennen, wie man miteinander handelt – im gemeinsamen Üben, im spielerischen Tun, im kreativen Handeln, im Sport, im Werken oder im Erlebnis. Die persönlichen Verhaltensakzente sind auch hier keineswegs vorgeschrieben, aber sie sind vielleicht schärfer konturiert und enthalten neben den reflektierenden Momenten auch die Momente der Auseinandersetzung.

Der Hintergrund dafür ist im Zusammenhang einer Theorie der menschlichen Psyche zu betrachten. Die vielfältigen Störungen im sozialen und emotionalen Bereich haben ein durchgängiges Motiv, das uns auf die existentielle Verfassung des Menschen verweist: die Grundbefindlichkeit der Angst.

Dies ist zu erläutern: Es geht hier nicht um die Pathologie manifester Angst als konkretes Störungsbild. Angst kann sich gewissermaßen als Verhaltens- und Entwicklungsstörung manifestieren und die normale Bewältigung des Alltags hemmen. Doch gibt es darüber hinaus gedacht ein Grundempfinden der Angst, das mit vielen konformen, angepassten, außen- oder innengerichteten Verhaltensmustern übereinkommt. Entwicklungspsychologie und Existenzphilosophie kommen hier auf einmalige Weise zusammen. Die Angst ist ein Grundmotiv, das sich gegenüber einem konkreten Anderen oder auch ganz unspezifisch dem Leben gegenüber zum Ausdruck kommen kann. Angst ist ein durchgängiges Motiv jedes Menschen, das zu bestimmten Zeitpunkten, besonders in der Entwicklung und im hohen Alter zum Tragen und zu Bewusstsein kommt. Sören Kierkegaard hat die Grundbefindlichkeit der Angst in der Existenz und Freud bekanntlich im Unterbewussten verankert; hier kommt es freilich darauf an, die Angst als nicht zu leugnendes Motiv zwischen einander Fremden zu begreifen.

Angst besteht zwischen Menschen, die sich fremd und doch aufeinander angewiesen sind: Keiner der beiden weiß, wie es um den Anderen steht und was er in dem Gegenüber sieht. Lenken wir die Aufmerksamkeit konkreter auf die Phänomenologie der »Verhaltens-Störungen«, dann werden auch hier alle möglichen Schattierungen der Angst einsichtig. Angst ist im Spiel, wenn Kinder mit für sie bedrohlichen Reizen geflutet werden oder wenn sie in einer Lernsituation Blockaden verspüren, die sie vor dem Inhalt zurückschrecken lässt. Angst ist mit Aggression vielfältig verbunden und kann in Panikreaktionen münden; Angst ist zudem im Unterbewussten verborgen, so dass wir ihre Anwesenheit meist leugnen.

Es gibt eine Angst im psychoanalytischen Sinne, für die wir eine besondere Sprache benötigen, denn sie wirkt als innere »Lähmung der Freiheit, sich als Person zu konstituieren«. Die Schwierigkeit, für jeden nachvollziehbar und doch oft übersehen, liegt in der offensichtlichen Sinnlosigkeit einer »kämpferischen« Einstellung.

> »Die Angst lässt sich nicht bekämpfen wie der Zorn oder irgendeine andere Untugend. Ein Handgemenge mit der Angst ist möglich, aber sinnlos, denn ihr eignet etwas Gespenstisches: sie hat keinen Umriss. Im Kampf mit ihr gerät der Einzelne in die Lage eines Menschen, der mit seinem Schatten kämpft und, von der Nacht überkommen, verzweifelt, weil jetzt der Schatten so groß geworden ist wie die ganze Welt. Entlaufen kann man der Angst nur in einem mehr oder minder gelungenen Selbstbetrug [...]«(Gebsattel 1954, S. 385, zitiert nach Flosdorf 2009, S. 38).

Einsichten wie in diesem älteren Zitat verdeutlichen, wie voraussetzungsvoll das Wechselspiel von Nähe und Distanz in der heilpädagogischen Begegnung ist. Kinder, die unter Umständen eine Ängstlichkeit im gesteigerten Maße verspüren, benötigen ein authentisches Gegenüber, das sich selbst in einer Klarheit zum eigenen Empfinden, auch zur eigenen Angst befindet. Die Nähe darf nicht mit einer Propagierung oder Empfehlung einhergehen, mit der man etwa nahelegt, die Angst zu bekämpfen. Erst der konstruktive Umgang mit ihr stiftet ein neues Weltvertrauen.

5.3 Merkmale heilpädagogischer Professionen

Man kann das geschilderte methodische Gerüst in viele Richtungen ausweiten. Die Orientierung an Personen ist ein elementares Motiv der Psychotherapie, die als »non-direktives« Verfahren oder als klientenzentrierte Methode seit langem etabliert ist. Die Idee hat Einlass in Therapieverfahren und kindzentrierte Pädagogik gefunden wie auch in dem weiten Feld der psychosozialen Praxis.

Zur Herausforderung wird die Praxis der Personenförderung freilich, wenn sie auch auf jene Gebiete erweitert wird, in denen wir es mit den Grenzformen und Grenzfragen der Pädagogik zu tun haben. Damit ist gemeint, dass der Umgang mit Abweichung, Fremdheit, Irrationalität, Grenzüberschreitung und auch Gewalt im gleichen Maße zu beachten ist wie der alltägliche, ggf. harmonische Umgang in pädagogischen Situationen. Der Pädagogik mit hyperaktiven, aggressiven, verunsicherten oder labilen Kindern ist voraussetzungsvoll und erfordert mitunter gewisse Kompetenzen, etwa den Mut und den Willen, sich mit grenzenlosem, »entsichertem« Verhalten zu beschäftigen und dabei auch das eigene grenzsetzende Verhalten in der Erziehung zu reflektieren und zu üben.

Ältere Konzepte sind hier in besonderer Weise in die Überlegungen einzubeziehen: Psychoanalytische Ansätze in der Heimerziehung sprachen etwa von »Kindern, die hassen« (Redl/Wineman 1979; Redl 1971).

Eine ambivalente Beschreibung, die nicht das Pathologische allein (und die verzichtbare »Pathologisierung«) in den Mittelpunkt rückt, sondern zunächst einer spezifischen Nähe geschuldet ist – genauer der intensiven Begleitung und Beobachtung von Kindern in Heimeinrichtungen.

Man kann in diesem Kontext eine Art psychologischer Entzweiung erkennen. Im negativen Befund, dass es sich bei den entsprechenden Individuen um Subjekte handelt, die einer Härte des Lebens ausgesetzt sind, die sie nicht unbeschadet lässt, kommt eine anthropologische Skepsis zum Ausdruck. Der Vergleich mit Ansätzen kindzentrierter Pädagogik könnte konstruktiv sein, doch wird mitunter der Verdacht geäußert, dass dort die Befunde der Psychoanalyse tendenziell verdrängt und geleugnet werden (Flosdorf 2009, S. 43).

Diese Uneinigkeit verdeutlicht zumindest eines: Für die Praxis der Beziehungsgestaltung ist die Person unter professionellen Gesichtspunkten näher zu bestimmen. Nicht nur ist zu fragen: Was sollten Professionelle an methodischen, persönlichen, handlungspraktischen Kompetenzen mitbringen? Sondern auch: Wie sind die Bedingungen im Handlungsfeld in einen hilfreichen Bezug zu der pädagogischen Profession zu bringen? Die erkenntnistheoretischen und anthropologischen Grundfragen wurden oben bereits ausführlicher behandelt, nun kommt es genauer darauf an, Merkmale in professionellen Dimensionen zu vertiefen. Unter anderem werden wir dafür auf den Gesichtspunkt der Empathie zu sprechen kommen und diesen etwas tiefenschärfer beschreiben; schließlich werden allgemeine Vorgaben zur Beziehungsgestaltung mit praktischen Sensitivitätsübungen verknüpft.

Wenn es um Selbstbeschreibungen von Professionen geht, sind bekanntlich Vorurteile im weitesten Sinne schnell ausgesprochen. Dies gilt nicht weniger für das spezielle Profil eines Heilpädagogen/einer Heilpädagogin. Wie sehen sich Heilpädagogen (im Folgenden wegen der leichteren Lesart die männliche Form) in ihrem Tun und Wirken, welches Selbstbild haben sie im Horizont gesellschaftlicher Aspekte?

Man kann verschiedene Klischees bemühen, um diese Fragen zu beantworten. Grundtypen der heilpädagogischen Professionen wären etwa: »der Altruist«, der »Sozialingenieur« und der »verstehende Deuter« (Greving/Ondracek 2010, S. 344).

Jeweils wird bei solch einer Fremd- und Selbstbeschreibung eine Beziehung zwischen Fachwissen, Werteorientierung, persönlichen Motiven und einer Beziehungskonstellation wirksam. *Der Altruist* konzentriert sich auf die ethisch-moralische Zentrierung der Praxis und soziale Problemlagen; er oder sie nimmt die Aufgabe im Horizont von Mit-Leiden und entsprechender Kompetenzen wahr.

Professionelle *»Sozial-Ingenieure«* nehmen die Aufgabe hingegen vom Gedanken des »Machens« her wahr; sie verstehen ihre Aufgabe als eine Form der Problemlösung, für die sie ein berufliches Profil erworben haben. Dementsprechend herrscht ein Denken, das die Beziehungsgestaltung als eine Form der Arbeit versteht und dementsprechend von »Behandlungstechniken« ausgeht.

Dem steht schließlich *der verstehende Deuter* gegenüber, der weniger von intervenierenden Techniken, als vielmehr von kommunikativen Kompetenzen ausgeht. Sein Zugang zum Subjekt ist über das tiefgehende Verständnis der Lebenslage des betroffenen Subjekts geprägt: Erst wenn ein Verstehen der individuellen Situation ermöglicht ist, kann das wissenschaftliche Erklärungs- mit dem professionellen Handlungswissen zusammengeschlossen werden.

Diese typologische Unterscheidung hat einen wissenschaftsgeschichtlichen Hintergrund. Sie fußt auf Entwicklungen im Wissenschaftssystem, die bestimmten Konjunkturen unterliegen. Ältere Leitvorstellungen gingen vom hermeneutischen Ideal des geborenen Pädagogen aus; diesem Ideal folgten u. a. in den 1970er Jahren historisch materialistische Akzente, wobei die Perspektive der Veränderung der Verhältnisse dominierte. Seit den 1980er Jahren hatte sich ein empirisches Modell etabliert, das nun die Perspektive effektiver Wirkmechanismen der Pädagogik und deren objektive Überprüfung in den Mittelpunkt rückte (Häußler 2000).

Wie man rasch erkennt, sind die Typen also als Mischformen zu verstehen, die keineswegs isoliert zu betrachten sind. Für die berufliche Profilbildung ist die Kombination der genannten Referenzen sinnvoll, schon deswegen, »weil in der Realität der Berufspraxis kein Mensch existiert, der vollständig nur einen Typus verkörpert« (Greving/Ondracek 2010, S. 364).

Führen wir die Überlegungen ein Stück weiter über die Typisierung hinaus. Zu fragen ist, was heilpädagogische Professionalität ausmacht, wenn sie in besonderem Maße der Gestaltung von heilpädagogischen Beziehungen dienlich sein sollte. Verallgemeinernd legen sich die Bereiche der Kommunikation und Kommunikationsförderung, der Deutung und Diagnostik sowie die kompetente Beherrschung von Methodiken nahe.

Doch immer wieder müssen wir hier einen Vorbehalt betonen, dass man bei der oberflächlichen Forderung nach Kompetenzen nicht stehen bleiben sollte. Was eigentlich meint die »qualifizierte Ausübung« einer Profession, was die Beziehung von Wissen und Handlungskompetenzen, was die Beachtung beruflicher Bestimmungen und Normen? Nur schrittweise können wir uns diesen formalen Vorgaben nähern und somit die eigentliche Professionalität der Heilpädagogik bestimmen.

Die nun folgende »Auflistung« könnte leicht missverstanden werden. Wenn wir sie individualisierend verkürzen, reduzierte sie sich auf einen Tugendkatalog, an den wir uns binden, wenn wir den idealen Erzieher/die ideale Erzieherin »hervorbringen« wollten. Eine Fehlinterpretation in verschiedener Hinsicht, die schon beim Gedanken der Herstellung korrigiert werden müsste. Angemessener scheint es, zu fragen, was das Feld der helfenden Professionen ausmacht, welche polaren Spannungen in diesem herrschen und wie der Bezug zwischen dem helfenden Professionellen und der erschwerten Lern- und Lebenssituation zu denken ist.

Greving und Ondracek benennen verschiedene Kategorien, die für die Heilpädagogik als Disziplin und Profession maßgeblich sind, darunter Theorieverankerung, Mitmenschlichkeit, Fachlichkeit und Offenheit, Doppelbindung zwischen System und Person sowie die Spannung zwischen Aufgabe und Beziehung (ebd., S. 350ff.). Eine differenzierte Rezeption dieser Motive führt unsere Überlegungen weiter.

Theorie- und Praxisbezug

Die Kategorie der Theorieverankerung ist vergleichsweise problematisch. Sie legt, wenn sie einseitig interpretiert wird, ein theoretisches Verhältnis zum Anderen nahe, das dem Sinne einer konkreten, leibhaftigen Begegnung eklatant widerspricht.

Andererseits ist es gleichsam unmöglich, ohne jede »Theorie« in eine gemeinsame Praxis einzutreten. Verstehen wir Theorie im allgemeineren Sinne, dann erweist sich ihr Wert in der alltagspraktischen Vermutung über Sachverhalte unserer Umwelt. Weitreichende Erkenntnisse in Form von Lehrsätzen sind wissenschaftlich rational; doch gibt es bekanntlich einen Geltungsbereich, der über die wissenschaftlich begründeten Aussagen hinaus wirkt.

Das altgriechische Wort Theorie (theorein) beinhaltet die Tätigkeiten der Anschauung und Betrachtung, die schließlich zur Einsicht oder auch zur Wahrnehmung des Schönen oder des Moralischen führten. Theorie im weitesten, auch antiken Sinne umfasst somit Aspekte des Wesens einer Sache und die Wahrheit, die durch Kontemplation und Spekulation erfasst wird (Kuhn 1976).

Theorieverankert ist der Bezug in der heilpädagogischen Beziehung insofern in mehrerer Hinsicht. Unverzichtbar sind natürlich theoretische Modelle, die uns über die Dynamik menschlicher Entwicklung informieren. Auch die tägliche Auseinandersetzung mit dem Handlungsfeld, in dem Förderung stattfindet, gehört zu diesem theoretischen Bezug. Doch können wir einen weiteren logischen Bereich abgrenzen: Theorie meint auch einen spekulativen Bezug, die Wahrnehmung der emotionalen, expressiven und mentalen Zustände eines Anderen, über die wir nie ein endgültiges Wissen erlangen.

Das Wissen im Sinne einer Intuition ist hier unverzichtbar:

- wenn sich beispielsweise jemand in einer Situation geöffnet oder verschlossen hat,
- wenn die Kommunikation einvernehmlich oder spaltend wirkte,
- schließlich wenn die erlebte Situation als förderlich erfahren wurde.

Die Auseinandersetzung über diese Aspekte ist das, was mit »Theorie« nur ansatzweise erfasst wird.

Solidarität und Mitmenschlichkeit

Mitmenschlichkeit ist eine widerspruchsvolle Kategorie. Sie signalisiert etwas Selbstredendes, das wir in jeder praktischen Erfahrung zugrunde legen – dass wir uns logisch in zwischenmenschlichen Beziehungen bewegen. Doch bereits die Sprache, die wir meist unbewusst den menschlichen Beziehungen zugrunde legen, legt die zwiespältige Beurteilung einer Mitmenschlichkeit nahe.

»Er hat sich menschlich verhalten« – in solchen, jedermann einsichtigen Sätzen kommt eine moralische Beziehung zum Ausdruck. Sie zeigt, dass Menschlichkeit eine unverfügbare anthropologische Kategorie ist, Mitmenschlichkeit aber jene empfindsame, fragile und höchst komplexe Beziehung zwischen Menschen in interexistentiellen Bezügen nahelegt.

Solche Mitmenschlichkeit ist eine individuelle Qualität und zudem ein Wert in pädagogischen Konstellationen, doch liegt auch die Gefahr einer moralisch-rigorosen Engführung nahe – wann genau wäre der Punkt erreicht, an dem eine Praxis als nicht-mitmenschlich, also gleichsam als »unmenschlich« qualifiziert würde?

Eines ist indes sicher: Ohne diese Kategorie wäre die heilpädagogische Geschichte vermutlich ärmer. Paul Moor, einer der Wegbereiter der Heilpädagogik, hatte Mitmenschlichkeit als Grundausstattung in der Pädagogik betrachtet, weil nur dieses Merkmal den eigentlichen Bezug zum Gegenüber mit Sinn erfüllt (Moor 1999).

Gute Erziehung (in der älteren Semantik Moors) geht mit der Neigung einher, sich auf einen Anderen einzulassen, dessen Fähigkeiten zur Entfaltung zu bringen, ihn in seinen Bedürfnissen wahrzunehmen. Mitmenschlichkeit in heilpädagogischen Situationen hat viele Konnotationen, darunter die Empathie und Sensibilität, Verantwortungsgefühl und Reife, nicht zuletzt auch ein Maß an innerem Engagement. Wir werden diese spezifische Qualität am Beispiel der Empathie weiter vertiefen.

Zwischen Person und System

Eine weitere Unterscheidung, die etwas scheinbar Selbstverständliches thematisiert, aber durchaus komplex und voraussetzungsvoll ist: *Person und System.*

In heilpädagogischen Situationen bewegen wir uns zwischen den Polen von Individuum und Umwelt, gesellschaftlicher Erwartung und persönlicher Erfahrung; mithin zwischen Person und System. Dabei geht es nicht allein darum, das Handeln zu »verorten«, also einen Raum zu bestimmen, in dem Handelnde einander begegnen. Sondern vielmehr darum, die Eigenlogik eines bestimmten Subsystems, die Tektonik einer Einrichtung und die Aufgabe einer bestimmten Organisation zu beachten. Auf den Punkt gebracht: Die Existenz eines Handlungsfeldes beschränkt unsere Handlungsweisen; der Raum engt uns ein und drängt uns Grenzen auf; doch sind wir deswegen keineswegs von unserer Verantwortung entledigt, sondern müssen die Aufgabe im Horizont einer sozialräumlichen Vorgabe wahrnehmen.

Beispiele hierfür lassen sich anführen: Eine heilpädagogische Praxis folgt den Bestimmungen einer Dienstleistungssphäre, die mit Ansprüchen an Rentabilität, Effizienz und Kundenorientierung einhergeht (letzterer Begriff ist umstritten und wird in Segmenten der Sozialen Arbeit verwendet). In solchen Handlungsfeldern wird eine Bindung zwischen Person und System hergestellt: Das Fachpersonal beeinflusst in bestimmter Weise die Lebenswelt des zu betreuenden Menschen und bleibt dabei den eigenen Sinnkriterien verhaftet.

In der Sozialen Arbeit hat sich für diese Konstellation der vergleichbare Begriff des Triple-Mandats eingebürgert (Staub-Bernasconi 2007): Die Profession ist dem Subjekt verpflichtet, muss aber zugleich einem gesellschaftlichen Kontrollanspruch genügen. Um Orientierungen in solchen Situationen zu erhalten, bedarf es einer reflexiven Basis, eines Ethos, das eine Vermittlung zwischen der politisch gestalteten Dienstleistungswelt und der Lebenswelt des Klienten ermöglicht.

In der Heilpädagogik ist dieses Ethos an den Zwiespalt von Aufgabe und Beziehung gebunden und wird in Kategorien von Engagement, Zurückhaltung und Zuversicht verkörpert.

Zurückhaltung, Zuversicht, Vertrauen

Die Begriffe der Zuversicht und der Zurückhaltung scheinen sich auf Umgangsformen zu beziehen, die wir in alltäglichen Situationen wertschätzen – etwa jemanden höflich und dezent zu behandeln. Doch gehen auch diese Begriffe tiefer.

Sie sind zunächst einer theoretischen Weltsicht geschuldet, die uns vor Augen hält, dass menschliche Entwicklung nie vollkommen autonom voranschreitet, sondern immer mit wechselseitigen Einflüssen einhergeht. Das gilt natürlich in besonderem Maße in der Heilpädagogik, weil hier zum einen die spezifische Asymmetrie in der sozialen Beziehung herrscht; zum anderen, weil hier der Gedanke präsent ist, dass sich eine Entwicklung in bestimmte Richtungen lenken ließe oder vorangetrieben werden könnte. Demgegenüber ist zu betonen: Gerade aufgrund der wechselseitigen Beeinflussung zählt es zum ethischen Kern der Berufsethik, ein Maß an Zurückhaltung auszubilden, das einer jeweiligen Situation angemessen erscheint.

Zurückhaltung kann verschiedene Gesichtspunkte umfassen. Der Begriff deutet eine Einsicht in die nicht-deterministische Natur einer jeweiligen Entwicklung an. Neuere Konzeptionen der Sozialtheorie gehen von einer spezifischen Autonomie jedweden Lebens aus, das zu pädagogischen Schlussfolgerungen einlädt[7].

Zurückhaltung heißt aber auch: sich vor dem Gedanken einer Verfügung über das Subjekt zu distanzieren. Die Gefahr ist gleichsam subtil, unterschwellig, denn es geht um eine Form der Bemächtigung, die stets im Sinne des guten Zwecks, die man an Anderen ausrichtet, vollzogen wird. Der Prüfstein indes ist im offenen Bezug zu einem Anderen zu sehen: Stets ist in Frage zu stellen, ob die pädagogische Handlung vom Anderen her genau so verstanden wird; stets ist zu bedenken, dass pädagogische Wirkungen immer vom nicht-verfügbaren Standort des Anderen her gesehen werden müssen. Dies kann nicht immer gelingen, ist aber als Maßgabe nicht aus den Augen zu verlieren. Zu beachten ist, dass die angewandten Methoden, Techniken und Interventionen nicht als »Selbstzweck zum Beweis der Fachlichkeit, bzw. der Wichtigkeit der Heilpädagogin eingesetzt werden« (Greving/Ondracek 2010, S. 351).

Schließlich die Kategorie der Zuversicht: auch diese ist ethisch gehaltvoll.

Zuversicht ist eine Form des Optimismus und der Weltbejahung. Sie hat im Kontext der Heilpädagogik einen besonderen Hintergrund. In Bezug auf die behinderte Person geht es um die unbedingte Bejahung der Entwicklungsfähigkeit. Das Zutrauen in Künftiges heißt nicht, die Augen vor den negativen Einflüssen zu verschließen. Es ist eher als eine unbedingte Zuwendung mit positiver Grundstimmung zu verstehen, jenseits rationaler Kalküle. Auch diese Variable ist für die Gestaltung von Beziehungen also unverzichtbar.

---

7 Am Beispiel der systemischen Organisationsentwicklung lässt sich diese These ausformulieren: Systemische Prinzipien führen zu skeptischen Einschätzungen, die sich auf das Handeln in Organisationen ebenso wie auf Orientierungen in der modernen Gesellschaft beziehen lassen. Charakteristisch sind hier:

- die Mannigfaltigkeit und Komplexität von Situationen, die aus unübersichtlichen Faktoren und dichten Verknüpfungen bestehen,
- die Abhängigkeit der einzelnen Handlungen und Positionen, die immer im wechselseitigen Bezug zu betrachten sind,
- die Autonomie und Selbstreferenz der Systemelemente, die von außen nicht einfach zu lenken sind, schließlich die Fülle von Wirkprinzipien, die zum Teil unerkannt bleiben und immer in den Bezug zu jeweiligen Anwendungsfeldern und deren Eigendynamik zu stellen sind (Schiersmann/Thiel 2018, S. 41).

5.4 Dimensionen der Empathie

Es dürfte leichtfallen, in der Empathie eine der wesentlichen Variablen der heilpädagogischen Beziehung zu sehen. Hier besteht zumindest eine entscheidende Schnittstelle zwischen einer therapeutischen Variabel der Humanistischen Psychologie und der Heilpädagogik – jeweils geht es um Begegnungen, bei denen die Einfühlung in der Kommunikation vorherrscht. Doch Empathie hat nicht nur eine emotionale, »mitschwingende« Seite; sie ist von verschiedenen Seiten her zu betrachten. Im Hintergrund empathischer Bezüge steht das Person-Sein in seiner ethischen, rechtlichen und praktischen Dimension; zudem lässt sich die Empathie »auffächern« in kognitive, in affektive oder kommunikative Teilaspekte.

Grundlegend ist zuvorderst zu fragen, was das Erleben von Person-Sein mit sich führt. Hier können wir zuerst an die alltägliche pädagogische Praxis denken, die zu bestimmten Akzentuierungen, Anerkennungen und Unterlassungen führt. Wenn man in diesem Sinne ernsthaft, gleichsam schonungslos reflektiert, reift die Erkenntnis, dass es eher die Unterlassungen, Verkennungen und Untergrabungen der Person sind, die den Alltag der Pädagogik charakterisieren. Nicht, weil die Menschen nicht einfühlsam genug wären, sondern weil die Praxis es mehr oder weniger erfordert – wenn in Kindertageseinrichtungen der Betreuungsschlüssel zu niedrig ist, wenn in Wohneinrichtungen das »Funktionieren« erwartet wird oder wenn in der Schule ein Leistungsziel dominiert.

Das Person-Sein untergraben, diese Figur hat verschiedene Facetten, sie tritt in Kraft,

- wenn manipuliert und getäuscht wird,
- wenn Kinder zu Machtlosigkeit und Willenslosigkeit verurteilt werden,
- wenn Kinder altersunangemessen verkindlicht und verniedlicht werden,
- wenn sie eingeschüchtert oder bedroht werden,
- wenn sie »überholt« werden, wenn also die Sprache, Rhythmus, Zielsetzungen etc. über den Kopf der Lernenden hinweg gesetzt werden.
- Schließlich wenn die Lernenden zu einem Objekt gemacht werden, was wiederum in vielen Situationen der Fall sein kann (Greving/Ondracek 2010, S. 381).

Es liegt nun auf der Hand, dass diesen Verengungen in der Praxis konstruktive, bejahende Formen des Miteinanders gegenübergestellt werden können. Die zeitgenössische Heilpädagogik spricht demgemäß von den Gestalten der Assistenz in facilitatorisch-erleichternden, unterstützenden, alltagsbezogenen und integrativen Dimensionen. Die Schwierigkeit liegt ebenso nahe: Denn stets gilt es, zu fragen, wie wir ganz praktisch Anerkennung und Mitbestimmung ermöglichen, Kreativität fördern und Solidarität stiften können. Die Umstände der Situation sind meist kompliziert und die Grenzen eines jeweiligen Handlungsfeldes sind jeweils eng gezogen.

Eben deshalb ist es ratsam, die Variable der Empathie genauer zu definieren, um zu verhindern, dass sie im Alltag gewissermaßen unter Wert gerät und den Anforderungen der Situation geopfert wird.

Professionelle Empathie in heilpädagogischen Beziehungen hat eine individuelle psychologische und eine praktische Seite. Das psychologische Vermögen, sich in jemanden hineinzuversetzen, ist gewissermaßen der hinreichende Grund: Es bedarf der Einfühlung in Stimmungen, Situationen, Gefühlsregungen, die letztlich nicht objektivierbar sind.

Die andere praktische Seite ist ein Stück weit anspruchsvoller, denn hierbei geht es um die Tätigkeit des Mitschwingens. Dies kann in der kommunikativen Form geschehen: als Verbalisierung emotionaler Erlebensinhalte und als Spiegelung der Gefühle. Die Kommunikation hat aber auch einen physiologischen Hintergrund in motorischen Bewegungen, in leiblichen, kinästhetischen und sensorischen Wahrnehmungen. Erst das Zusammenspiel von Sprache, Neurophysiologie, Motorik und Wahrnehmung bedingt also die Möglichkeit der Empathie.

Stellen wir uns eine Situation einer heilpädagogischen Praxis konkret vor; mit Kindern, die aufgrund ihrer Entwicklungsproblematik sperriges, selbstschädigendes, verletzendes oder überaktives Verhalten zeigen. Eine kurzatmige Pädagogik würde in den entsprechenden Situationen Empathie mit Diagnostik oder Wegweisung verwechseln, bedingt durch das natürliche Gefälle in jeder Pädagogik.

Durchdachter wäre hingegen ein pädagogischer Dreischritt: Die Sensitivität des Pädagogen ermöglicht die Wahrnehmung des Befindens, das sich in Sprache, Emotion und Körperlichkeit ausdrückt; für die Erfassung des spezifischen Hintergrundes – des Motivs – bedarf es einer reflexiven Distanz; schließlich resultiert aus diesem Zusammenspiel eine begründete, am Anderen ausgerichtete Intervention.

Insgesamt meint Empathie zuerst Begleitung, Dasein, Mit-Sein, Resonanz. Vergleiche aus der Kunst und der Musik sind nicht so weit hergeholt, wie man es vermuten könnte: Es geht um Harmonie, um ein Zusammenfinden der Klänge, um den richtigen Ton zur richtigen Zeit. Andererseits steht hier die Gefahr der artifiziellen Überhöhung einer Professionalität, die nur wenigen »Sachverständigen« zustünde.

Unter professionstheoretischen Gesichtspunkten lässt sich die empathische Beziehungsgestaltung unter vergleichsweise rationalen Kriterien erlernen. Dazu müsste man die kommunikativen, erkenntnistheoretischen und emotionalen Schichten unterscheiden, die in jeder Situation neu sind und variieren. Der kommunikative Aspekt ist sicherlich der dominante, allein weil die therapeutischen Variablen der humanistischen Psychologie eine jahrzehntelange Rezeption in der psychosozialen Praxis erfahren haben. Doch neben den kommunikativen Handlungen – dem genauen Zuhören, der zurückhaltenden Interpretation und dem Moment der Spiegelung – sind weitere Aspekte für die Beziehungsgestaltung von ebenso großem Wert.

Zu unterscheiden sind folgende Dimensionen: die kognitive und die affektive Empathie sowie das Motiv der Gefühlsansteckung und die Beziehungsempathie (Greving/Ondracek 2010, S. 385). Der kognitive Zugang ist möglicherweise erschwert, weil es hier um einen Moment der Begegnung von Fremden geht. Zwar sind kindliche Erlebensweisen ein Stück weit objektivierbar und vergleichbar, wenn man sich etwa an die Entwicklungspsychologie wendet. Doch sind die biografischen, lebensgeschichtlichen Motive im Rahmen eines Störungsbildes einzigartig.

Erleben, Denken und Handeln stehen im Zeichen der singulären Totalität. Man kann so weit gehen, wie es die Interexistentialphilosophie tut, jeden Menschen nicht nur in seiner, sondern *als* eigene Welt zu betrachten (Rentsch 1999, S. 148 ff.).

Neben der kognitiven ist natürlich die Beziehungsdimension von größerer Bedeutung. Hier kommt das Kennzeichen zeitgemäßer Pädagogik ins Spiel, die nicht auf die »Produktion von Karrieren« noch auf die Förderung von Exzellenz ausgerichtet ist, sondern in gelingenden, tragfähigen Beziehungen ihr Kernanliegen hat (Häußler 2000; Moor 1999).

In der Beziehungsempathie kommt eine ganz besondere Kompetenz zum Ausdruck, für die es keinen vorgefertigten Plan, aber doch objektivierbare Aspekte gibt: die Fähigkeit, sich mit einem Gegenüber so zu verständigen, dass sich die zu betreuende Person in ihrem Erleben, Bedürfnissen und ihrem Leiden ernst genommen fühlt.

Dabei geht es nicht so sehr um eine letzte Akzeptanz aller Verhaltensweisen, sondern eher um das Gefühl des Vertrauens und des Bezugs. Nicht so sehr die Symmetrie auf Augenhöhe ist im Zusammenhang der pädagogischen Beziehung von Wichtigkeit, sondern die sinnvolle, bereichernde Ergänzung. Das, was vom behinderten Subjekt aufgenommen und verarbeitet werden muss, erfährt ein passendes Gegenstück im Erleben des Pädagogen; die Passung und Viabilität aller Handlungen gilt demnach als Kern aller heilpädagogischen Theorie.

Somit stehen wir in der Theorie der Beziehungsgestaltung vor einem widersprüchlichen Befund. Sowohl alltagstheoretisch als auch berufsethisch ist eine gelingende Beziehung zwischen den Subjekten Anker und Zentrum; doch können wir schwerlich von einer rein subjektiven Position aus von einem stets gelingenden Bündnis ausgehen. Eine viable, tragfähige und vor allem förderliche Beziehung stellt sich *zwischen* den Beteiligten, also intersubjektiv ein; und sie wird deswegen in jedem Moment des Dialogs, des Beistands, der spontanen Solidarisierung neu zu formieren sein.

Andererseits: Lassen sich nicht auch methodische, inhaltliche Aspekte in heilpädagogischen Kontexten aufweisen, die über das Motiv der subjektiven Bewertung empathischer Stimmungen hinausweisen? Dieser Gedanke wird im Kontext neuer therapeutischer Ansätze aufgezeigt.

5.5 Personenförderung im heilpädagogischen Kontext

Wer sich über kinder- und jugendpsychiatrische Störungsbilder informieren will, ist rasch mit einer erschöpfenden Liste möglicher Varianten konfrontiert.

Die Bilder umfassen *Aufmerksamkeitsstörungen und Sozialverhalten, Ängste und Phobien, Depressionen und Zwänge, Bindungs- und Autismus-Spektrum-Störungen oder Reifungskrisen.* Auch die Methoden im Zusammenhang dieser Erscheinungsformen sind umfangreich: verhaltenstherapeutische Basisansätze und systemische Prinzipien, Resilienz- und Ressourcenorientierung, Gruppen- und Traumapädagogik sind nur einige der Konzepte, die in Handlungsformen umgesetzt werden können (Beck 2000).

Dies zeigt zumindest: Professionelles Arbeiten im heilpädagogischen Kontext umfasst mehr als nur ein intuitives Können oder Sensitivität, es ist mit fachlichem und disziplinärem Wissen eng verbunden. Naheliegend für die Professionsforschung ist hier die systematische Vertiefung einer ausgewählten Konzeption, die gewissermaßen schul- und traditionsbildend verstanden wird.

Hier soll es jedoch darum gehen, in dem weiten Feld der Beziehungsgestaltung einen Weg zu schaffen, der an den Grundgedanken der Personorientierung festhält. Dazu sollen zuletzt noch einmal Fragen vertieft werden: Mit welchem »Bild« der Person ist die Beziehungsgestaltung ursprünglich verknüpft? Wie können wir uns die Variablen der Personenförderung praktisch vor Augen halten? Und welche inhaltlichen und methodischen Formen sind praktikabel und förderlich? Die Fragen hängen eng zusammen und sollen am Ende in einer Praxisreflexion münden.

Autorität und Präsenz

Autorität und Präsenz bilden ein Spannungsfeld, das nicht sofort einsichtig ist. Gerade der Begriff der Autorität gerät schnell in ein pädagogisches Umfeld, das den grundlegenden heilpädagogischen Einsichten zuwiderläuft; doch wäre es schwierig, den Gedanken eines autoritativen Erziehungsstils von vornherein auszuschließen. Die Schwierigkeiten in diesem Zusammenhang gehen auf Traditionslinien zurück, die aufgrund ihres autoritären Weltbildes nicht mit heilpädagogischen Werten übereinstimmten – vorsichtig formuliert. Doch sind die Dinge nicht schwarz-weiß, sondern in allen Graustufen zu betrachten, ohne ideologische Verengungen zuzulassen.

Die Frage nach der Person in der Erziehung wird immer wieder neu gestellt. Sie unterliegt gesellschaftlichen Anforderungen und wechselhaften Werten, neuen und alten Leitbildern; doch insgesamt ist sie in ihrer geschichtlichen und gesellschaftlichen Dynamik zu betrachten. Vereinfacht gesagt geht es um die Person in ihrer Präsenz und ihrem Selbstbild. Nicht mit der Frage »Wie wünschen wir uns die ideale Erzieherin und den idealen Erzieher?« kann ein professionelles Selbstbild entwickelt werden. Sondern eher mit der Frage nach den Attributen und den Kategorien, die eine hinreichende, förderliche Autorität und Präsenz bedingen.

Im Zentrum dieses pädagogischen Selbstverständnisses steht nichts, was gewissermaßen neu oder überraschend ist. Es sind vielmehr »Erinnerungen« an das, was traditionell im Geschehen der Erziehung verlangt wird; und doch können wir an einzelnen Stellen die bisherigen Überlegungen vertiefen und erweitern.

Dazu zählen die Verknüpfungen zwischen den einzelnen Dimensionen, die man schwerlich isoliert betrachten sollte. Bereits die physische Präsenz bedingt die intentionale Dimension: Wir sind nicht einfach nur hier oder dort, sondern in ein Geschehen bewusst oder unbewusst eingebettet. Das regulative Ideal zielt demnach auf möglichst klare, möglichst bewusste Empfindungen.

Greifen wir exemplarisch eine weitere Dimension heraus: die pragmatische Präsenz. Die Handlungsmöglichkeiten in diversen Situationen können gering oder stärker eingeschränkt sein; je mehr wir aber ein Wissen über Handlungen in konkretes Können überführen, umso eher empfinden wir eine Handlungssicherheit. Dies kann man beispielhaft an pädagogischen Grenzsituationen vorführen, in denen Individuen ggf. selbst- und fremdgefährdend handeln. Wer hier meint, *immer alles im Griff zu haben*, wird vermutlich scheitern; wer aber die eigenen und die fremden Handlungsmöglichkeiten abschätzt, wird entsprechend vorausschauend planen und agieren. Die Lösungen können einfach sein, aber hier geht es vor allem um das Erleben eigener Handlungskompetenz, die mit körperlicher und geistiger Anwesenheit einhergeht und im Erleben von partieller Handlungskontrolle mündet.

Eine wohl noch schwierigere Dimension der Präsenz liegt im moralischen Spannungsfeld, das in der Heilpädagogik ohnehin besteht. Hier können unterschiedliche Wahrnehmungen widersprüchlich nebeneinander bestehen: Bestimmte Entscheidungssituationen für eine bestimmte Intervention verlangen Selbstsicherheit und Überzeugungen, die nicht immer vorauszusetzen sind.

Im Handeln selbst aber gilt, dass die Wahrnehmung der eigenen moralischen Überzeugungen in sichtbarer Kongruenz verankert ist. Nicht der unmittelbare Erfolg bestimmt diese Sicherheit, sondern die Stimmigkeit von situativer Notwendigkeit und innerer Überzeugung.

Präsenz ist zusammengefasst also mehrschichtig; sie ist als Kategorie sowohl im Handeln wie auch in spezifischen hintergründigen Werten erkennbar.

Zur Bedeutung von Resonanz

Ein Beispiel aus dem sozialpädagogischen Alltag führt im weiteren Verlauf zu einer Diskussion über Resonanzverhältnisse. Nicht nur im einfühlenden Verstehen, sondern ganz prinzipiell ist die Resonanz als Wirkungsverstärker zu betonen.

> »Eine Sozialpädagogin, die ihr Jahrespraktikum in einer Jugendjustizvollzugsanstalt macht und sehr gut mit den Jugendlichen zurecht kommt, wird mit folgender Aussage eines Jugendlichen konfrontiert: ›Stell dirvor, gestern abend habe ich zum ersten mal wieder gebetet.‹
>
> Die Sozialpädagogin hört dies nur unter dem Appellaspekt: ›Was sagst du dazu?‹ und schweigt erst mal, da sie so überrascht ist und erst mal keine Antwort weiß. Ihr entgeht damit die emotionale Botschaft des Jungen, der ein für ihn selbst überraschendes Erleben mitteilt. Auf das Schweigen hin wird der Junge sehr verlegen, er schämt sich, etwas so Persönliches gesagt zu haben. Diese für ihn und die Sozialpädagogin im Nachhinein sehr belastende Situation, die nicht mehr zwischen beiden angesprochen wurde, wäre nicht entstanden, wenn die Praktikantin auf die emotionale Botschaft über sich selbst reagiert hätte, z. B. mit: ›Da bist du ganz überrascht‹ oder: ›das hättest du nie gedacht, dass du mal wieder betest‹. Der Jugendliche hätte sich verstanden gefühlt und hätte mit großer Wahrscheinlichkeit spontan weiter erzählt, dass er vielleicht zuletzt als Kind ge-

betet hat oder eigentlich gar nicht an Gott glaubt oder ähnliches« (Weinberger/ Papastefanou 2008, S. 78).

Das Beispiel beweist nichts Besonderes; Pädagogen sind, einfach formuliert, Menschen, die in ihrem Alltag gelegentlich unaufmerksam, gestresst oder müde sind. Was hier jedoch angesprochen wird, ist die Tiefe der Beziehungsgestaltung, die auf einen Resonanzraum angewiesen ist, in dem intime Kommunikation stattfindet. Diese Räume zu öffnen, ist das Ziel, das selbstredend nicht durchgängig erreicht wird.

Das Beispiel verdeutlicht darüber hinaus aber auch die verschiedenen Geltungsebenen von professionellen Attributen, die auf unterschiedlichen Ebenen zu betrachten sind (▶ Abb. 4).

Ebene der grundsätzlichen Art der Beziehung	Professionelle psychotherapeutische Beziehung		
Ebene der übergreifenden Merkmale des Beziehungsangebots	Kongruenz	Bedingungsfreie Wertschätzung	Empathie
Ebene der zusammenfassenden Klassifikation von spezifischen Verhaltensformen	Konfrontieren Beziehung klären Selbsteinbringen	Anerkennen Solidarisieren Bestätigen	Einfühlendes Wiederholen; Konkretisieren; selbstkonzeptbezogenes Verstehen
Ebene der konkreten Verhaltensweisen	Konkrete therapeutische Intervention		

Abb. 4: Darstellung der Beziehungsebenen (aus: Weinberger, Sabine/Papastefanou, Christiane: Wege durchs Labyrinth. Personzentrierte Beratung und Psychotherapie mit Jugendlichen. Weinheim, München: Juventa 2008, S. 57)

Wir müssen zwischen den grundsätzlichen Arten der Beziehung und des Bezugs unterscheiden, die sich in therapeutischen und quasi-therapeutischen Konstellationen und in heilpädagogischen Situationen darstellen lassen. Übergreifende Merkmale sind mit den Variablen der Kongruenz, Wertschätzung und Empathie angesprochen; doch lassen sich die Merkmale auch konkreter bezeichnen. Man kann in einer Auseinandersetzung, einer Konfrontation oder einer überraschenden Begegnung etwa Kongruenz bewahren; man kann in der Aufmunterung und Anerkennung bedingungsloses Wertschätzen pflegen und man kann darüber hinaus auf mannigfaltigen Wegen Empathie beweisen: im Konkretisieren, im bezogenen Verstehen und Interpretieren. Letztlich sind auch diverse pädagogische und methodische Interventionen, bis hin zu verhaltenstherapeutischen Modellen mit diesen übergreifenden Merkmalen vereinbar.

Aus der Fülle der möglichen Konstellationen können wir das Merkmal der Kongruenz herausgreifen und es mit dem Motiv der Resonanz zusammenführen.

Kongruenz meint bekanntlich Übereinstimmung; sie ist eine der bedeutenderen Variablen im Kosmos der Humanistischen Psychologie. Kongruenz ist mit »echtsein«, mit Authentizität und Klarheit verbunden. Wir sind kongruent, wenn wir im Kontakt zu uns und zu anderen sind. Das Erleben des eigenen Befindens ist keineswegs, wie man vielleicht spontan vermutet, immer klar und schlüssig. Es bedarf vielmehr einer besonderen Wahrnehmung, um das eigene Erleben ohne falsche Unterstellungen, unverzerrt und bewusst zu erkennen. Je näher wir dem Eigenen kommen, umso geringer wird die Möglichkeit der Verstellung. Es geht letztlich um die Vermeidung von Rollen- und Maskenhaftigkeit, die lediglich dazu dient, den Anderen für besondere Zwecke zu instrumentalisieren.

Die Echtheit wird durch Ehrlichkeit uns selbst gegenüber erreicht, doch damit alleine wird der therapeutische und pädagogische Prozess noch nicht hinreichend beschrieben. Erst im Moment der Interaktion und der Begegnung können diese Variablen »greifen«. Es bedarf also einer lebendigen Füllung einer Struktur, die als verlässlich und authentisch erlebt wird.

Wie strukturiert und lenkt man eine therapeutische Situation, in der beispielsweise ein Jugendlicher mit Entwicklungsblockaden auf eine andere, unbekannte Person trifft? Therapeutische Interventionen sind an diesem Punkt unverzichtbar. Sie umfassen das Sich-Einbringen und sprachliche Aktivität, die nicht als invasiv verstanden wird; sie kann auch kritische Aspekte der Beziehungsklärung oder gar der Konfrontation umfassen. Hier ähneln sich therapeutische Techniken und heilpädagogische Methodiken.

Die zunächst völlig plausibel klingenden Begriffe bedürfen indes einer Differenzierung. *Sich einzubringen* heißt, einen pädagogischen Bezug zu ermöglichen, sich an den biografischen Schnittstellen zu orientieren und insgesamt ein Interesse an den Sorgen des Anderen zu zeigen. Dies geht mit emotionaler Empathie einher, aber nicht ausschließlich. In das Gespräch, den Dialog und die Interaktion mischen sich Bekundungen, die anteilnehmend, skeptisch, besorgt oder engagiert sind. Sie sind nicht urteilend, zeigen aber ein wahrhaftiges Interesse. Bereits hier offenbart sich die Schwierigkeit der professionellen Haltung, wenn man sich die biografischen Brüche, aber auch die problematischen Inszenierungsmuster vor Augen hält, die Jugendliche in erschwerten Lebenssituationen zeigen können.

Die personzentrierte Kommunikation ist insofern immer auch ein Stück unerschrocken: So sehr auch ein gestörtes Weltbild, unangepasstes Verhalten oder eine herausfordernde Identität wahrgenommen wird, bleibt die Vorgabe einer wertfreien akzeptierenden Stellungnahme des Therapeuten bestehen.

Der Zusammenhang zwischen dem Selbsterleben der Person und den möglichen Interventionen führt uns im Folgenden auf ein weites Feld, auf dem »Responsivität« und »Resonanz« in Interaktionen gefördert werden. Der Hintergrund erschließt sich in einer existentiellen Weltsicht: Was wir sind, ist im Verhältnis zu anderen zu klären; das Selbst einer Person ist als eine Folge von Beziehungserfahrungen zu betrachten. Selbsterleben und Selbstwertgefühle bilden sich in den frühen Lebensjahren und sind selbstredend in einem sozialen, familiären Umfeld beheimatet. Diese Einsicht ist zwar trivial, aber sie lenkt alle Aufmerksamkeit auf die Interaktionen, die sich nun im Lichte bisheriger Erfahrungen stellen. Welche emotionalen Erlebensweisen ermöglicht werden, welche unterdrückt und verdrängt werden, was überhaupt im Sozialen wahrgenommen und verarbeitet wird, dies alles ist von höchster Bedeutsamkeit in der heilpädagogischen Interaktion. Und insofern genügt es eben nicht, bei einer »desintegrierten« Person ein Höchstmaß an Anerkennung oder Lob »auszuschütten«. In Frage steht ja jeweils, ob solche Zuwendung vom Individuum überhaupt aufgenommen und integriert werden kann.

Spezifischer stellt sich die Aufgabe, den Anderen in vitale, anregungsreiche, förderliche Interaktionen einzubinden und auf diesem Wege die Annahme des Gegenübers zu ermöglichen. Die Quellen des Selbsterlebens sind zwar gleichsam universell und für jeden nachvollziehbar; denken wir an das Gefühl des Verliebtseins, die Aufregung bei sozialen Interaktionen, an den Schmerz, der bei Demütigung, Ausschluss oder Trauer erlebt wird. Dies alles können Therapeutinnen, Pädagogen, Heilpädagogen nachvollziehen, indem sie sich an die körperliche Spürbarkeit solcher Erfahrungen erinnern. Doch wie können die äußeren Bedingungen im Bezugsfeld arrangiert werden, in denen früher oder später Interaktionserfahrungen gemacht werden?

Das Ziel, dass die Person ihre Gefühle und Erlebensweisen in einem bedingungslos wertschätzenden Umfeld reflektiert, ist hoch gesteckt. Es kann nur annähernd in Reichweite gelangen, wenn man verschiedene methodische Gesichtspunkte auf verschiedenen logischen Ebenen berücksichtigt.

Responsivität

Der Begriff der Responsivität wird schlüssig vor dem Hintergrund der Bindungstheorie. Hier verzahnen sich spekulative, verstehende und diagnostische Einsichten, die in der Interaktion zwischen den Bindungspersonen gemacht werden können.

Erinnern wir uns an die Grundlagen der Bindungstheorie (▶ Kap. 1).

Das oft zitierte Bild einer Mutter-Kind-Dyade, in der Vertrauen durch Nähe gefördert wird, hat eine Bedeutung im Blick auf die handelnden Personen. Wenn man davon ausgeht, dass sichere Bindungen in einer »sicheren Basis« ihre Quelle haben, rückt das konkrete Verhalten der Bindungsperson in den Mittelpunkt des Interesses.

Die Bindungstheorie unterscheidet hier Responsivität in ihrem Ausmaß und ihrer Qualität. Die entsprechenden Skalierungen unterscheiden schwache, unbeständige, sprunghafte und hohe Feinfühligkeit.

Diese Bewertungen richten sich explizit auf das Vermögen einer Person, das eigene Erleben und Empfinden mit den Empfindungen des Kleinkindes/Babys zusammen zu schließen.

Maßgeblich für diese Beobachtungen waren:

- die Zugänglichkeit der Mutterperson für die Signale des Babys,
- das feinfühlige Bemerken der Ausdrucksformen, deren Verzerrung und mögliche Fehlinterpretation,
- die Fähigkeit, sich in die Lage des Babys versetzen zu können,
- die Abstimmung der Reaktionen sowie der verzögerungs- und störungsfreie zeitliche Kontakt zu den jeweiligen Signalen (Behr 2008, S. 44).

Die Forschung zu diesen Sachverhalten ist älter und hat immer wieder kritische Reformulierungen gefunden; hier kommt es darauf an, die Bedeutung der Kommunikation auf allen Kanälen und allen sensorischen Ebenen hervorzuheben. Zwar wissen wir nicht, was jenseits solcher Laborsituationen in der gesellschaftlichen Realität geschieht; doch können wir Rückschlüsse auf die Beziehungserfahrungen ziehen.

Gefühlsabstimmung

Wie ist die Interaktion zwischen Mutter und Kind in der persönlichen Wahrnehmung zu beurteilen? Man meint, die Antwort zu kennen. Die ganze Aufmerksamkeit richtet sich auf ein Wesen, das seine Bedürfnisse lautstark zu erkennen gibt. In Phasen der Ruhe ist die Aufmerksamkeit vermeintlich geringer und unbelastet. Doch lässt dieses Bild noch keine Aussage über die generelle Beziehung zwischen den Bindungspersonen zu. Noch einmal gefragt: Wie ist das Verhältnis zwischen dem Kind und der Bezugsperson ursprünglich zu denken? Die Frage hat eine anthropologische Tiefe, die unterschiedliche Einschätzungen zulässt.

Zum einen gibt es ein Symbiose-Paradigma, das auf psychoanalytische Theoreme zurückgeht. Demnach wäre der Säugling in eine Symbiose mit der Mutter ursprünglich »verstrickt«. Das Ich des Säuglings und das Ich der Bezugsperson verschmelzen gleichsam zu einer Einheit; eine klare Trennung von Selbst und Gegenüber ist hier nicht vorauszusetzen. Diese Interpretation hat drastische Folgen für das Verständnis der kindlichen Entwicklung, was die Überwindung des primären Narzissmus, das Erlangen von Autarkie, oder die Entwicklung von Objektbeziehungen betrifft (Mahler 1998).

Die alternative Interpretation, die auf neuere Untersuchungen zurückgeht, erkennt in der Gestalt der Bindungspersonen von Beginn an autonome Wesen. Auch der Säugling ist – so sehr er anthropologisch ungeschützt, bedürftig, angewiesen ist – als ein interaktionsfähiges Wesen vorzustellen. Anstelle einer tieferen symbiotischen Verklammerung geht man hier von einer Unterscheidbarkeit von Mutter und Kind aus, in dem jeder den eigenen Anteil im Spiegel des Gegenübers reguliert. Diese Beziehungserfahrungen haben bekanntlich eine starke Bedeutung für die weitere Entwicklung. Die Verschiedenheit menschlicher Beziehungserfahrungen in kulturellen, historischen, sozialen und politischen Verhältnissen gleichen einem unendlichen Spiegelspiel.

Sie zu objektivieren, kann nicht gelingen. Entscheidend ist vielmehr die Frage, wie sich die gegenwärtigen Selbst- und Fremderfahrungen im Zusammenhang des Geworden-Seins ausdrücken und eben gestalten lassen.

Eine Möglichkeit hierzu findet sich in der *Abstimmung der Affekte*. Innerhalb gewisser Toleranzgrenzen kann die Bezugsperson sich auf die schwankenden, höchst empfindlichen Stimmungen des Kindes einlassen. Die jeweiligen Verhaltensformen können unterstimulierend, überstimulierend, fehlabgestimmt, authentisch oder unauthentisch ausfallen.

Ein Beispiel für gelungene Affektabstimmung:

> »Ein neun Monate altes Mädchen gerät beim Anblick eines Spielzeugs in helle Aufregung und streckt die Hand nach ihm aus. Als sie es ergreift, lässt sie ein verzücktes, stolzes ›Aaah‹ vernehmen und blickt ihre Mutter an. Die Mutter erwidert den Blick, zieht die Schultern hoch und führt mit dem Oberkörper einen prächtigen Shimmy auf, wie eine Gogotänzerin. Der Shimmy dauert nur etwa so lange, wie das ›Aaah‹ des Mädchens, ist aber von der gleichen Erregung, Freude und Intensität erfüllt«(Behr 2008, S. 46, ferner: Stern 1992).

Weitere Beispiele sind denkbar, die in die Richtung einer resonanten Beziehungsgestaltung weisen; sie legen den Schwerpunkt auf den Moment der Kontaktanbahnung. Einen positiven Kontakt zu ermöglichen, ist einer der wichtigsten Punkte therapeutischer Strategien; er findet ebenso im Rahmen der heilpädagogischen Praxis seinen Stellenwert. Die Konzepte können hier nur angedeutet werden: Man spricht von »Immediacy« – Unmittelbarkeit und »Self-Disclosure« – Selbstöffnung, um das Beziehungsgeschehen zu beschreiben. Unmittelbarkeit heißt, die Äußerungen des Klienten auf das Beziehungserleben zu lenken und in nicht-wertender Weise sprachliche Aktivität zu fördern. Hierzu ist ein Moment der Selbstöffnung unverzichtbar, der nicht mit Selbstpreisgabe zu verwechseln ist. Wahrnehmung, Erfahrungen und Erleben werden an den entscheidenden, für den Klienten bedeutsamen Momenten in das sprachliche Geschehen eingebracht. Dies gilt unter besonderen Vorzeichen in der Therapie wie in der heilpädagogischen Begegnung.

Resonanz

Schließlich ist die Kategorie der Resonanz in die Reflexionen einzubinden. Resonanz erweitert die bisher genannten Variablen um eine wichtige Komponente. In Beziehung zu treten, ist im Zusammenhang des therapeutischen Universums von C. Rogers ein Geschehen, in dem es auf Feinfühligkeit, Nicht-Direktivität und Empathie ankommt; doch gilt es auch die jeweilige Beziehung in eine anregungsreiche, vitale Form zu versetzen. Die Vertiefung des Kontakts ist auf den lebendigen Austausch zwischen den Subjekten angewiesen; Abstimmung und Unmittelbarkeit sowie Selbstöffnung sind gewissermaßen die hinreichenden Bedingungen, die erst durch die Resonanzgebung ausgefüllt werden.

Folgende Beispiele für Interaktions-Resonanz sind denkbar:

- Kinder suchen nach kompetitiven Erfahrungen – sie suchen *das »schneller – höher – weiter«*,
- Kinder suchen die körperliche Herausforderung, das Spüren von Nähe in körperlichem Kontakt ggf. mit simulierter Aggression,
- Kinder suchen Nähe durch interessiertes Fragen, das bis in intime Zonen gehen kann,
- Kinder inszenieren sich und stellen eigene Erfahrungen im Spiel dar; dabei können sowohl Allmachtsphantasien thematisch werden wie auch traumatische Situationen, deren Kontextbedingungen verschoben werden (Behr 2008, S.49).

Es sind Beispiele, die zeigen, wie herausfordernd die Aufgabe der Beziehungsgestaltung an jedem Punkt der Begegnung sein kann. Die professionelle »Kunst« zeigt sich auf verschiedenen Ebenen. Man ist sowohl Zuhörer wie Mitorganisator, Begleiter und Medium, aktiver Teil eines Spiels oder passiver Zuschauer. Die Person wird als reale Person wahrgenommen, die ernst genommen wird und als Gesprächspartner zur Verfügung steht; zugleich ist sie eine zurückhaltende und nicht lenkende Autorität. In den Interaktionen wird allen Sinnen und allen Ausdrucksformen eine besondere Tönung, Gestalt und Ausprägung verliehen, die im idealen Fall vom Kind angenommen und als förderlich erlebt wird.

6   Personenförderung im Kontext des Fremden

Ein weiteres Kapitel wird aufgeschlagen, wenn wir die Überlegungen auf ein Gebiet ausweiten, das nicht wenige und nicht die geringsten Konflikte enthält. In verschiedener Hinsicht können wir im Zusammenhang der Pädagogik bei Behinderung an den Topos des Fremden anknüpfen; die vordringlichste Aufgabe ist es dabei, zu dem Kern des Konflikts vorzudringen und dabei aber die praktisch-normativen Maßstäbe nicht aus den Augen zu verlieren.

Das Phänomen des Fremden ist in kulturtheoretischer, anthropologischer, politischer und ethischer Richtung zu erkunden, doch auch in der Heilpädagogik finden wir zumindest semantische Anschlussmöglichkeiten. Die sprachlichen Unterscheidungen sind uns zunächst wohl vertraut: Fremd ist das, was außerhalb des eigenen Bereichs erscheint, Fremde werden als Nichtdazugehörige personifiziert. Fremd ist zudem, was jemandem gehört oder von fremder Art und als fremdartig erscheint. Das Fremde umfasst somit das weite Feld des Besitzes, der gewohnten Ordnung und des vertrauten Ortes. »Der Nachbar in der eigenen Stadt kann mir von seinen Sitten her fremd sein, umgekehrt mag mir das Nachbarhaus, das einem anderen gehört, vertraut sein; eine Fremdsprache wird selbst dann nicht zur Muttersprache, wenn ich sie fließend spreche« (Waldenfels 1997, S. 20).

Der Bezug zur Heilpädagogik ergibt sich, wenn wir die Idee der Fremdheit auf alle denkbaren Erfahrungen übertragen, die Personen mit sich und ihrem Körper, mit der Erfahrung des Leidens und des Krankseins, im Kontakt mit ihrer sozialen Umwelt, mit Exklusion oder Ausschlusserfahrungen machen. Rasch erschließt sich ein weites Feld zwischen Fremdheit und Vertrautheit, wenn wir die Zonen der Ungewissheit, der Verletzbarkeit, der Normierungen untersuchen: Menschen sind in besonderen Situationen mit Gewaltverhältnissen konfrontiert, sie erfahren ihren Leib unter Umständen als bedroht und verletzlich, sie werden im schlechteren Fall zum Objekt gemacht. Dies alles lässt sich mit dem Gefühl der Fremdheit und der *Erfahrung des Fremdwerdens* beschreiben.

Die Kategorie des Fremden hat aber auch auf einem weiteren Gebiet einen hohen Wert: in der interkulturellen Verständigung, in der Begegnung zwischen Menschen, die in spezifischer Weise einander fremd sind. Auf diesem Gebiet, das auf den ersten Blick weit gesteckt ist, ist die Sache der Fremdheit gewissermaßen ein Schlüsselbegriff, vielschichtig und schwer greifbar. Auf welchem Gebiet man auch ansetzt: Jeweils scheint es schwierig, das Fremde an sich als negative Kategorie zu fassen. Die Verhältnisse sind komplexer und wenig eindeutig: Zwar sollen Fremde in einer neuen Umgebung ihre negativen Gefühle ablegen, sollte Fremdheit verringert werden und das Fremde nicht gegen das Eigene ausgespielt werden. Aber das Phänomen des Fremden ist so tief in der Situation des Menschen verankert, dass es nicht einfach als negatives Übel aus der Welt geschaffen werden sollte. Fremdheit und Vertrautheit, Ordnung und das »Außerordentliche«, Normalität und Abweichungen sind vielmehr in einem engen Zusammenhang zu betrachten.

Diese Vorbemerkungen sind unter Umständen hilfreich, wenn wir im Folgenden die Möglichkeiten erkunden, unter welchen Bedingungen Fremdheit in professionellen Bezügen verstanden wird und in welche Richtungen wir denken müssen, um das Fremde zu erkunden, ohne es aus der Erfahrung zu tilgen.

Das Fremde ist ein Thema für die helfenden Professionen, für die Heil- und Sonderpädagogik, natürlich für die Soziale Arbeit; zugleich wird es zunehmend in den therapeutischen und psychosozialen Kontexten wahrgenommen. Soziologisch ist es spätestens seit Simmels Exkurs über den Fremden (Simmel 1908) als eine soziale Grunderfahrung publik geworden. Die Einsichten, die am Beginn des 20. Jahrhunderts damals gewonnen wurden, haben unmittelbaren Bezug zur Gegenwart. Wer ist ein Fremder, was macht ihn aus und ab wann kann er seine Fremdheit ablegen? Die Titel, mit denen wir es heute zu tun haben, geben eine vage Ahnung, dass Fremdheitserfahrungen nicht verringert, sondern unter dem Druck der Spätmoderne eher intensiviert werden: »marginal men«, »Außenseiter«, »Periphere« – sie sind Teil eines Ganzen und doch außen vor.

Von allen diesen Betrachtungsweisen ist die philosophische Bestimmung in besonderer Weise hervorzuheben. Denn wir haben es mit einem Phänomen zu tun, das sich nicht allein auf Personalität zu reduzieren ist. Zwar gibt es Migrationssoziologie und historische Forschung, die sich mit den Zwangslagen von Menschen beschäftigt, welche sich an verschiedenen Orten und in verschiedenen Gesellschaften bewegen. Doch die Philosophie des Fremden verdient eine besondere Beachtung, weil sie gewissermaßen die sprachlichen und erkenntnistheoretischen Sinne schärft, um die Erfahrung der Fremdheit in der Tiefe zu erfassen.

Fremdheit ist anthropologisch gesehen ein Phänomen, das mit Gefühlen der Selbstentfremdung einhergehen und als eine historische Demütigung erscheinen kann. Bekanntlich ist der Mensch der Neuzeit in verschiedener Hinsicht von einem Thron der Selbstüberhöhung gestoßen worden. Er ist nicht mehr Herr im eigenen Haus. Darwin, Marx, Freud haben den Stellenwert des Menschen in der Welt herabgesetzt; man spricht in diesem Zusammenhang von Kränkungen, die mehr oder minder stark gewirkt haben. Offensichtlich ist, dass die Herabsetzung – der Mensch sei den Mechanismen des Tierreichs und der materiellen Verhältnisse unterworfen und nicht im Vollbesitz seiner mentalen Kräfte – immer zu Kompensationen geführt hatte. Diese philosophische Einsicht ist von überragender Bedeutung für das Verständnis des Fremden auch im Kontext der Heilpädagogik – die benachbarten Disziplinen immer mitgedacht. Die moderne Subjektivität leidet demnach unter einem Selbstentzug, ist nur als partielle, brüchige, abgeleitete und fragile Existenz zu denken. Was für das Subjekt im Allgemeinen gilt, kann umstandslos auf besondere Situationen der Gefährdung und Aussetzung übertragen werden. Es gibt demnach kein universal gültiges Normspektrum, an dem die Ohnmächtigen und Ausgeschlossenen scheitern, sondern Subjektivität und Selbstmächtigkeit werden insgesamt ins Zwielicht gezogen. Für die Kulturtheorie und für die helfenden Professionen hat dies zwiespältige Konsequenzen. Bei aller Würdigung von Autonomie und Selbstmächtigkeit, klugen Strategien des Empowerments usw. ist zuerst die

Unmöglichkeit des vollen Selbstbesitzes anzuerkennen, eine »Götzendämmerung«, die uns mit einem »radikal Fremden« konfrontiert, »das allen Aneignungsbemühungen zuvorkommt« (Waldenfels 1997, S. 11).

Man muss aus dieser Einsicht keine kurzatmige Dekonstruktion machen, also alles, was mit guter und hilfreicher Pädagogik verbunden ist, herabwürdigen. Es geht hier um fundamentale phänomenologische Einsichten, die uns vor oberflächlichen Aneignungen möglicherweise bewahren. Dies gilt im gleichen Maße für das Verständnis des Fremden, das historisch mit bestimmten Erfahrungen besetzt ist und gegenwärtig auf neue Versuche der interkulturellen Verständigung hinausläuft.

Verschiedene Einsichten sind zu erwähnen, die uns im Folgenden wiederholt beschäftigen werden. Zuerst zeigt sich ein abstrakter Zusammenhang zwischen den Sphären des Eigenen und des Fremden. Diese Differenz ist tief in unser Alltagsverständnis eingelassen. Das Eigene ist uns vertraut, während das Fremde (und in gewisser Weise auch »die Fremden«) nur als radikal Fremdes gedacht werden kann. Fremdheit ist somit oberflächlich betrachtet ein schützender, aber auch schädlicher Mechanismus, der uns glauben lässt, das Fremde könne von uns fern gehalten werden. Demgegenüber betont die Phänomenologie, dass Fremdes und Eigenes nur in enger Verklammerung gedacht werden können; dass es mithin einen schwer ergründbaren Zwischenbereich gibt, der zwischen Fremdheit und Vertrautheit besteht.

Dieser Zwischenbereich prägt letztlich auch die Interaktionen, die Begegnungen und Dialoge, die wir in professionellen Kontexten führen. Die einfachste Interpretation wäre eine vollkommen asymmetrische Beziehung zwischen einem Fremden und einem Dazugehörigen; doch mit dieser Unterscheidung sehen wir vollkommen über die graduellen Abstufungen, die Schnittstellen und die relativen Beziehungsmuster hinweg. Näher an den neueren Stand der interkulturellen Theorie kommen wir, wenn wir begreifen, dass es Fremdheit nur im relativen Bezug zu bestehenden Ordnungen, zu politischen und sozialen Verhältnissen, zu Sprache und Erfahrung gibt.

Fremdes und Eigenes bilden demnach eine Mischform. Gern spricht man in diesen Zusammenhängen von Hybridität. Philosophisch betrachtet bedeutet dies, von einem konstitutiven Moment der Fremdheit in allen sozialen und psychologischen Beziehungen auszugehen.

An dieser Stelle macht es Sinn, sich über die Gestalt bzw. eine genauere Bestimmung dieses Fremden zu verständigen. Wer ist ein Fremder? Wir glauben, die Antwort zu kennen, insbesondere in Zeiten, in denen es massenhafte Migrationsbewegungen gibt. Die Phänomenologie kann hier hilfreich sein, genauer hinzuschauen und ggf. zu hinterfragen, in welcher Hinsicht wir von einem Anderen als einem »vertrauten Fremden« immer schon ausgehen. Die Aspekte, die dabei zur Sprache kommen, sind vielschichtig und konfliktbeladen: es geht um den Unterschied von Religion und Vernunft; Fundamentalismus und Moderne, letztlich um Projektionen in den Geografien der Gewaltsamkeit.

Das Ziel der nun folgenden Reflexionen ist ein zweifaches: Es soll zunächst die Bruchlinienkonflikte zwischen der Moderne und ihrem Gegenpart aufgewiesen werden, wobei es vorrangig um pädagogisch relevante Konfliktbereiche geht. Anstatt eine harmonische Lösung anzubieten, soll hier lediglich gezeigt werden, wie wir die Figur des Fremden und die Erfahrung der Fremdheit aus dem engen Korsett absoluter Begriffe befreien können. Erst dann nämlich können Verständigungsprozesse inmitten sozialer Konflikte u. E. in Gang gesetzt werden.

6.1 Die Bedeutung der Religion

Die erste Thematik zielt auf das Verständnis der Religion im Verhältnis zu modernen säkularen Lebensformen. Wir haben, insofern hier bewusst von Klischees ausgegangen wird, es mit einem Grundkonflikt der Neuzeit zu tun. Auf der einen Seite steht das religiöse Bewusstsein, das sich von allen rationalen Mitteln distanziert und sein Leben gewissermaßen in die Hände Gottes legt. Auf der anderen Seite dieser Unterscheidung erkennen wir den rationalen Menschen, der sich von allen Bindungen befreit hat und dem nichts heilig ist. So sehr hier schon deutlich wird, dass es sich um eine verzerrte Sichtweise handelt, die in der Realität so höchst selten vorkommt, so gilt es doch, zu prüfen, worauf es ankommt, wenn sich die Religion in interkulturelle Begegnungen »einmischt«.

Welche Funktion kann die Religion im Leben einnehmen? Als eine Kraft im kulturellen Bezug strahlt sie gleichsam in mehrere Richtungen aus. Sie spendet Trost in Zeiten des Unglücks und des Leidens, sie gibt Hoffnung und bietet Halt, wo der oberflächliche Sinn in einer schwierigen Lebenssituation abhandenkommt.

Eine eindeutige Deutung der Gegenwartsreligion ist schwierig. Gegenwärtig blicken wir auf mehrere Jahrzehnte zurück, in denen die Schwächung des religiösen Bezugs behauptet wurde. Infolge von Aufklärung und Säkularisierung und angesichts der Dominanz von Wissenschaft, Rationalität und Technik schien die Religion ihren ursprünglichen Wert zu verlieren. Die These folgte dem Gang der Geschichte, der auf Fortschritt geeicht war: Je »vernünftiger« die Gesellschaft wurde – also je mehr sie sich auf rationale Verfahren und wissenschaftliche Expertise einließ –, umso geringer wäre der Einfluss der Religion. Doch in der Absolutheit war diese Betrachtungsweise nicht zu halten. Die moderne Gesellschaft definiert sich nicht durch Säkularisierung, aber sicherlich auch nicht alleine durch Religion. Was viele Beobachter nicht erkannt hatten, war indes die bleibende Vitalität des Religiösen. Die Religion blieb ein Deutungsfaktor im Leben und religiöse Akteure besetzten den gesellschaftlichen Diskurs, in einem stärkeren und intensiveren Maße, als es für möglich gehalten wurde (Graf/Meier 2013).

Zu fragen ist somit zweierlei: zum einen, was Religion ihrem Wesen nach als Praxis und Haltung bedeutet, zum anderen, in welchem Bezug die Religion zu Kultur und Lebensform stehen kann. Sehr allgemein können wir davon ausgehen, dass die Religion vielgestaltig ist und sie in komplexen Gestalten auftritt. Das Klischee eines fundamentalistischen Gläubigen, der nichts außerhalb einer heiligen Schrift gelten lässt, ist höchst irreführend. Religiöse Institutionen unterliegen einem Gestaltwandel und auch die Glaubensweisen finden immer wieder neue Ausdrucks- und Organisationsformen (Sloterdijk 2008).

Für moderne Religionswissenschaften sind die Verbindungen von Herrschaft und Heil bis in die Gegenwart spürbar und in der internationalen Dimension müssen wir natürlich den Siegeszug des Fundamentalismus zur Kenntnis nehmen. Dort, wo sich fundamentalistische Gruppen bilden oder wo die Religion politisiert wird, erzeugt sie massive Folgeprobleme. Wir konzentrieren uns hier aber auf die Rolle der Religion in den modernen westlichen Gesellschaften. Zu fragen ist, wie sich religiöse Phänomene in säkularisierten Gesellschaften erklären lassen und welche Funktionen sie in der Moderne einnehmen. Keineswegs ist damit ein Kulturkampf-Szenario zu beschwören, in dem kulturelle Formationen aufeinandertreffen. Eher geht es um die Frage, wie pluralistisch und demokratisch verfasste Gesellschaften mit Kulturkonflikten im Ganzen umgehen, wie sie diese Komplexität bewältigen. Eine politische Aufgabe, die hier aber durchaus für die helfenden Professionen von Bedeutung ist.

Was macht Religion aus, wenn wir sie nicht »politisch«, sondern vom Standpunkt des einzelnen Subjekts her beschreiben? Religion ist Ritus und vorstellendes Bewusstsein, aber eben auch mehr. Sie beinhaltet die »kaum kontrollierbare Neigung zum Phantastischen, die außergewöhnliche Fähigkeit von Menschen, sich in heiligen Geschichten, Legenden und Mythen eine ganz andere Wirklichkeit als die hier und jetzt gegebene vorzustellen (F. W. Graf, Einleitung in: Graf/Meier 2013, S. 9).

Religion hat verschiedene Wirkungsweisen, die wir hier nur andeuten können. Sie wirkt integrierend, insofern wir von einer Gemeinschaft ausgehen, die den Individuen ein Angebot der Teilhabe macht. Man »gehört« demnach einer Gruppe von Gläubigen an, die sich bestimmten Regeln unterwerfen und sich mit diesem Verständnis identifizieren. Der positive Gehalt der Religion liegt insofern in einem tragenden Weltbezug; wer glaubt, kann Trost und Sinn empfinden und empfangen. Er oder sie kann auch in schwierigeren Lebenssituationen vom Glauben getragen werden. Menschen, die religiös sozialisiert werden, haben spezifische »beliefs«, Glaubensüberzeugungen und Werte verinnerlicht, die ihnen im besten Fall zu sozialer und moralischer Integrität verhelfen.

Die Ambivalenz tritt klar vor Augen, wenn wir diese überaus positiven Wirkungen mit der Schattenseite des religiösen Bewusstseins konfrontieren. Religion kann die Menschen aufrichten, ihnen Trost und Geborgenheit vermitteln, aber sie kann das Denken und Handeln ebenso gut verdüstern. Der Blick auf die Welt wird verengt, wenn die religiösen Prinzipien mit einem Absolutheitsanspruch auftreten. Dann geht es um den Unterschied zwischen Fundamentalismus und Moderne.

Was meint hier »Fundamentalismus«? Der Begriff ist vieldeutig und erklärungsbedürftig. Der Kern des Weltbildes der fundamentalistischen Bewegungen liegt in der harten Unterscheidung von Freund und Feind. Wer sich in das dogmatische Gehäuse einer Glaubensgemeinschaft begibt, wird Teil einer Missionsdynamik, deren Versprechungen und Verheißungen. Sinn wird mit Tatkräftigkeit, heilsgeschichtliche Bedeutung mit Theatralik verbunden. Fundamentalismen knüpfen an jenen Erzählungen an, die das große Gegeneinander pflegen: in einer Gemeinschaft von Ausgegrenzten und Erniedrigten gegen ein »Außen«, gegen Fremdherrschaft, gegen »Abtrünnige« oder gegen »Ungläubige«.

Fasst man diese Entwicklungen zusammen, dann lässt sich zunächst eine plausible Sozialdiagnose entwerfen. Die Gesellschaften des Westens stünden demnach kraftvollen Bewegungen gegenüber, die verschiedene Gruppierungen für sich gewinnen und sie für ihre »Projekte« in einem vermeintlich heiligen Kampf einspannen. Den verunsicherten jungen Menschen, die sich am Rande der Gesellschaft bewegen, bieten sie eine Form der Beheimatung, gegen die ein durchschnittlicher Pädagoge oder ein hilfsbereiter Streetworker nicht anreden kann. Die Vermischung von radikalen Glaubensprinzipien und radikaler Ideologie mit den Elementen der Pop-Kultur führe, so zum Beispiel Ahmed Mansour, »zur Abgrenzung zu anderen Jugendkulturen« (Mansour 2015, S. 93); sie sei nicht nur spätpubertärer Protest, sondern ein subkultureller Gegenentwurf zu den Werten demokratischer Lebensformen.

Doch gilt es hier, explizit nach Spielräumen, auch nach unerkannten Ressourcen zu fahnden, die nicht die geringste Rolle bei der Begleitung und Unterstützung von Menschen in belasteten Lebenslagen spielen. Wir müssen also phänomenologisch vorgehen und *die Religion an sich* in das Zentrum der Betrachtung rücken. Worum handelt es sich genau bei religiöser Praxis, religiösem Glauben, religiösen Lebensformen?

Religion erlaubt unterschiedliche Definitionen und Bestimmungen. Ihre Funktion kann sich auf das Phänomen der Zugehörigkeit erstrecken und somit integrativ, aber auch abgrenzend wirken (»dies bin ich«). Sie kann Sinn vermitteln und Orientierung verschaffen (»das soll ich tun«). Zudem können wir aber auch institutionelle und politische Funktionen erkennen, die durch die Definition gemeinsamer Werte und einer »gemeinsamen Geschichte« hervorgebracht werden. Eine wiederum nicht unproblematische Dimension, denn die Berufung auf einen Ursprung kann in mythischen Erzählungen von Bestimmung, Auserwähltheit und im Opferkult bestehen[8].

Positiv ist hiergegen festzuhalten, dass es jenseits der (mittlerweile sichtlich erschöpften) Debatten über Leitkulturen Anknüpfungsmomente gibt, um den vermeintlichen Spalt zwischen den Kulturen zu überbrücken. Dabei müssen wir zwei soziale Seiten unterscheiden. Auf der Seite des Subjekts ist die Autonomie anzuerkennen, die in der freien Wahl und der selbstbestimmten Ausübung einer religiösen oder kulturspezifischen Praxis besteht. Was genau eine Person umtreibt, deren Weltsicht mit religiösen Konzepten besetzt ist, bleibt für den Dritten unverfügbar. Es sind Motive, die ganz im Belieben der Person bleiben und somit von außen nicht zu bestimmen, zu lenken oder zu verändern sind.

Hingegen ist die Seite der professionellen Begegnung von anderer Natur. Hier geht es nicht um die Unverfügbarkeit einer Wahl, sondern zuerst um eine Öffnung im Sozialen, im alltagsweltlichen Miteinander. Die Haltung, auf die es hier ankommt, ist im besseren Fall von einer Neugier durchdrungen und somit erkennbar am Dialog und am Austausch interessiert. Es sind neuartige Aufgaben, denen sich

---

8 Die Kulturtheorie spricht hier von nationalen Gedächtnissen, die dazu tendieren, ihr Selbst auf ein simples Bild zu reduzieren, das sie angesichts einer schuldbehafteten Vergangenheit bereitwillig akzeptieren; und diese Bilder gleichen verschiedenen Rollen, »die des Siegers, der das Böse überwunden hat, die des Widerstandskämpfers und Märtyrers, der gegen das Böse gekämpft hat und die des Opfers, das das Böse passiv erlitten hat« (Assmann 2012, S. 52).

die sozialen Professionen stellen müssen – ohne dass die immanente Konflikthaltigkeit übergangen wird; Aufgaben, die mit Entdeckungen und Erkundungen zu tun haben, für die es wohl in den Wohlfahrtsgesellschaften des Westens keine Blaupause gibt.

6.2 Dimensionen der Migration

»Der Gedanke von Europa wird gegenwärtig auf eine harte Probe gestellt. Tag für Tag strömen auf gefährlichen Wegen Flüchtlinge in die Staaten Europas. Ihre Menge scheint endlos und unüberschaubar: keiner kann heute sagen, wie viele Flüchtlinge es tatsächlich sind, die die Grenze Europas, die Grenzen Deutschlands überschritten haben oder gegenwärtig überschreiten. Täglich sind es Tausende, die auf der Balkanroute oder über das Mittelmeer und Italien in Europa, in Deutschland ankommen. Die schiere Zahl bringt das gegenwärtige Gefüge von Recht und Ordnung ins Wanken. Die Verwaltung kommt an ihre Grenzen: Registrieren, Prüfen, Zuweisen, Verteilen, Unterbringen ist auf andere Zahlen, andere Zeiten, andere Denkformen eingerichtet worden. Verfahren müssen angepasst, Personal muss vermehrt, Betten müssen bestellt, aufgebaut, aneinander gereiht werden, Turnhallen geräumt, Zelte aufgestellt werden. Die Institutionen müssen sich auf die Vielzahl der Flüchtenden neu einrichten. Eine neue Kultur der Hilfe entsteht« (Kurz-Adam 2016, S. 13).

Das Phänomen der Migration hat verschiedene Seiten, von denen dieses Zitat eine Ahnung gibt, verschiedene Gesichter, verschiedene Facetten; worin genau aber die angedeutete neue Kultur der Hilfe besteht, ist eingehend zu fragen.

Vieles, was über die Tatsache der Migration bekannt ist, kann abstrakt und theoretisch bleiben. Die empirischen Fakten sprechen nicht für sich, sie benötigen einen ethischen und politischen Rahmen. Nicht allein in Deutschland muss man sich der globalen Migration »stellen«, allerdings sind die sozialen Zusammenhänge hier überaus kontrovers und komplex, schon allein, weil sich hier nicht nur Kulturen begegnen, sondern Angehörige von höchst unterschiedlichen Gesellschaften: Die einen leben seit Jahren in einem relativen Wohlstand – zumindest unter den allgemeinen Bedingungen der Sozialstaatlichkeit und mit einem gewissen Maß an Wohlstand und Sicherheit; Andere konfrontierten in ihren Lebenslagen Situationen von Gewalt, Verfolgung, Hunger und Repression.

Das Flüchtlingshilfswerk der Vereinten Nationen (UNHCR) gab für 2015 die Zahl der gewaltsam vertriebenen Personen mit weltweit 65,3 Millionen Menschen an (Dietrich 2017, S. 9). Die neueren politischen und militärischen Ereignisse geben keinerlei Anlass zu hoffen, dass sich diese Migrationsursachen kurzfristig beheben lassen würden.

Unabhängig von der statistischen Erfassung führt die permanente Krise in den internationalen und auch in nationalen Kontexten zu starken Kontroversen. Die Publikationen zur Thematik legen zunächst eine recht negative Tendenz nahe, die umso intensiver die Notwendigkeit einer ethischen Stellungnahme aufzeigt.

Dabei kann man in der wissenschaftlichen Theoriebildung von zwei Ansatzpunkten ausgehen: Der eine Ansatz ist kritischer Natur und betont die Gefahren einer schleichenden Menschenfeindlichkeit; der andere philosophische Ansatz setzt fundamentaler an und fragt nach den allgemeineren Bedingungen einer Ethik der Migration. Ganz in der Tradition der kritischen Theorie fragt Zygmunt Baumann nach dem »eigentlichen« Grund des Misstrauens und der strukturellen Gewalt gegen Migranten, Geflüchtete und Asylsuchende. Solche kritischen Reflexionen setzen zuerst an der Sprache an, die sich in der Öffentlichkeit und in den Medien entfalten kann. Die Sprachbilder erzeugen demnach ein Klima der Angst, das von Symptomen der Krise herrührt, die sich zeitgeschichtlich erklären lassen; sie führen jedoch zu spezifischen Sozialfiguren, die als Projektionen der eigenen Angst fungieren. Dabei sei die Tatsache der Migration keineswegs neu, insofern sie die Neuzeit seit ihren Anfängen begleitet; zu einer Verschärfung des moralischen Klimas trägt jedoch das Prinzip der gesellschaftlichen Reproduktion bei: Deren Lebensweise produziere, so Baumann, »überflüssige Menschen« (Baumann 2016, S. 9).

Die Kategorie des *überflüssigen Menschen*, wie Zygmunt Baumann sie beschreibt, geht soziologisch auf die extremen Verhältnisse sozialer Ungleichheit zurück, auf gesellschaftliche Krisen und Kriege. In diesem kritischen Motiv erkennen wir zudem einen tieferen Kern der professionellen Identität, die sich mit guten Gründen an eben jene ausgeschlossenen Menschen und ihre gesellschaftliche Situation richtet.

Die kritische Betrachtung der Angst vor dem Fremden ist insofern bedeutsam für das Verständnis der helfenden Professionen. Denn: Deren Motiv ist mit dem prekären Status verbunden, den randständige Menschen im Zusammenhang einer modernen Lebensweise haben. Der ökonomische Fortschritt und die Imperative des Marktes erkennen nicht die *Person an sich*, sondern einen *lokalen Nutzen* oder nur *Nutzlosigkeit*, ein *verwertbares Humankapital* oder einen »*Überschuss*« an Menschen ohne profitversprechende Qualifikationen.

Sozialpsychologisch stünde somit zuerst das Phänomen der Angst im Zentrum des Interesses, einer Angst, die zu schleichender Abwertung, zu Ressentiments und unbegründeten Ängsten führt und nicht selten in Situationen der Gewalt einmündet. Die Psychologie der Angst vor dem Fremden hat indes verschiedene Seiten: Sie ist universaler Natur, weil in der Geschichte der Menschheit immer einander fremde Personengruppen begegnet sind. Zugleich scheint sich diese Angst in der »postmodernen Situation« zu verdichten.

Die Erscheinung des Fremden rührt an unterbewusste Schichten der menschlichen Psyche; der »Fremde« erscheint als negatives Sinnbild, als Bedrohung der eigenen Ordnung. Er symbolisiert gewissermaßen den Verlust der Ordnung. Umso schwerer wiegt angesichts des Widerstreits der Lebensformen das Argument, das sich auf die ethische Dimension bezieht.

Die Tatsache der Migration wirft schwierige politische und normative Fragen auf: Es sind einerseits abstrakte Fragen nach dem allgemeinen Recht, in einen Staat einzutreten; andererseits konkrete Fragen nach subsidiären Rechten im Sinne der Genfer Flüchtlingskonvention. Diese Differenz ist politisch und praktisch bedeutsam: Einerseits lassen sich Fortschritte im Umgang mit Flüchtlingen erkennen. Den Geflüchteten stehen in den Aufnahmeländern prinzipiell Ansprüche auf Zugang zu elementaren Bildungseinrichtungen zu, auf materielle und medizinische Mindestversorgung.

Andererseits ist ein grundlegendes Recht, in das Hoheitsgebiet eines fremden Staates einzureisen und sich dort dauerhaft niederzulassen, bisher in keinem völkerrechtlichen Menschenrechtsdokument anerkannt worden (Dietrich 2017, S. 15).

Indes: Hier geht es um Rechtsentwicklungen, also um inhaltliche Kriterien innerhalb eines Funktionssystems. Wie sich diese – hier nur vage angedeuteten – Verhältnisse auf die Ebene der professionellen Hilfe übertragen lassen, ist die eigentlich bedeutsame Frage. Es führt, vereinfacht gesagt, kein Weg an der praktischen Aufgabe vorbei, dass sich die pädagogischen Professionen im Ganzen auf den Umgang mit Fremdheit einlassen müssen. Man kann dies als Bereicherung oder Herausforderung, als Bürde oder als Überforderung bezeichnen. Insgesamt aber stellt sich die Aufgabe, sich mit dem Widerstreit der Lebensformen im Schatten der modernen Ordnungen zu befassen. Welche konstruktiven pädagogischen Leitlinien können wir also in dieser Situation erhoffen?

Auf verschiedenen Ebenen der Profession lassen sich diese spezifischen sozialen Probleme betrachten. In einer vergleichsweise schwierigen Position befindet sich die helfende Profession im sozialen Bereich. Denn diese Profession ist von ihrem eigenen Anspruch prinzipiell menschenrechtsorientiert und bildet somit für Menschen auf der Flucht die erste Instanz, um Hilfe zu bekommen.

Soziale Arbeit bildet gleichsam die Infrastruktur der Hilfe in den für die Betroffenen unübersichtlichen gesellschaftlichen Sphären. Die Schwierigkeit für die Berufsethik der Sozialen Arbeit besteht in dem engen Zusammenhang zwischen den Vorgaben des Staates, der Inklusions-/Exklusions-Thematik und den ethischen Werten, an denen sich Sozialarbeitende orientieren. Wie sich die Soziale Arbeit hier als Profession positioniert, ist vor allem eine Frage kritischen Denkens. In Frage steht, wie man ein soziales und politisches Mandat verfolgen kann, wenn die politischen und rechtlichen Vorgaben dem Handeln unter Umständen zuwiderlaufen können.

Im Mittelpunkt der sozialen Arbeit mit Geflüchteten steht plausiblerweise der Bezug auf Menschenrechte sowie auf das sogenannte dritte Mandat. S. Staub Bernasconi hatte bekanntlich dem Dualismus von Hilfe und Kontrolle ein drittes Mandat hinzugefügt; die Profession zeichnet sich in ihrem Handeln demnach auch durch wissenschaftliche Reflexion und ethische Fundierung aus (Staub-Bernasconi 2007).

Der Bezug auf Werte und Menschenrechte hat natürlich eine lange historische Tradition, die sich sowohl in einzelnen Publikationen als auch in den Dokumenten der IFSW oder der Vereinten Nationen wiederfindet. Doch benötigt der Bezug auf Menschenrechtsübereinkommen – also auf Errungenschaften eines Funktionssystems mit größter Komplexität in der internationalen Dimension – eine gewisse Bodennähe. Zu fragen ist, wie sich die Menschenrechte als »Analyseinstrument« verstehen und operationalisieren lassen (Prasad 2017, S. 10ff.).

Dies kann zunächst, sehr verallgemeinernd gesprochen, auf unterschiedlichen analytischen Ebenen geschehen (im Folgenden Prasad 2017, S. 11 ff.).

Menschenrechte dienen unter anderem:

- der Evaluation der jeweilgen Lebenssituation von vulnerablen Gruppen und Individuen,
- der Annahme oder Zurückweisung eines besonderen Mandats, etwa wenn es um die prekäre Aufnahme von Geflüchteten in Sammelunterkünften geht,
- als Hintergrundtheorie, die bei der Bewältigung von Dilemma-Situationen hilfreich sein kann,
- schließlich als ein Hintergrundwissen, »um die eigene Argumentation zu stärken« (ebd., S. 11).

Menschenrechte geben der Sozialen Arbeit mit Geflüchteten also eine Orientierung, zugleich lenken sie die Wahrnehmung auf die ungelösten Probleme und vor allem auf die normativ-ethischen Streitpunkte, die wohl unvermeidlich zu inneren Widerständen führen.

Auch hier also ist der Bedarf an professioneller Reflexion unabweisbar. Die Situationen der Ohnmacht und Überforderung und struktureller Gewalt sind vielfältig; wir müssen uns hier mit Andeutungen begnügen.

Nivedita Prasad nennt eine ganze Reihe von fundamentalen Rechten, die unmittelbar (wenn man sich mit der realen Praxis »vor Ort« konkret befasst) zu Empörung und Widerstand führen können. Menschenrechte umfassen das *Recht auf adäquate Unterkunft mit minimalen hygienischen Standards, das Recht auf gesundheitliche Mindest-Versorgung, innerstaatliche Freizügigkeit und natürlich das Recht auf Bildung*. Diese und weitere Rechte lassen sich an den UN-Konventionen ablesen, darunter dem internationalen Pakt über wirtschaftliche, soziale und kulturelle Rechte, über bürgerliche und politische Rechte, über die Beseitigung jeder Form rassistischer Diskriminierung.

Dass diese auf höchster juristischer Ebene artikulierten Rechte einem breiten moralischen Konsens entsprechen, können wir voraussetzen. Doch erweist sich die praktische Arbeit mit Geflüchteten in der realpolitischen Situation als inadäquat und höchst problematisch.

Denken wir an Situationen,

- in denen Geflüchtete in Sammelunterkünften festgehalten werden, die keine physische Sicherheit und keinen angemessenen privaten Raum bereitstellen,
- in denen schutzbedürftige, traumatisierte, vulnerable und behinderte Personen nur unzureichende gesundheitliche und medizinische Versorgung erhalten,
- in denen unbegleitete Minderjährige, die von ihren Familien getrennt wurden, in prekäre Unterbringungen gezwungen werden, die als »inhuman oder erniedrigend« beschrieben werden können (ebd., S. 20).

Diese Arbeit wird zudem durch eine weitere spezifische Problematik erschwert. Hier ist wiederum eine differenzierte, unideologische Betrachtung unerlässlich. Die Rede im Zusammenhang von Flucht, Verfolgung, Migration ist eng an psychologische Kategorien gebunden. Man spricht – sicherlich auch in informellen, alltäglichen Kontexten – von Menschen, die auf verschiedene Weise Traumata erlitten haben und insofern auf spezifische Weise eine Bürde repräsentieren. Für die Betroffene selbst natürlich, aber vermeintlich auch für die Akteurinnen der helfenden Professionen, weil diese mit psychologischen »Ausnahmezuständen« umgehen müssten.

Eine Differenzierung dieses Phänomens ist angesichts der sozialen, politischen und sozialpsychologischen Komplexität unumgänglich und für die Profession von hohem Wert. Denn: Es geht hier nicht alleine um die Bewältigung von Gewalterfahrungen im Schatten von Bürgerkriegen, sondern auch um die Konzepte der gesellschaftlichen Wahrnehmung und sozialpsychologischen Verdrängung, was seltener artikuliert wird. Die herkömmliche Herangehensweise muss hier mit einer alternativen Denkweise abgeglichen werden.

> Im Allgemeinen wird eine klare Grenze zwischen dem traumatisierten Menschen und der »normalisierenden« Umwelt gezogen. In diesem Bild geht es um eine Person mit hoher Vulnerabilität, die gewaltvolle Erfahrungen gemacht hat und nun mit diesem Problem in einem fremden Raum versetzt wurde. Diese Person mit ihren eigenen Gewalterfahrungen, traumatisierend und erschöpfend, stünde demnach unvermittelt, dissonant in einer fremden Gesellschaft, die für dieses Leiden zwar Mitleid, aber keine entsprechenden Ressourcen bereitstellen könnte.

Dieses eingängige Bild, das wohl in mancher Hinsicht einer konkreten Erfahrung entsprechen dürfte, bedarf einer Ergänzung. Neuere Ansätze versuchen, die individuellen Gewalterfahrungen nicht isoliert zu betrachten, sondern sie in den Zusammenhang von biografischen Ereignissen, Flucht, Aufnahme und mehrfacher Traumatisierung zu stellen (Hellmann/Köbsell 2018; Velho 2018).

Die psychologische Ebene rekurriert zunächst auf die Plausibilität der Erkrankung im Sinne der ICD 10 und DSM 5. Posttraumatische Belastungsstörungen betreffen demnach eine Vielzahl von Menschen; man schätzt, dass die Hälfte aller geflüchteten Menschen von posttraumatischen Belastungsstörungen betroffen sind (Brunner 2004; Butler 2014; Burghard et al. 2017; Bundestherapeutenkammer 2015).

Ein Trauma liegt »offiziell« dann vor, wenn verschiedene Symptomatiken über längere Zeiträume bestehen. Ein Ereignis von katastrophalem Ausmaß hat sich in die Psyche des Betroffenen eingeschrieben und lässt auf lange Sicht Gefühle von Verzweiflung und Ohnmacht entstehen. Das Geschehen wird nicht angemessen verarbeitet, sondern verdrängt. Es kehrt in Form von Flashbacks und Nachhallerinnerungen zurück und führt zu diversen Symptomatiken: Gereiztheit, Nervosität, Schlaflosigkeit, Wutausbrüche, erhöhte Sensibilität.

Auf der symptomatischen Ebene kann man hier »rational« ansetzen und konkrete Aussagen treffen, was die Wahrscheinlichkeit einer ernsthaften Erkrankung betrifft. Auf einer allgemeineren Ebene muss man jedoch zu verstehen versuchen, dass kein diagnostisches Manual der Komplexität der individuellen Leidensgeschichte je genügen wird und dass die verstehende Rekonstruktion der individuellen Geschichte somit die eigentliche schwierige Aufgabe bildet. Diese wird durch verschiedene gesellschaftliche, kulturelle und machtbasierte Faktoren erschwert.

Zwei Aspekte erscheinen hier besonders erwähnenswert. In der Begegnung mit Geflüchteten treffen nicht nur unterschiedliche kulturelle Lebensformen aufeinander, sondern auch unterschiedliche sozialpsychologische Traditionen. Wann genau ein Leiden anerkannt wird, ist hier genauer zu hinterfragen. Kritische Beobachter sehen in dem herkömmlichen Verfahren der diagnostischen Arbeit eine besondere Problematik. Die Diagnose PTBS kann unter Umständen einer Verengung der Wahrnehmung gleichkommen, insofern sie die komplexe soziale und politische Situation der Betroffenen auf psychische Faktoren reduziert (Becker 2006).

> »Die Diagnosemöglichkeit der PTBS ist abhängig davon, ob die individuelle Befindlichkeit als Reaktion auf gewaltvolle Erfahrungen in das Symptomraster des ICD passt. Und zudem, ob die Erfahrungen von Marginalisierung, Unrecht und Gewalt überhaupt nach den Kriterien des ICD als traumatisierendes Ereignis oder Geschehen gewertet werden können« (Velho 2018, S. 99 f.).

Um der Situation eines Geflüchteten gerecht werden zu können, sind mit anderen Worten die etablierten psychologischen Verfahren im deutschen Raum nicht isoliert zu betrachten. Sie können hilfreich sein, um den Betroffenen eine »medizinisch inthronisierte und juristisch akzeptierte Stimme« (Mosser 2016, S. 60) zu geben. Sie verdecken jedoch im schlechteren Fall die sozialen, sozialkulturellen und politischen Aspekte der jeweiligen Situation.

Kritische Sozialpsychologen sprechen hier von kulturimperialistischen Konzepten, die dem anderen Menschen ein vermeintlich universelles Konzept von Leiden, Krankheit, Diagnostik und Therapie aufoktroyieren. Diese Verfahren verstünden sich demnach als rettende Kräfte und »verdecken dabei die tatsächlichen Machtverhältnisse« (Velho 2018, S. 100).

Das »Gerechtwerden« der individuellen Situation meint hier konkret, auch die spezifischen Erfahrungen in die professionelle Arbeit zu integrieren, die sich in der »Alltäglichkeit von Rassismuserfahrungen« ausdrücken (ebd., S. 101). Wiederum geht es also in professioneller Perspektive darum, die Schattenseiten der Modernisierung zu reflektieren und sie in ein berufsethisches Selbstverständnis zu integrieren. Eine ungemein herausfordernde Aufgabe, weil sie eine schonungslose Offenheit verlangt und zudem ein Einfühlungsvermögen in Situationen, denen »Andere« ausgesetzt sind.

Rassismuserfahrungen lassen sich in verschiedene Wirkungsfelder einteilen, die zusammen eine komplexe Machtkonstellation ergeben.

- Da ist zum einen die Alltäglichkeit von Rassismus festzustellen, die in alltäglichen Begegnungen und Interaktionen, zudem aber in institutionellen Praktiken besteht.
- Die Forschung über diese Themen ist ambivalent, weil sie ein gesellschaftliches Dunkelfeld erhellen müsste, das sich einer transparenten Aufklärung entzieht. Das Spektrum restriktiver, einengender, bevormundender, klassifizierender und diskriminierender Praktiken ist weit, aber selten präzise zu erfassen. Rassismus ist ein Phänomen der Latenz, das sich in den medialen Diskursen, in menschenfeindlicher Semantik, in struktureller Gewalt ausdrückt, für die die Betroffenen wenig Gegenmacht, wenig kulturelles Kapital und nur geringe sprachliche Möglichkeiten haben.

- Umso dringlicher erweist sich hier die verstehende und sensible Haltung der Helferinnen und Helfer. Denn es geht nicht allein um Empathie und Betroffenheitskult, sondern auch um ein Eingeständnis, dass diese Erfahrungen der Anderen real sind und einer kritischen Thematisierung bedürfen.

Denn nicht die Konfrontation mit rassistischer Praxis allein ist das Problem, sondern zudem eine vermutlich weit verbreitete Abwehrhaltung der Mehrheit der Bevölkerung. In der Folge werden die betroffenen Personen »aus dem Kollektiv der Bevölkerung herausgeschrieben«, mit Rückgriff auf eine »ihnen zugeschriebene Fremdheit bezüglich Abstammung, Ethnie, Nationalität, körperlicher Merkmale, Kultur oder Religion und damit vermeintliche verbundenen Wesenseigenschaften« (ebd.).

Nicht zuletzt werden rassistische Praxen im Hilfe- und Bildungssystem vollzogen, »das machtvolle rassistische Praxen (auch ungewollt) fortsetzt, Unterstützung unterlässt und Hilfe verweigert« (ebd.). Wie man sieht, geht es um äußerst empfindliche Konstellationen im Feld der Sozialen Arbeit, die eben auch die eigene Wahrnehmung, die eigene Position und damit verbundene Urteilsstrukturen umfasst.

In professioneller Perspektive gilt es jedoch, neben der notwendigen Selbstkritik auch konstruktive Ansätze ins Auge zu fassen. Es gilt daher abschließend zu fragen, unter welchen Bedingungen man angesichts der geschilderten Machtkonstellationen konstruktive Arbeitsbündnisse herstellen kann.

Der Anspruch der kultursensiblen Pädagogik

Was hier unter dem Stichwort des *Umgangs mit Fremdheit* dargestellt wurde, ist einer Entwicklung geschuldet, die in den letzten Jahren eine besondere Dynamik angenommen hat. Doch auch unabhängig von den dramatischen Ereignissen im Schatten der neuen und alten Kriege stellt sich eine Aufgabe für die demokratische Gesellschaft, die eine besondere Verantwortung, aber zugleich besondere Belastungen verspürt. Für die pädagogischen Professionen stellen sich Aufgaben, die zum einen mit spezifischen Methoden bearbeitet werden können, zugleich müssen auch Sackgassen des alten pädagogischen Denkens vermieden werden.

In Frage steht somit, welche Kriterien angesichts der gesellschaftlichen Komplexität erforderlich werde, denn es sind Kompetenzen gefragt, die sich in Randbereiche sozialpsychologischer Problemlagen bewegen – wie oben beschrieben im Zusammenhang von Trauma und Gewalterfahrung. Aber es bedarf auch einer gewissen interkulturellen Sensibilität, die sich selbstbewusst im Feld von kultureller Fremdheit und interkultureller Begegnung behauptet.

Wenn wir mit Franz Hamburger davon ausgehen, dass »die Zuwanderung von Flüchtlingen nach Deutschland das Hauptthema unserer Zeit« ist, und dass »statt freundlicher Wahrnehmung und interkultureller Absichten vielfach Rassismus und Nationalismus das Bild bestimmen« (Hamburger 2018, Klappentext), dann werden angemessene Konzepte der Bildungs- und Sozialarbeit in ihrer Relevanz deutlich.

Eine ausführliche Beschäftigung mit der Thematik ist hier nicht zu leisten. Die Auseinandersetzung mit dem Phänomen der Einwanderung müsste verschiedene

Themenbereiche umfassen, darunter etwa die scheinbar endlosen Debatten um gelingende oder misslungene Integration von Migrantinnen und Migranten in die Mehrheitsgesellschaft, der komplexe Zusammenhang von Armut, Mangellage und Migration und die bedauernswerte Kontinuität der Gewalt gegen Fremde, die immer wieder neue Konjunkturen erlebt (Heitmeyer 2022).

Wenn man diese Einzelfragen betrachtet, ergibt sich eine komplexe Gemengelage, die keine Gewissheiten zulässt. Die Themen sprengen gewissermaßen den Rahmen einer gewöhnlichen Professionstheorie, denken wir etwa an den zuletzt genannten Komplex von Religion und Politik.

In diesem diskursiven Feld wird gern polarisiert: Die Religion sei entweder vollkommen nutzlos, ein Relikt vergangener Epochen, das die Menschen zur Abhängigkeit verurteilt. Oder sie sei der Motivationsgrund für fundamentalistische Akteure, die mit Gewalt auf sich aufmerksam machen. Kann man diesen Vereinfachungen indes gemäßigtere und konstruktive Wege aufzeigen?

Neuere Ansätze der Kulturphilosophie betonen, dass Religion als soziale Funktion ihr Eigenrecht hat und dass man ihr Wesen verfehlt, wenn man sie auf die Ebene instrumenteller Rationalität reduziert (Rentsch 1999; ders. 2000). Erst auf der interexistentiellen Sinn- und Geltungsebene wird das unverfügbare und numinose Wesen der religiösen Orientierung zu verstehen sein. Zu fragen in professioneller Perspektive wäre also, was »religiöse Vernunft« im anspruchsvollen philosophischen Sinne wie auch in lebenspraktischer Übersetzung bedeuten kann.

Ob diese religiöse Vernunft in zweiter Linie lebensdienlich und tröstlich bejahend und sinnspendend ist – oder ob sie zu Verwerfungen und Rückzugsbewegungen, zur Einmauerung und zu jener hermetischen Subjektivierung führt, dies wird man in der konkreten Interaktion herausfinden und gegebenenfalls problematisieren. Dabei wird zum einen deutlich, dass interkulturelle Kompetenz keine leere Chiffre ist, sondern verschiedenste Kompetenzen umfasst. Das Wissen über geschichtliche Prägungen und kulturelle Wege, die Andere beschritten haben, trifft möglicherweise auf das Gespür, dass es Subkulturen gibt, die nicht nur »Anderes« beinhalten, sondern auch immanente Spannungen, Widerstandspotentiale, einen Eigensinn, der allein mit kognitivem Gespür nicht erreichbar ist. Die Bereitschaft zu einem offenen Dialog trifft zudem auf Herausforderungen, mit dem Nichtwissen und dem Unverfügbaren, dem Streitbaren und Ungewissen umgehen zu müssen. Dieses Negative – es bedeutet hier nicht die Abwertung einer kulturellen oder religiösen Rückständigkeit. Es umfasst vielmehr die Grundlagen aller unserer Bemühungen um Verständigung, so auch den nicht zu tilgenden Vorbehalt gegenüber kultureller Fremdartigkeit, Überinterpretationen und eingefahrenen Deutungsmustern, aber auch den gesamten Bereich des Unbewussten: die Unterstellung etwa, gleichsam »kolonisiert« oder fremdbestimmt zu werden.

Handlungskompetenzen und geschichtliche Differenzsensibilität

In einem allgemeinen Bezug fassen wir Kompetenzen als die Fähigkeit, in einem bestimmten Handlungsfeld begründet, orientiert und effektiv zu handeln. Kompetente Akteure sind demnach in der Lage, ihr Wissen und ihre Fertigkeiten angesichts einer besonderen Situation im praktischen Tun anzuwenden. Verschiedene Dimensionen dessen, was professionelles Können umfasst, wären hier zu nennen:

- *Fach- und Sachkompetenzen*, bei denen zum Beispiel eine begründete Auswahl von Methoden und Interventionen getroffen wird,
- *Selbstkompetenzen*, die die Motivation zum Handeln mit der Reflexion der eigenen Rolle bzw. dem eigenen Anteil am Geschehen verknüpfen,
- schließlich auch spezifische *Sozialkompetenzen*, die sich auf Einfühlungsvermögen, Kontaktfähigkeit, Konsens- und Kompromissbereitschaft und einen »Einbringungswillen« beziehen können (Greving/Ondracek 2010, S. 360).

Fragen wir aber zuerst nach einem weiteren voraussetzungsvollen Vermögen: dem komplexen Zusammenhang von Professionalität und dem geschichtlichen Bewusstsein. Hier muss ein etwas weiterer Bogen geschlagen werden, denn allgemeine Kriterien pädagogischer Professionen stehen mit der historisch vermittelten Wirklichkeit in einem dialektischen Verhältnis.

Auf die Thematik des »Umgangs« mit Fremdheit/Migration bezogen lässt sich diese abstrakte Aussage konkreter formulieren. Allein das nähere Verständnis des Begriffs »interkulturell« verweist auf die Komplexität zeitgeschichtlicher Umstände.

> Zeigt der Begriff »interkulturell« die Begrüßung einer Situation kultureller Vielfalt an oder lediglich die Toleranz gegenüber »Fremden«?
> Meint »Interkulturalität« eine Tatsache oder eine gesellschaftliche Herausforderung, die dementsprechend als Bürde und Last erlebt wird?
> Und wie ist der Bezug in psychosozialen Arbeitsfeldern und pädagogischen Räumen zur Tatsache der Interkulturalität zu begreifen: als ein Bezug zu einer Differenz oder zu einem normativen Widerstreit (Mecheril 2014)?

Diese Fragen deuten den Wandel der Zeitläufe an, der über die Jahrzehnte zu neuen Selbstverständnissen geführt hat. Am Beispiel der psychosozialen Beratung etwa lassen sich diverse Phasen und idealtypische Ansätze unterscheiden.

Beratung in interkulturellen Dimensionen verlief demnach in folgenden Phasen:

»Phase 1: Der Spezialdienst und die These: Ausländer haben keine psychosozialen Probleme. Phase 2: Modellversuche – erste Annäherungen der Beratungsdienste an ausländisches Klientel; Phase 3: ausländische Beraterinnen für ausländische KlientInnen – Ruhe den Deutschen; Phase 4: die Spaltung der Landschaft – die Umkehrung der Perspektiven – interkulturelle Beratung« (Mecheril 2014, S. 206).

Wie man sieht, geht es um einen langfristigen Wandel im Verhältnis von Kulturkonzepten, die natürlich nicht zu verabsolutieren sind und mitunter auf unterbewussten Ebenen anzutreffen sind. Das heißt, Kultur als Begriff wird in unterschiedliche kognitive, soziale und gesellschaftspolitische, letztlich auch professionelle Bezugssysteme versetzt.

Kultur kann in der hermetischen Unterscheidung zwischen Fremden und Dazugehörigen aufgefasst werden; sie kann als Differenzschema des Unterschieds zwischen Inländern und Ausländern gebraucht werden oder als versteckte Aufforderung zur kulturellen Anpassung an vermeintliche Leitkulturen kommuniziert werden.

Die Schwierigkeiten aus Sicht der helfenden Professionen liegt indes in der, wenn auch ungewollten, Verschleierung der tatsächlichen Machtverhältnisse. Die Betonung der Kulturdimension in der Arbeit mit Migrantinnen und Migranten führt demnach zur »Ausblendung von Verhältnissen sozialstruktureller Ungleichheit«; im schlechtesten Fall verschleiert das »Label Interkulturelle Beratung« die »Dimension gesellschaftlicher Benachteiligung« (ebd., S. 297).

Wie also müsste man eine Konzeption kultursensibler Professionalität beschreiben, wenn man diesen spannungsvollen Bedingungen gerecht werden will? Es empfiehlt sich ein Dreischritt, der letztlich auf das Motiv des Verstehens – eine der Kerndimensionen der helfenden Professionalität – zielt.

Zum ersten benötigen wir einen unverstellten Blick auf die möglichen Problemkomplexe, die sich als Barrieren für eine gelingende Zusammenarbeit erweisen.

Sozialpsychologisch ist die gegenwärtige Konstellation in der deutschen Migrationsgesellschaft als belastend zu bezeichnen. Die Mischung aus Fremdenangst, Vorurteilen und rassistischen Praxen führt, wie gezeigt, unter Umständen auf beiden Seiten eines möglichen Arbeitsbündnisses zu Ablehnungen, auf Seiten der deutschen Mitarbeiterinnen Sozialer Dienste u. a. hervorgerufen durch:

> »abweisende Hilfe durch ethno- und soziozentrische Ressentiments, Überbetonung und klischeehafte Generalisierung kultureller Unterschiede, Colour-blindness – Leugnung der kulturellen Differenz […]Furcht vor Mehrbelastung durch eine besonders schwierige und belastete Klientel […]« (Gaitanides 2014, S. 315).

Es sind Muster, die keineswegs zu generalisieren sind und vielmehr in der Reflexion zu bewussterem Handeln und zu einer Klarheit im Umgang miteinander führen könnten. Die Zielsetzung der Reflexivität meint auch keineswegs eine endgültige Überwindung aller negativen Gefühle und möglichen Irrtümer, sondern sie umfasst *im zweiten* Schritt ein Bewusstsein für die generelle Kulturgebundenheit menschlichen Verhaltens, für die Identifizierung fremdkultureller Muster ohne Bewertung, letztlich für die Differenz eigener und fremder Wertemaßstäbe und »Standards« (ebd., S. 316).

Muss man noch ergänzen, dass zu dem geschilderten Professionsverständnis die Orientierung an Respekt und Verständnis für fremdkulturelle Perspektiven gehört? Möglicherweise – den Konjunktiv hier bewusst eingesetzt – ist diese normative Perspektive längst selbstverständlich.

Tiefer geht hingegen der *dritte Schritt* der Argumentation, der sich auf die Bedeutung des Nicht-Verstehens bezieht. Kommunikation in professionellen Kontexten zielt auf Verstehen und Anerkennung und erfordert somit das Wissen um die Problemlage des Anderen.

Doch bleibt – gewissermaßen im gleichen Atemzug – das Motiv des Unverfügbaren, Unverstandenen, Nicht-Integrierbaren zu betonen, dem ein Eigenrecht zukommt. Denn Verstehen kann in bestimmten Momenten zu einem Akt der Bemächtigung werden, wenn Verständnis »kommuniziert« wird, aber die Grundlagen für eine solches Verständnis gar nicht gegeben sind. Das Verstehen im anspruchsvollen Sinne müsste sich von solcher Kurzatmigkeit distanzieren und auf die stets vorhandene »Verschränkung von Verstehen und Nicht-Verstehen als Grundlage interkulturellen Handelns« (Mecheril 2014, S. 301) besinnen. Dann wären – so steht zu hoffen – die Spielräume vergrößert, die uns auf lange Sicht zur Anerkennung der Person führen.

7 Rollenprofession

Einleitung

In Zeiten, die als krisenhaft überschrieben werden, sind die pädagogischen Professionen offensichtlich besonders gefordert. Pädagogen (und nicht minder Psychologen, Schulbegleiter, Integrationshelfer, Sozialpädagogen, usw.) sollen den Lernenden Zuversicht vermitteln und sie gleichsam stark machen. Die Rede von Resilienz und Widerstandskräften angesichts erhöhter Verletzbarkeit hat mit guten Gründen Konjunktur. Man kann die Lage aus rein pädagogischer Sicht so zusammenfassen, dass vor allem im Nahbereich der Pädagogik Horizonte einer lebensbejahenden, aktiven Sicht auf die Welt eröffnet werden sollen. Die Fähigkeit, Widerstände zu bewältigen, Herausforderungen anzunehmen, eigenverantwortlich zu handeln – in dieser Selbstbeschreibung findet die Pädagogik eine ernstzunehmende Form (Birkmann 2006; Zander 2011).

Es gibt nun viele Gründe, sich dieser Perspektive anzuschließen, schon weil sie vom Grundgedanken her so optimistisch ist. Doch gibt es einen anderen, etwas umständlicheren Weg, um die eigentümliche Kontur der pädagogischen Profession zu bestimmen. Dieser Weg ist abstrakt und fern von der pädagogischen Grundsituation, die wir normalerweise vor Augen haben. Er führt uns weg von den bekannten Interaktionen und stellt Grundfragen an die Profession: Wie kam es überhaupt dazu, dass bestimmte Professionen die Lösung für bestimmte soziale Probleme bereit halten? Welche gesellschaftlichen Erwartungen sind verständlich und nachvollziehbar, welche erweisen sich mittlerweile als Illusorisch und übertrieben? Und was macht die pädagogische Profession im Kern aus, was ist ihr spezifisches Mandat, wenn es nicht in einer technokratischen Problemlösung münden sollte?

Da diese Fragen gewissermaßen auf das Fundament der Pädagogik (und deren spezifische Rollendefinitionen) zielen, bietet sich der Rückgriff auf einerseits anthropologisch-philosophische, andererseits soziologische Grundlagen an. Wie lässt sich der moderne, uns allen vertraute Umgang mit pädagogischen Herausforderungen sinnvoll beschreiben, wenn man gewissermaßen auf den Grund der Profession zurückgeht? Welche Aussagen sind möglich, wenn wir also nicht unmittelbar Fragen an die Praxis (und die begleitende empirisch-analytische Forschung) stellen, sondern an die fundamentalen Bestimmungen der Professionen erinnern?

Eine solche Grundlagenreflexion erschließt ihren Wert erst nachträglich. Dies gilt auch für den Vogelflug einer Soziologie, die in diesem Fall nach den Bedingungen der Möglichkeit moderner Professionen fragt. Doch es macht allen Sinn, zu fragen, warum ein pädagogischer Akteur in einer bestimmten Situation mit gesellschaftlichen Erwartungen konfrontiert wird, für die er oder sie eigentlich kein rechtes Wissen und keine fertige Rezeptur bereithält. Wie erklärt es sich, dass wir heute so selbstverständlich die Entwicklungsprobleme von Kindern und Jugendlichen vorrangig einem Bereich zuordnen, in dem doch scheinbar niemand über ein überlegenes Wissen verfügt und allenfalls über eingespielte Routinen verfügt? Wenn man die Frage so »fundamentalistisch« und gleichsam respektlos stellt, kommt man schnell zu den entscheidenden Kategorien.

Das Ziel der vorliegenden Reflexion ist damit bereits angedeutet: Was macht moderne Professionalität im Allgemeinen und pädagogische Professionalität im Besonderen aus, die sich in diversen belasteten Situationen wiederfindet? Diese Frage ist zugleich neu und doch bekannt; zudem ist sie von historischer und philosophischer Tiefe. Sie führt uns zurück zu einer Grundfrage mit existentialistischer Färbung: Wie ist soziale Praxis in der gegenwärtigen Welt überhaupt möglich? Wie lässt es sich rechtfertigen, dass für eine gesellschaftliche und soziale Problematik eine spezifische Sphäre bzw. ein Handlungsfeld in Anspruch genommen wird?

Die Antworten, die im Folgenden gegeben werden, rücken verschiedene Kategorien in das Zentrum der Reflexion, die selbstredend und selbstverständlich klingen, aber insgesamt zu selten reflektiert werden. Es geht um Sinnkriterien von *Freundschaft, Vertrauen und Nähe* im Horizont einer pädagogischen Praxis. Jedes dieser Motive hat einen unbestreitbaren Stellenwert in allgemeiner, lebensdienlicher Perspektive. Inwieweit sich diese Motive aber für die Kultur und Praxis der Pädagogik im weitesten Sinn »gebrauchen« lassen, dies soll im Folgenden gefragt werden. Die Objektbeziehungen und Handlungsfelder bleiben dabei, wie wir sehen werden, unspezifisch und wenig konkret. Dies ist jedoch einer methodischen Herangehensweise geschuldet, die es sich zur Aufgabe macht, die grundlegenden Kategorien für eine pädagogische Praxis zu erforschen (und dabei nach dem eigentümlichen, nicht in jeder Hinsicht explizierbaren Sinn der Gestalt des Pädagogischen zu fragen).

Die hier angedeuteten Kriterien: Freundschaft, Nähe, Vertrauen »verdienen« eine eigenständige Untersuchung und sollen in einzelnen Kapiteln verfolgt werden. Sie führen dann in der Zusammenschau zu einer anthropologisch reflektierten Theorie pädagogischer Professionalität.

7.1 Grundlagen der Professionstheorie

Die moderne Gesellschaft driftet. Die »Orientierungslosigkeit« ist schon seit langem ein Thema, sie wurde abgelöst von Krisendebatten, aber auch von einem diffusen Gefühl der Angst, dem vielleicht bedeutendsten aller menschlichen Affekte. Die Angst hat einen realen Hintergrund und muss niemandem ausgeredet werden. Gleichwohl besteht die Aufgabe darin, sich nicht von der Furcht niederdrücken zu lassen, also gegen die Überwältigung durch Angst anzuarbeiten.

In unseren Phasen des Lebenslaufs bildet sich im Allgemeinen eine Orientierung im Leben aus. Eine Generation wächst heran, sagt man, und sie muss mit dem umgehen, was ihr aus der Vergangenheit vererbt wurde. Sie muss sich zugleich in einer Gegenwart einrichten, die unmittelbar aus den Bestimmungen – und den Handlungen – der Vergangenheit herrühren. Mit diesem Erbe belastet, richtet sich der Blick auf nahe und ferne Zukünfte; und was auch immer diese Zukunft beinhaltet, bedarf es doch eines Minimums an Sinn und Zuversicht. Daran aber, so scheint es, bricht die gegenwärtige Praxis.

Die vorliegenden Überlegungen zielen auf eine Aufgabe von hoher Bedeutsamkeit: Menschen nicht nur Orientierung zu bieten, sondern durchaus auch Zuversicht und Vertrauen zu vermitteln. Wie könnte ein solches Weltverhältnis geschaffen werden, wenn wir davon ausgehen müssen, dass Vertrauen im Kern grundlos ist? Wenn es, realistisch betrachtet, auf einem Mangel an Beweisen gründet, dass die Dinge nicht so schlimm kommen werden? Dieses Vertrauen fällt eigentlich in jenen Bereich, der oft genug im Zwielicht steht oder dorthin gerückt wurde: in den Bereich der Erziehung und Bildung.

Hilft aus dem Phänomen der Krise letztlich nur der Anspruch der Bildung? Und wie könnte ein solcher Anspruch aufrecht erhalten werden, wenn Bildung, oder ganz klassisch »Bildsamkeit« auf die Fähigkeit zur vernünftigen Selbstbemächtigung abzielt? Geht es also letztlich um ein allgemeines, überindividuelles Gut, das mit dem Habitus des »Gebildeten« und dem virulenten Phänomen des »Ungebildeten« einhergeht?

Wer Bildung einfordert, muss begründen, wer sie befördert und auf welchem Weg dies geschehen soll. Die Schwierigkeiten der Reflexion beginnen genau an diesem Punkt. Was immer man sich vom Begriff der Bildung erhoffen mag – dass er mit Vernunftkompetenzen und Mündigkeit einherginge – der Weg zu seiner Erfüllung ist schwierig. Die Bildungstheorie erkannte schon früh ein Missverhältnis im Motiv der Bildung (Schäfer 1988; ders. 1996; Meyer-Drawe 2000). Denn dieser Begriff verspricht, alle Differenzen aufzuheben. Bildung heißt demnach, zwischen Subjekt und Gesellschaft zu vermitteln, alle Unvernunft der Welt gegen die überlegene Vernunft des Subjekts zu stellen. Dass Bildung ein Versprechen auf die Zukunft sein sollte – an diesem Gedanken kommen wir also nicht vorbei.

Bildung beinhaltet ein Versprechen auf eine Zukunft, in der sich Versöhnung anstelle von Entzweiung, die Vernunft an die Stelle der Unvernunft setzen würde. Dieser Ansatz wird die vorliegende Darstellung begleiten wie ein Schatten. Denn zur Einsicht der »postmodernen« Bildungstheorie zählt ja die Unhaltbarkeit aller pädagogischen Illusionen – und doch wollen und können wir uns nicht von diesen Hoffnungen endgültig verabschieden. Und so könnte man sich – weil man nichts Besseres weiß – auf die Klassiker berufen und etwa T. W. Adorno, Niklas Luhmann oder einen Hartmut v. Hentig befragen, was sie am Motiv der Bildung noch gelten lassen würden. Die Antworten dürften so unterschiedlich wie verwirrend sein, denn dem einen galt Bildung als negativer Grenzbegriff eines *ganz Anderen der Vernunft*, dem anderen als *selbstbezügliche Formel im System*, dem letzten als vorläufige Antwort auf *die Sinnkrise der Gegenwart*.

Soziologisch betrachtet trägt die Bildung eine schwere Last. Sie soll einen Platz im gesellschaftlichen Ganzen einnehmen, den sonst keiner übernehmen will. Denn:

Wer ist heute in der Lage, ein überzeugendes Narrativ zu vermitteln, das sich als tragfähig und authentisch, gleichsam unverzerrt erweist? Das Misstrauen dominiert, es nistet sich in die Sprache und das Denken ein. Die Politik? Beherrscht vom Streben nach Macht. Wissenschaft? Sie verliert sich in elitären Diskursen und produziert angeblich Scheinwahrheiten. Die Religion? Sie ist als Quelle längst versiegt. Die Kultur? Sie mündet im Widerstreit, in der Unversöhnlichkeit. Wer sich an Autoritäten bindet, wird enttäuscht; es gibt keinen großen Dritten mehr, kein helles Zentrum, keine Instanz, die eine letzte, verlässliche Antwort gibt.

Angesichts dieser Einschätzungen bliebe dem Praktiker dann nur noch die Option, gegen besseres Wissen einfach nur seiner Aufgabe gerecht zu werden und eine Rolle zu »spielen«, für die die letzte Überzeugung fehlt. Wenn es eine Krise der Bildung gibt, die sich zu den vielen anderen Krisen unserer Zeit dazugesellt, dann bliebe nur noch der Gleichmut, das Mitmachen ohne inneren Anteil.

Wer also gegenwärtig versucht, eine Konzeption der pädagogischen Rollenprofession zu entwerfen, sieht sich also vor diverse Schwierigkeiten gestellt. Es scheint, als würden für die Darstellung inhaltlicher und formaler Anforderungen lediglich negative Begriffe und ebenso negative Entwicklungen bereitstehen. Alles scheint auf eine diffuse Stimmung der Verunsicherung hinzuweisen und dies betrifft im Besonderen die pädagogischen Professionen, im Schnittfeld übertriebener gesellschaftlicher Erwartungen stehen, gleichsam zerrissen zwischen sozialen, gesellschaftlichen und politischen Entwicklungen.

Warum ist es angesichts einer solchen Diagnose so schwierig, eine ansprechende, konstruktive Beschreibung der pädagogischen Rolle zu liefern? Die vordergründige Antwort lautet, dass die pädagogischen Professionen den vielschichtigen negativen und bedrohlichen Tendenzen unserer Zeit gleichsam hilflos ausgeliefert seien, etwa der überraschenden Wiederkehr von Gewalt und Krieg (die genauer betrachtet natürlich einer sehr eingeschränkten zeitgeschichtlichen Wahrnehmung entspricht). Doch damit ist eben nur eine Antwort für eine vielschichtige, komplexe Herausforderung gegeben, die sich letztlich allein auf die dramatischen Zeitläufte fixiert.

Was kann die Theorie im weitesten Sinne für das Problem der Verunsicherung beitragen? Was kann Theorie leisten, wenn sie nicht in die medialen Obertöne einstimmen will, aber zugleich das Phänomen der Krise in einem existentiellen Sinn ernst nehmen will? Die Antworten werden im Folgenden auf verschiedenen Wegen erfolgen; und nur ansatzweise können praktische Lösungsvorschläge erwartet werden.

Der Weg, der im Folgenden eingeschlagen wird, ist sicher nicht dazu geeignet, sprühenden Optimismus zu verbreiten. Er führt uns eher über die Umwege der negativistischen Philosophie und somit zu Einsichten, die nicht in ein überzeugendes Rezept überführt werden können. Doch hält die hier angebahnte Reflexion einen Spielraum ungenutzter Möglichkeiten bereit, wie man sich *zwischen den Lebensformen* mit pädagogisch angemessenen Mitteln behaupten könnte.

Hinter der Frage nach dem Wert der pädagogischen Rollenprofession steht eine normative Bestimmung: Es sollte ein tragfähiges kognitives Gerüst errichtet werden, das der Pädagogik in unsicheren Zeiten einen Halt bietet. Welche tektonischen Prinzipien werden für ein solches Gerüst benötigt? Wir sind gehalten, die Überlegungen mit dem Rückgriff auf einen soziologischen Beitrag anzuleiten. Was macht die pädagogische Profession im Kern aus, was sind ihre Bestimmungen? Hier geht es zuerst um die fundamentalen Aspekte, die wir im Zusammenhang der modernen pädagogischen Profession vergegenwärtigen müssen.

Es sind Fragen nach dem pädagogischen Bezug und vor allem nach der Berufsrolle, die wir hier weiter verfolgen. Welchen Leitgedanken folgt die pädagogische Profession in unsicheren Zeiten? Vor welche Schwierigkeiten ist die Profession gestellt, die sich aus den Zumutungen in der Moderne ergeben? Wie geht die Profession mit den krisenhaften Erscheinungsformen um?

Die Reflexion der Berufsrolle wird hier also in einer sehr allgemein gehaltenen Form durchgeführt. Natürlich muss es dabei um die Problemstellungen gehen, die wir alle mehr oder weniger stark wahrnehmen. Doch wird hier ein besonderer Weg eingeschlagen, der über die herkömmliche Rollenambivalenz hinausgeht. Mit Hilfe der negativistischen Philosophie werden wir in die Lage versetzt, die Grundlagen unseres Handelns mit einer existentialistischen Klarheit zu vergegenwärtigen. Dies führt, wie wir sehen werden, zu allgemeinen Bestimmungen der Profession in der Gegenwart; nicht zuletzt zu berufsethischen Aspekten, die sich an bestimmten Problemkonstellationen bewähren müssten. Die dabei aufgeworfenen Themen sind nicht einfach: Es geht um *interkulturelle Ansprüche* und *kulturelle Konflikte*, um die *Integration und Gewalterfahrungen*, um das Scheitern und die Fortsetzung von Integrationsbestrebungen – Konstellationen, die nicht nach kurzatmigen Lösungen verlangen, sondern eher den reflexiven Umgang erfordern.

7.2 Professionen in der modernen Gesellschaft

Noch einmal können wir den Grundgedanken wiederholen: Die Pädagogik ist einer Zeit der Krise ausgesetzt. Die Verunsicherung in der Pädagogik entspringt einer akuten und unabweisbaren Erfahrung der Gegenwart. Sie besteht aus manifesten Bedrohungen und krisenförmigen Entwicklungen im Großen und im Kleinen, in der globalen Politik im gleichen Maße wie in der Mikropolitik. Die Ausgangsfrage kann jedoch keine genuin politische oder ethische sein, die sich im materialen Sinne an der Verbesserung der Lebensverhältnisse orientiert; eher geht es darum, die Eigenlogik der pädagogischen Beziehungen mit der Logik der Gesellschaft zusammen zu lesen.

Notwendig erscheint zuerst eine mehrfache Bestimmung in historisierender Perspektive zu sein: zu schildern, wie sich die Professionen im Allgemeinen entwickelt haben (1), wie sich dazu parallel die Moderne als Sozial- und Wirtschaftsform herausgebildet hat (2) und wie sich schließlich die pädagogische Rollenprofessionalität in diesem Zusammenhang darstellt (3). Der Zusammenhang dieser Entwicklungslinien ist das Entscheidende; wobei jedoch die pädagogische Selbstbeschreibung nicht in der soziologischen Beschreibung vollkommen aufgeht. Es gilt, die Beschreibung der Profession nicht an der Semantik der Krise anzulehnen, sondern eigene Kriterien herauszuarbeiten.

Wer über pädagogische Professionen Aussagen machen will, muss die zusammengesetzten Begriffe auseinanderhalten. *Professionen* unterliegen einer besonderen Entwicklung im Kontext der Genese der Moderne; *pädagogische Professionen* sind darüber hinaus eine besondere Sache – sie können mit anderen Professionen und der Form des Berufs verglichen werden. Um aber dem Kern der Sache nahe zu kommen, müssen weitere Aussagen getroffen werden, die nur im Rahmen der pädagogischen Rollenbeschreibung vorkommen, etwa der Umgang mit Krisen oder die Ermöglichung von Arbeitsbündnissen. Beide Aspekte werden im weiteren Verlauf noch aufgegriffen.

Sehr allgemein gelten Professionen als »Berufe eines besonderen Typs« (Stichweh 1996, S. 49).

Zu ihren Besonderheiten zählt ein Wissenskorpus, der universitär vermittelt wird, ein gewisses Ethos, das kodifiziert und kultiviert wird. Professionen müssen gelehrt und erlernt werden; was jedem Beobachter hier als selbstredend erscheint, ist jedoch unter sehr bedeutsamen Voraussetzungen erst möglich geworden. Professionen spiegeln nicht nur gesellschaftliche Positionen, sondern sie sind darüber hinaus mit dem Charakteristikum der Modernität als Differenzierungsform eng verwoben. Sie verkörpern ein Prinzip der Vergesellschaftung, das nicht ohne Widersprüche zu verstehen ist: Einerseits bilden sie ein gesellschaftliches Strukturmuster in einer gewissen Kontinuität ab; andererseits unterliegen sie einer Anspruchsdynamik, die durch gesellschaftliche Erwartungen entsteht.

Professionen sind klassische Bezeichnungen. Im Mittelpunkt der älteren Professionen standen bekanntlich die Beziehung zu Gott, das Verhältnis des einzelnen Menschen zu einer Gemeinschaft und seine körperliche und geistige Integrität. Diese Aspekte waren Gegenstand einer Wissenslehre, die als Theologie, Juristerei und Medizin seit dem ausgehenden Mittelalter kodifiziert und weiterentwickelt wurde.

Allein dieser Gesichtspunkt genügt, um die Eigenform der pädagogischen Profession herauszuarbeiten – und dabei vor allem die gegenwärtigen Tendenzen der Überlastung nachvollziehbar zu machen.

Die moderne Gesellschaft ist bekanntlich das »Ergebnis« eines langfristigen sozialen Wandels, der sich als mehrfacher Übergang bezeichnen ließe. Naturnahe Stammesgesellschaften bildeten die Frühform humaner Gesellschaft, die sich über Epochen und Jahrhunderte hinweg in Klassengesellschaften entwickelten. Dieses Bild eines geschichteten Ganzen war nun bekanntlich einem sozialen Wandel unterworfen – es kam zu Umschichtungen zwischen den einzelnen Klassen ebenso wie zwischen dem Bereich des Profanen und dem Sakralen. Wir verstehen heute die moderne Gesellschaft zu Recht als einen sozialen Zusammenhang, in dem die gesellschaftlichen Positionen flexibler und dynamischer sind, in dem aber auch die einzelnen gesellschaftlichen Bereiche zunehmend komplexer und selbstständiger wurden. Und erst in dieser mehr oder weniger »vollendeten« Moderne wurde dieser uns selbstverständliche Prozess der Autonomie der Funktionsbereiche abgeschlossen. Die Teilsysteme der Gesellschaft, Kunst und Religion, Wirtschaft und Politik, Recht und Familie sind heute in ihrem Handlungsbereich autonom[9].

Dieser Wandel war voraussetzungsreich und unwahrscheinlich. Die funktionale Differenzierung ist gewissermaßen die Antwort auf die zunehmende Komplexität der menschlichen Welt. Mit dem sozialen und gesellschaftlichen Wandel wird jedoch nicht einfach nur die Autonomie eines Systems, und damit vermeintlich auch die Autonomie einer Profession als gegeben vorausgesetzt. Die Schwierigkeiten beginnen damit, dass verschiedene Differenzierungsformen in der Moderne fortbestehen, auch wenn die funktionale Differenzierung als die primäre Struktur der Weltgesellschaft besteht.

Somit ist zum einen festzuhalten: Professionen bilden ein Stück weit das *alte Europa* bzw. die ältere gesellschaftliche Ordnung ab, die sich in dem Merkmal der Standeszugehörigkeit ausdrückte. Heute sprechen wir eher von Berufsständen und dem damit einhergehenden sozialen Status. *Aber wozu gibt es Professionen heute?* Man kann sich damit begnügen, zu zeigen, dass Professionen ein Lösungsmuster für spezifische Probleme in einigen Funktionssystemen sind. Man hat dann zunächst eine plausible Antwort auf die vielen komplexen Herausforderungen in der Gegenwart mit Hilfe einer soziologischen Beschreibung: Die Probleme werden im Inneren der Teilsysteme »bearbeitet« und vor allem als Sache jeweiliger Zuständigkeiten betrachtet. Damit aber beginnen erst die notwendigen Reflexionen, die sich auf den spezifischen Aufgabenbereich der pädagogischen Professionen beziehen.

Professionen sind also eine Art Lösungsangebot für soziale und gesellschaftliche Probleme. In den jeweiligen Funktionssystemen müssen Strukturen, Funktionen, Leistungs- und Komplementärrollen vorausgesetzt werden, was der alltäglichen zwischenmenschlichen Kommunikation ein Stück weit widerstrebt. Eine Leistungsrolle beruht auf spezialisierter Kommunikation; eine Komplementärrolle entsteht zwischen den Handelnden und einem Teilpublikum. Was hier soziologisch konsequent erscheint, ist freilich schwer mit den moralischen Ansprüchen einer Gesellschaft zu vereinbaren.

7.3 Der Urknall der Moderne

Man kann sich diese Ansprüche vor Augen halten, indem man die Entwicklung des Arzt-Patienten-Verhältnisses im Kontext der Industrialisierung betrachtet. Am Ende des 19. Jahrhunderts war die Profession der Ärzteschaft an das institutionalisierte

---

9 Ein genauer Blick in die Vergangenheit führt indes zu Differenzierungen. Denn lange Zeit hatten etwa handwerklich ausgebildete Chirurgen oder Wundärzte sowie der Typus des Advokaten verschiedene Berufsbilder ausgefüllt, die in verschiedenen Räumen der vormodernen Gesellschaft benötigt wurden. Diese Berufsbilder – durchaus vergleichbar mit der Gegenwart – führten zu einer Vielfalt an Berufsformen auch unterhalb der akademischen Ausbildung (vgl. Helsper 2021, S. 28 ff.; Luhmann 1984; ders. 2000).

»Berechtigungswesen« (Helsper 2021, S. 30) der Universität gebunden, so wie wir es heute verstehen können. Doch parallel zu dem einschlägigen Weg einer medizinischen Karriere kam es auch zu einer Medikalisierung in sozialen Systemen der Gesellschaft. Die Zuständigkeit der Ärzteschaft weitete sich aus, aber zugleich wuchsen auch die Ansprüche der Umwelt bzw. der auf Pflege angewiesenen Menschen. Bis zum Beginn des 20. Jahrhunderts entstanden, wie unsicher und lückenhaft auch immer, die Ansprüche an das Versicherungswesen und auf medizinische Grundversorgung. Im Zuge dieser Entwicklung entstanden Versicherungssysteme und Kontrollfunktionen, mit dynamischen Folgen, die wohl bis zur Gegenwart reichen. Um den spezifischen Prozess der Veränderung des Arzt-Patienten-Verhältnisses zu verstehen, müssen wir die Umstände der Industrialisierung mitbedenken.

An der Wende zum 19. Jahrhundert hatte der industrielle Fortschritt bekanntlich Fahrt aufgenommen. Die kapitalistische Arbeits- und Produktionsform, deren Ursprünge in England lagen, begann, sich auf dem Kontinent zu verbreiten. Dieser Wachstumsprozess brachte Gewinner und Verlierer, vor allem aber ein verändertes Verhältnis zur Natur mit sich. Für diesen spezifischen Prozess der kapitalistischen und industriell beflügelten Modernisierung lassen sich einprägsame Titel heranziehen. Klaus Dörner spricht in diesem Zusammenhang von dem »sozialen Urknall der Moderne« (Dörner 1999, S. 15) – ein Sprachbild, das einen intensiven Moment suggeriert, aber im Grunde einen langen Prozess zwischen 1750 und 1850 bezeichnet.

Verbleiben wir bei dem bildlichen Ausdruck, dann haben wir es mit einem einmal initiierten Urknall zu tun, der in verschiedene Richtungen ausstrahlte und dessen Langzeitwirkungen kaum abzuschätzen sind. Der Wirtschaftsraum hat sich seitdem bekanntlich ausgeweitet und grenzüberschreitende Züge angenommen; und auch die Idee der Aufklärung hat sich als ein weltumspannendes Programm erwiesen, zumindest mit ungebrochenen universalen Ansprüchen.

Die Expansion von industrieller Produktion trieb jedoch eine zwiespältige Entwicklung hervor, die auf den Widerspruch von Freiheitsgewinn und Disziplinierungszwang zurückgeführt werden kann. »Wehrpflicht, Schulpflicht, Steuerpflicht, Gesundheitspflicht (Hygiene) und Leistungspflicht (industria heißt Fleiß!) waren Elemente eines neuen Herrschaftssystems, das das anciem regime allmählich ersetzte« (ebd., S. 21).

Die Idee des Urknalls bezieht sich also auf jene Umwälzungen, die sich auf Wirtschafts-, Produktions- und Sozialsysteme sowie auf das Kleinfamiliensystem auswirkten, vor allem aber die bisherigen Sozialbeziehungen veränderten.

Die industrielle Produktionsform hatte bekanntlich eine neue Welt der Arbeit hervorgebracht. Man begab sich nun in riesige Hallen, um dort produktiv zu sein; ein in der Tat revolutionärer Vorgang. Die psychologische Entbindung von den ursprünglichen Arbeitsverhältnissen hatte aber vor allem eine materielle, physische Seite. Menschen als Masse enthalten und befördern neue Risiken, die erst nach und nach von den ebenfalls aufstrebenden Naturwissenschaften erkannt wurden. Menschengruppen, die dauerhaft einander nahe sind und ohne sanitäre Einrichtungen unter den schwierigsten Bedingungen arbeiten, unterliegen Gesundheitsrisiken, die erst schrittweise erkannt wurden. Die Hygiene- und Gesundheitspflichten entstanden in einer neuen Situation, in der Gesundheit und Erhalt der Arbeitskraft aus kapitalistischer Logik die primäre Aufgabe war. Die erforderte Zweckrationalität in einem geregelten Betrieb veränderte auf lange Sicht das Verhältnis zur Gesundheit, aber auch zu den Kranken, somit den Bezug zwischen den Stärkeren und den Schwächeren.

> »Je mehr die Stärkeren morgens aus dem Haus gingen, um nicht mehr sozial, sondern nur noch produktiv zu sein, desto mehr blieben die Schwächeren sich selbst überlassen. Gegenseitige Sorge war aufgehoben. Die Behinderten wurden versorgungsbedürftiger, die Störenden störender. Spätestens letzteres wurde in der sich modernisierenden und daher störanfälliger werdenden Gesellschaft zum Problem« (ebd., S. 23).

Man kann die wachsenden Ansprüche an Gesundheit in der Gesellschaft also auf verschiedene Entwicklungen zurückbeziehen. Die Medikalisierung hatte mit der Ausweitung ärztlicher Tätigkeiten zu tun. Spezifische Personengruppen erhielten neue Leistungen, die für das Funktionieren der Betriebe erforderlich waren. Krankenkassen etablierten Versorgungs- und Sicherungssysteme, die sich letztlich auch auf die unteren Schichten und ärmere Bevölkerungsgruppen erstreckten. Mit der nun gestiegenen Aufmerksamkeit für Hygiene und Gesundheit sozialer Gruppen wuchsen zugleich auch die Maßnahmen der Kontrolle und die Durchsetzung von spezifischen Sauberkeits-Standards.

Dies alles führte in der Summe zu einer drastischen Veränderung der Arzt-Patienten-Beziehung. Große Teile der Bevölkerung und der Arbeiterschaft wurden medizinisch versorgt, zugleich wuchsen aber auch Abhängigkeiten und staatliche Kontrollfunktionen. Die Profession der Ärzteschaft geriet in eine ambivalente Situation, denn man versuchte, »die im Zuge der Medikalisierung gewonnenen Bedeutungs- und Autoritätszuwächse zu sichern, andererseits aber die staatliche Kontrolle zu begrenzen und die eigene Autonomie des ärztlichen Praktizierens zu sichern« (Helsper 2021, S. 31).

Die Entstehung der Professionen ist in diesem Zusammenhang also als eine widersprüchliche Entwicklung zu betrachten. Ärzte wie auch Juristen genießen das Privileg der Eigenständigkeit bzw. professioneller Autonomie. Ihre Beziehungen zu den Patienten unterliegen einer idealisierten Vorstellung: dem Prinzip der Freiwilligkeit und dem Grund eines individuellen Leidens, das fast ausschließlich im Rahmen der ärztlichen Autorität wahrgenommen wird. Dessen Kompetenz wird durch universitäres Wissen gesichert; hieraus resultiert auch das eigentümliche Vertrauensverhältnis, das einem Arzt oder einer Ärztin entgegengebracht wird. In einer krisenhaften persönlichen Situation begibt man sich bereitwillig in eine intime Situation, darauf vertrauend, dass in diesem geschützten Raum ein Heilungsprozess in Gang gesetzt werde.

Ausgeblendet bleiben dabei allerdings die historisch bedingte Situation der staatlichen Kontrollfunktion und die Dynamik der Medikalisierung, die heute natürlich unter anderen Umständen zu betrachten ist. Die Autonomie der ärztlichen Profession hat gewissermaßen eine Kehrseite, wenn man die historisch gewachsenen Funktionen – sowohl auf Seiten der Medizin als auch auf Seiten des »Publikums« – in Betracht zieht.

7.4 Die therapeutische Funktion der pädagogischen Profession

Rücken wir nun die spezifische Situation der pädagogischen Professionalität in den Mittelpunkt. Können wir hier einen oberflächlichen Vergleich der Professionalisierung ziehen, so bedarf es zugleich einer besonderen Differenzierung.

Der Vergleich zwischen der ärztlichen und pädagogischen Profession ist nur teilweise sinnvoll. Doch können wir die genuine Erscheinungsform des Pädagogischen herausarbeiten, wenn wir die Differenzen in den Blick nehmen. Das pädagogische Handeln ist anders als die Arzt-Patienten-Beziehung nicht auf das individuelle Leiden zurückzuführen; allerdings ist dieser Aspekt nicht ohne Bedeutung, wie wir zeigen werden. Zudem ist das Motiv der therapeutischen Beziehung von besonderem Interesse, weil es den ambivalenten Grund der pädagogischen Interaktion in das Zentrum rückt; ein Gedanke, der aufgrund seiner Kontroversität genauer darzustellen ist (im Folgenden besonders: Oevermann 1996, S. 141).

Die »pädagogische Welt« ist uns zunächst auf eine Weise vertraut und selbstverständlich, dass wir uns über die Hintergründe selten verständigen – etwa ob pädagogisches Handeln etwas anderes ist als die Erziehung in der Familie oder inwieweit jeder pädagogischen Beziehung ein Moment der therapeutischen Begleitung innewohnt. Unterstellt werden kann zuerst eine naturwüchsige Praxis, in der es keine Pädagogik im bekannten Sinne gibt. Archaische Sippenverbände in vormodernen Siedlungen mögen zwar »Erziehung« betrieben haben und Jüngeren den Weg gewiesen und sie in bestimmte Handlungen eingewiesen haben. Aber was wir heute unter Pädagogik verstehen, ist eben nicht mehr naturwüchsig und somit dem Einfluss der familiären Näheverhältnisse entzogen.

Die gegenwärtige Situation der Profession ist gleichwohl nicht ganz eindeutig. Welchen Wert man der pädagogischen Profession heute zugesteht, erkennt man im Blick auf die primären Beziehungen. Eltern sind die »Normalagenten« (ebd., S. 142) der Erziehung, sie leben von und mit dem Fundament primärer Bindungen. Hier ist der ursprüngliche Raum der Erziehung – und doch hat die moderne Gesellschaft dafür gesorgt, dass es zu einer zumindest minimalen Rollenspezialisierung außerhalb der Familie kommt. Für bestimmte, gesellschaftlich relevante Ziele gelten pädagogische Professionen als zuständig – was eben auch bedeutet, dass in der Familie ein Teil der Verantwortung abgegeben wird. Eine Konstellation, die in erziehender Partnerschaft, Kooperation, in wechselseitiger Schuldzuweisung, Verstrickung oder in latenter Konkurrenz münden kann. Diese Probleme erscheinen vertraut und doch ist die anthropologische Struktur »dahinter« bemerkenswert: Die professionelle Pädagogik bezieht sich auf Eigenschaften und Errungenschaften aus der primären, naturnahen Praxis. Professionalität ist nichts genuin neu Geschaffenes, sondern diese beruht auf einer jahrhundertelang eingeübten, vorreflexiven Praxis.

Rücken wir die Frage nach dem eigentlichen Sinn bzw. der Bestimmung der pädagogischen Profession in den Mittelpunkt. Als Grundidee kommt zuerst die Aufgabe der Gewährleistung der »körperlich-seelischen und sozialen Integrität der

Person« in den Blick (ebd.). Eine Aufgabe, die eben nicht allein der älteren Praxis entnommen werden kann, sondern einer eigenen Reflexion bedarf: Welche Methoden sind geeignet, die Ziele zu erreichen, welche Prinzipien und Verfahren haben sich bewährt, welche Aspekte der Praxis müssten durch bewusste methodische Prüfung gesteigert werden? Pädagogisches Handeln ist demnach professionalisierbar und professionalisierungsbedürftig, auch wenn die meisten alltäglichen Handlungen sich dieser Bestimmung entziehen.

Welchen Wert die Soziologie in diesem Zusammenhang für die Selbsterkenntnis der Pädagogik haben kann, zeigt sich im Blick auf das eigentlich Selbstverständliche. Pädagogisches Handeln ist an einem gelingenden Bildungs- und Sozialisationsprozess ausgerichtet und somit an den Subjekten der Erziehung. Erst die nähere Überprüfung dessen, was man pädagogisch »erreichen« will, führt zu einer komplexen Situation. Der größte Problembegriff liegt in der Sache der Autonomie. Es gilt, jedem Lernenden zu einer Situation zu verhelfen, in der eine seelische und leibliche Integrität erreicht wird – doch im Zuge dieser Gewährleistung »darf« der Anspruch auf Autonomie nicht untergraben werden. Das Problem erweist sich bei näherer Betrachtung als fundamental. Erziehung gilt seit Kant als antinomisch und widersprüchlich; verschiedene Ausdrucksformen zeigen sich in dem Verhältnis von Klienten und Sozialarbeitenden, Therapeuten und Patienten, Lehrenden und Lernenden. Stets wird Autonomie als Ziel erkannt – die Patienten und Klienten *sollen* sich aus eigener Kraft aus ihrer Situation befreien; Kinder *sollen* mündig werden. Doch schwierig bleibt in jedem Fall die geeignete Methode, um die unterstellte Autonomie nicht zu ersticken, somit das Gegenteil des Gewünschten zu erreichen.

Aus dieser Situation ergeben sich die Bestimmungen der Profession, die jedoch nicht in einer Reihe von gültigen Sätzen oder unumstößlichen Wahrheiten bestehen können. Die erste mögliche Bestimmung der Profession zielt auf den Bereich eines gleichsam technischen Wissens. Techniken haben auch in der pädagogischen Profession einen festen Platz; ihr Wert resultiert aus einer gewissen Erwartbarkeit und Zuverlässigkeit von Verfahren und Methoden. Das, was seit längerem erprobt wurde und sich bewährt hat, wird gleichsam automatisch in die praktischen Routinen übernommen; solche Techniken müssen keinesfalls lebensweltfern und kalt sein, sondern sie sind eher als lebensdienliche Prozesse zu verstehen. Doch wäre es schwierig, alle Problemsituationen im Sozialen auf eine technische Dimension herunterzubrechen.

Oevermann spricht in diesem Zusammenhang von einem »ingenieurialen Wissen«, mit dem man »rationale Handlungsketten« begründen könnte (Oevermann 2013, S. 121). Sobald aber das Motiv der Krise in der sozialen Problemsituation erkennbar wird, zeigt sich die Kurzatmigkeit einer technischen Herangehensweise. Die pädagogische Unterstützung – nehmen wir hier einen Begriff der Sozialen Arbeit – fungiert als *stellvertretende Krisenbewältigung;* ihr erstes Prinzip ist nicht die Umsetzung eines Plans, sondern die Vermittlung auf der Basis methodischen Wissens. Die Struktur der Professionalität besteht indes aus einem inneren Widerspruch bzw. aus zwei schwer vermittelbaren Orientierungen. Auf der einen Seite steht das verfügbare und praktisch erprobte Wissen – etwa das Wissen um den spezifischen Nutzen einer sozialpädagogischen Methodik oder einer therapeutischen Intervention. Demgegenüber steht die begründete Skepsis, die sich aus dem Wesen einer

Krise selbst ergibt. Diese ist individuell verborgen und nicht für einen Dritten vollkommen erkennbar. Was auch immer als das dahinter stehende Problem von außen erkannt wird, es muss durch das Nadelöhr der autonomen Lebenspraxis, deren Dignität und Integrität zu wahren ist. Das Bild eines Patienten, der »analog zur TÜV Überwachung von Fahrzeugen oder Maschinen durch eine standardisierte Prüfstraße« (ebd., S. 122) geschickt wird, bringt den Unterschied zur Geltung. In der pädagogischen Praxis gelten mithin: die Singularität der Krisensituation, die Einzigartigkeit der sozialpsychologischen Konstellation und die undurchdringliche Einheit von diffusen und spezifischen Beziehungen.

Für die pädagogische Profession können wir daraus eine besondere Strukturlogik ableiten. In einer hoch individualisierten Gesellschaft sind es die Ideen wie soziale Integration, Achtung und Anerkennung der einzelnen Person, die berufsethisch als unverfügbare Werte erscheinen. Die pädagogischen Professionen unterliegen in unterschiedlichem Maße den Ansprüchen auf Integration jedes Einzelnen im genannten Sinne, wobei wir es aber immer mit individualisierten Klienten zu tun haben. Die Barrieren, die in jedem einzelnen Fall gegen die erfolgreiche Integration stehen, können und sollen dann professionell bearbeitet werden. Doch an diesem Punkt beginnt erst die eigentliche pädagogische Interaktion, deren Kern mit Oevermann in der therapeutischen Dimension besteht. Eine möglicherweise irritierende Einsicht, die zuletzt in den argumentativen Zusammenhang eingebracht werden soll.

Inwiefern handelt es sich bei der Pädagogik um eine therapeutische Praxis? Handelt es sich um eine Verwechselung der Kategoriensysteme? Therapeutische Situationen sind durch eine fokussierte Aufmerksamkeit und die Einsicht in die Biografie gekennzeichnet, die pädagogische Begegnung ist demgegenüber offener, spontaner, vielleicht auch lebendiger. Therapien rücken ein Leiden in den Mittelpunkt, das artikuliert oder bewusst gemacht werden soll; pädagogische Interaktionen gehen eher von einer Situation der Normalität aus, in der Wachstum und Entwicklung zu fördern sind.

Das therapeutische Motiv zeigt sich im Blick auf die Struktur der Beziehungsmuster, die mit dem Eintritt in Bildungsanstalten unvermeidlich werden. Man muss freilich in Rechnung stellen, dass es sich um Phasen des Lebenslaufs handelt, in denen die Adoleszenzreife noch nicht erreicht ist; Phasen, in denen die Unfertigkeit, die Unreife des Lernenden mit der klaren, bewussten Position des Lehrenden konfrontiert wird. Die Aufgabe im Rahmen pädagogischer Institutionen ist daher von einer therapeutischen Färbung, weil es um die Überwindung einer Latenzphase geht, die durch den Erwerb von Rollenbewusstsein erleichtert wird. Es geht eben, einfacher formuliert, in der Schule niemals alleine um den Erwerb eines Wissens und das Erlernen von Techniken; die Schule ist vielmehr der primäre Ort, an dem das Gelingen oder Misslingen einer individuellen Personalität eingeübt wird – ob man dies bewusst verfolgt oder verdrängt.

Die Aufgabe der Pädagogik ist demnach eine fundamentale. Begleitet werden Kinder und Jugendliche in der Phase der Ablösung von Autoritäten; bestärkt werden sie von pädagogischen Entwürfen auf der Basis von personaler Identität, gefestigt sind sie aber der Erfahrung nach erst nach einer längeren Phase des Widerspruchs, des Zweifels, der Hemmungen und des Konflikts. Damit ist die Rolle des Lehrenden zwar nicht fixiert und keineswegs ist sie über Gebühr zu beanspruchen. Doch ist die therapeutische Dimension eigens hervorzuheben: weil es immer um den pädagogisch konstruktiven Entwurf geht, der in Ansätzen im Lernenden »schlummert« und eben durch die passende Pädagogik hervorgeholt werden soll.

Wie dies geschieht, ist letztlich eine offene Frage und in vielen Situationen mit der Erfahrung des Scheiterns verbunden. Es gilt aber, die eigentliche Aufgabe der Pädagogik als Strukturelement von einer *besonderen Lernsituation* abzugrenzen. Wie geschildert, ist die pädagogische Beziehung durch Asymmetrien gekennzeichnet, denn der Autonomie des Lehrenden steht die Ungefestigtheit des Lernenden gegenüber. Es handelt sich zugleich um eine Begegnung zwischen Ungleichen: Der Lehrende verbleibt in seiner Rolle (er wird zwar als »menschlich« wahrgenommen, aber verbleibt doch immer in seiner Funktion) – die Lernenden stehen in der Begegnung jedoch als ganze Personen, die erst schrittweise Teile ihrer Rollenerwartungen einlösen können. Schüler und Schülerinnen – so trivial diese Einsicht auch anmutet – sind ungeschützt und ungefestigt; ihr Wesen besteht in der Fragilität ihrer Gesamtentwicklung. Rollenkomplementarität, -offenheit und -flexibilität werden erst noch erworben.

Man muss diese Dinge betonen, wenn man das Verhältnis der Allgemeinpädagogik strukturell von der besonderen Pädagogik abgrenzen will.

Die geschilderte Bestimmung der Pädagogik geht auf einen konstruktiven Gedanken zurück. Letztlich geht es in prophylaktischer Hinsicht um die Verhinderung einer pathologischen Entwicklung. Dem Lernenden wird ein sinnvolles Angebot gemacht, wie er sich selbst und die Welt in Einklang bringen kann; wie er auf der Basis von Selbstwirksamkeit und Selbstvertrauen seiner Umwelt gegenübertritt. Es gilt also, mit angemessenen Mitteln eine »Weichenstellung der Biografie in Richtung auf psychosoziale Normalität oder Pathologie« (Oevermann 1996, S. 149) vorzunehmen.

Wie diese Weichen institutionell und formal gestellt werden, ist nicht mit wenigen Sätzen zu beschreiben. Im Allgemeinen gilt die besondere Zuständigkeit einer spezifischen Pädagogik, die sich als Heil-, Sonder- oder Behindertenpädagogik versteht. Historisch betrachtet verdankt sich diese spezifische Pädagogik dem eingeschliffenen Verfahren, für bestimmte Fälle, Subjekte oder Situationen zuständig zu sein. »Fälle«, die aus medizinischen, sozialen oder entwicklungspsychologischen Rastern herausfallen oder hier besonders auffällig werden, werden an die Sonder- und Heilpädagogik, zum Teil auch an die Zuständigkeit der Sozialen Arbeit verwiesen. Die Sache wird ungleich komplizierter, weil es mit dieser historischen Einordnung einer reinen Trennung zwischen allgemeiner und besonderer Pädagogik eben heute nicht mehr getan ist. Jahrzehntelange Diskurse um Bildungsgerechtigkeit haben dafür gesorgt, dass die Mechanik der Besonderung und Delegierung nicht mehr einfach unterstellt werden kann.

Doch verbleibt man auf der Ebene der strukturellen Analyse der pädagogischen Handlungen, dann ist der große, bedeutsame Unterschied herauszustreichen: In der »Normalpädagogik« dominiert die gewöhnliche Normen- und Wissensvermittlung; in der Sonder- und Heilpädagogik wie auch in den Rastern der Sozialen Arbeit herrschen besondere therapeutische Bestimmungen. Im einen Fall wird die mögliche pathologische Entwicklung in den Mittelpunkt gerückt, im anderen, vermeintlich normalen Fall wird die therapeutische Hilfsfunktion größtenteils ausgeblendet.

Es ist der Verdienst der Soziologie, in diesem Zusammenhang einen blinden Fleck der Pädagogik erkannt zu haben. Professionalisierung der Pädagogik heißt demnach, die Struktur eines pädagogischen Arbeitsbündnisses zu rekonstruieren, welches auch ohne eine manifeste Störung einer besonderen Aufmerksamkeit bedarf (womit auch wesentliche Prämissen der Inklusions- und Integrationspädagogik angesprochen werden). Die Struktur der pädagogischen Zusammenarbeit besteht aus diversen Aspekten, die sich je nach Handlungsfeld in unterschiedlicher Intensität darstellen.

Heteronomie, Autonomie und Hilfe

Wie angedeutet ist die Kategorie der Autonomie maßgeblich für die helfenden Professionen doch auch mit Widersprüchen behaftet. Die Handlungsweise der Profession ist mit einer Zumutung konfrontiert, die in der antinomischen Struktur der Hilfe zur Selbsthilfe verankert ist. Das Phänomen hat gewissermaßen zwei Ausdrucksformen, die wohl beide in der Praxis zu beobachten sind: zum einen den Ausdruck gelingender Selbstbemächtigung, der auf ein Mindestmaß an Fremdhilfe verwiesen ist. Jede gute Entwicklung gelangt gleichsam von einem Moment des Noch-nicht-Könnens zum Können, von der Abhängigkeit zur Autonomie. Die kindliche Entwicklung ist, vereinfacht gesprochen, von einer Vielzahl solcher Momente gekennzeichnet, in denen der entscheidende Schritt nach vorn getan wird. Der andere Ausdruck ist der eigentlich entscheidende: Wenn ein Maß an Fremdhilfe und Unterstützung gefordert wird, das in einem schädlichen Gegensatz zur Selbsthilfe steht. Die übergreifende Schwierigkeit besteht darin, dass man ein rechtes Maß der Unterstützung finden muss, das der Erringung der Autonomie nicht im Weg steht; wie diese Kernfrage beantwortet wird, ist jedoch sehr unterschiedlich. Die Profession der Sozialen Arbeit muss etwa Wege finden, wie die schon immer vorhandene Autonomie gefördert und bewahrt wird, muss aber zugleich ihrer Kontrollfunktion gerecht werden. Patienten wiederum machen bereitwillig den Schritt zur Fremdkontrolle und -hilfe, indem sie einen Bereich ihres Selbst als behandlungsbedürftig bezeichnen – und in dieser Hinsicht sich allen notwendigen Prozeduren »unterwerfen«. Anders verhält es sich in der Pädagogik der Kindheit: Hier sind die Entwicklungsschritte nicht vorgezeichnet, ist das Bewusstsein für das Notwendige nicht in jeder Hinsicht gegeben, kann die Heteronomie nicht von der Autonomie eindeutig getrennt werden.

Leiden

Der Begriff des Leidens ist des Weiteren in die Überlegungen einzubeziehen. Leiden meint hier einen Zustand, der nicht allein auf die akute Bedrohung etwa durch Krankheit oder Schmerz hervorgerufen wird. Leiden ist umfassender zu verstehen als ein Zustand, der in jedem Menschen in unterschiedlichem Maße und mit unterschiedlicher Wahrnehmung vorhanden ist. Ganz allgemein spricht man von einem Leidensdruck, der zum Beispiel in einer akuten Krise oder im Verlaufe einer Krankheit hervortritt. Der Leidensdruck gilt als Gründungsmotiv der Arzt-Patienten-Beziehung. Pädagogisch ist der Begriff jedoch vielschichtiger; schon deswegen, weil es kein Äquivalent zur medizinischen Behandlung gibt.

Eine Familie wiederum ist möglicherweise mit einem individuellen Leiden ursächlich verknüpft, wenn zum Beispiel innerhalb der familiären Kommunikation diesem Leiden keine genügende Aufmerksamkeit zuteilwird. Die Frage für die Profession ist es insofern, wie ein Leiden bewusst gemacht werden kann, vor allem aber wie es in konstruktive Bahnen gelenkt wird.

Diffuse und spezifische Beziehungen

Die Antworten auf diese Problematiken findet man interessanterweise, wenn man sich die Unterschiede in den Rollendefinitionen vor Augen hält. Die Arzt-Patienten-Beziehung ist bekanntlich auf Klarheit und Bewusstheit zurückzuführen; das heißt: Klarheit in dem Entschluss, Hilfe zu konsultieren und sich selbst zum Patienten, ein Stück weit zu einem Objekt der Behandlung zu machen. Sicherlich sind diese Aspekte etwas komplexer (denken wir an die sogenannte »Compliance« oder eine Therapieform, in der das psychische Leiden erst noch freigelegt werden muss). Doch insgesamt ist diese Beziehungsform vom Entschluss zur Anerkennung eines Leidens geprägt – und alle weiteren Maßnahmen münden im Blick auf die professionelle Beziehung in einem spezifischen Verlauf von Diagnostik – Beratung – Intervention/Therapie.

Diese Voraussetzungen gelten im Kontext der Bildung oder der Sozialen Arbeit nicht, auch wenn es hier um negative, behandlungsbedürftige Entwicklungen geht. Die Problemquellen sind diffuser und die schädlichen Einflüsse möglicherweise komplexer – vor allem aber sind die Beziehungsstrukturen diffuser. Klienten in der sozialen Arbeit befinden sich in einem Netz von Beziehungsstrukturen, die negativ oder positiv, destruktiv oder hilfreich sein können; wie sich die Zusammenarbeit mit dem Hilfesystem auswirkt, ist höchst unsicher. Ähnliche diffuse Verhältnisse kann man bei den Lernenden unterstellen: Für sie gilt prinzipiell die Unfertigkeit ihrer Entwicklung, eine noch nicht gefestigte Persönlichkeit, letztlich auch das Nicht-Wissen und Nicht-Können. Hier beginnt gleichsam die Verantwortlichkeit der Lehrenden, deren Aufgabe es ist, die diffusen mit den spezifischen Komponenten der Sozialbeziehung in Einklang zu bringen. Weil sich das Kind in der Ungeschütztheit seines Nicht-Wissens dem Lehrer als ganze Person anvertraut, stehen die Lehrenden in der Pflicht, »dem Kind ein schlüssiges Angebot zu machen, wie es diesen Mangel beheben kann« (Oevermann 1996, S. 153).

Wie macht man das? Die folgenden Kapitel werden zu dieser Frage Stellung nehmen und verschiedene, hier bereits angedeutete Kriterien der Profession benennen. Die stellvertretende Krisenbewältigung, Vertrauen, Nähe und Distanz – mit Hilfe dieser Begriffe rücken wir im Folgenden die wichtigsten pädagogischen Herausforderungen näher.

7.5 Entwicklungsgeschichte der pädagogischen Professionen

Dass wir in Zeiten der Krise leben, ist eine vermutlich zu oft gehörte, mittlerweile lästige Einsicht. Die Krise hat so viele Gesichter, viele Ausdrucksformen; ihr einziges positives Merkmal ist scheinbar ihre Beständigkeit.

Die Sache der Krise ist uns wohlvertraut. Sie umschreibt eine Zuspitzung und Verhärtung in einer historischen Situation. Die Krise gilt als das Negative, das sich in die Gewöhnlichkeit des Alltags einnistet und alles bisher Geltende in Zweifel zieht. Die Krise ist so gesehen nicht normal, sie verlangt nach raschen Klärungen. Krisen gelten als Zeiten des Übergangs und des Neuen, aber vor allem verlangen sie Entscheidungen von Autoritäten, die in diesem Augenblick ihre Präsenz und Legitimität unter Beweis stellen.

Rückt man von dieser Interpretation der Krise im gewöhnlichen Sinne ab, zeichnet sich ein anderes Bild der Krise ab. Krisen sind, von einem entfernten analytischen Blickwinkel aus gesehen, konstitutive Bestandteile von Handlungssystemen, in denen sich die Handelnden miteinander verständigen. Krise meint nicht den Ausnahmezustand, der die politische Souveränität beflügelt, sondern die tägliche Erfahrung einer unvollkommenen, brüchigen und fragilen Praxis. In den vielen täglichen Momenten, in denen Erwartungen unerfüllt, Bedürfnisse missachtet, Regeln gebrochen werden, vollzieht sich die Lebenspraxis.

Wenn man sich zu der allgemeinen Aussage bekennt, dass die Krise einen Dauerzustand bezeichnet, der uns in spezifischer Hinsicht belastet, so wäre es interessant, zu fragen, ob sich diese Diagnose auch auf den Bereich pädagogischer Professionen übertragen ließe. Krisen in der Bildung und Erziehung sind allzu vertraut; sie gehören zum guten Ton einer Profession, die sich als Spiegel gesellschaftlicher Zustände versteht. Doch wie genau sich die Ereignisse der letzten Jahre – dazu zählen spezifische Situationen durch die Pandemie oder die Migrationsbewegungen im Kontext von Kriegen – ausgewirkt haben und auswirken werden, diese Frage darf mit allem Ernst gestellt werden. Allzu schnell trifft man auf diverse Krisensymptome, auf Anzeichen für einen Zustand gesellschaftlicher Erschöpfung, der sich auf die pädagogischen Sphären längst übertragen habe. Doch bei genauerer Prüfung kommen Zweifel auf, die sich weniger auf die Krisensymptome als vielmehr auf den Begriff der Krise selbst erstrecken. Krisen sind keine Ausnahmezustände, keine von außen in die Welt einbrechenden Erscheinungen, sondern Bestandteile der sozialen Welt. Im Fall der pädagogischen Praxis muss man die Existenz von Krisen umso deutlicher ins Auge fassen, um sie angemessen zu bewältigen.

Zwei Leitfragen stehen am Beginn der folgenden Überlegungen. Es ist zu fragen, inwiefern die pädagogischen Professionen mit dem Phänomen der Krise behaftet sind und wieweit die Reflexion der Krise zur professionellen Selbstverständigung zählt. Diese Reflexion führt zu einer Betrachtung der Disziplin in ihrem historischen Verlauf, der von der ursprünglichen Einheit zur Tendenz des Zerfalls in verschiedene Teilsegmente führt. Die andere Frage ist von einer gewissen Aktualität und Dringlichkeit: Haben sich die akuten Krisendiskurse, aber auch die faktischen Entwicklungen negativ auf die Professionalität ausgewirkt, so dass sich diese berufen fühlt, ein Ende der Erziehung auszurufen, ganz einfach, weil in der pädagogischen Praxis eine Situation permanenter Überforderung herrscht? Kann also die pädagogische Profession ihre exklusive Rolle gar nicht mehr aufrecht erhalten, die bekanntermaßen in der Förderung und Ermöglichung von Bildung besteht? Und wie kann die Profession der Überwältigung durch Krisen entgegenwirken?

Diese Teilfragen werden auf verschiedenen Ebenen diskutiert, die alle zu dem Rahmen der pädagogischen Professionalität zählen. Zunächst ist in historischer Perspektive zu zeigen, dass sich die Professionen im Allgemeinen aus einer archaischen Form der Krisenbewältigung heraus entwickelt haben, exemplarisch in der Rolle des Schamanen. Die Diagnose führt hier zunächst zu einem skeptischen Befund; denn die pädagogische Profession sieht sich einem gesellschaftlichen Zerfall ausgesetzt, den man durchaus als Krise bezeichnen kann.

Wie findet man aus dieser Situation, in der sich die modernen Professionen einer Überforderung ausgesetzt sehen, heraus? Wie könnten sich die Professionen fortan weiterentwickeln, welchen gesellschaftlichen Erwartungen sollten sie entsprechen und welche Geltungsansprüche einlösen? Mögliche Antworten werden auf zwei Ebenen gegeben: zum einen auf einer institutionellen Ebene. Die helfenden und pädagogischen Professionen sind auf eine stärkere Interdisziplinarität verwiesen. Zum anderen im Blick auf die Ebene der pädagogischen Praxis: Hier kommt es vor allem darauf an, eine Rückbindung von der höhersymbolischen Sphäre der Profession an die Sozialwelten der Betroffenen zu ermöglichen.

7.6 Von der archaischen Krisenbewältigung zur modernen Profession

Wer gegenwärtig versucht, eine Bestimmung der zeitgenössischen Pädagogik vorzunehmen, wird schnell enttäuscht werden. Die Erziehungswissenschaft scheint sich einig darin zu sein, dass sie für das weite Feld der erziehenden und bildenden Professionen keine verbindliche Beschreibung findet. Die Pädagogik im eigentlichen, traditionellen Sinne verblasst bzw. sie verschwimmt in einer gesellschaftlichen Ordnung, in der alles ein Stück weit pädagogischen Ansprüchen unterworfen wird (Hoffmann et al. 1992). Daraus wird im Allgemeinen geschlussfolgert, dass die Einheit der Pädagogik im Sinne einer identitätsstiftenden Idee zerfallen sei (Giesecke 1986; ders. 1996). Die Frage, was das eigentlich Pädagogische sei, findet zu viele Antworten, die Suche nach Methoden findet zu viele Angebote mit Versprechen auf Effizienz und die Suche nach verbindlichen Werten der Pädagogik verliert sich in postmodernen Diskursen. Die daraus resultierende Verunsicherung geht vermutlich auf die Versprechen zurück, die einst von den Bildungstheoretikern gemacht wurden. Zu den Grundgedanken der Aufklärung zählt die Höherbildung des Menschen; hierzu griff man bekanntlich auf ein Bild des Menschen zurück, das zu sittlicher Vervollkommnung bestimmt sei. Doch dies scheint nur eine Seite eines viel komplexeren Phänomens zu sein.

Die Gründe für das aktuelle Krisenbewusstsein der pädagogischen Professionen liegt natürlich zu weiten Teilen in der Weitläufigkeit bzw. der Entgrenzung der pädagogischen Praxis, in der sich in mehrfacher Hinsicht Anzeichen des Zerfalls zeigen. Zerfall heißt hier: Der Bedarf an gesellschaftlichem Orientierungswissen ist gestiegen; die Gesellschaft wird komplexer und anfälliger, die Aufgaben anspruchsvoller. Eine Instanz, die das Ganze überblickt und etwa einen hilfreichen Leitfaden im Labyrinth zur Verfügung stellt, ist nicht in Sicht. Man kann sich die Problematik für die pädagogischen Professionen vor Augen führen: Für eine zeitgemäße Pädagogik bedarf es eines besonderen Fachwissens und eines allgemeinen Sachwissens, man benötigt ferner besondere Kompetenzen, z. B. interkultureller oder technischer Art; schließlich sind auch spezifische Schlüsselkompetenzen erforderlich, um in der sich beständig wandelnden Gesellschaft bewähren zu können (Wimmer 1996). Diese ohnehin schwierigen Herausforderungen werden durch die Verschärfung sozialer Probleme vergrößert.

An welchem Punkt müsste nun eine Selbstreflexion der pädagogischen Professionen ansetzen, um der allseits greifbaren Krisenstimmung etwas Substantielles entgegenzusetzen? Die historisch-anthropologische Grundlagenreflexion ist möglicherweise hilfreich, um die Dinge klarer zu sehen. Dabei geht es vor allem um eine kritisch-konstruktive Selbstreflexion, die sich aus den überfordernden Ansprüchen der Gesellschaft befreit.

Wir müssten also fundamentalistisch ansetzen und auf den Grund der Profession blicken, die sich ja über Jahrhunderte entwickelt hat und heute eine historisierbare Form angenommen hat. Wir müssen zugleich tief in die Menschheitsgeschichte blicken, um zu verstehen, was Krisenbewältigung eigentlich heißt, wie sie in sozialen Formationen praktiziert wurde und wie sie gegenwärtig zu verstehen ist.

Anthropologisch betrachtet führen uns die Überlegungen zum komplexen Übergang zwischen Natur und Kultur. Im Moment der Kulturalisierung menschlicher Sozietäten treten naturwüchsige Situationen und »technische« Situationen auseinander. Mit Hilfe der Sprache, der anthropologischen Fähigkeit der Distanzierung von Zeit und Raum wird der enge Raum des Vorgegebenen verlassen. Es entstehen Handlungsfelder, eine hypothetisch konstruierte Welt von Möglichkeiten, »in der das Hier und Jetzt des konkreten Lebens jeweils transzendiert wird« (Oevermann 1996, S. 71). Man muss sich diese Einsicht der Aufspaltung der uns bekannten Welt vergegenwärtigen, um den eigentlichen Grund einer Handlungssphäre zu begreifen. Was macht ein gesellschaftliches Handlungsfeld aus, das wir so selbstverständlich aufnehmen, als wäre es schon immer da? Es ist die Fähigkeit zur Sprache und Koordination von Handlungen, zudem die Fähigkeit, sich über Bedeutungen der erfahrbaren Wirklichkeit zu verständigen, die den Unterschied macht. Als geschichtliches Wesen tritt der Mensch dann hervor, wenn er sich nicht mehr über Naturgesetzlichkeit definiert, sondern über praktische Handlungen, subjektive Entscheidungen und hypothetische Konstruktionen. Diese Handlungswelt, die an anderer Stelle als Kultur bezeichnet wird, ist alles andere als natürlich, sondern eine gleichsam »zweite Welt« von Sinn- und Bedeutungsstrukturen.

Die Differenz zweier Sphären hat eine historisch gewachsene, gleichsam logische Form. Hier steht die Welt der natürlichen Gegebenheiten, des konkreten Hier und Jetzt; dort ist die zweite Welt, die sich durch hypothetisches Handeln auszeichnet, mit der wir die Wirklichkeit interpretieren.

Diese Unterscheidung zweier Welten dient hier als ein Leitfaden. Die Kategorie der *Welt* ist dabei besonders zu beachten, insofern sie eine philosophisch-anthropologische, eine historische und soziale Dimension aufweist. Eine *soziale Welt* lässt sich als menschliche Grundsituation vorstellen, als eine spezifische *Lebenswelt*, aber auch als Form einer *krisenförmigen Situation*, in der das gemeinsame, praktische Leben unter Druck gesetzt wird. Es sind also diese philosophischen Grundfragen, die hier in den Zusammenhang der Pädagogik gestellt werden sollen.

Bevor man sich konkret die pädagogischen Handlungssituationen vor Augen hält, ist eine *Rekonstruktion der menschlichen Grundsituation* unerlässlich. In der phänomenologischen Tradition werden Aussagen möglich, die uns die wichtigsten Elemente der pädagogischen Handlungssituation verdeutlichen. Wie angedeutet, ist für unsere Wahrnehmung die Trennung zweier Welten maßgeblich: die natürliche Welt, in der wir gleichsam planlos agieren und uns lediglich in Situationen der Widerfahrnis *verhalten*, und eine zweite, gesellschaftliche Welt, in der wir uns durch Sprache *koordinieren* und auf gesellschaftliche Lösungen *verständigen*. Entscheidend ist dabei der Moment der Krise in einem umfassenden Sinne.

Vergegenwärtigen wir zuerst die vormodernen Bedingungen, unter denen Menschen lebten und sich miteinander verständigen mussten. Diese Situation ist zwar vergangen und insofern »geschichtlich«, doch liefert sie die entscheidenden Kriterien für eine existentialistische Interpretation. Erst auf dieser Grundlage können wir explizit die modernen Rollenanforderungen in sozialen Systemen benennen.

Die vielleicht älteste Vorform des beruflichen Krisenhandelns erkennen wir in archaischen Zeiten. In dem Weltbild der frühesten Kulturen wurden Gefährdungen und Schädigungen auf eine magische Weise abgewehrt. Schamanen, Medizinmänner, Propheten und Priester, Wunderheiler und Zauberer übernahmen die soziale Funktion der Heilung. Sowohl die soziale Stellung im Kollektiv als auch die individualistische Praxis blieben dem Weltbild des Magischen verhaftet. Gleichwohl finden sich interessante Parallelen.

Solche charismatischen Führer dienten dem Kollektiv durch ihre magische Praxis, die aber auch durch »weltliche« Praktiken ergänzt wurde. Bei einem drohenden Unheil, bei Krankheit oder einem Leiden wurden die Götter angerufen, Dämonen beschworen oder abgewehrt, wurden also transzendente Kräfte beeinflusst. Zauberei und magische Techniken hatten eine besondere Stellung im kollektiven Bewusstsein, doch hielt dies die Menschen nicht davon ab, sich für den kommenden Kampf zu rüsten, die drohende Hungersnot abzuwenden oder eine Krankheit etwa mit Heilkräutern zu bekämpfen – also nicht »magisch«, sondern eher realistisch-praktisch zu handeln. Gleichwohl spricht die Ethnologie von einer Welt, die von den Vorstellungen der Magie und Hexerei durchdrungen war (Imhof/Romano 1996; Weber 1986). Dementsprechend war die Stellung des Medizinmanns hoch angesehen, da er im archaischen Weltbild die entscheidende Position der Krisenbewältigung inne hatte.

Der Weg von den frühen Hochkulturen zur Kultur der Moderne ist nun bekanntlich durch spezifische Rationalisierungsschübe geprägt worden, wobei dem Motiv des Sakralen und des Magischen immer ein besonderer Kredit zukam. Die Rationalität der Moderne ging mit der Ausdifferenzierung der Wertsphären und somit auch mit steigenden Ansprüchen an soziale Problemlösungen einher; Ansprüche, die nicht zuletzt an die modernen Professionen gestellt wurden.

Am Beispiel des archaischen Umgangs mit Krisen lässt sich bereits zeigen, dass es zu symbolischen Verdopplungen und Ausdifferenzierungen kam, dass es aber hier wie in jeder Epoche einer Besinnung auf die anthropologischen Bedingungen der Grundsituation bedarf. Ethnologische Studien zeigen, dass es bereits in archaischen Zeiten zu Vorformen der »professionellen« Krisenbewältigung kam, exemplarisch im Schamanentum (Eliade 1988; Levi-Strauss 1949). In der Praxis und Kultur der Schamanen fanden drei Sozialweltkomplexe zueinander bzw. mussten drei spezifische Erfahrungen miteinander verzahnt werden: Der Schamane selbst versetzte sich, um drohendes Unheil abzuwenden, aber auch um die Glaubwürdigkeit der Magie zu untermauern, in den Zustand der Trance. Diese intim verschlossene Welt stand in engem Bezug zu der Welt des Leidenden bzw. eines Kranken sowie zur Öffentlichkeit eines Stammes, »in der eine kollektive Zustimmung erzeugt wird« (Helsper 2021, S. 25).

Die Stellung des Medizinmanns war damit zwar hochangesehen und bedeutsam; er wurde zu einem Teil der symbolischen Sozialwelt, Teil auch »einer legitimierten magischen Weltdeutung« (ebd.). Eine offensichtlich fehlplatzierte Frage wäre es nun, nach der spezifischen »Karriere« des Schamanen zu fragen. Heute fragen wir selbstverständlich, wie man einen Beruf erlernt, was zu einer Qualifikation verlangt wird. Die besondere Position des charismatischen Medizinmanns scheint diesen Dingen gegenüber neutral zu sein; man ist »auserwählt«, von höheren Mächten »berufen«. Die Fähigkeit zur Zauberei kommt nur wenigen, charismatischen Einzelnen zu. Doch so einfach verhält es sich eben nicht.

Auch die Wunderheiler und Zauberer in den frühesten Kulturen bedurften einer »Ausbildung«, einer Zeit der Lehre und einer Zeit der Ablösung, alles Kategorien mit modernen Vergleichsgrößen. Schamane wird man durch Erwählung, Vererbung, Berufung und durch persönliche Entscheidung, doch führt der Weg über Unterrichtung, Übung und Praxis, durch spezifische »Techniken« und durch die Überlieferung eines Geheimwissens. Am Punkt der Ablösung bzw. der Initiation wird ein symbolischer Tod erfahren, während der Anwärter eine Form der Wiedergeburt erfährt. Die Kulturtheorie spricht hier von Initiationskrankheiten, die der angehende Schamane erleiden musste und mit andauernden Phasen der Trance und Bewusstlosigkeit einhergingen.

Es sind Praktiken, die für moderne Ohren ungewohnt klingen. Doch ergeben diese Dinge (wie auch viele weitere Aspekte vormoderner, archaischer Praktiken, die nicht selten als primitiv verunglimpft werden) einen spezifischen Sinn. Der angehende Medizinmann durchleidet im Moment der Initiation eine existentielle Krise, die erst nach ihrer Überwindung zur Auszeichnung führt. Was diese, wenn man so will, professionelle Krisenbewältigung auszeichnet, ist das stellvertretende Leiden für die Societät (ebd., S. 27). Und so sehr man auch das grenzwertige Balancieren zwischen Magie, »Wahnsinn« und dem Realen für eine obsolete Praxis hält, so zeigen sich doch vielfältige Parallelen. Der Medizinmann durchlebt stellvertretend eine Sinnkrise. Er leidet stellvertretend für das Kollektiv oder für den Einzelnen. Die neuzeitliche Psychologie, Tiefen- und Kulturpsychologie hat für diese Vorgänge entsprechende Kategorien entwickelt. Denken wir etwa an den Moment der Krisis im Kontext der Psychoanalyse oder an die neueren Forschungen zu Übertragungsphänomenen und nicht zuletzt an die pathogenen Aspekte von Rollenanforderungen. Strukturell zeigen sich hier Übereinstimmungen in der Form »stellvertretender Krisenbearbeitung« (ebd.).

In einem weiten Bogen zeigen sich die Gestalten der professionellen Hilfe und Fürsorge, für die Motive des Negativen und der Krise entscheidend sind. In archaischen Kulturen wurden Widerfahrnisse durch Rituale und psychische Ausnahmezustände zu bewältigen versucht; in zeitgenössischen Verhältnissen »arbeiten« demgegenüber Psychotherapie, Seelsorge, Pädiatrie oder Heilpädagogik an den Problemen. Die Grenzen sind heute relativ strikt gezogen, während sie in vormodernen Zeiten in eng verwobenen Formen auftraten.

7.7 Krisen in Sozialwelten

Zurück zur Gegenwart. Moderne pädagogische Professionen lassen sich natürlich nicht linear aus der archaischen Vergangenheit ableiten. Es ist die Differenz zwischen der archaischen und der zeitgenössischen Form der Krisenbewältigung, die uns auf spezifische charakteristische Züge aufmerksam macht. Wie können wir den gegenwärtigen Krisen gegenübertreten, die sich in besonderer Weise auch in der Pädagogik abbilden?

Mindestens drei Formen von Krisen müssten unterschieden werden: Krisen als gesellschaftliche Formen der *Selbstbeobachtung (a)*, als *Lebenswelt- und Sozialwelt-Probleme (b)*, als professionelle und *institutionelle Zuschreibungen (c)* und schließlich in der *praxisorientierten Differenz von Wissen und Nicht-Wissen (d)*.

a) Wir müssten zuerst die Krise der Gesamtgesellschaft von der Krise in den helfenden Professionen abgrenzen. Gesellschaftstheoretisch betrachtet sind Krisen Formen und Zeiten des Umbruchs. Der Gedanke, dass sich das Brüchige als eine Signatur der Moderne bezeichnen lässt, findet sich bei diversen zeitgenössischen Denkern der Gegenwart (Keupp 2003; Mecheril 2003). Doch wie ließen sich diese gesellschaftlichen Krisenerfahrungen von der praktischen Dimension abgrenzen? Keineswegs können wir einfach davon ausgehen, dass sich die »gesellschaftlichen« Krisen in sozialen Lebenswelten unvermittelt abbilden oder dass die Probleme in der gesellschaftlichen Sphäre mit den spezifischen Lebensweltproblemen gleichzusetzen wären.

b) Entscheidend ist an diesem Punkt, dass man von einem Sozialwelt-Konzept ausgehen muss, um den Erfahrungszusammenhang der Betroffenen angemessen zu erfassen (Schütze 2016; ders. 2016a). Solche Sozialwelten sind soziale Einheiten, die für die helfenden Professionen zum Gegenstand der Hilfe, der Einmischung, Parteinahme oder der Kontrolle werden. In diesem Konzept der »Welt« führen spezifische Erfahrungen zu Handlungshemmungen oder Enthemmungen mit Blickrichtung auf ein belastendes Problemfeld. Hier entstehen diejenigen Phänomene, die von der soziologischen Theorie als divergentes oder nonkonformes Verhalten klassifiziert werden. Aus Sicht der Profession muss es jedoch darum gehen, die beobachteten Verhaltensweisen im Schnittfeld von Lebensstilen, Erleidenserfahrungen und subkulturellen Verhaltensmustern zu verstehen.

c) Die Vielfalt der Problemquellen verleihen dem Sozialwelt-Konzept eine höhere Relevanz. In der Lebenswelt treten Probleme auf, die offensichtlich von gesellschaftlichen Dynamiken angefeuert werden. Denken wir etwa an Phänomene wie die neuere Internetspielsucht, den Konsum von Designerdrogen, die Aufspannung von transnationalen Räumen im Kontext von Migrationsbewegungen usw. Diese Probleme in Bezug auf die systemische Herkunft, ihre diskursiven Problemquellen und ihre lebensweltlichen Bewältigungsmöglichkeiten überhaupt wahrzunehmen, ist die eigentliche Aufgabe der helfenden Professionen. Die Dinge sind herausfordernd und durchaus überfordernd, weil es schon aus erkenntnistheoretischen Gründen kein fertiges Konzept geben kann, das eine saubere Trennung zwischen den technologischen, systemischen und sozialen Welten erlaubt. Die entsprechenden Interventionen können nur dort ansetzen, wo soziale Probleme mit entsprechenden Bewertungen und Bedeutungen verbunden werden.

d) Die helfenden Professionen sind also – parallel zu den Betroffenenwelten – unter erhöhtem Druck aufgrund der weiterhin sich verschärfenden Krisenerscheinungen. Doch wäre es zu kurz gedacht, die Erscheinungsform der Krise isoliert im Zusammenhang der Globalisierungs- und Modernisierungsdynamik zu sehen. Seit Jahrzehnten wird auch im Umfeld der helfenden Professionen eine Tendenz der Krise festgestellt. Die Prozesse indes, die man als schädlich bewerten kann, erstrecken sich auf ein weites Feld.

Hierzu ein Beispiel: Im pädagogischen und heilpädagogischen Bereich wird die soziale Integrationsfunktion hinterfragt; Schule tritt eher in ihrer sozialen Kontrollfunktion in Erscheinung und verstärkt tendenziell problematisches Schülerverhalten, als dass sie Abhilfe schafft (Amos 2006; Prengel 2005). Im Bereich der Kinder- und Jugendhilfe werden seit Jahrzehnten Symptome von Medizinisierung und Therapeutisierung und ein naturwissenschaftlicher Reduktionismus beklagt. Schließlich stehen auch die sozialen Dienste und Sozialarbeit im Kreuzfeuer der Kritik, die freilich höchst differenziert dargestellt werden müsste (insofern sich die Soziale Arbeit traditionell gegen spezifische Fehlentwicklungen im pädagogischen und medizinischen Sektor ausgesprochen hat).

Stark pointiert könnte man diese negativen Aspekte wie folgt darstellen: Helfende Professionen leiden unter der tendenziellen Zergliederung komplexer Problemlagen. Sie teilen die Lebenswelt der Betroffenen unter dem Gesichtspunkt der Verwaltungsrationalität auf und lassen die Subjekte der Hilfe als Objekte eines verwaltungsmäßigen Handelns erscheinen. Die Konflikte betreffen also das Verhältnis zwischen Adressaten und Professionellen, aber auch das Verhältnis der einzelnen Professionen untereinander. Denken wir an die spezifischen Aufgabengebiete der pädagogischen Beratung, des Sozialdienstes, der Jugend- und der Heimarbeit: Es ist ein weit gespanntes Feld der Hilfe, in dem höchst unterschiedliche Arbeitsbedingungen, Arbeitsansätze und Konzeptionen, aber auch unterschiedlichste psychosoziale Problemlagen herrschen. Die Mängel, von denen allenthalben die Rede ist, sind einerseits systembedingt, aber sie verweisen auch auf eine tiefere Unzulänglichkeit. Sie werden als Ausdruck der therapeutisch-medizinischen Zergliederung des Menschen betrachtet (Thiersch 2016; Illich 1995).

Die hier entscheidende Frage rückt damit in greifbare Nähe. Wenn wir davon ausgehen müssen, dass es verschiedene Ebenen krisenartiger Symptome gibt, wie können dann die allgemeinen und die spezifischen Lösungsansätze der helfenden Professionen bestimmt werden? Die Schwierigkeiten beginnen bereits an dem Punkt, der oben angesprochen wurde. Wir haben es einerseits mit genuinen Lebensweltproblemen zu tun. Problemquellen stellen die Betroffenen vor scheinbar unüberwindbare Hürden, verurteilen sie im schlechtesten Fall zur Ohnmacht und drücken sie nieder. Die Suche nach dem verbindenden Element zwischen der Sozialwelt und einer höherstufigen Symbolwelt wird damit zur entscheidenden Variabel. Eine tragfähige Arbeitsbeziehung, gelingende Kooperation, konstruktives Empowerment kann sich jedoch nur dann entfalten, wenn die existentiellen Ereignisvollzüge mit der »höhersymbolischen Wissenssphäre« zusammengeschlossen werden (Schütze 2016, S. 75).

Diese abstrakte Begrifflichkeit zielt auf den Moment der Parteinahme im Moment der Krise, die für jede Form helfender Profession so bedeutsam ist. Doch genügt es eben nicht, vom Schein oder Anschein eines »neuen höhersymbolischen Lichtes« (ebd., S. 76) auszugehen – eine Metapher, die möglicherweise den entscheidenden Punkt verdeckt. Die Praxis der Erziehungshilfe kann beispielhaft diesen Punkt verdeutlichen.

Wie angedeutet, geht es auch hier um die Wahrnehmung bzw. die mögliche Konfrontation oder Verleugnung einer krisenförmigen Situation. Auch hier spielen die Interpretation und Verarbeitung einer Krise eine große Rolle. Im Allgemeinen wird man im Kontext der Familienarbeit von der Zielsetzung eines guten Arbeitsbündnisses ausgehen.

Die Schwierigkeiten, die von sozialen Belastungen oder von gesellschaftlichem Druck ausgehen, erfordern das Einschreiten der Familienhilfe im weitesten Sinne – sei es als beherztes Empowerment, sei es als pädagogische Beratung oder als therapeutische Intervention. Verdeckt bleibt bei dieser Handlungsperspektive der, wenn man so will, dunkle Fleck aller professionellen Beziehungen. In einem Arbeitsbündnis wird Autonomie zugrunde gelegt und als Ziel verfolgt. Doch handelt es sich bei dem intimen Nahbereich der Familie bekanntlich auch um eine Sphäre, in der staatliche Kontrollaufgaben erforderlich werden. Die Bereitstellung flexibler Hilfen steht in einem polaren Gegensatz zur Wächterfunktion des kindlichen Wohls.

Die Spannung zwischen der akuten Gefährdung des Kindeswohls und der eher diffusen Nicht-Gewährleistung des Kindeswohls ist der empfindliche Punkt jeder Arbeitsbeziehung. Es herrscht, vereinfacht gesagt, niemals jene Klarheit, die man für die Bewertung einer Situation zugrunde legen müsste. Vielmehr entsteht eine neue Zone der Unsicherheit, die sich aus der Freiheit und Autonomie von selbst ergeben (Kongeter 2013).

Es handelt sich um den bekannten Spalt zwischen Theorie und Praxis, der sich nicht vollkommen schließen lässt. Auf dem Papier scheinen die Kriterien sauber getrennt: Hilfe zur Erziehung wird gewährt, insofern eine ungute Entwicklung sich abzeichnet; Kontrollfunktionen werden aktiviert im Falle einer akuten Gefährdung. Wie sich die Erziehungsberechtigten in jedem einzelnen Fall zur Situation, zu den Helferinnen und auch zu der Einschätzung der Gefährdung verhalten, ist kriterial aber gar nicht erfasst worden – und kann theoretisch auch nicht vorab bestimmt werden.

Auf den Punkt gebracht, wäre also zu fragen, was passiert, wenn eine Nicht-Gewährleistung des Kindeswohls festgestellt wird, wenn aber die verantwortlichen Erziehungsberechtigten den vorgeschlagenen Weg der Hilfe nicht einschlagen, wenn eigene Wege der Problembewältigung eingeschlagen werden oder wenn einfach die Kooperation verweigert wird. Auch Erziehungsberechtigte nehmen bekanntlich Macht für sich in Anspruch, wenn diese nur in der negativen Macht der Verweigerung besteht.

Das Beispiel ist aussagekräftig in verschiedener Hinsicht. Es lenkt den Blick auf die verborgenen Ambivalenzen der professionellen Hilfen. Weitere Beispiele im weiten Feld der pädagogischen Professionen ließen sich rekonstruieren, in denen solche Unsicherheiten herrschen. Vorrangig in der sozialen Interaktion, der Förderung und der Bildung sind die Schwierigkeiten bekannt und müssten für die Theorie der Professionalisierung auch deutlich ausgedrückt werden. Aber was genau ist das Spezifische, das sich in der pädagogischen Praxis als schwierig, mühsam, fehlerhaft oder defizitär erweist? Im Hintergrund aller pädagogischen Anstrengungen steht nicht allein die Unterscheidung von Erfolg oder Misserfolg, von Gelingen und Scheitern; auch geht es nicht um die banale Tatsache, dass professionelles Handeln mit Herausforderungen und Belastungen verbunden sind. Es ist hiergegen der Bereich des *Nicht-Wissens*, der die pädagogische Handlungsstruktur bestimmt.

Pädagogisches Handeln ist nicht auf das *überlegene Wissen* festgelegt, weder auf das psychologische Wissen um die individuelle Entwicklung noch auf das formale oder sachliche Weltwissen. Es hat im Kern vielmehr mit *der Tätigkeit des Deutens, Interpretierens* und der *wirksamen Unterstützung* zu tun. Pädagogisch Handelnde erfassen vielfältige, fremde Situationen – im Klassenzimmer, in informellen Räumen, in lebensweltlichen Kontexten, in der Familie – und interpretieren sie in der Hoffnung, handlungswirksame und lebensdienliche Hilfen bereitzustellen. Dieses »Wissen« um den richtigen, angezeigten Weg der Hilfe zu finden, übersteigt jedoch die Alltagserfahrung. Daher spricht man in der Theorie auch von einem Prozess der Übersetzung, bei dem abstraktes Wissen in eine konkrete lebensweltliche Situation übersetzt wird, ohne dass eine allgemeine Regel vorab verfügbar wäre. Für jede pädagogische Situation bleibt »ein Rest, der nicht Wissen ist und werden kann und dessen Verhältnis zum Wissen unklar ist« (Wimmer 1996, S. 425).

Interessanterweise wird dieser Bereich selten deutlich expliziert, sondern eher stiefmütterlich gehandhabt. Dabei handelt es sich doch, wenn man es erkenntnistheoretisch zuspitzt, um den eigentlichen Kern einer Profession: um die Bewältigung von Situationen der Krise, in denen es darum geht, den Spalt zwischen dem Nicht-Wissen und dem Fall zu überbrücken. In jedem Fall kann man davon ausgehen, dass das Nicht-Wissen, also das Fremde, Unbekannte, Dissonante und Verschlossene einen erheblichen Widerstand bietet.

Zwischen Wissen und Macht – was macht die sozialpädagogische Profession aus?

Das Nachdenken über die Pädagogik kommt nicht ohne Ambivalenzen aus. Die vorhergehenden Analysen haben gezeigt, dass eine eindeutige Bestimmung der pädagogischen Profession nicht möglich – oder zumindest erschwert ist. Zum Kern des professionellen Handelns zählt insofern die Bereitschaft, sich auf die *Ungewissheit pädagogischer Situationen* einzulassen. Dabei aber sollte man es nicht bewenden lassen. Denn für die Frage, wie wir pädagogische Situationen bewältigen, und vor allem, wie wir anderen Menschen begegnen und sie an produktive Beziehungen hinführen, muss es weitere Optionen und Perspektiven geben, die diese Tätigkeiten in den Rang einer Profession heben.

Diese Bestimmung gilt natürlich in besonderem Maße für die Frage der methodischen und didaktischen Vermittlung. Die erwähnte Ambivalenz hat also zwei Seiten: Zur Bewältigung steht die *praktische Aufgabe im Feld der helfenden Professionen* an, die gewissermaßen täglich nach einer Lösung verlangt. Zur Bewältigung zählt aber auch die *theoretische Vermittlung der Bearbeitung sozialer Probleme,* was im weitesten Sinne in den Geltungsbereich der Berufspädagogik fällt. Die Unsicherheiten, die sich möglicherweise in jeder pädagogischen Situation aufs Neue stellen – sei es im Zusammenhang einer »Fallsituation«, sei es im Kontext der fachlichen Bildung –, spiegeln sich auf der Ebene der begleitenden Professionsdiskurse.

Seit Jahrzehnten wird diskutiert, ob und unter welchen Bedingungen man die Soziale Arbeit überhaupt als eine Profession bezeichnen könnte, die dem Vergleich mit etablierten Professionen Stand hält (Becker-Lenz 2013). Diese Diskussion ist durchaus bedeutsam, weil sie eine entscheidende Frage an die helfenden Professionen richtet.

- Was macht das professionelle Handeln aus, wenn es sich nicht um das konkrete Wissen eines Mediziners, eines Juristen, einer Psychologin oder einer Ärztin handelt, die jeweils ein systematisch erarbeitetes Wissen in einzelnen Fällen »anwenden«?
- Wenn helfende Professionen eben nicht auf einen vergleichbaren Wissenskorpus zurückgreifen – obwohl es natürlich ein breit gefächertes Spektrum methodischer Verfahren gibt –
- und wenn sich das Handeln nicht in technischen Operationen erschöpft, welchen Status hat dann die Soziale Arbeit (die wir hier synonym mit *helfenden Professionen* verwenden) als Profession?
- Ist sie *überhaupt* eine Profession oder lediglich ein Beruf, vielleicht sogar nur ein funktionalisierbarer Dienst an der Gesellschaft, der mit fürsorglichen Handlungen gleichgesetzt wird?

Die folgende Darstellung soll dazu beitragen, die Schwierigkeiten der professionellen Identität der helfenden Professionen zu lösen; dazu soll gezeigt werden, dass Soziale Arbeit (im Weiteren auch die etablierte Heil- und Sonderpädagogik) eine reflexive Disziplin ist, die sowohl eine spezifische Wertebasis entwickelt hat und zudem auf ein besonderes Fachwissen angewiesen ist.

Der Abschied vom Expertentum

Prinzipiell ist es schwierig, von einem professionellen Grundverständnis der Disziplin der Sozialen Arbeit auszugehen. Inhaltlich wird man zwar stets einen Konsens finden, insoweit man die Tätigkeiten als Formen der Hilfe, Unterstützung und Assistenz in verschiedenen Handlungsfeldern begreift. Aber was macht die Profession im Kern aus? Die Abhängigkeit von gesellschaftlichen Problemen ist womöglich das größte Hindernis, um eine selbstbewusste, zweifelsfreie Position zu behaupten.

Diese mehr und minder begründeten Unsicherheiten haben einen ernst zu nehmenden Hintergrund. Nahezu jede praktische Intervention ist von dem Willen eines Arbeitgebers bzw. der angefragten Institution abhängig; jede Hilfe wird zudem von einer faktischen Unsicherheit des Gelingens begleitet. Schließlich fehlt, wie mehrfach beschrieben, eine verbindliche Wissensbasis, die eine lineare Ableitung der »richtigen« Konzepte, Methoden und Interventionen gestatten würde. Allein diese Aspekte genügen, um die Profession in ein Zwielicht zu rücken, wobei natürlich zusätzlich die gesellschaftspolitische Dimension zu nennen ist. Die Befürchtung, dass die Soziale Arbeit ohne ethisch verbindliche Werte und ohne gesellschaftspolitisches Engagement zu einer bloßen Machttechnik verkümmern würde, ist nicht ganz von der Hand zu weisen.

Dementsprechend gibt es höchst unterschiedliche Einschätzungen, was den Status der Profession betrifft (Scherr 2001; Staub-Bernasconi 2013; Schön 2005). Ist Soziale Arbeit ein Beruf, weil sie keine einzelne wissenschaftliche Basis – wie die Medizin oder das Recht – im Rücken hat und daher funktional einen Dienst für die Gesellschaft vollbringt? Ist sie vielleicht eine halbierte Profession, die der hoheitsstaatlichen Verwaltung untersteht und deren Kontrollansprüchen genügt? Oder verweigert die Disziplin nicht sogar den Status der Profession, weil sie sich auf eine höhere Wertebasis beruft, die gleichsam zur De-Professionalisierung zwingt (weil man sich zum Beispiel tendenziell der Parteinahme für unterdrückte und entfremdete Menschen in einer ungerechten Gesellschaft verschreibt) (Olk 1986)?

Folgen wir hier der Position von S. Staub-Bernasconi, dann lassen sich verschiedene Kriterien benennen, die eine sich entwickelnde Professionalität auf der Basis von Wissen nahelegt. Dementsprechend lassen sich Charakteristika benennen, die seit längerem etabliert sind – und insgesamt ein bestimmtes Anspruchsniveau festsetzen.

a) Soziale Arbeit findet auf einer systematischen Theoriebasis statt; aber anders als die Medizin ist diese nicht naturwissenschaftlich geprägt. Die Referenzwissenschaften tragen in einem interdisziplinären Zusammenhang dazu bei, dass für

soziale Probleme eine tragfähige, ethisch und wirtschaftlich verantwortbare, individuell abstimmbare Lösung erarbeitet wird.
b) Dieser Zusammenhang ist eben keine Kunstlehre, kein wissenschaftlich präzise beschreibbares, technisches »Know-how« oder eine Form des »social engineering«, sondern ein theoretisch grundierter reflexiver Spielraum von Handlungsformen.
c) Professionen wie die Soziale Arbeit haben des Weiteren ein Werte-Fundament in einem besonderen Sinne. Anerkennung findet die Profession von mehreren Seiten: von dem Auftraggeber oder dem Klienten, der in dem sozialen Akteur einen Spezialisten für das jeweilige Problem erkennt. Zudem von der Gesellschaft, die bestimmte Dienstleistungen in sozialen Segmenten erwartet. *Professionelle Autorität* ist jedoch ein gesellschaftlich zwiespältiger Begriff: Er unterstellt eine Zuständigkeit für besondere Probleme, die von einer anerkannten Autorität kompetent bearbeitet wird.

Verschiedene Aspekte der Profession sind hier zu diskutieren, die mit den angedeuteten Begriffen verbunden sind. *Fachliche Autorität, soziale und gesellschaftliche Erwartungen, spezifische Kompetenzen* – es sind diese Kategorien, die ein Einverständnis nahelegen, dass man hier über dieselbe Sache und dieselben Inhalte resp. dieselben begründeten Erwartungen spricht. Dass dies nicht unmittelbar der Fall ist, zählt zur widerspruchsoffenen Charakteristik der sozialen, helfenden Professionen.

Der Begriff der *Zuständigkeit* unterstellt ein übersichtliches, klar umgrenztes Gebiet, auf dem ein Problem mit einer Lösung verknüpft wird. Eine solche Situation ist aber im Angesicht sozialer Probleme im Grunde niemals vollkommen gegeben. Die Verortung fällt uns leicht, wenn es um die therapeutische und diagnostische Expertise im Gesundheitssystem geht; es sind spezifische Räume, die wir aufsuchen und spezifische Fachkompetenzen, die nachgefragt werden.

Die Professionsmerkmale der Sozialen Arbeit aber entziehen sich dieser Eindeutigkeit, ihre Spezifik liegt vielmehr in der Allzuständigkeit. In den Mustern von Ganzheitlichkeit, Offenheit und Allzuständigkeit zeigt sich ein konstitutives Merkmal (Thiersch 2019). Eine Situation, die in der Praxis durchaus zu Überforderung führen kann, wenn man davon ausgeht, dass die Vertreterinnen sozialpädagogischer Professionen keine Ausweichmöglichkeit haben und ihren Arbeitsbereich kaum einschränken können. Daraus kann man das Merkmal der Allzuständigkeit schlussfolgern, das zwar in einzelnen Handlungsfeldern relativiert werden müsste, aber auf ein grundsätzliches Problem verweist: Denn alles,

> »was das alltägliche Leben von Menschen hergibt, kann zum Gegenstand sozialpädagogischer Intervention werden. Und da jedes Problem mit jedem Problem ursächlich verknüpft sein kann, gerät der Problemfokus sozialpädagogischer Interventionen tatsächlich tendenziell ins Bodenlose« (Seithe 2012, S. 49).

Auch der Begriff der *Kompetenz* ist voraussetzungsvoll. Im herkömmlichen Sinne unterscheidet man etwa zwischen Experten und Laien. Die Beziehung dieser beiden Rollen ist tendenziell asymmetrisch, was die Verfügbarkeit des Wissens betrifft. Diese in alltäglichen Routinen zugrunde gelegte Unterscheidung funktioniert, wenn spezifische technische oder handwerkliche Erwartungen in einer Dienstleistungs-Situation an jemanden gerichtet werden. Die Asymmetrie des Wissens ist dann gewissermaßen hilfreich auf beiden Seiten, und im besten Fall wird sich niemand von dem eingespielten Verfahren enttäuscht zeigen. Die Kluft zwischen Experten und Laien ist jedoch im Kontext der helfenden Professionen, aber auch im Gesundheitswesen und der Medizin anders zu bewerten.

> Denken wir an die Situation der professionellen Kommunikation im Gesundheitswesen: Auch hier dominiert die Asymmetrie des Wissens (etwa der Fachbegriffe und kausalen Zusammenhänge). Der Patient befindet sich in einer inferioren Situation und muss etwa einer Diagnose folgen und ggf. Compliance – also die Regeltreue und Bereitschaft zur Mitarbeit – zeigen. Wie in vielen anderen Segmenten der Gesellschaft lässt sich jedoch eine Diffusion der Grenzen beobachten. Die Asymmetrie des Wissens wird brüchig, das heißt, die Alltagserfahrung und das explizite, höhersymbolische Wissen rücken einander näher.
>
> Denken wir ferner beispielhaft an die Kommunikation zwischen Ärzten und Patienten. Der Patient selbst ist Experte für die Wirklichkeit und die Intensität seines Leidens; zudem erlauben moderne digitale Medien eine autonome Informationsbeschaffung (die dann wiederum Folgeprobleme aufwirft). Experten werden Patienten auch dann, wenn sie sich in Selbsthilfegruppen zusammenfinden und ihr Wissen nicht-systematisch teilen.

Denken wir zuletzt an den Bereich der familiären Beratung. Seit längerem hat sich das Verständnis durchgesetzt, dass nur innerhalb der familiären Beziehungen Experten der familiären Kommunikation bestehen, und dass jede/jeder Intervenierende von außen (Beratung oder Therapie) diesen Sachverhalt zugrunde legen muss (Bromme/Jucks 2016).

Für die Profession der Sozialen Arbeit wie auch für die Heilpädagogik stellt sich dieser Zusammenhang unter besonderen Umständen. Aufgrund der geschilderten Allzuständigkeit ist das Selbstverständnis ohnehin ein wenig diffus – man ist Experte oder Expertin ggf. für soziale Problemsituationen, ohne als selbstbewusster Problemlöser aufzutreten. Die Arbeit in einem unübersichtlichen Feld von Professionen, Rollen und anderen Subjekten führt zu Formen der Selbstbescheidung – man ist ggf. ein reflektierender, vermittelnder, empathisch kommunizierender Praktiker jenseits aller Machtphantasien (Dewe/Otto 2004).

Man kann diese Situation etwas entschärfen, wenn man die Unterscheidung von kognitiven und sozialen Definitionen des Experten-Laien-Verhältnisses einbezieht (Bromme/Jucks 2016, S. 167). Zwischen Experten und Laien bestehen, wie in vielen sozialen Kontexten, verschiedene Beziehungsmuster. Laien eignen sich Wissen an, wie am Beispiel der Selbsthilfe angedeutet. Personen, die in bestimmten Organisationen formal als Vorgesetzte gelten und somit einen Expertenstatus zugeschrieben bekommen, sind hingegen auf das praxiserprobte Wissen der Mitarbeiterinnen angewiesen. Soziale und kognitive Expertisen sind also zu unterscheiden, vor allem sind die Interferenzen und Mischformen zu bedenken.

Mit Blick auf Praxisperspektiven heißt dies auch, dass die professionelle Kommunikation untereinander vertieft werden müsste. Die Interdisziplinarität, die so oft als Maßstab einer gelingenden pädagogischen Kultur genannt wird, verlangt nach sozialem und kognitivem Rückbezug. Wer sich in den Dialog zwischen unterschiedlichen Wissensformen begibt, wird unwillkürlich zum Laien. Es erleichtert die Situation, wenn die Selbstbescheidung in diesen Momenten zu einer realen Option wird: Wenn anerkannt wird, dass »die Zuschreibung der Experten- und der Laienrolle in Abhängigkeit vom jeweiligen Gesprächsgegenstand variiert« (ebd.).

Der Wert des professionellen Wissens

S. Staub Bernasconi fragt angesichts der andauernden Kontroversen über den Status der Profession nach einem verbindlichen Minimalkonsens (Staub-Bernasconi 2013, S. 29 ff.). Wir können dieser legitimen Frage insofern folgen, weil die Zurückweisung des Experten-Status im absoluten Maßstab wiederum problematisch wird. Hierbei handelt es sich um keinen Widerspruch zum bisher Gesagten, sondern um eine dialektische Abwägung. Einerseits ist der Abschied vom Experten gleichsam zwingend, denn es bedeutet, sich nicht über die Lebensweltprobleme der Betroffenen expertokratisch hinwegzusetzen. Der Abschied vom Experten meint vor allem, sich von jeder Überhöhung zu distanzieren und nicht den Anschein zu erwecken, dass man sich gleichsam in eine *niedere, inferiore Welt* eines Klienten hinabbegibt. Diese Selbstbescheidung ist als Distanz von der Überlegenheit der Professionalität zu verstehen.

Andererseits ist damit ja auch eine Gefahr verbunden, dass man sich einer »kritiklosen technischen Verkürzung« oder der »kritiklosen Unterordnung unter Wirtschaftlichkeitsziele« (ebd., S. 29) verschreibt, weil man ja die eigene Position im Absoluten aufgegeben hat.

Eine Vermittlungsposition müsste nach der verbindlichen Form eines Wissens fragen, das in der Praxis der sinnvollen Orientierung dient. Mit Hilfe von W-Fragen findet man, so Staub-Bernasconi, aus dieser widersprüchlichen Situation heraus.

Vorurteilsfrei oder vielleicht naiv können und müssten wir daher fragen, zu welchem Zweck wir über professionelles Wissen verfügen und es erwerben, was uns dieses Wissen einbringt und wie wir es nutzen. Die Frage nach der Struktur und der Qualität des professionellen Wissens müsste also geklärt werden, und zwar ohne sich dabei in eine unbequeme Position zu begeben. Um es auf den Punkt zu bringen: Kann das Wissen auch ohne jeden Überlegenheitsgestus als Chance und eine Gelegenheit verstanden werden, sich kraft intellektueller Anstrengung aus einer sozialen Problemsituation zu befreien?

Unterschiedliche Wissensformen sind zu bedenken. Sie können zum einen in der konkreten Situation zur Anwendung kommen, formen aber zugleich das abstrakte Bild einer neuen Professionalität. Die Frage nach dem, was man in einer belastenden Situation für die Klienten tun kann, führt zur Relationierung der Wissensformen:

- Welche Form ist die Ausgangssituation, weshalb sind bestimmte Situationen so und nicht anders entstanden?
- Wohin entwickelt sich eine Situation, was muss normativ zwingend beachtet werden?

- Welche Werturteile fließen in die Interventionen ein?
- Wer greift aufgrund welchen Mandats mit welchen Mitteln ein?

Alle diese Fragen lassen sich als notwendige professionelle »Denkschritte« bezeichnen.

In jedem Handlungs- und Praxisfeld werden sie unterschiedlich beantwortet, in jeder Situation stellt sich, anders formuliert, ein soziales Problem aufs Neue. Doch lassen sich professionelle Kompetenzen und die spezifische Form des Wissens hervorheben, die alles andere als beliebig sind.

Professionalität zeigt sich im Bewusstsein sozialer Probleme, welche von Dimensionen sozialer Ungleichheit durchdrungen sind. Situationen des Mangels, der Deprivation, der Repression oder gar der Gewaltsamkeit formen eine professionelle Haltung, die die Würde und die Rechte der Betroffenen mit kritischen Maßstäben verbindet. Für die Analyse der belasteten Situation bedarf es aber darüber hinaus eines »transdisziplinären Bezugswissens« (ebd., S. 35) über Entwicklungsverläufe, Lebenslagen und Phasen menschlicher Interaktion. Diese Lebensformen können in spezifischen Krisen feststecken oder durch kulturelle Aspekte beeinflusst werden. Die Bewertung der einmaligen Situation, die nach sozialer Hilfe verlangt, ist somit abhängig von den Kompetenzen dessen, der hiermit in Berührung kommt. Hier zeigt sich, wie elementar die Kompetenzen sind, die für den Schweregrad einer Situation in Frage kommen.

Der Begriff »Fähigkeit« ist hier differenziert zu verstehen. Er lässt sich auf drei entscheidende Dimensionen zurück führen:

a) auf ein Wertewissen,
b) auf praxisorientierte, pragmatische Fähigkeiten,
c) auf die Fähigkeit zur Selbstreflexion.

Zu a: Eine soziale Profession, die sich der Problemlösung in menschlichen Beziehungen widmet und die sich auf die Selbstermächtigung des Menschen stützt, erfordert einen ethischen Rahmen und ein spezifisches Wertewissen. Ohne je vollkommen systematisch beschrieben werden zu können (jede Situation missachteter Rechte hat ihre eigene Geschichtlichkeit und je eigene Logik), greifen ethische Prinzipien in das Handeln ein bzw. leiten dieses an.

Für dieses Bewertungswissen kann man sich zum einen auf Menschenrechtserklärungen und internationale Übereinkünfte beziehen; hier findet man einen verbindlichen Korpus von Rechtsdokumenten und ethischen Vorgaben, die den abstrakten Begriff der Menschenwürde mit Leben füllen (Cox/Pawar 2006; Conradi/Vosman 2016). Doch bedarf es zusätzlich einer anspruchsvollen Kompetenz, sich über Kriterien der sozialen Gerechtigkeit auseinanderzusetzen und die ggf. bedrohte menschliche Würde im konkreten Fall bezeichnen zu können.

Zu b: Diese Kompetenz ist wiederum mit der Interaktion mit den Adressaten und Klienten der Sozialen Arbeit verknüpft. Das Zusammenspiel ist naturgemäß abhängig von dem Willen und Einvernehmen der Beteiligten, sicherlich auch vom kurzfristigen Konsens über die entsprechenden Rahmungen, aber doch auch zentral von der Kompetenz zur Einschätzung kritischer Lebenssituationen.

Was hier, gewissermaßen »auf dem Papier« rasch einsichtig wird, ist in jeder praktischen Situation eine immense Herausforderung. Wie ist die Situation grundsätzlich einzuschätzen, welche Methoden bieten Erfolg, was verhindert die weitere Marginalisierung oder Isolation? Keine methodische Wahl spricht für sich selbst und lässt sich in das Raster von effektiv/nutzlos einfügen. Eher bezeichnet das bewusste Changieren und Operieren auf verschiedenen sozialräumlichen und sozialen Ebenen das professionelle Anspruchsprofil.

Hinzu kommt jene Kompetenz, die von jedem Professionellen viel abverlangt: die entsprechende Sensibilität von Situationen der Ohnmacht, der gesteigerten Verletzbarkeit ebenso wie die Wahrnehmung von Konflikten, die auf kulturelle, sozialstrukturelle oder individuelle Probleme zurückgehen können.

Zu c: Schließlich zählt auch die Ebene der Sozial- und Gesellschaftspolitik zum Einflussbereich der Professionalität. Hier wird die individuelle Problemsituation verlassen und die politische Bühne betreten. Wie groß die Spielräume der Akteure der Sozialen Arbeit sind, um auf Mikro- oder Mesoebene politische Verbesserungen in Gang zu setzen, ist schwer zu sagen. Unbestritten ist aber die Einsicht, dass sich die professionellen Kompetenzen bis auf die sozialpolitischen Konzepte erstrecken, mit denen soziale Probleme behoben werden können (Staub-Bernasconi 2013, S. 36).

Ein letzter Gedankengang zum Wert des professionellen Wissens ist vorzunehmen. Beziehen wir uns auf den Wert des professionellen Wissens, ist damit immer auch der Bereich der Identität des professionellen Helfers/der Helferin angesprochen. In welcher Beziehung steht diese zu dem Adressaten, wie sieht man sich selbst in der angefragten Rolle als jemand, dessen Wissen ihn oder sie vermeintlich als Experten ausweist? Was macht dieses Wissen mit dem Selbstbild der Profession?

Zwei *Rollenbeschreibungen* lassen sich gegenüberstellen.

Auf der einen Seite steht *der Experte/die Expertin,* auf der anderen stehen *reflektierende Praktiker.* Beide Beschreibungen sind vielleicht klischeehaft und plakativ; doch lässt sich durchaus begründen, warum der Reflexion ein gewisser Vorsprung zugesprochen werden kann.

Denn: Es geht im Kontext der sozialen Profession nicht um ein Wissenschaftsverständnis, das sich mit letzten Begründungen und unfehlbaren Ansprüchen in das Geschehen einmischt, sondern um eine Form der wissenschaftlich gestützten Reflexivität. Das Alltagswissen und das Wissen der Betroffenen trifft auf wissenschaftliche Kriterien; beide Wissensformen ergeben ein Drittes, das im wechselseitigen Bezug immer wieder neu bestimmt wird.

Wenn man auf den Punkt bringt: »Der Profi« ist selbstgewiss, ohne Zweifel und Unsicherheiten; er vermittelt dem Klienten gegenüber den Wert seines Wissens, das ihm eine natürliche Autorität verleiht. Dieses Wissen ist machtvoll und wird eingesetzt, um die Situation zu kontrollieren, es reduziert die Beziehung zwischen Experten und Adressaten auf das Gefälle »als Quelle der Machtausübung« (Staub-Bernasconi 2013, S. 40).

Wie lautet die Alternative? Die reflektierenden Professionellen (die sich u. U. als »reflektierendes Team« und nicht als Einzelkämpfer verstehen) testen Hypothesen, bringen ihr methodisches und sozialkulturelles Wissen mit ein, ohne es dirigistisch als absolut zu setzen; sie überprüfen und probieren Wirklichkeitskonstruktionen und vergleichen sie mit den sozialen Ereignissen in der Lebensweltperspektive.

Dies ist alles andere als ein überlegendes Wissen, das mit dem Anspruch der Problemlösung auftritt (Schön, 2005, S. 21 ff.). Die professionelle Hilfe ist sowohl ein Hilfe- als auch ein Deutungsangebot, das seine Viabilität, seine Lebensdienlichkeit unter Beweis stellen kann, zugleich aber immer für Revisionen offen ist.

Die Bedeutung der Lehrperson

Die Berufsrollenreflexion ist, wie gezeigt, eine anspruchsvolle Sache, insofern bereits auf der Ebene der wissenschaftlichen Reflexion keine Eindeutigkeit erreicht wird. Professionalität in sozialen und pädagogischen Bezügen geht mit einer Widerspruchsoffenheit einher, die mal als naheliegend und mal als mühsam erlebt wird. Dies betrifft – vermutlich – die große Gruppe der Studierenden in pädagogischen Berufen in besonderem Maße, weil hier das Verlangen nach Orientierung verständlicherweise am größten ist. Für die rein fachliche Lehre stellt sich dieses Problem weniger, wenn es zuerst und allein um die Vermittlung von Inhalten geht und die Wahl der Methoden. Auf einer spezifischen sozialen bzw. sozial- oder heilpädagogischen Vermittlungsebene aber stellt sich das Problem der Unsicherheit in pädagogischen Kontexten umso intensiver.

Indes ist die Problematik nicht auf spezifische »soziale Probleme« zu reduzieren. Fragen wir viel allgemeiner nach den Schwierigkeiten des Lernprozesses, die sich zwischen Lehrenden und Lernenden entfalten! Ganz grundlegend können wir mit Spekulationen über das Selbstbild beginnen, die professionell Lehrende über sich entwickeln. Um hier das weite Feld der Lehr- und Lernforschung zu überblicken, ist es vielleicht ratsam, nicht mit der Person, als vielmehr mit der Sache des Lernprozesses zu beginnen. Es gibt eine für viele angehende Pädagogen durchaus schmerzhafte Einsicht, die in verschiedenen Phasen des beruflichen Werdegangs eintritt. Sie kann als didaktische Kränkung bezeichnet werden und bezieht sich auf die Tatsache der »Nichtbeherrschbarkeit von beruflichen Lernprozessen« (Arnold et al. 2016, S. 217). Was ist damit genau gemeint?

Es sind skeptische Aussagen, die das komplexe Phänomen des Lernens von verschiedenen Seiten her beschreiben:

- Lernen ist prinzipiell eine aktive Wirklichkeitskonstruktion, die die Seite der objektiven Realität auf individuelle Weise abbildet;
- die neuere Lern-/Lehrforschung, die Kognitionswissenschaften und Neurobiologie sprechen von der Geschlossenheit individueller Kognition (Jank/Meyer 1991). Dies widerspricht dem Gedanken einer zielgerichteten, am »output« eines Lernprozesses orientierten Lernkonzeption.
- Die Vorstellung der Geschlossenheit relativiert somit alle didaktischen und methodischen Entscheidungen: Was möglich ist, zielt eher auf einen Bereich von Angeboten und Möglichkeiten, die dem lernenden Subjekt bereitgestellt werden. Jegliches direktive oder verordnete Lernen wird somit kategorial verneint.
- In der Formel der Didaktik als Subjektwissenschaft kommt diese Einsicht in praktischer Hinsicht zum Ausdruck. Eine gelingende Lernkultur wird dann etabliert, wenn die Tatsache zur Kenntnis genommen wird, dass »nur ein Bruchteil

dessen, was der Lehrende im Unterricht anspricht und behandelt« (Arnold et al. 2016, S. 217), von den Lernenden aufgenommen und angeeignet wird.

Aus den genannten Gründen erhöhen sich der Stellenwert und die Bedeutung der Lehrerpersönlichkeit. Das, was wir hier oberflächlich mit Ambivalenz und Kränkung angerissen haben, stellt sich als eine Herausforderung für die pädagogische Reflexion und für die Lehrerperson im Ganzen dar. Brechen wir es auf eine praxisorientierte Ebene herunter, müssen wir also nach den Selbstbeschreibungen und Selbstzuschreibungen, dem Idealbild der Lehrenden fragen. Entscheidend ist weniger, welchen Optimierungs- und Exzellenzansprüchen eine pädagogische/didaktische Lehre genügt, sondern inwieweit sie die Lehrpersönlichkeit in der Tiefe erfasst. Wir müssen also, um die zeitgenössische Kultur der Pädagogik zu erfassen, stärker die Person mit ihren Überzeugungen und Werthaltungen, aber auch ihrem Selbstbild und Fremdbild ins Auge fassen.

Warum diese Frage nach der Bedeutung der Lehrperson so selten gestellt wird (auch wenn die Professionsforschung seit längerem als anerkannter Forschungszweig etabliert ist), erklärt sich vielleicht mit der untergeordneten Rolle, die das Bildungssystem zu allen anderen gesellschaftlichen Teilsystemen, allen voran gegenüber der Wirtschaft einnimmt. Die Pädagogik gehorcht den Vorgaben von Politik und Wirtschaft, sie schafft es selten, eigene Wert- und Zeithorizonte zu verteidigen. Daher besteht ein Großteil der Problematik in einer ambivalenten gesellschaftlichen Situation, die höchste Ansprüche an Inklusion und Integration stellt, aber zugleich dem Zeitgeist von Beschleunigung und Exzellenzansprüchen folgt.

Was macht in dieser komplizierten Lage die Bedeutung der Lehrperson aus? Pädagogisches Können – bzw. das, was darunter verstanden werden soll – unterliegt unterschiedlichen Konjunkturen. In Bezug auf die Lehrerpersönlichkeit dominierten in den 1960er Jahren Ansätze, die von einem Wunsch- und Idealbild des geborenen Erziehers ausgingen und damit gleichsam die ältere Tradition der Bildungstheorie des vorhergehenden Jahrhunderts fortsetzten. In den 1970er Jahren versuchte man die verkrusteten Strukturen der Bildungssysteme durch eine betont progressive, gegen den Konservatismus gewendete Haltung aufzubrechen; während spätestens seit den 1980er Jahren eine sogenannte empirische Wende eingeleitet wurde. Die *kompetente Lehrperson* wurde nun auf das Sichtbare und Messbare, mithin auf den Erfolg ausgerichtet. Eine Wende, deren Wert sich in der empirischen Erfassung von faktischen Lernerfolgen erweist, die jedoch die Dialektik von Messbarkeit und (unverfügbarer) Selbstbildung nicht erfassen kann.

So viele Reformen im Bildungssystem vorgenommen wurden und so oft das Gewand des »guten Erziehers« auch getauscht wurde – der Rückgriff auf elementare Figur der Person blieb nicht aus. Mit der schlichten Aussage, dass der Lernerfolg mit dem autonomen und souveränen Lehrerhandeln einhergeht, wurden gewissermaßen ältere Leitideen wiederentdeckt (Schelten 2009; Mayr 2011).

Anders formuliert: die neuere Wende in der Pädagogik geht auf die Bedeutung der Person zurück, deren Haltung zu einem entscheidenden Faktor des Bildungsprozesses wird. Die Lehrerpersönlichkeit zeichnet sich demnach durch »Exzellenz, Engagement und Ethik« aus. Fachkompetenzen bilden die eine Seite des »erfolgreichen« Lernprozesses, dessen komplementäre Seite normative Orientierungen und emotional-soziale Kompetenzen darstellen (Krüssel 2017, S. 176).

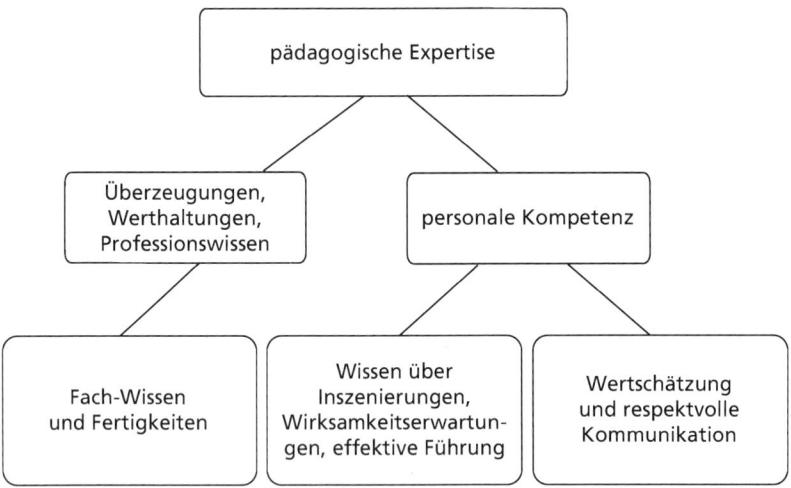

Abb. 5: Zur Bedeutung der Lehrerperson (nach Krüssel 2017, S. 179)

Es ist nicht ganz einfach, diese Einsichten in einer wissenschaftlich angemessenen Weise zu präsentieren. Hilfreich ist natürlich die breite empirische Forschung, die verlässliche Daten aus vielen Meta-Analysen bereitstellt (Hattie 2015). Doch geht es hier bekanntlich um die wissenschaftliche Beschreibung eines praktischen Feldes, das gewissermaßen seine eigenen Regeln im Bereich des Sozialen schreibt. Die Schlussfolgerungen zur »Lehrerperson«, deren »Haltung« und »Glaubensüberzeugungen« sind in entsprechender Distanz zu einem Geschehen zu halten, das immer Gefahr läuft, durch persönliche Erfahrungen unterlaufen zu werden. Doch arbeiten wir zunächst die grundlegenden Aspekte heraus, die die zeitgenössische Bedeutung der pädagogischen Expertise zum Ausdruck bringt. Die pädagogische Expertise zeigt sich zum einen im Zusammenhang der Berufspädagogik im Feld der SAGE Professionen. Exemplarisch sozialpädagogische Lehrkräfte entwickeln ihre pädagogische Haltung im Kontext des doppelten pädagogischen Bezugs: Das heißt, sie gestalten pädagogische Prozesse mit dem Ziel, die Lernenden in die Lage zu versetzen, selbst gelingende pädagogische Prozesse zu gestalten. Dazu nutzen sie im Idealfall die Erkenntnisse der sozial-kognitiven Lerntheorie (Bandura 1991; Hobmair 1998), die ihnen als Reflexionsgrundlage ihrer eigenen Persönlichkeitsentwicklung dient. Diese theoretische Perspektive thematisiert bekanntlich alle Lernvorgänge, die auf der Beobachtung und Imitierung des Verhaltens menschlicher Vorbilder beruht. Solches Beobachtungs- und Identifikationslernen ist anthropologisch gesehen höchst bedeutsam, in der modernen Mediengesellschaft aber kompliziert. In Frage steht, inwieweit Modelllernen heute noch eine überzeugende Wirkung haben kann, wenn man die vielfältigen Wechselwirkungen von Person und Gesellschaft im Ganzen einbezieht. Doch trotz aller Kritik gilt es, zu betonen, dass damit die Grundüberzeugung der Lehrerprofessionsforschung nicht außer Kraft gesetzt wird.

Grundsätzlich gilt, dass Lernen mit Personenmerkmalen wie Enthusiasmus, Überzeugung, Wertschätzung und Selbstwirksamkeit korreliert.

»Der Persönlichkeitsansatz lenkt den Blick auf die lernerfolgswirksamen Überzeugungen und Werthaltungen einer Lehrperson und unterstützt sie darin, sich zu reflektieren, die Facetten ihrer grundlegenden Persönlichkeitsstruktur wahrzunehmen, mit den Schwächen akzeptierend und konstruktiv umzugehen, die Kompetenzen und Stärken zu präzisieren und systematisch zu entwickeln« (Krüssel 2017, S. 177).

Handelt es sich also doch um ein Idealbild? Wohl eher um einen zeitgenössischen Blick auf eine Profession, die sich auf der Höhe der Zeit – mit allen Widersprüchen und Krisenmomenten – befindet und sich auf das *Machbare* beschränkt: Kohärenz, Selbstwirksamkeit und Vertrauen als Basis für pädagogische Beziehungen zu befördern.

7.8 Freundschaft, Nähe und Vertrauen: Sinnkriterien der Berufsethik

Befragt, auf welche Weise man eine helfende Profession ausüben wolle, wird man nicht lange zögern: mit Hilfe eines in Bildungsprozessen erworbenen Wissens, mit spezifischen Methoden, die sich in verschiedenen Fällen als nützlich erwiesen haben, und natürlich kraft eines fundierten berufsethischen Weltbildes.

Ebenso rasch wird man möglicherweise auf die ethischen und praktischen Grundlagen des beruflichen Handelns in sozialpädagogischen Kontexten zu sprechen kommen und hier auf die einschlägigen Normen verweisen, etwa auf die Würde und Anerkennung des Anderen, der sowohl als Rechtssubjekt ernst zu nehmen ist, als auch im kritischen Schnittfeld struktureller Gewalt zu betrachten ist.

Doch ließe sich eine zweite Reaktion auf die Frage nach dem »Sinn« der sozialen Professionen denken, die sich weniger auf die gemeinsame Praxis als vielmehr auf die biografische Dimension der Professionalität bezieht. Dann kommen, vereinfacht gesagt, Aspekte eines Berufsbildes in den Blick, die im Alltag selten artikuliert werden. Denn hierbei geht es nicht allein um ein geschlossenes, gleichsam unerschütterliches Weltbild, etwa der Sorge um den Anderen (Wevelsiep 2022), sondern eher um einen dynamischen, offenen Prozess, der sich über die individuelle Zeit hinweg erstreckt.

Eben diese Dimension – Professionalität im Kontext der helfenden sozialen Berufe – soll im Folgenden thematisiert werden. Der Eigenwert dieser Reflexion erschließt sich erst auf den zweiten Blick: Wenn wir fragen, warum jemand einen sozialen Beruf ergriffen habe (die Antwort zielt meist auf die zwiespältige Beschreibung der »Arbeit an und mit Menschen«), oder warum sich eine gewisse Erschöpfung im Kontext der professionellen Erwartungen einstellt, ist möglicherweise nicht viel gewonnen.

Weiter kommt man unter Umständen mit einem Ansatz, der den Fokus auf den Schnittpunkt zwischen der Leitkategorie Profession und der populären Selbstbeschreibung der Hilfe im Angesicht des Anderen legt. Welche Sinnkriterien können wir für die Praxis der Hilfe zugrunde legen, die mit den ursprünglichen Motiven der Berufswahl übereinstimmen?

Anders gefragt: Worin besteht die eigentliche Aufgabe pädagogischer Professionen? Eine mögliche Antwort könnte lauten: Es geht darum, im Kontext einer Arbeitsbeziehung die Autonomie des Gegenübers zu stärken; dazu ist die Herstellung einer gewissen Nähe und Wärme, sowie die Bildung eines Vertrauensverhältnisses notwendig. Unter professionsethischen Vorzeichen ist also zuerst an die Unterscheidung von Nähe und Distanz zu denken. Sie macht einen wesentlichen professionellen Gesichtspunkt aus, weil sie nicht vorschreibt, auf welcher Seite dieses Spannungsfeldes man ansetzen sollte, sondern weil sie das grundbegriffliche Feld aufspannt, auf dem sich gewissermaßen alle professionellen Ansätze verorten lassen. Sowohl die Ermöglichung von Nähe als auch die Wahrung einer Distanz sind für professionelle Handlungen notwendig. Doch es gilt zu fragen, wie wir diese selbstverständlichen Begriffe mit Inhalten füllen und ob nicht weitere Kriterien hinzuzufügen wären.

Da, wie angesprochen, die Praxis von einer unverfügbaren Dimension des Nicht-Wissens überschattet wird, ist auch kritisch zu fragen, ob jegliche professionelle Situation vollkommen von der Klugheit und Spontaneität der Professionellen abhängt. Gegen diesen Vorwurf, der letztlich alles auf die Autonomie der Praktiker reduziert, sind die folgenden Ausführungen gerichtet.

Was genau bedeutet Nähe, was Ferne, was Distanz? Um diese Begriffe anschaulicher werden zu lassen, sind Abgrenzungen hilfreich. Nähe als professionelle Kategorie ist von einer gewissen Brisanz. Sie steht in Gefahr, dass Missverständnisse aufkommen oder dass sich die Beteiligten in Beziehungen verstricken, die so nicht gewollt sind und ggf. in außerprofessionelle Beziehungsprobleme führen können. Hier bietet sich die Verbindung zu der Biografieforschung an, weil sie gewissermaßen die authentische Ebene der Berufspraxis unmittelbar anspricht.

Folgende Gesichtspunkte sind von Interesse:

- zuerst, warum und mit welchen Zielen eine soziale Profession ergriffen wird und auf welchen Weg diese Professionalisierung erfolgt.
- Zweitens geht es um die Selbstbeschreibungen bzw. die Sinn-Kriterien der pädagogischen Praxis, wobei es hier nicht darum geht, eventuelle Enttäuschungen zu bestätigen, die sich im Verlaufe eines berufsbiografischen Musters abzeichnen. Vielmehr sollen die entscheidenden Variablen in das Zentrum rücken und ihr unzerstörbarer Sinn herausgestellt werden.
- Schließlich sind es die Kategorien der Freundschaft, der Nähe und Solidarität sowie das Vertrauen, die in einer Korrespondenz mit den biografischen Ursprungsmotiven stehen. Im Kern steht der Gedanke der Personenförderung, wenn man so will, am Anfang und am Ende eines beruflichen Weges.

Biografieforschung und Professionalität

Warum und auf welchem Wege werden soziale Professionen »gewählt«? Die Biografieforschung verhilft zu einer gewissen Selbstaufklärung über ein oft als »speziell« bezeichnetes Berufsbild. Soziale Arbeit, Sozialpädagogik, Heilpädagogik oder Pflegedienstleistungen gelten als Arbeit am Menschen, also als Dienstleistungen, die einen gewissen humanistischen Wert für sich reklamieren. Wie sind aber die Verbindungen zwischen dem Berufsbild an sich und der individuellen Lebensgeschichte zu verstehen und wie verlaufen sie?

Es macht durchaus Sinn, die alltagsweltlichen Überzeugungen mit wissenschaftlichen Kriterien zusammenzuführen. Die Frage, warum jemand eine Profession ergreift, warum er diesen und keinen anderen Beruf wählt, verdient größere Aufmerksamkeit, weil sie mit gesellschaftstheoretischen Problemen eng verbunden ist. Bekanntlich gibt es in »unserer Gesellschaft« besondere Erwartungen an die individuelle Karriere. Wer sich »berufen« fühlt, ein Studium der Medizin, des Rechts oder der Theologie zu absolvieren, tut dies mit klaren Intentionen: Er wählt einen gesellschaftlichen Problembereich, für den er oder sie zuständig sein wird und der ein besonderes Muster von Kernaktivitäten erfordert. Zudem zählt aber auch ein gewisser Begründungszwang zur professionellen Biografie oder besser: Die angehenden Professionellen müssen sich zu dieser Erwartung positionieren.

Die neuere Professionsforschung macht darauf aufmerksam, dass die ältere Beschreibung einer moralisch verankerten Berufung heute nicht mehr zugrunde gelegt werden kann. Man wählt eine Karriere eher in einer bewussten Distanz zu einer moralisch überhöhten Professionskultur; nicht in jedem Fall liegt eine Berufung im klassischen Sinne zugrunde.

> »In modernen Gesellschaften kann nicht davon ausgegangen werden, dass jeder Arzt über biografisch verankerte altruistische Motive des Heilens und Helfens verfügt oder jeder Lehrer seinen Beruf etwa mit der Motivstruktur ausübt, das eigene leidvolle schulische Schicksal durch vorbildliches pädagogisches Handeln zu kompensieren und nebenbei dem Gemeinwesen dienen zu wollen« (Nittel/Seltrecht 2016, S. 140).

Weder »Halbgötter in Weiß« noch der »geborene Erzieher« können also gegenwärtig die Motivstruktur erfassen, die eine professionelle Karriere in Gang setzt. Gleichwohl gibt es eine Reihe von bedeutsamen, biografisch verankerten Faktoren, die einen individuellen »Werdegang« vorantreiben. Um zu verstehen, was die Motivstruktur der helfenden Professionen im Kern ausmacht, ist zwischen der Gestalt und Struktur der Profession und dem Prozess der Professionalisierung zu unterscheiden. Der Begriff der Professionalisierung bezeichnet kollektive und individuelle berufliche Profilierung, die mit lebensgeschichtlichen Erfahrungen zusammenläuft.

Vermutlich wird sich jeder über die spezifischen Stationen einer beruflichen Karriere verständigen können, die gewissermaßen »einmalig« sind.

Doch gibt es durchaus vergleichbare, überindividuelle diachrone Abläufe.

Denken wir etwa an:

- die Ausbildung eines in der Kindheit und Jugend erworbenen Motivstruktur,
- individuelle biografische Entscheidungen, die jeder für sich – mehr oder weniger – zu verantworten hat,
- institutionalisierte Karrieremuster, bei denen Erwartungen mit Erfolgen, Brüchen, Zurückweisungen, Selektionen und Bewährungen einhergehen,
- schließlich spezifische Sozialisationsbedingungen auf einer »Hinterbühne«, die auf die professionelle Tätigkeit Auswirkungen haben (ebd., S. 141).

Professionalisierung ist insofern ein bedeutsamer Prozess, weil es eben um mehr geht, als nur eine gesellschaftliche Erwartung zu erfüllen oder eine Rolle zu spielen. Das berufliche Handeln prägt sich über Habitusmuster aus, die über den gesamten Lebensweg hinweg verfeinert werden; man kann mit Blick auf generelle Biografie-Muster von einem inneren Beruf und einem äußeren Beruf sprechen. Die persönliche Motivation kann über Jahre hinweg aufrechterhalten und bewahrt werden, wobei sie immer auch aufgrund ihrer inneren Struktur verblassen kann. Doch auch die äußere berufliche Identität hat eine starke Relevanz, insofern sie mit Statusdenken und allgemeinen externen Erwartungen einhergeht.

Nun ist dieser Aspekt der Motivstruktur mit der beruflichen Selbstbeschreibung im Zusammenhang zu denken. Generalisierende Aussagen sind insofern schwierig, was die jeweilige Zufriedenheit und Motivation betrifft: zu viele Faktoren sind hier zu bedenken, die von den jeweils gemachten Erfahrungen in Institutionen bis zur konkreten Begegnung mit hilfebedürftigen Menschen reichen. Die Internalisierung eines Berufsbildes hat jedoch im Allgemeinen positive Effekte. Denn je mehr Lebenszeit »im Prozess der individuellen Professionalisierung absorbiert wird, desto geringer ist die Wahrscheinlichkeit des Auftretens einer radikalen Zäsur« (ebd.).

Im Allgemeinen verbleiben die Professionellen in sozialen bzw. helfenden Berufen, ohne sich in eine alternative Berufskultur einzuarbeiten. Die Professionsforschung sieht hier sogar einen wünschenswerten Prozess der zunehmenden Selbstkontrolle hinsichtlich der Profilierung und Verfeinerung der eigenen Kompetenzen. Man ist im Allgemeinen an der Entwicklung des eigenen Profils interessiert, was mit »Commitment« und Werteorientierung einhergeht.

Diese Aussagen sind natürlich differenziert zu betrachten; sie schildern ein Bild positiver Fachkultur und einer gelingenden beruflichen Identität. Sämtliche Dissonanzen, sämtliche Widersprüche im Zusammenhang der helfenden Professionen sind freilich hier bereits mitgedacht: Die berufliche Profilierung hängt nicht von einem kurzfristigen Erfolg ab (woran sollte dieser gemessen werden?) und sie geht natürlich auch vom immer möglichen Scheitern, von Versagensgefühlen und Erschöpfung im Verlauf des Berufslebens aus. All diese Faktoren sollen nicht ausgeblendet werden.

Interessanter ist es an diesem Punkt, nach den inhaltlichen Kriterien zu fragen, die (jenseits einer absoluten Messbarkeit) dazu beitragen, die innere Motivstruktur aufrecht zu erhalten und eine Erfüllung im beruflichen Dasein zu erreichen. Nicht in idealistischer Tonart, sondern mit dem erwähnten Gespür für alle Herausforderungen und Überforderungen, die soziales Handeln in komplexen Gesellschaften mit sich bringt.

Wiederum ist es die Strukturkategorie der Professionalität, die das Interesse auf die Spezifik professionellen Handelns lenkt. Wie verhält sich der Prozess der Professionalisierung als zeitliche Kategorie zur Struktur der Profession? Erinnert sei an die Rekonstruktion der widersprüchlichen Einheit von diffusen und spezifischen Handlungsbedingungen. Die Soziologie lenkt den Blick auf eine spannungsvolle Ausgangslage. In sozialen Professionen ist der Handelnde zwischen zwei Rollenbeschreibungen gleichsam eingeklemmt (Oevermann, 1996; ders. 2013). Er hat eine Rolle zu spielen – als Wissensvermittler, als Assistent und Berater, in der Form der Unterstützung und Begleitung. Und er wird in dieser Beziehung auf eine ganz besondere Weise angesprochen, so dass die Grenze der Rolle immer ein Stück weit überschritten wird. Nur *als Mensch* kann man jemand in einer existentiellen Krise beraten, nur *als ganze Menschen* begleiten wir andere Menschen in Situationen der Ohnmacht. Diese beiden Rollenbeschreibungen müssen sich nicht widersprechen, aber sie bilden eine prekäre Einheit im Widerspruch, die immer wieder neu austariert werden muss. Die Übernahme einer Funktion ist dabei der Rollenteil, den man mit Hilfe von Verfahrensnormen, Kompetenzen, Wissen bewältigen kann; der andere Teil hingegen bleibt diffus.

Diffus bedeutet indes nicht, sich in einer absoluten Dunkelheit des Wissens zu bewegen und alles auf den Zweifel und die Unsicherheit zu reduzieren. Diffusität in sozialen Beziehungen ist eher als eine fundamentale Bedingung menschlicher Interaktionen aufzufassen. Immer dann, wenn wir als ganze Personen angesprochen werden, kommen Aspekte ins Spiel, über die wir nicht rollenförmig (und somit mehr oder minder kompetent) verfügen.

- In der Interaktion spielen Motive des Unterbewussten eine Rolle (welche Konflikte und Brüche der Klienten hat man möglicherweise selbst schon erlebt?),
- biografische Prägungen können einen unbewussten Einfluss auf die Kommunikation haben (wer sagt was mit welchen Intentionen, die dem Anderen verborgen bleiben?),
- schließlich lassen sich bestimmte Lebensmotive herausstreichen, die zum Beispiel im Prozess einer Beratung einen wesentlichen Anteil nehmen und sowohl dem beratenden Praktiker als auch dem Ratsuchenden verborgen bleiben können.

Man kann diese Ausgangslage wie folgt zusammenfassen: In die Interaktion im professionellen sozialen Kontext vermischt sich die rollenförmige mit der diffusen (persönlichen und ganzheitlichen) Verhaltensebene und ergibt eine schwer berechenbare Situation. Die Rede von der widersprüchlichen Einheit der Profession ist seit langem etabliert. Sie soll hier als Anlass genommen werden, um weitere Spielräume der Reflexion zu öffnen. Welche Sinnkriterien sind für die Praxis der Hilfe zugrunde zu legen, die mit den ursprünglichen Motiven der Berufswahl übereinstimmen? Wenn es darum geht, im Kontext einer Arbeitsbeziehung die Autonomie des Gegenübers zu stärken, legen sich spezifische berufsethische Prinzipien nahe, deren Stellenwert hoch anzusetzen ist. Verletzbare Individuen zu schützen, dem Anderen größtmögliche Autonomie zu verschaffen, Gerechtigkeit zu befördern: Dies alles sind moralische Werte, die in der professionellen Praxis Geltung verdienen.

Im Zentrum der Arbeit steht bekanntlich die »Beziehungsarbeit« im weitesten Sinne; wozu in erster Linie die Erzeugung von Nähe und Wärme sowie die Bildung eines Vertrauensverhältnisses notwendig ist. Bleiben wir jedoch nicht bei dieser hoch akzeptablen Beschreibung stehen, müsste weiterhin gefragt werden, was genau mit diesen Begriffen gemeint ist. Freundschaft und Solidarität, Parteinahme und Anerkennung, Vertrauen und Nähe – handelt es sich um einen Tugendkatalog, der den »guten Erzieher« und die »gute Erzieherin« qualifiziert? Eine solche enge Definition würde in verschiedenen Sackgassen münden, weil sie offensichtlich die Dynamik sozialer Beziehungen und die notwendige Balance im professionellen Habitus unterläuft. Wie aber lassen sich diese genannten Aspekte als Maßstab für die professionelle Praxis gewinnen? Beginnen wir mit der ersten offensichtlich widersprüchlichsten Kategorie der Freundschaft.

Freundschaft und Solidarität

Im Zusammenhang der sozialen und pädagogischen Professionen ist der Begriff der Freundschaft schwierig, weil missverständlich. Es gibt bekanntlich komplexe Beziehungen zwischen Schülern und Schülerinnen, Lehrern und Lehrerinnen, Klienten und Sozialarbeitenden, zwischen Therapeuten und Patienten. Gute Affekte und starke Bindungen, Gefühle der Verbundenheit und Abneigung, eine emotionale Resonanz, eine diffuse Gleichgültigkeit oder gar offene Ablehnung – alle diese Aspekte sind in dem komplexen Beziehungsnetz in Rechnung zu stellen.

Die Professionsforschung stellt dementsprechend Kategorien bereit, mit denen sich die professionellen Beziehungen tragfähig und konstruktiv gestalten lassen, etwa mit Hilfe eines ausgewogenen Verhältnisses von Nähe und Distanz (Dörr 2019; Thiersch 2019).

Jedoch sind diese Begriffe offensichtlich von dem unmittelbar menschlichen Verhältnis der Freundschaft noch weit entfernt. Ist es trotzdem denkbar und sinnvoll, einen Begriff der Freundschaft zu entwickeln, der auch in pädagogischen Näheverhältnissen wirksam ist? Wir werden im Folgenden diesem Verdacht nachgehen und die Kategorie der Freundschaft im abstrakteren Sinn auf ihren geschichtlichen und anthropologischen Grund hin durchdenken.

Diese Überlegungen führen zu verschiedenen Ebenen der Reflexion.

- Zuerst soll gefragt werden, was Freundschaft seit dem Denken in der Antike bedeutet und in welchen Bezügen dieser Begriff gebraucht wurde, etwa im Verhältnis zur Solidarität.
- Wir schlagen im Folgenden einen Bogen zur modernen Professionsforschung und suchen Verbindungen mit dem Begriff des Arbeitsbündnisses. Dieser Begriff scheint zwar eine größere Distanz und neutrale Haltung anzudeuten, als es die Kategorie der Freundschaft nahelegt; gleichwohl geht es hier um die affektiven Dimensionen der pädagogischen Arbeit im weitesten Sinne.
- Die Überlegungen münden schließlich in einer philosophisch-anthropologischen Diskussion. Freundschaft ist in dieser Perspektive als Kategorie in der interexis-

tentiellen Dimension ein unhintergehbarer Bestandteil unserer Handlungen und Denkweisen. Aspekte wie Verletzbarkeit und Fragilität, aber auch kommunikative Aspekte der Freundschaft erscheinen als unverfügbare Elemente der humanen Grundsituation. Sie sind, wie wir zeigen werden, die unhintergehbaren Bedingungen unserer gesellschaftlichen und sozialen Praxis und somit unverzichtbar für das Verständnis der modernen Pädagogik, die sich zuletzt auf die Dimension des Vertrauens beziehen muss.

Freundschaft ist ein komplexer Begriff, der keineswegs nur auf persönliche Gefühle und Beziehungen angewiesen ist. Inwiefern er auch in politischer und somit professioneller Hinsicht relevant ist, soll im Folgenden gefragt werden.

Das Ideal der Freundschaft führt bis zu den antiken Denkern zurück. In der griechischen polis wurde ein Begriff der Bürgerfreundschaft geprägt, der bis heute einen guten Klang hat, aber nicht ohne Fallstricke bleibt. In der guten Gesellschaft der aristotelischen Polis waren Freundschaften für den politischen Zusammenhalt erforderlich.

»Philia«, also Freundschaft, bildete bei Aristoteles den Kern einer Bürgergenossenschaft, die auf verlässliche Bindungen angewiesen war. Solche Bindungen waren frei gewählt und nur von denjenigen übernommen worden, die in höheren Sphären bzw. Klassen weilten, also von körperlicher Arbeit befreit waren. Es waren Männerbündnisse, die auf »Männlichkeit, Zuneigung und Besitz« basierend die Elementarform der bürgerlichen Solidarität bildeten (Brunkhorst 2002, S. 2) – eine erste Stufe der bürgerlich geformten Solidarität, die bekanntermaßen auf dem Ausschluss von Frauen und der Indienstnahme von Sklaven gründete.

Freundschaften hatten einen besonderen Zweck in der antiken Politik. Sie dienten der Stabilisierung einer Gemeinschaft, die durch despotische Gewalt oder durch Clan- und Familienbeziehungen bedroht war. Erst Freundschaften sicherten – zusammen mit den offiziellen politischen Titeln – die Eintracht der politischen Gemeinschaft. Im idealisierten Bild bei Aristoteles war dieses Feld möglicher Freundschaft weit gespannt, es umfasste die Jugendfreundschaft, homoerotische Liebe oder Gastfreundschaft. Besonders aber die intime Freundschaft zwischen gleichgestellten Bürgern, die sich auf Augenhöhe begegneten, zeichnete dieses antike Ideal aus.

Die intime Allianz zwischen Männern hatte eine politische und eine tugendethische Komponente. Freundschaften sollten das Problem der sozialen Integration lösen und somit die gute politische Gesellschaft stützen. Dazu bedurfte es bestimmter Tugenden, die für die Harmonie in der polis entscheidend waren. Man schätzte die »nur vom Standpunkt des jeweils anderen erkennbare Vortrefflichkeit des Freundes« (ebd., S. 28), die der eine am anderen erkannte. Solche Freundschaft galt als selbstlos, weil sie nicht um eines fremden Zweckes willen eingegangen wurde. Zudem wirkte sich diese Orientierung am Guten auf den Erhalt und die Blüte der Gemeinschaft aus. Dass ebendiese Politik der Freundschaft auf einem elitären und machtbewussten Gesellschaftsbild fußte, ist natürlich zu bedenken.

Wie lassen sich diese Überlegungen zur politischen Freundschaft unter Wohlhabenden mit den modernen professionellen Beziehungen verbinden, mit denen wir heute arbeiten und leben? Wohl nur, indem man sich die paradoxen Verbindungen bewusst macht, die den Begriff und den Anspruch der Solidarität in der modernen Bürgergesellschaft bestimmten.

Staatsbürgerliche Tugenderziehung, die sich am Guten orientiert, wird auch gegenwärtig eingefordert, wenn es um bedrohte Gemeinwesen geht, die auf die Kooperation Staat und Bürgerschaft angewiesen sind. Vollkommen ideale Gemeinschaften in diesem starken Sinne hat es wohl nie gegeben, zumindest nicht jene, die sich an der »Perfektionshierarchie der antiken Stadtrepubliken« (ebd., S. 31) orientierten. Doch bleibt ein guter Gedanke: Die soziale Orientierung an den Tugenden des Anderen füllt das Ethos der Bürgerschaft aus, die sich auf Verfahren der Anerkennung im Prinzipiellen einigen. Man kann dies Freundschaft nennen oder Solidarität oder ein bürgerschaftliches »Wir«.

Wir können dieses Motiv der Bürgerfreundschaft keinesfalls umstandslos auf pädagogische Beziehungen beziehen. Doch bieten sich Reibungspunkte an, bei denen gerade die Differenz umso stärker herausgearbeitet werden kann. Anstelle von Freundschaften spricht man in der Sozialen Arbeit von einem Arbeitsbündnis (Helsper 2021; Oevermann 2013). Solche Bündnisse sollen die empfindliche Konstellation stärken, die zwischen dem Auftraggeber und dem Auftragnehmer, zwischen Klienten und Sozialarbeitenden besteht. Ganz prinzipiell können wir aus dieser Figur Rückschlüsse auf pädagogische Zweckbündnisse ziehen.

In Frage steht allerdings, was genau in diese zeitlich begrenzte Allianz zwischen Ungleichen eintritt und was genau zu einer Stärkung der Arbeitsbeziehung beitragen kann – wenn es denn nicht die genuine Freundschaft ist.

Was macht pädagogische Arbeitsbündnisse im Allgemeinen aus?

Die Schwierigkeiten beginnen mit den negativen Kategorien, die vom Beginn an in die professionelle Praxis eingeschrieben sind:

Vom Beginn an herrschen Unsicherheit, Fragilität und Intransparenz. Auf der Seite der Klienten steht die Unklarheit über die eigene Situation – was genau als schädlich und gefährlich deklariert werden sollte, welche Änderungen an der Situation vorzunehmen sind und vor allem: ob überhaupt genügend Kräfte vorhanden sind, um etwas zu verändern.

Diese Unsicherheit entspricht geradezu spiegelbildlich der Intransparenz des Hilfegebers: Ist ein Bewusstsein für die Situation vorhanden und können Kompetenzen für Reflexionsprozesse unterstellt werden? Wie lassen sich Ansatzpunkte für eine solche, aus Sicht der Helferinnen, notwendigen Veränderungsprozesse finden? Die Zielformulierung, die im weitesten Sinne bei jeder Form eines Arbeitsbündnisses am Beginn steht, ist hier also in einem ambivalenten Gefüge zu betrachten. Die prinzipielle Unsicherheit über die Frage, ob der Gegenüber hinreichend Willenskräfte aufwendet, um die eigene Situation gemeinsam zu reflektieren, ist die erste negative Bestimmung des »sozial-pädagogischen« Bezugs. Vom Negativen her lässt sich in Folge auch eine Grundregel formulieren: Beide Seiten verpflichten sich auf eine hinreichende gegenseitige Öffnung. Hier stünde demnach die Verpflichtung zur dialogischen Öffnung, dort die Verpflichtung zur Verschwiegenheit. Der Klient bringt alles zur Sprache, was zu der belastenden Situation beiträgt, also auch »Peinliches, mit Angst und Scham Besetztes und damit höchst Privates und Intimes.« Auf der anderen Seite stünde die Bereitschaft zur unbedingten Akzeptanz, ohne dabei auf das Mitgeteilte »mit einer moralischen Verurteilung, mit Vorwürfen oder negativen Emotionen« (Helsper 2021, S. 153) zu reagieren.

Pädagogische Bündnisse sind zu festigen, zu erweitern und auf Dauer zu stellen. Doch was steht gegen einen solchen Anspruch, der, wie geschildert, ein Minimum an gegenseitiger Öffnung verlangt? Möglicherweise – das Konjunktivische bewusst gewählt – verhindern die Gefühlswelten der Beteiligten eine umstandslose Umsetzung. Auch hier müssen wir negative Aspekte in Rechnung stellen, die sich diesmal auf negative Erfahrungen, auf Enttäuschungen, Angst und Misstrauen erstrecken.

Was in jedem einzelnen Fall »dahinter steckt«, warum also ein Verhältnis des Misstrauens an die Stelle unbedingten Vertrauens tritt, ist nicht pauschal zu sagen. Für die pädagogischen (im weitesten Sinne auch die therapeutischen) Professionen gilt, dass das Verhältnis zwischen Nähe und Distanz wohl niemals ein perfektes Gleichgewicht erreicht, sondern dass eher Mut, Gelassenheit und ein Grundvertrauen erforderlich werden.

Weil auf keiner Seite die Gefühlsdynamik vollkommen beherrscht werden kann, weil es immer ein Moment des Irrationalen in unseren Handlungen gibt und weil die Beziehung zueinander intransparent bleibt, sind die genannten »Tugenden« so wertvoll.

Nähe und Distanz in Zeiten gesellschaftlicher Verunsicherung

Eine weitere Kategorie der helfenden Professionen muss hier zur Sprache kommen, die bislang wenig angesprochen wurde: die Lebensweltorientierung (Thiersch 2016).

Lebensweltorientierte Analysen fragen danach, wie Subjekte, Intentionen, Erfüllungen und Erwartungen in ganzen Situationen sichtbar werden. In dieser primären Welt sind die Subjekte die ersten Agenten, die ihre Aufgabe der Bewältigung des Lebens an niemanden delegieren können – *existentialistisch gesprochen*.

Die Aussage ist missverständlich, denn wir wissen, dass es in der modernen Gesellschaft eine Vielzahl von Formen der Assistenz gibt, die in unsicheren und belasteten Situationen angefragt oder bereitgestellt werden. Doch geht es hier zuerst um die phänomenologische Beschreibung einer Grundsituation, in der sich ein handelndes und reflektierendes Subjekt auf sich selbst zurückverwiesen sieht.

Ausgangspunkt solcher Weltbeschreibung ist die Situation an sich: Wir sind stets eingebunden in Situationen, seien es Lern-, Lehr- oder Arbeitssituationen oder profane Situationen in der Alltäglichkeit. Keine dieser Situationen zerfällt in Stücke, wie es die analytische Tradition versteht; sondern in den Situationen selbst werden spezifische Handlungen, Intentionen und Erfüllungsgestalten zugänglich. Die Philosophie bezeichnet diesen Umstand als primäre Sinn-Situation, die wir nicht verlassen können und in der sich eine lebensbedeutsame Orientierung ausbildet (Rentsch 1995; ders. 1999, S. 62). Hier ist der Anknüpfungspunkt für praktische Lebensweltorientierung der helfenden Professionen.

Lebensweltorientierte Soziale Arbeit setzt an der Wirklichkeit der Menschen in ihren primären Situationen an. Dies bedeutet, den Alltag in den Blick zu nehmen, wie er aus der Sicht der Klientinnen wahrgenommen wird: die unmittelbaren

Aufgaben, die Wahrnehmung von Raum und Zeit, von sozialen Beziehungen und alltäglichen Verrichtungen.

Die Nähe der Lebenswelt ist zunächst ein neutraler, deskriptiver Begriff: Er bezieht sich auf das, was in der Lebenswelt unvermittelt bewältigt wird (oder eben verdrängt wird). Die Lebenswelt ist gelebte und erlebte Nähe – zu den Nächsten, zu Vertrauten, aber auch zu den profanen Dingen.

Denken wir an das Arbeitsfeld der Familienhilfe: Hier ist die Arbeit in und an Beziehungskonstellationen von besonderem Interesse. Zeit und Raum sind die primären Kategorien, die sich in unterschiedlicher Intensität und Zugänglichkeit erweisen. Räume in der Lebenswelt umfassen »den Nah- und Streifraum«, die »Mikro- und die Mesowelt«, »Nahwelten« in der kindlichen Dyade oder »verinselte Erfahrungsräume« (Thiersch 2019, S. 44).

Eine entscheidende Variable findet sich in der Beschreibung sozialer Beziehungsmuster, die in unterschiedlicher Intensität hervortreten. Verhältnisse der Nähe und der Distanz prägen die Erfahrungen in der Lebenswelt. Nähe ergibt sich gleichsam naturwüchsig in der idealtypischen Dyade von Mutter und Kind; Distanzen entwickeln sich beispielhaft zu den Personen im Umfeld, die für bestimmte Lebensabschnitte relevant sind, aber veränderbar und dynamisch sind. Die Schwierigkeiten in diesem engen Netz von nahen und fernen, heißen und kalten Beziehungen treten dann auf, wenn unterschiedliche Definitionen der Gemeinsamkeit entstehen oder wenn beispielhaft empfundene Nähe als unangemessen erscheint.

Dieser spezifisch menschliche »Beziehungsstress«, dem alle Menschen in stärkerer oder milder Form ausgesetzt sind, wiederholt sich auf der professionellen Ebene.

- Zum einen in Bezug auf die Rollenprofession, die eine gelingende Interaktion zwischen den Beteiligten zum Ziel hat;
- zum anderen aber auch mit dem Gespür für die notwendigen Ziele selbst. Solche Ziele sind zwar in die lebensweltlichen Dimensionen eingeschrieben, weil gewissermaßen selbstredend, aber sie werden nicht immer explizit und bewusst. Im schlechteren Falle führen unangemessene, schädliche Beziehungen zu Missverhältnissen in klammernden, okkupierenden, missachtenden oder vernachlässigenden, schließlich auch gewaltsamen Situationen. Die Arbeit im weiten Feld der Erziehungshilfe kann für diese Problemverdichtung beispielhaft genannt werden.

Des Weiteren ist die Kategorie der Distanz auch in lebensweltlichen Konstellationen eingelagert, die für bestimmte Lebensalter in besonderem Maße gelten. Für alle Lebensphasen gilt, dass die Fähigkeit zur Distanzierung eine notwendige Kompetenz zur Lebensbewältigung ist. Formen der Distanzierung können dabei in ganz unterschiedlicher Weise wirken und symbolische, ästhetische, bildliche oder religiöse Ausdrücke haben. Die Balance von Nähe und Distanz ist stets prekär, in besonderem Maße aber dann, wenn sie in fragilen, nicht abgeschlossenen Lebensphasen erfordert wird. Das Gefüge, das Soziologen als »Umweltfaktoren« beschreiben würden, zwingt zu einer Stellungnahme: Man muss als junger Mensch in einer Welt Stand gewinnen und eine Identität auch im Widerstreit gegen alle Turbulenzen ausprägen. Dies gelingt im Kontext der Spätmoderne nur unzureichend.

Die folgenden gesellschaftlichen Gesichtspunkte moderner Zeitgenossenschaft stellen Herausforderungen für das Verhältnis von Nähe und Distanz dar. Heiner Keupp (2003, S. 15 ff.) zählt diverse Erfahrungskomplexe auf, die aus der Perspektive der Sozialwissenschaft unsere Alltagserfahrungen prägen.

- Das Gefühl der Entbettung,
- die Entgrenzung individueller Lebensmuster,
- brüchige Erwerbsarbeit,
- Virtualität und der Verlust des Zeitgefühls,
- die Pluralisierung von Lebensformen
- und kulturell-soziale Umbrüche.

Alle diese Aspekte bilden das moderne »Weltbild«, mit dem wir zurechtkommen müssen. In der Lebensphase Jugend stellen die komplexen Erfahrungen jedoch eine besondere Herausforderung dar, weil sie dem Gefühl des Weltverlusts nichts entgegensetzen können.

Manche Autoren sprechen von Bodenlosigkeit oder ontologischer Entbettung (Giddens 1997; Beck 1997; ders. 1998).

Diese Vokabeln entsprechen dem gängigen Ton existentialistischer Verlorenheit, den man für die Pädagogik jedoch uminterpretieren müsste. In den prekären Zonen der Gesellschaft lebt man ohne vorgegebene kulturelle Schnittmuster, ohne zuverlässig kontinuierliche Erwerbsarbeit, ohne kohärenten Sinn. Der Sinn in einem integrativen Ganzen und das Gefühl der Beheimatung müssen durch Spontanität, Kreativität und Lebensmut kompensiert werden.

Diese ohnehin nicht geringen Schwierigkeiten werden bedrohlicher, wenn sie von biografischen und familiären Brüchen begleitet werden. Die Fähigkeit, Bindungen einzugehen, wird umso wichtiger, je heterogener die sozialen Welten, je widersprüchlicher die Lebensformen sich erweisen. In diesen komplizierten lebensweltlichen Situationen ist die Fähigkeit der Profession gefragt, die Identitätsbildung nicht nur zu begleiten, sondern diese in konstruktive, lebensdienliche Bahnen zu lenken. Dies kann, wenn man es auf den Punkt bringt, vorrangig nur auf dem Weg der Erzeugung von Nähe geschehen, ohne dass mit diesem Begriff bereits ein fertiges Skript des guten Lebens bereitstünde. Seit Jahrzehnten sprechen die Gesundheitswissenschaften, Pädagogik und Psychologie von der Bedeutung der Identitätsarbeit in unsicheren Verhältnissen (Finger-Trescher/Krebs 2003; Conradi/Vosman 2016). Damit verknüpft wird eine besondere Form der Handlungsfähigkeit: Wer in unsicheren Konstellationen sein Leben gestalten kann, der weiß das Gefühl der Kohärenz und der Selbstanerkennung zu verknüpfen und kann alle Widerfahrnisse des Lebens mit einer gelingenden Selbstnarration verbinden.

Doch verlangt diese Aufgabenstellung letztlich zuerst nach einem Modus der Gemeinsamkeit, für den es verschiedene Titel gibt, wie zu zeigen ist.

7.9 Herausforderungen der Berufsrolle: Helfende Professionen im Zwielicht

7.9.1 Berufsethik und Selbstbild helfender Profession

Helfende Professionen stehen nicht nur im Schatten gesellschaftlicher Krisensymptome, sie müssen sich zudem als ernstzunehmende, gesellschaftlich relevante Akteure bewähren. Dies aber ist schwierig und herausfordernd in mehrfachem Sinne. Nicht weiter hinterfragen muss man die Größenordnung gesellschaftlicher Aufgaben, die auf die Bewältigung gesellschaftlicher Problemkomplexe zielen. Die Dimensionen gesellschaftlicher Ungleichheit sind bekanntermaßen vielschichtig und einer der schwierigeren Aspekte liegt wohl in dem Kipppunkt, an dem aus der faktischen sozialen Ungleichheit die menschenfeindliche Sprache der Ungleichwertigkeit entsteht (u. a. Heitmeyer 2018).

Allein dieser Aspekt der pädagogischen und helfenden Professionen erweist sich als extrem, denn man ist berufsethisch auf die Zusammenarbeit mit den Adressaten verwiesen, aber diese findet ja unter den Bedingungen der Randständigkeit statt – mit allen Schattenseiten, die diese gesellschaftliche Position mit sich bringt.

Wie kann Theorie hier weiterhelfen? Die Berufsethik der helfenden Professionen stellt angesichts dessen zunächst nichts Weiteres als eine formale Definition zur Verfügung. Der Anspruch der Hilfe im weitesten Sinne ist es bekanntlich, sozialen Wandel zu befördern, sozialen Zusammenhalt zu ermöglichen und den Prinzipien der sozialen Gerechtigkeit und den Menschenrechten Geltung zu verschaffen (IFSW 2014).

Diese allgemeine Definition führt unmittelbar zu dem Selbstverständnis helfender Professionalität als Disziplin. »Underpinned by theories of social work, social sciences, humanities and indigenous knowledge, social work engages people and structures to adress life challenges and enhance well-being« (ISFW 2014, zitiert nach Völter 2020, S. 13).

Da der Anspruch der Hilfe im weitesten Sinne im Widerspruch zu dem steht, was realgeschichtlich in der Gesellschaft geschieht, ist das Selbstbild der Profession herausgefordert. Die Überforderung liegt jedem klar vor Augen, der das weite Feld gesellschaftlicher Konfliktlagen überschaut. Wenige Andeutungen müssen hier genügen: Die helfenden Professionen stellen sich den Folgeproblemen von Krieg und Migration, sie bewältigen Probleme in den prekären Zonen, in denen Gewalt, Diskriminierung, Abwertung und gesellschaftliche Randständigkeit bestehen.

Es macht angesichts dessen hier durchaus Sinn, das Selbstbild der helfenden Professionen auf einprägsame und leicht verständliche Gestalten zurückzuführen, um die Komplexität der Situation zu reduzieren. Worin besteht der genuine Kern der professionellen Tätigkeiten? Professionelle in sozialen Berufen haben »normalerweise« eine fundierte akademische Bildung durchlaufen und verfügen über ein praxiserprobtes, methodisches Wissen; zudem stehen im Hintergrund ethische Kodierungen und berufsständische Normen, die eine gewisse Orientierung ermöglichen.

Diese Ausgangslage kann zumindest zu einem Teil die Widersprüchlichkeiten mildern. Denn nicht nur ist der gesellschaftliche Aufgabenkatalog immens, nicht nur wird die Eigenständigkeit der Profession durch Zeitökonomie und Entscheidungszwänge unterlaufen; insgesamt stehen die helfenden Professionen – hier ist die Soziale Arbeit explizit angesprochen – in einer defensiven, inferioren Position zu gesellschaftlichen und ökonomischen Verhältnissen (ebd., S. 11).

Man kann diesen Widerspruch nicht einfach auflösen. Wir können aber das Profil und die Wahrnehmung für die professionellen Herausforderungen schärfen, indem wir verschiedene »typische« Rollenbeschreibungen herausarbeiten und jeweils fragen, was im Zentrum einer Dimension steht. Nicht im empirischen, aber im kontrafaktischen Sinne ließen sich Berufsrollenverständnisse eingrenzen, die zumindest einen Teilbereich der schwierigen Arbeit in prekären Zonen der Gesellschaft abbildet.

Wir greifen im Folgenden drei zunächst sehr oberflächliche Rollenbilder heraus, die für ein bestimmtes Selbstverständnis im professionellen Sinne stehen.

Helfende Professionen lassen sich demgemäß

- als beratende und pädagogische Professionen,
- als menschenrechtsorientierte Professionen – mit starkem Bezug auf die Lebenswelt der Adressaten –
- und als verstehende Beziehungsprofessionen beschreiben.

Der Einwand, dass es sich hier doch weniger um Unterscheidungen, sondern eng aneinander gebundene Sinnkriterien handelt, die mehr oder weniger zugleich in pädagogischen Situationen verkörpert werden, ist berechtigt. Die Zusammenarbeit mit Adressaten ist immer in unspezifischer Weise beratend und begleitend, die Bildung eines Bündnisses auf der Basis von Vertrauensbeziehungen ist unverzichtbar; und gleichsam selbstredend ist die menschenrechtliche Basis aller Entscheidungen.

Doch gehen die Kompetenzen, die jeweils angesprochen werden, auf unterschiedliche Wissens- und Praxisformen zurück, die vor allem wissenschaftstheoretisch unterschieden werden müssten. Beratende Professionalität basiert auf der Herstellung von Augenhöhe, um Ratsuchenden effektive Hilfe zu ermöglichen. Die Menschenrechtsorientierung meint hingegen die Wahrnehmung eines prekären Feldes der Gesellschaft, in denen die Adressaten Sozialer Arbeit extrem strukturellen Bedingungen unterworfen werden. Insofern zerfällt die folgende Darstellung in drei Teile, die sich der Sache des Professionsverständnisses von verschiedenen Ausgangslagen her nähern.

7.9.2 Die Herausforderung durch Digitalisierung

Die Herausforderungen durch die Digitalisierung seien hier an erster Stelle genannt; sie können hier nur ansatzweise erfasst werden und verdienen eigentlich eine ausführlichere Diskussion. Für die vorliegenden Untersuchungen geht es primär darum, eine Verbindung zwischen gesellschaftlichen Transformationen und dem Rollenhandeln von pädagogischen Professionen zu ermöglichen. Im Zusammenhang der Digitalisierung sind diese Aspekte so weitreichend, dass sie wohl zum gegenwärtigen Zeitpunkt nicht unmittelbar erfasst werden können. Eher geht es um Ahnungen, dass sich eine Medienrevolution ereignet hat, deren Zeugen und Treiber »wir« als Gesellschaft sind.

Die technologischen Umwälzungen gehen mit verschiedenen Folgen einher, die man auf verschiedenen Ebenen diskutieren müsste. Zum ersten auf der höchsten Ebene der Gesellschaft an sich. Soziologen sehen die Moderne seit Jahrzehnten in einem technischen, politischen und sozialen Wandel begriffen, für den die entsprechenden Titel noch gefunden werden müssen. Andreas Reckwitz etwa spricht von einer Gesellschaft der Singularitäten (Reckwitz 2017). Die Digitalisierung wird hier zu Recht nicht isoliert, sondern in einem Geflecht gesellschaftlicher Entwicklungen betrachtet. Ökonomie, Arbeitswelten, die private Lebensführung, Politik und Machtkonstellationen werden von digitalen Entwicklungen und digitalen Strukturen vorangetrieben und ergeben insgesamt ein neues, höchst komplexes Bild der Modernität.

Dies hat natürlich auch Auswirkungen auf die Möglichkeitsräume in professionellen Kontexten.

Wie hat sich, so ließe sich mit Experten zum digitalen Wandel fragen, die pädagogische Wirklichkeit verändert, was ist an Schwierigkeiten hinzugekommen, welche pädagogischen Spielräume sind bislang ungenutzt geblieben und welche möglicherweise noch gar nicht erkannt worden (Hanstein/Lanig 2020)?

Da der technologische Wandel auf vielen Feldern eine ungeheure Dynamik hat und viele Innovationen im Rahmen soziologischer Publikationen immer schwer zu erfassen sind (denken wir nur an die neueren Technologien der sogenannten »ChatGPT« und der künstlichen Intelligenz), können wir hier nur einen sehr vorsichtigen Ausblick wagen.

Durchaus fruchtbar erscheint es jedoch, die neueren digitalen »Welten« mit dem klassischen Berufshandeln auf pädagogischer Ebene zu verknüpfen. R. Hanstein und D. Lanig (Hanstein/Lanig 2021; dies. 2022) erkennen gerade in diesem Umfeld digitaler Bildung verschiedene Antinomien des Lehrer-/Lehrerinnenhandelns, die freilich neu zu interpretieren sind. Diese Antinomien werden hier auf eine neue Situation ausgerichtet und erhalten so eine spezifische – und angesichts des beschleunigten Wandels notwendige – neue Interpretation.

Die klassische Antinomie etwa zielt auf den Wissensvorsprung des Lehrenden, der somit immer in einer überlegenen Position ist. Gegenwärtig kann man aber nicht mehr von dieser Asymmetrie ausgehen, denn die sogenannten »Digital Natives« bringen ein eigenes Handlungswissen mit (man müsste ergänzen, dass dies jedoch nur für eine bestimmte Teilgruppe gilt und kritisch für jene Personengruppen hinterfragt werden müsste, denen entsprechende kulturelle Kompetenzen oder materielle Ressourcen fehlen).

Insgesamt sind pädagogische Antinomien im Lehrerinnenhandeln nicht geringer geworden. Die oben erwähnten Subsumtionsantinomien oder die Unsicherheitsantinomien, die sich ohnehin in jedem pädagogischen Setting zeige, werden im

Zusammenhang der Digitalisierung noch einmal verschärft. Man kann es sich bildlich vor Augen halten, wenn man etwa an Erwartungen an eine funktionierende Technik, an die neuen organisatorischen Aufgaben und an die Veränderungen in den sozialen Konstellationen denkt.

Ohne hier die einzelnen Problemquellen auszuleuchten, ist zu bedenken, dass gerade diese neuen technisch bedingten Antinomien eine Form der Ethik benötigen.

»Digitalisierung will verantwortet sein. Dieser Grundsatz ist für die strukturelle, soziale und personale Ebene bedeutend, umso mehr, weil das, was auch hinsichtlich der rechtlichen Aspekte nun vollumfänglich ins häusliche Arbeitszimmer verlagert wurde, dem dienstlichen Bereich gleichsam entzogen, zugleich aber weiterhin in diesem verantwortet sein will« (Hanstein/Lanig 2021, S. 80).

7.9.3 Die Beratung in Zwischenräumen

Unter dem vorrangigen sozialen Gesichtspunkt ist man möglicherweise versucht, den Bereich der Beratung als einen vermeintlich angenehmen Teil der Profession zu bezeichnen, in dem sich eine gewisse kommunikative Vernunft entfalten könne. Dies liegt vermutlich an der ungeheuren Präsenz, die Beratungssituationen und -kontexte in der modernen Gesellschaft einnehmen.

Beratungsthemen umfassen Geschlechterdimensionen, Alter und sexuelle Orientierungen, natürlich Recht, Gesundheit oder Erziehung. Kaum ein Bereich des Sozialen besteht ohne die Möglichkeit, sich intensiv über soziale Probleme in diesem oder jenem Teilsegment auszutauschen.

Wir greifen aus der Vielfalt der Beratungswelten hier die professionelle Dimension (zwischen der Heilpädagogik und der Sozialen Arbeit) in exemplarischer Absicht heraus. Die Gründe dafür sind nachvollziehbar: Medizinische oder juristische, schulrechtliche, gesundheitswissenschaftliche oder wirtschaftliche Beratungsformen sind in hohem Maße abhängig von der Expertise der Beratenden. Die natürliche Asymmetrie wird in diesem Fall erwartet und akzeptiert; alles läuft – zumindest in den meisten Fällen – auf den Austausch von Informationen hinaus, wobei die Klienten/Ratsuchenden sich im besten Fall Hilfen für die richtige Entscheidung »von oben« erhoffen.

Anders verhält es sich in den meisten Kontexten der Sozialen Arbeit. Beratung ist hier grundsätzlich als spontane und auf Freiwilligkeit beruhende Methodik zu verstehen, die einem Klienten zur Klärung einer belastenden, sozialen Situation verhilft. Doch besteht wohl in den meisten Situationen kein Anlass, die Komplexität allein auf ein nicht vorhandenes Wissen oder eine kurzfristige beratende Intervention zu reduzieren. Eher muss man davon ausgehen, dass die Beratung nur einen Teil der verwickelten, erschwerten Lebenslage des Ratsuchenden »aufdeckt«. Gerade dies aber macht die Beratung als Methodik spannend und bedeutsam, weil die helfenden Professionen und die Soziale Arbeit grundlegend auf Kommunikation und Kooperation verwiesen sind.

Nicht, dass man alles auf Beratung beziehen kann – damit würde man ja alle Kontexte der Macht, der Politik oder der Wirtschaftlichkeit stillschweigend übergehen. Zu fragen ist aber, auf welches Professionsverständnis man sich beziehen kann, wenn man die Profession als eine »beratende« beschreibt, genauer: mit welchen Anforderungen an die beteiligten Personen ein solches Verständnis einhergeht.

Prinzipiell handeln die Akteurinnen der Sozialen Arbeit bekanntlich in prekären Zonen und zugleich in einem diffusen Dazwischen:

- zwischen gesellschaftlichen Teilsystemen und der jeweiligen Lebenswelt,
- zwischen verschiedenen Teilrationalitäten – Kultur, Religion, Erziehung, Wirtschaft etc.
- und zwischen verschiedenen Professionen, die zur gelingenden Zusammenarbeit beitragen sollen.

Allein diese Position macht aus der Sozialen Arbeit eine tendenziell beratende Profession. Beratung gilt demnach als eine »kulturell anerkannte Form, komplexe Angelegenheiten individuell klären zu können« (Meyer 2020, S. 135).

Ausgangspunkt eines Beratungsprozesses ist die Wahrnehmung eines sozialen oder individuellen Problems, für das eine spezifische Expertise aufgrund eines äußeren Drucks vonseiten der sozialen Umwelt oder aufgrund eines inneren Erlebens angefragt wird. Im Kontext der Sozialen Arbeit geht es damit zum einen um die Orientierung an der ratsuchenden Person, zugleich um die Einbeziehung eines sozialen Umfeldes.

Beratung findet somit mindestens auf zwei Ebenen statt:

(1) Auf der persönlichen Ebene; hier geht es folglich um die Eröffnung eines kommunikativen Raums, in dem man sich gemeinsam Klarheit über die jeweilige Problemsituation verschafft.
(2) Zudem aber heißt Soziale Beratung auch, »widersprüchliche Strukturen zu balancieren« bzw. »die Verhältnisse selbst, die die sozialen Probleme hervorbringen, als Bestandteile der zu leistenden Arbeit zu reflektieren und auf einer anderen Ebene zu bearbeiten« (ebd., S. 137).

Auf beiden Ebenen wird also eine Verstehensperspektive eröffnet, wobei es nicht allein um die Übertragung von Informationen geht, sondern eher um die Intensivierung der Wahrnehmung auf beiden Seiten. Es ist nicht ganz leicht, die eigentliche Zielbestimmung solcher Beratung unabhängig von einem konkreten Fall zu beschreiben.

Soziale Probleme können bekanntlich komplex und höchst unterschiedlich gestaltet sein:

- Geht es um die klassischen Schulprobleme, Schulversagen oder die Tendenz zum Schulabsentismus?
- Sind pathologische Entwicklungen zu befürchten, die sich in verschiedenen Symptomatiken des Betroffenen abzeichnen?

- Geht es um Arbeitsbeziehungen oder Wohnverhältnisse, kulturelle Lebensformen, Schulden oder Drogenabhängigkeit?

So vielschichtig die Lebenswelten und deren »Bewohner« sind, so lässt sich die Beratung nicht prinzipiell auf eine Anwendungsbasis zurückführen (Nestmann 2014). Als zentral lässt sich hingegen die Herausforderung an beratende Soziale Arbeit bezeichnen, die in der Suche nach einer Verbindung zwischen der individuellen Fallarbeit und den überindividuellen Strukturen besteht. Seit den mittlerweile als klassisch zu bezeichnenden Formulierungen von Thiersch (2019) gilt es, sich der Lebenswelt der Klienten zuzuwenden.

Die Maxime ist gewissermaßen unverzichtbar, doch trifft sie den entscheidenden widerspruchsoffenen Kern dieser Beratungsform. *Vor* einer allgemeinen Orientierung an Lösungsperspektiven ist die Hinwendung und Vertiefung im Modus dialogischen Verstehens sozusagen verpflichtend.

Hier beginnt die Soziale Arbeit, die unabhängig von administrativen Strukturen und sozialen Räumen im Kern immer auf die Frage der Qualität der Beziehungsgestaltung zurückgeworfen ist. Eine Maxime, die im Grunde die berufsethische Verantwortung der Profession umschreibt, aber doch kaum ohne die Wahrnehmung von Spannungsverhältnissen auskommt.

Um eben diese Spannungsverhältnisse zu mildern, vor allem auch die Partizipationsinteressen der Adressaten zu verfolgen, lassen sich hier zwei Formen der Beratung ausdifferenzieren (wobei die Vielfalt von Beratungsformen und -themen natürlich ausgeblendet wird). Zum einen die *kollegiale Fallberatung*, zum anderen die *Alltags- und Lebensweltberatung*. Im ersten Fall geht es um eine interne professionelle Methodik, bei der die Akteure nach Formen des gemeinsamen Problemdialogs fahnden. Im anderen Fall stehen die Klienten in ihrer Grundsituation im Mittelpunkt.

Kollegiale Fallberatung

Die *kollegiale Fallberatung* verfügt über Merkmale, die sie mit verwandten Konzepten und Methoden, etwa der *kollegialen Supervision*, des *Coaching* oder im englischsprachigen Raum mit *Intervision* oder der *peer consultation* teilt. Im Zentrum der Methode steht die reflektierte, zielgerichtete und einvernehmliche Kommunikation einer Fallanalyse, an deren Endpunkt idealerweise eine plausible Lösungsperspektive steht.

Doch müsste man diese Zielstellung differenzieren: Es geht nicht um eine lineare, alternativlose Lösungsdefinition, sondern um das Aufzeigen von Handlungs- und Wirkungsperspektiven. Diese sind dem Ratsuchenden möglicherweise verstellt oder nur halbherzig zugänglich, so dass die Beratung zu einer intensiveren Wahrnehmung des Problemfeldes beiträgt.

Zudem liegt der Wert der Beratung nicht allein in der Suche nach Handlungsoptionen des Betroffenen, sondern auch im Austausch und der Kommunikation unter verschiedenen professionellen Teilnehmern. Durch die spezifische Art der Kommunikation, die im Folgenden präsentiert wird, werden Denkräume geschaffen und Freiheitsgrade des Handelns erhöht und insgesamt die Sensibilität für soziale Probleme geschärft. Darum wird die kollegiale Beratung auch als ein hilfreiches wie überzeugendes Mittel betrachtet, um die professionellen Kompetenzen im Medium der Fallkommunikation zu schärfen (Tietze 2010).

Beratungsprozesse thematisieren im Allgemeinen personen- und berufsbezogene Fallprobleme, sie finden in einer formellen Gruppenkonstellation statt und unterliegen einem strukturierten Ablauf. Allein dies unterscheidet sie von der Vielfalt spontaner Beratungssituationen, in denen »zwischen Tür und Angel« ein Ratsuchender mit einem professionellen Akteur kommuniziert. Hierbei geht es, wie man u. U. aus der eigenen Anschauung weiß, um die Darstellung der Dringlichkeit eines Problems, wobei die Lebensumstände und die situativen Variablen eine befriedigende Kommunikation erschweren – denken wir an die Knappheit der Zeit, ungleiche Machtpositionen, unterschiedliche Einschätzungen der Situation usw.

Anders verhält es sich in der formellen kollegialen Beratung, sie ist insgesamt formeller, strukturierter und unterliegt bestimmten Erwartungen.

Was macht dieses Konzept nun aus? Der Begriff der Kollegialität ist zunächst skeptisch einzuschätzen, denn er hat verschiedene Bedeutungen: Er kann sich auf die formellen Beziehungen in Teamstrukturen beziehen oder auf die Art und Weise des Miteinanders, auch kann unter dem Stichwort kollegial ein schlichtes Teambildungsprinzip verstanden werden.

Gemeinsame Merkmale der kollegialen Beratung erkennt man hingegen an folgenden Aspekten:

- die thematische Zentrierung um einen »Fall« herum,
- die Bildung einer sozialen Gruppe zur gemeinsamen Beratung,
- ein relativ striktes Ablaufschema
- und die Verteilung von spezifischen »Rollen«.

Die erste Kategorie der Fallorientierung ist zugleich die vielleicht komplizierteste. Denn es geht dabei meistens um zweierlei: um einen objektiv zu betrachtenden »Fall«, der jedoch von jemanden mit bestimmten Zielen und Erwartungen ausgewählt wird – und somit erst zu einem diskutablen Fall gemacht wird. Im Zentrum steht zugleich der Ratsuchende, der sich »mit einem Problem rumschlägt« und nach Verbesserungsmöglichkeiten sucht oder einfach nur die Problematik in einem größeren Rahmen wahrnehmen will.

Dieser Unterschied ist zu bedenken, denn in der Sozialen Arbeit ist die professionelle »Fallarbeit« mit spezifischen Methoden verbunden; hier jedoch geht es vorrangig um das psychologische Erleben einer komplexen, herausfordernden oder konflikthaften Situation, für die es keine objektiven Vorgaben gibt. Die Psychologie der Problemwahrnehmung hat in diesem Sinne einen gewissen Vorrang.

Die Empfindung, dass ein soziales Problem zu Belastungen und Dissonanzen führt, steht daher thematisch gewissermaßen an erster Stelle – auch wenn es explizit nicht um tiefenpsychologische Analysen gehen sollte. Die Struktur der helfenden Professionen ist aber bekanntermaßen mit subjektiven Bewertungen, damit einhergehenden Handlungszwängen und -unsicherheiten inklusive scheiternder Interventionen eng verknüpft. Weil sich die Praxis sozialer Probleme nicht in schematischen Lösungen erschöpft, ist der individuelle Zugang zu den Sachen selbst von höchster Relevanz (und dies gilt unabhängig von den vielen Kompetenzen, die der Professionalität zugeschrieben werden).

K. O. Tietze beschreibt drei Beispielfälle, die einen Anlass zu kollegialer Beratung geben:

> »In meinem Team beobachte ich Spannungen zwischen drei Mitarbeitern und einem vierten. Die drei schneiden ihren Kollegen und enthalten ihm wichtige Informationen vor. Wie kann ich als Führungskraft zieldienlich auf diese Situation einwirken?«
> »Die Kontaktaufnahme zu einer Mutter, die vom Jugendamt vermittelt wurde, gestaltet sich als schwierig, sie hat bisher alle vereinbarten Termine abgesagt. Wie kann ich unter diesen Umständen eine hilfreiche Kooperationsbeziehung aufbauen?«
> »Gegen einen prominenten Politiker besteht ein Anfangsverdacht, der Strafermittlungen rechtfertigen würde. Schon das Einleiten von Strafermittlungen würde heikle Auswirkungen haben. Wie kann ich mit Blick auf die vorliegenden Informationen weiter vorgehen?« (Tietze 2016, S. 311)

Alle drei Beispiele scheinen nahezulegen: Es gibt nicht nur Zwänge, sondern auch Antinomien professionellen Handelns, über die man Klarheit erlangen müsste. Denken wir an das Beispiel der Kooperationsverweigerung einer Kindesmutter unter der Beobachtung des Jugendamtes.

Die Antinomie, also die innere Widersprüchlichkeit, ergibt sich aus den Handlungsbedingungen selbst:

- Die Autonomie der Adressaten soll gewahrt werden, muss aber ein Stück weit untergraben werden, will man »weiterkommen«.
- Im weitesten Sinne erweist sich die Art der Problembearbeitung als ungewöhnlich, weil gewissermaßen die eine »Lebenspraxis« für eine andere Lebenspraxis stellvertretend Verantwortung übernehmen muss (Helsper 2016, S. 53).

Eben darum ist die Beratung eine anspruchsvolle Methodik im Umfeld helfender Professionalität: Das soziale Problem kann sehr gründlich analysiert werden und allen Beteiligten vor Augen liegen; doch bleiben immer dunkle Flecken der sozialen Situation. Welche Erwartungen auf allen Seiten bestehen, ob sich eine Teilautonomie der Adressaten entfaltet hat oder ob man eher Gefühle der Ohnmacht unterstellen muss, ob zudem eine Eigenproblematik zugrunde liegt, die tiefere und intensivere Interventionen verlangt: Dies alles bleibt den Ratgebenden strukturell verborgen.

Kooperative und kollegiale Beratung kommt an der »*grundlegenden Ungewissheit und emergenten Offenheit*« jeder Lebenspraxis nicht vorbei (ebd.). Umso wichtiger erscheint es, im Blick auf die kommunikativen Prozesse zu betonen, dass es um die Wahrnehmung einer problematisch erlebten Situation geht. An dem Endpunkt eines Dialogs steht nicht zwingend eine konkrete Handlungsanweisung, sondern unter Umständen die Einsicht in Entscheidungsdilemmata, in einen Rollenkonflikt oder die Trennung einer professionellen von einer privaten Thematik.

Dazu wird, wie oben angesprochen, eine formale Gruppe gebildet, die in gruppendynamischer Hinsicht arbeitsfähig ist. Die Qualität der Beratung hängt dann von dem Ablaufschema ab, das von den Beteiligten mitgetragen werden müsste. Dazu zählen wiederum verschiedene Aspekte, vor allem die Übernahme von virtuellen Rollen (Tietze 2016, S. 313 ff.):

Ein Ratsuchender wird zum *Fallerzähler*, er stellt die von ihm wahrgenommene Problematik vor und öffnet sich den *Verständnisfragen*. Er formuliert zudem eine »*Schlüsselfrage*« (ebd.), die den Kern des Problems auf den Punkt bringt und die inhaltliche Richtung vorgibt. Ein vorab gewählter *Moderator* übernimmt die Gesprächsführung und führt durch die einzelnen Phasen des Ablaufs. Die Teilnehmer werden sodann zu *Beratern und Beraterinnen*, deren Aufgabe sowohl im kognitiven Verstehen als auch in der emphatischen Begleitung liegt. Sie nehmen zu dem Problem in unterschiedlichen dialogischen Formen Stellung: in der konsequenten Perspektivübernahme oder kraft subjektiver Betroffenheit. Die kommunikativen Schritte werden protokolliert und dem Fallerzähler schließlich zur Verfügung gestellt.

Der Ablauf einer professionellen Beratung verfährt idealtypisch in einem recht strikten Format: Einem *Casting* folgt die Festlegung der einzelnen *Rollen*. In der *Spontanerzählung* werden die Details der Problemsituation geschildert. Hier kommen jedoch weitere Kompetenzen der Teilnehmer und Teilnehmerinnen zum Ausdruck. Um die Erlebensweise auf die wichtigsten Gesichtspunkte zu lenken und die entscheidenden Kriterien der Situation herauszuarbeiten, sind Gesprächs- und Dialogkompetenzen gefordert, die zwar lösungsorientiert sind, aber zugleich der Bedürfnislage des Ratsuchenden entsprechen müssten. Wie genau sind solche empfindlichen kommunikativen Prozesse zu bewältigen?

Ein kurzer Seitenblick auf die Grundlagen der Kommunikationstheorie und -praxis können weiter helfen.

Neuere Ansätze sprechen hier von »coaching«, um gemeinsame Ziele und dabei idealtypisch eine Rollenklarheit und Möglichkeiten der Selbstreflexion zu erreichen.

Die Variablen sind jedoch durchaus anspruchsvoll:

- Sie sind zum einen »*systemisch*«: Die individuelle Darstellung eines Falls wird in einem weiten Horizont von Bezügen und Rollen, also vor allem als Zusammenspiel verschiedener Strukturen und Regelungen begriffen.
- Coaching ist darüber hinaus vom erkenntnistheoretischen Hintergrund *konstruktivistisch*: Die Wahrnehmung entsteht demnach »als aktiver Konstruktionsprozess auf der Grundlage individueller Lebenserfahrung und gegenwärtiger Motivationslage« (Fischer-Epe 2012, S. 29; Schulz v. Thun 1998).
- Zudem basiert diese Form der Kommunikation aber auf *humanistischen Grundwerten*, die hier als »Verantwortung, Achtsamkeit, Würde und Toleranz« bezeichnet werden (Fischer-Epe 2012, S. 30). Die Ermutigung zur Verantwortungsübernahme sei mit diesen Werten eng verknüpft: Der »coachende« Dialog

zielt insofern insgesamt auf die Stärkung der Person, die Ermutigung, eigene Entscheidungen zu treffen und die individuelle Entwicklung zu fördern.

An diesem Punkt zeigen sich doch auch erhebliche Differenzen, die sich im Zugang zur Person zeigen. Im geschilderten Fall geht es um die Stärkung der Person, um die Aktivierung ihrer Potentiale (was nicht selten auf spezifische Ebenen von Führungskräften oder Personalentwicklung zielt).

In der kollegialen Beratung müssen die Bedingungen der Praxis tiefenschärfer erfasst werden, was das Zusammenspiel zwischen den individuellen Wahrnehmungen und den strukturellen Bedingungen betrifft. Das Ablaufschema zerfällt demnach in übersichtliche Teile, die für die Teilnehmenden hilfreich sind: Der Formulierung einer stimmigen und praktikablen Schlüsselfrage folgt die Methodenwahl, Anregungen, Vorschläge, die sich als mehr oder weniger sinnvoll, hilfreich, umsetzbar erweisen (Tietze 2016, S. 314).

Im Hintergrund stehen jedoch – dies kann man vermutlich nicht oft genug betonen – Antinomien, die nicht kommunikativ »entzaubert« werden und erst in langfristigen Reflexionen vergegenwärtigt werden können. Helsper spricht von verschiedenen Antinomieformen, die auf den »*Hiatus von Entscheidungszwang und Begründungsverpflichtung*« zurückgehen (Helsper 2016, S. 54): die Begründungsantinomie, die Praxisantinomie, die Subsumtionsantinomie, die Symmetrie- und Vertrauensantinomie.

Die Begründungsantinomie drückt sich in der Verantwortung des Professionellen aus, das Handeln an begründbaren Werten zu orientieren, die jedoch fast immer unter Entscheidungsdruck und einer Handlungsdynamik stehen (die Prozesse im Kontext von Kindeswohlgefährdung sind hier vielleicht das prägnanteste Beispiel). Das Handeln unterliegt einer Praxisantinomie: Der Handlungsdruck wird durch wissenschaftlich gestützte Erkenntnisse gemildert; doch diese beiden Ebenen passen nicht immer zusammen.

Was sich wissenschaftlich als »logisch« erweist und einer höhersymbolischen Sinnwelt entstammt, ist in der Lebenswelt nicht immer leicht oder verständlich kommunizierbar (Schütze 2016, S. 74). Weitere Formen der Antinomie sind zu bedenken, etwa die »Subsumtionsantinomie« sowie die »Symmetrie- und Vertrauensantinomie« (Helsper 2016, S. 55). Stark pointiert ließe sagen, dass der Professionelle zu Reduktionen, Verallgemeinerungen, Typisierungen und Machthandlungen gezwungen ist, die insgesamt den berufsethischen Kodex ein Stück weit unterlaufen. Eine Problematik, die sich vermutlich in vielen Fallsituationen als belastend und herausfordernd erweist.

Die individuelle Einzigartigkeit der lebensweltlichen Situation muss an manchen Punkten auf verallgemeinernde Kategorien des Fallverstehens bezogen werden, um auf dem professionellen Feld handlungsfähig zu bleiben (manche sprechen an dieser Stelle von plausiblen Schema-F-Lösungen); es treffen also die Ganzheit der Biografie und die Spezialisierung der Helfer aufeinander.

Auch die Kategorie der Symmetrie ist zu bedenken; zwar gilt die Orientierung an Werten der Integrität und Autonomie der Klienten, doch können die Machtungleichgewichte damit nicht aus der Welt geschaffen werden. Antinomisch ist auch dieser Zusammenhang, insofern das pädagogische Merkmal der Unverfügbarkeit und Ungewissheit hervorsticht: Der Gegenüber soll nicht unterworfen oder diszipliniert werden, sondern zu einer Einsicht geführt werden, die ohne Dominanz und ohne Zwang gestiftet wird. Auch das Vertrauen bleibt, wie mehrfach angesprochen, ohne festen Halt als ein fragiles Motiv, das jederzeit von Auflösung bedroht ist.

Dies alles macht die kollegiale Beratung zu einem Verfahren, das in einer gewissen diskursiven Höhe der Abstraktion verbleibt, was nicht bedeutet, dass es keinen praktischen Nutzen erhält. Festhalten ließe sich, dass dieses Verfahren auf einer spezifischen Ebene der interprofessionellen Zusammenarbeit als dienlich und hilfreich erscheint. Die Möglichkeiten der Beratung auf einer unmittelbaren, praxisbezogenen Ebene ergänzen und komplettieren diese Form, wie zu zeigen ist. Das Agieren auf unterschiedlichsten Ebenen des Sozialen gehört zu den wesentlichen Anforderungen moderner Professionen. Im Kontext der helfenden Professionen ist die Unterschiedlichkeit dieser Ebenen allerdings besonders hervorzuheben.

Es zählt somit zu den wichtigsten Aufgaben, zu beschreiben, unter welchen Bedingungen professionelle Kompetenzen in der Nähe der Lebenswelt von Klienten gefordert werden. Auch hier werden im weitesten Sinne Aspekte von Beratung berührt, wobei dem Verhältnis von Nähe und Distanz eine größere Bedeutung zukommt (Dörr 2019).

Nähe und Distanz sind auf den ersten Blick leicht zu definierende Kategorien. Nähe ist *interexistentiell verankert*, sie ist uns im Blick auf *Freundschafts- und Verwandtschaftsbeziehungen* vertraut. Die Distanz erscheint demgegenüber in einer psychologischen Vielfalt: wenn wir uns bewusst aus einem Geschehen zurückziehen, räumliche Entfernungen einnehmen oder durch besondere Erfahrungen von einer Beziehung entfremdet werden.

Die Bedeutung von Nähe und Distanz

Das Kategorienpaar von Nähe und Distanz wurde hier mehrfach angesprochen. Die Differenz zeigt sich jedoch im professionellen Kontext als durchaus vielschichtig. Wir versuchen im Folgenden, diese Ebenen mit Blick auf die Professionstheorie herauszuarbeiten.

Die erste Annäherung an das Spannungsfeld ist möglicherweise irritierend, weil es sich auf intime und scheinbar außerprofessionelle Aspekte menschlicher Existenz erstreckt. Die unmittelbare Erfahrung von Nähe oder Distanz drückt sich naturgemäß über unseren Leib aus. Der eigene Körper mit all seinen Sinnen ist der Ankerpunkt in pädagogischen Arbeitsfeldern, was mit Blick auf soziale Strukturen oder kognitive Repräsentationen leicht vergessen wird. Einige Aussagen zur Theorie der Leiblichkeit/Körperlichkeit sind daher den Überlegungen voranzustellen.

Die Herstellung von Nähe und die Notwendigkeit von Distanz sind professionelle Kompetenzen. Sind sie objektiv messbar, so wie man Zeit und Raum nach objektiven Kriterien einteilt? Wie man seinen Körper im Raum platziert und ausstellt, ist demgegenüber ein verwickeltes und nichtobjektivierbares Phänomen. Die moderne Philosophie spricht von einer Illusion der Autonomie des eigenen Leibes (Meyer-Drawe 2000; Waldenfels 2016). Unser Leib ist als ein habitueller, in sozialen Strukturen eingebetteter Leib erst richtig verstanden. Das heißt, wir verfügen zwar über Rechte, aber der Leib an sich ist in Beziehung zu gesellschaftlichen Beziehungen zu setzen.

Körperlichkeit und Leiblichkeit haben eine sexuelle und sinnliche Komponente. Dies bedeutet nicht die Dominanz unterbewusster Affekte im Sinne der Psychoanalyse, sondern den Zusammenhang von Lernen, Entwicklung, Sozialisation und Affektivität zu begreifen. Unser Leib ist »libidinös besetzt«, das heißt, wir entwickeln uns auf der Grundlage einer sexuellen Identität, die das Begehren, die sexuelle Orientierung, erfahrene Antipathien und Sympathien, unangenehme und angenehme Bezüge zu Anderen umfassen. Diese Aspekte sind natürlich kein »Thema« und kein Gegenstand unserer professionellen Handlungen, aber eine unabweisbare Bedingung.

Je bewusster sich man diese anthropologischen Bestimmungen menschlicher Existenz macht, umso klarer werden die (un-)ausgeschöpften Räume zwischen Nähe und Distanz. »Der Leib«, so Hans Thiersch, »verkörpert daher im wörtlichen Sinne das Wissen um räumliche An- und Abgrenzungen, Verortungen, Vernetzungen und ist somit für den Menschen die wesentliche Instanz, die zwischen Innen und Außen, Nahem und Fernen, hier und dort entscheidet« (Thiersch 2019, S. 14). Entscheidend für den lebensweltorientierten Bezug ist die Betrachtung einer eigenen Lebensweise, die für die Subjekte eben dieser Lebenswelt prägend war und ist. In dem, was wir unreflektiert Alltag nennen, gestalten sich die subjektiven Erfahrungen von Raum, Zeit, sozialen und wirtschaftlichen Beziehungen, darüber hinaus aber auch von Dimensionen der Ferne und Nähe.

Es geht bei den Kategorien also nicht allein darum, das eigene professionelle Nähe/Distanz-Verhältnis zu reflektieren, sondern zu erkennen, wie sich aus Sicht der Betroffenen die alltägliche Selbstverständlichkeit überhaupt darbietet. Wir müssen also Selbstverständlichkeiten ein Stück weit in die Überlegungen einbeziehen, weil sie der erste Ansatzpunkt aller weiteren professionellen Bemühungen sind. Die Kategorien von Nähe und Distanz bestimmen die Rollenbezüge und -wahrnehmungen der Menschen in ihrer spezifischen Lebenswelt. Zu fragen ist, wie sich die Beziehungen zu Verwandten, zu den Freunden und Bekannten gestalten lassen und welche gemeinsame Geschichte sich darin abbildet.

Allein unter dem Gesichtspunkt einer »Ressource« ist dieses Netz von Beziehungen nicht zu verstehen (Möbius/Friedrich 2010), sondern bereits vor der Analyse als ein historisch gewachsenes Verhältnis von erfahrener Nähe und Distanz. Brüchige Beziehungen, Trennung oder Scheidung, offene oder verdeckte Konflikte, auch Aspekte von Gewaltsamkeit werden in diese Erfahrungsmuster eingeschrieben. Für die Rollentheorie und alle daraus folgenden Aspekte der Beratung ist zu beachten, dass das Gefüge einer Rolle in sich ein komplexes Gebilde ist. Die Rollenbeziehungen und Anforderungen sind instabil und dynamisch und müssen immer wieder neu ausgehandelt oder definiert werden.

»Indem diese Konstellationen von Nähe und Distanz immer Ausdruck subjektiver Deutungen und Handlungsintentionen sind, ergeben sich notwendig Differenzen in der Herstellung des gemeinsamen, die Beziehung fundierenden Verständnisses von Nähe und Distanz« (Thiersch 2019, S. 44).

Die professionellen Bemühungen haben insofern eine klare präzise Struktur, die aber umso schwieriger umzusetzen ist. Es geht – neben dem eigenen, bewussten Nähe/Distanz-Verhältnis in der lebensweltlichen Beziehung darum, ein gelingendes, lebensdienliches Verhältnis bzw. eine gute Balance im Alltag zu erreichen. Wenn wir davon ausgehen, dass die lebensweltlich eingelagerten sozialen Probleme den Anlass der Beratung bilden, kann das Ziel genauer formuliert werden: Es liegt in der »Erweiterung und Relativierung lebensweltlicher Erfahrungen« (ebd., S. 45). Auch hierfür lassen sich keine Masterpläne angeben, kein fertiges Muster, das nur noch auf seine Umsetzung wartet.

Das Ziel, eine Balance zwischen Nähe und Distanz zu erreichen und die Entfaltungsmöglichkeiten in lebensweltlichen Bezügen zu erweitern, ist zwar plausibel, aber noch nicht erschöpfend. Stellen wir die professionelle Optik etwas schärfer, um zu sehen, was sich aus professionsethischer Sicht an Herausforderungen ergibt. Die allgemeineren Bedingungen des Aufwachsens in unsicheren Lebenswelten wurden bereits erwähnt; hier kommt es darauf an, die Dynamik der professionellen Beziehungen vor dem Hintergrund der Risikogesellschaft zu entschlüsseln.

Fragen wir nun konkreter, wie sich Nähe und Distanzen in konkreten Handlungsfeldern auswirken. Was sind die normativen Ziele der pädagogischen Profession in Bezug auf Kinder und Jugendliche in unsicheren Verhältnissen?

Nennen lassen sich folgende Aspekte:

- ein ganz allgemeines Interesse am »Werden«, also an einer guten, integrativen Entwicklung auf der Basis personaler Autonomie,
- die Ermöglichung von Beziehungen und Bindungen, die sich trotz erfahrener Desintegration als sicher und belastbar erweisen,
- der Erwerb einer stabilen Persönlichkeitsentwicklung, die auf Selbstakzeptanz und Zutrauen in eigene Stärken gründet.

Es sind Ziele, die vielleicht nur die oberflächlichsten Merkmale einer guten Entwicklungstheorie betonen. Entscheidend für die pädagogische Professionstheorie ist indes der Bezug zu einem Gegenüber, dessen Entwicklungsfähigkeit aus verschiedensten Gründen gehemmt ist.

Die Felder, auf denen solche Entwicklungsproblematiken »bearbeitet« werden, sind vielfältig; sie umfassen Bildungseinrichtungen mit integrativen Zielen, offene Bildungsangebote, therapeutische Felder, klinische Institutionen, heilpädagogische Einrichtungen und vieles mehr. Jeweils ist aber der Personenbezug zentral, um die oben erwähnten Ziele zu erreichen. Welche Kompetenzen dafür erforderlich sind, ist allerdings nicht mit *einem* theoretischen Paradigma allein zu erklären.

Nahe liegt zum einen die Tradition der Personenförderung, die sich vorrangig auf die charakteristischen Motive der Humanistischen Psychologie bezieht (Rogers 1973).

7.9 Herausforderungen der Berufsrolle: Helfende Professionen im Zwielicht

> Hier ist die Rollendefinition in einer Fülle von positiven Bildern vorzustellen:
>
> - Man ist »Facilitator«, Lernhelfer, der das Lernen und Arbeiten erleichtert,
> - man ist Berater in rechtlichen und entwicklungspsychologischen Kontexten, Coach im Sinne einer förderlichen Assistenz, die dem Gesichtspunkt der Autonomiewahrung Vorrang gibt,
> - schließlich auch Mediator in Beziehungsdimensionen und Konfliktschlichter im pädagogischen Alltag.

Diese Rollenausschnitte werden bei aller Differenz durch eine gemeinsame normative Orientierung überwölbt, wobei es unabhängig vom Titel stets darum geht, die Lernenden auf ihrem eigenen Weg zu unterstützen und ihnen ein Klima der Akzeptanz zu bieten, das größtmögliche Entwicklungsmöglichkeiten eröffnet (Truninger 2021, S. 53 ff.).

Schluss: Heilpädagogik zwischen Lebensformen

Es waren verschiedene inhaltliche Akzente, welche die Form der vorliegenden Darstellung geprägt haben, doch ging es zugleich um eine systematische Zielstellung. Im Begriff der Personorientierung wurden die entscheidenden Motive gesucht, die für heilpädagogisches Denken und Handeln bedeutsam sind. Die Auseinandersetzung fand daher auf einer basalen Ebene heilpädagogischer Praxis statt; und insofern mag man die Reflexion als ein Stück weit *konservativ* beurteilen. Ein solches Urteil wäre indes durchaus legitim, wenn man sich auf das Bewahrenswerte bezieht, das im Umfeld der Arbeit mit Menschen in schwierigeren Lebenssituationen hervortritt.

Eine weiterführende Auseinandersetzung mit dem Fundament der Heilpädagogik käme sicherlich zu anderen Schwerpunktsetzungen. So wäre zum Beispiel zu fragen, wie sich die zeitgenössische Heilpädagogik unter dem Druck der gesellschaftlichen Krisensymptome verändert; oder auch, wie die Pädagogik im weitesten Sinne in der *Begegnung mit Lebensformen* sich behaupten könnte.

Ein Seitenblick zur zeitgenössischen Philosophie ist hier angezeigt: Die Philosophin Rahel Jaeggi versteht unter Lebensformen eine Gesamtheit kultureller Praktiken. Der Begriff ist bewusst neutral formuliert und ist somit flexibel einsetzbar. In der Welt herrscht eine Vielheit von Lebensformen, die dynamische soziale Formationen darstellen und im Bild einer sozialen Gruppe vorzustellen sind. Weder als große übergreifende Kultur noch als Klasse noch als homogene Gemeinschaft ist diese Form zu verstehen, sondern als eine Gesamtheit von Praktiken, die verschiedene Individuen gemeinsam ausüben. Wir begegnen diesen Formen also gewissermaßen jederzeit und an jedem denkbaren Ort, an denen sich Individuen durch eine gemeinsame Praxis auszeichnen.

Was diese Form vorrangig bestimmt, ist ihr Funktionieren inmitten gesellschaftlicher Komplexität, zudem ihre normative Verbundenheit, die sie gegen diverse Probleme und Herausforderungen schützt. Die Praktiken greifen ineinander, knüpfen ein Band des Zusammenhalts, stiften Identität, sind aber zugleich dynamisch und flexibel. Sie können sich verändern und tun dies auch, wenn die Zeitumstände dies erfordern.

Bevor wir nun genauer erfassen, was genau an diesem Bild der Lebensform kritikwürdig ist, ist eine konkretere Bestimmung inhaltlicher Art angezeigt. Lebensformen umfassen, wenn wir diese Beschreibung übernehmen wollen, soziale Formationen, die es uns ermöglichen, uns in bestimmter Weise zueinander zu verhalten. Der große Vorteil liegt womöglich – wie angedeutet – in der Entlastung vom Kulturbegriff, ebenso wie von den großen Gebilden, sprich der Religion, der Herkunft oder der Nation. Waren diese Begriffe nie vom Verdacht zu befreien, die

Wirklichkeit der Menschen nur verzerrt abzubilden, so hilft der Titel der Lebensform aus dieser Engführung heraus. Denn Lebensformen, die sich als gemeinsame Praktiken bestimmen, können noch die größte Widersprüchlichkeit und die stärkste Heterogenität abbilden.

Wir begegnen Lebensformen beispielhaft, wenn wir unser Handeln mit Sinn und Bedeutung verknüpfen, in der Arbeit oder in der Liebe, im Blick auf Wertsphären und ideologische Gebilde, im Zusammenhang von spontanen oder dauerhaften Assoziationen. Der Anschluss an die vielgestaltigen Professionen der Pädagogik liegt hier nahe und kann zumindest angedeutet werden.

Auch die Art und Weise, wie wir das Phänomen der Behinderung im Denken und im Tun erfassen, hat mit der Entfaltung von Lebensformen zu tun. Wir können uns auf die Seite eines Menschen stellen und nachvollziehen, wie *ein Leben gelebt, geführt oder auch eingeengt* wird. Die sozialen, kulturellen und materiellen Fäden bilden hier zusammen ein Netz, das man Lebensform nennen kann – und für das die Soziologie weitere Titel bereit hält, denken wir an *die Lebenslage, die Lebenswelt, die Mangelsituation* und weiteres. Eine weitere Parallelität: Auch die uns vertraute Praxis der Heilpädagogik, die wir hier als Form einer Arbeits- und Hilfebeziehung fassen können, verdient die Überschrift Lebensform. Denn sie umfasst eine Vielzahl von Praktiken, die ein erkennbares, verbindendes Gefüge ergeben. Wir greifen diese Beschreibung weiter oben wieder auf und werden dann eine weitere wichtige Dimension eröffnen, die dann aber in der Konfrontation mit Lebensformen liegt.

Lebensformen sind, wie gezeigt, sinnhafte Gemeinschaftsformen, die sich quer durch kulturelle Formationen ziehen und sich inmitten der modernen Gesellschaft verorten. Sie können demnach empathisch begrüßt werden und gewissermaßen mit interner Würde verknüpft werden. Sie genießen den Schutz unseres modernen Gerechtigkeits- und Rechtsempfindens, solange sie den Individuen Nähe, Orientierung und Identität verleihen.

Doch eben an diesem Punkt hakt die Kritik umso schmerzhafter ein: Für die Sozialphilosophie stellt sich bei näherer Betrachtung ein Unbehagen gegenüber spezifischen Lebensformen ein. Denn diese müssten – so Jaeggi – sich als lernfähig und dynamisch erweisen, sie müssten sich über die Zeitläufe hinweg auf Problemlösungen einlassen, die ihnen von der Umwelt und den sich verändernden Zeitumständen aufgezwungen werden. Lebensformen könnten sich demnach nur bewähren und auf Dauer stabilisieren, wenn sie sich anpassen. Im schlechteren Fall haften Lebensformen an ihrer Vergangenheit, verengen ihre Wahrnehmung und fixieren sich auf das einstmals Erreichte. Sie verhindern auf diese Weise die Lernprozesse, die ihnen von der Welt diktiert werden. Solche Veränderungen werden – ganz im Sinne einer Hegel'schen Dialektik – durch die Verschränkung von individuellen und überindividuellen Prozessen vollzogen. Lebensformen lernen im Maße, wie Kollektive lernen; Anpassungs- und Veränderungsbereitschaft entsteht sowohl im Ganzen wie auf der Ebene der einzelnen Individuen. Wer sich in diesem Sinne nicht verändert oder anpasst, verliert sich im Dickicht der Moderne und wird kritisierbar.

Wie weit diese Interpretation von Lebensformen reicht, deren Überlebensfähigkeit an fundamentale Lernprozesse geknüpft wird, lässt sich kaum ermessen. Man wird ungewollt auf das offensichtlich dringlichste Problem unserer Zeit gestoßen, das mit möglichen oder unmöglichen Anpassungen im Zeitalter des Anthropozäns verbunden ist (Latour 2017). Das Motiv ist unabweisbar: Kulturen, die wir nun in Analogie verwenden können, sind auf Lernprozesse angewiesen, wenn sie nicht untergehen wollen. Sie müssen sich als rational in einem geschichtlichen Verlauf erweisen und adäquate Antworten auf Herausforderungen geben. Wenn sie indes in Angst und starren Konventionen verharren und sich in ideologische Überzeugungen flüchten, untergraben sie ihr eigenes Ethos.

An diese These der Kritikwürdigkeit von Lebensformen, die zugleich eine sublime Form der Verteidigung ist, könnte weiterführend angeknüpft werden. In der angesprochenen Konstellation ist eine für die Heilpädagogik wegweisende »Botschaft« enthalten, wobei wir hier die Profession der Heilpädagogik keineswegs gegen verwandte helfende Professionen abschotten wollen, sondern sie als gleichartige Teile eines professionellen Sinnzusammenhangs verstehen.

Die Konstellation lässt sich in verschiedener Blickrichtung entfalten: im Sinne einer internen Beschreibung, wie sich Lebensformen in einer Umwelt bewähren und wie sie ihr Leben gestalten. Ferner im Sinne einer Praxis, bei der verschiedene Akteure gleichartige und doch einzigartige Tätigkeiten mit Anderen vollziehen. Schließlich im Horizont eines umfassenden Weltbezugs, der gewissermaßen dem Anspruch unterliegt, der Welt sinnverstehend gegenüberzutreten.

Wir können den Begriff der Lebensform für die heilpädagogische Reflexion mit Gewinn aufgreifen und zeigen, dass die *Beschreibung* von behinderten, eingeschränkten und belasteten Lebensformen selbst bereits eine Errungenschaft ist. Die Heilpädagogik als entsprechende Reflexionsform hat sich über die Zeiten als unverzichtbar erwiesen, weil sie in allen gesellschaftlichen Phasen ein Ethos geschärft hat; zugleich zeigt sich, dass erst die Verfeinerung der Begriffe und Kategoriensysteme dieses Ethos stabilisiert. Wir können bis zu diesem Punkt das Motiv der Würde von Lebensformen aufgreifen und diesem einen lebensdienlichen Sinn zusprechen.

Die Heilpädagogik ist zudem eine Lebensform; eine mit Eigensinn verknüpfte *Tätigkeit der Hilfe*. Was immer genauer diese Tätigkeit bezeichnet – begleitende Formen der Assistenz, unterstützende Formen der Therapie und Pädagogik –, sie entspricht im weitesten Sinne der oben beschriebenen Sozialtheorie. Wenn von »Heilpädagogik« die Rede ist, wird eine spezifische Praxis umschrieben, die sich als veränderbar, lernfähig und flexibel erweist. Diese Praxis muss sich unter besonderen kulturellen Umständen selbst wahrnehmen, eigene Werte und Prinzipien ausbilden und zugleich neue Wertgesichtspunkte in ihr Selbst aufnehmen.

Kann sie dies nicht, verliert sie die Bindung zu ihrer sozialen Umwelt. Es dürfte spannend sein, nachzuverfolgen, wie sich die Heilpädagogik als Profession einem solchen Wandel unterzogen hat; ob sie sich als kritikfähig erwiesen hat. Einiges spricht dafür, was sich bereits an der programmatischen Ausrichtung ablesen lässt und exemplarisch an der sogenannten *Trias der Inklusion* (Boban/Hinz 2003) demonstriert werden könnte. Diese stellt bekanntlich eine Alternative zur älteren Lebensform dar, die eine *Sonderanthropologie des behinderten Menschen* vertrat. Die Kritik der Lebensformen wäre hier gleichzusetzen mit dem Wandel der Leitbilder. Ein neues Denken, ein neues Bild des Menschen mit Behinderung hat sich im Diskurs durchgesetzt oder zumindest einen Anstoß für Veränderungen bewirkt. Wie weit diese Kritik der Lebensform reicht und wo sie endet, wird zu fragen sein.

Literaturverzeichnis

Ahrbeck, Bernd: Inklusion. Eine Kritik. Stuttgart: Kohlhammer 2014
Amirpur, Donja: Migrationsbedingt behindert? Familien im Hilfesystem: Eine intersektionale Perspektive. Bielefeld: transcript 2016
Amos, Sabine K.: Zero Tolerance an öffentlichen Schulen in den USA – amerikanisches Syndrom oder Symptom für eine Neubestimmung gesellschaftlicher Mitglieds- und Erziehungsverhältnisse? In: Zeitschrift für Pädagogik 52, 2006, Heft 5, S. 717–713
Antonovsky, Anton: Unraveling the mystery of health. How people manage stress and stay well. San Francisco 1987
Ders.: Salutogenese. Zur Entmystifizierung der Gesundheit. Tübingen 1997
Arendt, Hannah: Wir Flüchtlinge. Stuttgart: Reclam 2016, Neuaufl.
Arnold, Rolf/Gonon, Phillip/Müller, Hans J.: Einführung in die Berufspädagogik. Opladen, Toronto: B. Budrich 2016
Axline, Virginia: Kinder-Spieltherapie im nicht direktiven Verfahren. München: Reinhardt 2016 (übersetzt von R. Bang)
Bandura, Albert: Sozial-kognitive Lerntheorie. Hrsg. von Rolf Verres. Stuttgart: Klett Cotta 1991
Baumann, Zygmunt: Die Angst vor den Anderen. Ein Essay über Migration und Panikmache. Frankfurt am Main: Suhrkamp 2016
Beck, Norbert (Hrsg.): Therapeutische Heimerziehung. Grundlagen, Rahmenbedingungen, Methoden. Freiburg i. Breisgau: Lambertus 2000
Beck, Ulrich: Was ist Globalisierung? Irrtümer des Globalismus – Antworten auf die Globalisierung. Frankfurt am Main: Suhrkamp 1997
Ders.: (Hrsg.): Perspektiven der Weltgesellschaft. Frankfurt am Main Suhrkamp 1998
Beck-Gernsheim, Elisabeth: Die Kinderfrage heute. Über Frauenleben, Kinderwunsch und Geburtenrückgang. München: Beck 2006
Becker, David: Die Erfindung des Traumas. Verflochtene Geschichten. Freiburg: Edition Freitag 2006
Becker-Lenz, Roland et al. (Hrsg.): Professionalität in der Sozialen Arbeit. Standpunkte, Kontroversen, Perspektiven. Wiesbaden: Springer VS 2013
Behr, Michael: Die interaktionelle Therapeut-Klient-Beziehung in der Spieltherapie – das Prinzip Interaktionsresonanz. In: Ders./Dagmar Hölldampf/Dorothea Hüsson (Hrsg.): Psychotherapie mit Kindern und Jugendlichen. Personzentrierte Methoden und interaktionelle Behandlungskonzepte. Göttingen, Bern, Wien, Paris, Oxford, Prag: Hogrefe 2008, S. 37–56
Behr, Michael/Hölldampf, Dagmar/Hüsson, Dorothea (Hrsg.): Psychotherapie mit Kindern und Jugendlichen. Personzentrierte Methoden und interaktionelle Behandlungskonzepte. Göttingen, Bern, Wien, Paris, Oxford, Prag: Hogrefe 2008
Bender, Christiane: Freiheit, Verantwortung, direkte Demokratie. Zur Relevanz von Demokratie heute. In: Aus Politik und Zeitgeschichte 62. Jg, Nr. 46/47, 2012, S. 49–54
Berthold, Tomas: In erster Linie Kinder. Flüchtlingskinder in Deutschland. Köln: Deutsches Komitee für UNICEF e. V. 2014
Biddis, Michael: Father of Racist Ideology. The social and political thought of Count Gobineau. London 1970
Binding, Karl/Hoche, Alfred: Die Freigabe der Vernichtung lebensunwerten Lebens. Ihr Maß und ihre Form. Leipzig 1920

Birkmann, John: Measuring Vulnerability to Natural Hazards: Towards Desaster Resilient Societies. United Nations University Press 2006
Bleidick, Ulrich: Pädagogik der Behinderten. Grundzüge einer Theorie der Erziehung behinderter Kinder und Jugendlicher. Berlin: Marhold 1984
Ders.: Theorie der Behindertenpädagogik. Handbuch der Sonderpädagogik Band I. Berlin: Marhold 1985
Boban, Ines/Hinz, Andreas (Hrsg.): Index für die Inklusion. Halle Wittenberg: Martin Luther Universität 2003;
Eberwein, Hans (Hrsg.): Behinderte und Nichtbehinderte lernen gemeinsam. Handbuch der Integrationspädagogik. Weinheim: Beltz 2009, 7. Aufl.
Bowlby, John: Bindung. Eine Analyse der Mutter-Kind-Beziehung. München 1975
Ders.: Verlust – Trauer und Depression. Frankfurt 1983
Brill, Werner: Pädagogik im Spannungsfeld von Eugenik und Euthanasie. St. Ingbert: Röhrig 1994
Brisch, Karl Heinz: Grundlagen der Bindungstheorie und aktuelle Ergebnisse der Bindungsforschung. In: Ute Finger-Trescher/Heinz Krebs (Hrsg.): Bindungsstörungen und Entwicklungschancen. Gießen: Psychosozial-Verlag 2003, S. 51–71
Bröcher, Joachim: Von den dunklen Seiten der Adoleszenz. Kunsttherapeutische Arbeiten zwischen Konflikterkenntnis und Konfliktüberschreitung. In: Zeitschrift für Musik-, Tanz- und Kunsttherapie 4, 1993, S. 102–109
Ders.: Bildungsprozesse zwischen Zerstörung und Lebbarkeit des schulischen Humanraums. In: Birgit Herz/Margret Dörr (Hrsg.): Unkulturen in Bildung und Erziehung. Wiesbaden: VS 2009, S. 119–133
Bromme, Reiner/Jucks, Regina: Experten-Laien-Kommunikation. In: M. Dick et al. (Hrsg.): Handbuch Professionsentwicklung. Bad Heilbrunn: Julius Klinkhardt 2016, S. 165–173
Brunner, José: Politik der Traumatisierung. Zur Geschichte des verletzbaren Individuums. In: WestEnd. Neue Zeitschrift für Sozialforschung 1, 2004, S. 7–24
Buber, Martin: Das dialogische Prinzip. Heidelberg: Gütersloher Verlagshaus 1973
Ders.: Reden über Erziehung. Heidelberg: Gütersloher Verlagshaus 2005, 10. Aufl.
Bundestherapeutenkammer: Mindestens die Hälfte der Flüchtlinge ist psychisch krank. BPtK Standpunkt »Psychische Erkrankungen bei Flüchtlingen«. Online verfügbar unter: http://www.bptk.de/aktuelle/einzelseite/artikel/mindestens-dhtml
Burghard, Daniel/Dederich, Markus/Dziabel, Nadine/Höhne, Thomas/Lohwasser, Diana/Stöhr, Robert/Zirfas, Jörg (Hrsg.): Vulnerabilität. Pädagogische Herausforderungen. Stuttgart 2017
Butler, Judith: Bodily vulnerability, coalitions, and Street Politics. In: Critical Studies 37, 2014, S. 99–119
Darwin, Charles: Über die Entstehung der Arten durch natürliche Zuchtwahl oder die Erhaltung der begünstigten Rassen im Kampfe ums Dasein. Hrsg. von G. H. Müller. Darmstadt: 1988, Nachdruck der 8. Aufl. von 1899
De Gobineau, Arthur: Die Ungleichheit der Menschenrassen. Berlin 1935
Dederich, Markus: Kultur, Körper und Behinderung. Eine Einführung in die Disability Studies. Bielefeld: transcript 2012, 2. Aufl.
Ders.: Schlüsselwerke der Vulnerabilitätsforschung. Wiesbaden: Springer VS 2019
Delhom, Pascal: Phänomenologie der erlittenen Gewalt. In: M. Staudigl (Hrsg.): Gesichter der Gewalt. Beiträge aus phänomenologischer Sicht. Paderborn: W. Fink 2014, S. 155–175
Dettenborn, Harry: Kindeswohl und Kindeswille. München: Reinhardt 2014
Dewe, Bernd/Otto, Hans Uwe: Profession. In: H. U. Otto/H. Thiersch (Hrsg.): Handbuch Sozialarbeit/Sozialpädagogik. Neuwied: Reinhardt 2004, S. 1399–1423
Dick, Michael/Marotzki, Winfried/Mieg, Harald (Hrsg.): Handbuch Professionsentwicklung. Bad Heilbrunn: Julius Klinkhardt 2016
Dickopp, Karl Heinz: Erziehung ausländischer Kinder als pädagogische Herausforderung. Das Krefelder Modell. Düsseldorf: 1982
Diderot, Denis: Brief über die Blinden. Zum Gebrauch der Sehenden. Mit einem Nachtrag (1749). In: D. Diderot: Philosophische Schriften. Hrsg. und aus dem Französischen übersetzt von T. Lücke. Berlin: Aufbau Verlag 1961

Dietrich, Frank (Hrsg.): Ethik der Migration. Philosophische Schlüsseltexte. Berlin: Suhrkamp 2017

Dörner, Klaus/Plog, Ursula et al. (Hrsg.): Irren ist menschlich. Lehrbuch der Psychiatrie und Psychotherapie. Köln: Psychiatrie Verlag 2019, 25. Aufl.

Eliade, Mircea: Das Mysterium der Wiedergeburt. Versuch über einige Initiationstypen. Frankfurt am Main: Insel Verlag 1988

Ellger-Rüttgardt, Sieglind-Luise: Geschichte der Sonderpädagogik. München: Ernst Reinhardt Verlag 2019, 2. Aufl.

Engelke, Ernst/Bormann, Stefan/Spatscheck, Christian: Theorien der Sozialen Arbeit. Freiburg im Breisgau: Lambertus 2008

Falkenstörfer, Sophia: Migration und Flucht. In: H. Schäfer (Hrsg.): Handbuch Förderschwerpunkt geistige Entwicklung. Grundlagen, Spezifika, Fachorientierung. Weinheim: Beltz 2019, S. 187–194

Fanon, Franz: Die Verdammten dieser Erde. Übersetzt von Traugott König. Frankfurt am Main: Suhrkamp 2015 (Erstausgabe 1966)

Feuser, Georg: Vom Weltbild zum Menschenbild. Aspekte eines neuen Verständnisses von Behinderung und einer Ethik wider die neue Euthanasie. In: Behinderung – verhindertes Menschenbild. Hrsg. von Hans Peter Merz/Eugen X. Frei. Luzern: Edition SDH 1994, S. 93–174

Ders.: Behinderte Kinder und Jugendliche zwischen Integration und Aussonderung. Darmstadt: wbg 1995

Fillip, Sigrun-Heide/Aymanns, Peter: Kritische Lebensereignisse und Lebenskrisen. Vom Umgang mit den Schattenseiten des Lebens. Stuttgart: Kohlhammer 2018

Finger-Trescher, Ute/Krebs, Heinz (Hrsg.): Bindungsstörungen und Entwicklungschancen. Gießen: Psychosozial-Verlag 2003

Flosdorf, Peter: Heilpädagogische Beziehungsgestaltung. Freiburg im Breisgau: Lambertus 2009

Forschner, Maximilian et al.: Lexikon der Ethik. München: Beck 2008, 7. Aufl.

Freire, Paulo: Pädagogik der Unterdrückten. Bildung als Praxis der Freiheit. Reinbek bei Hamburg: Rowohlt 1973

Fröhlich, Andreas/Heinen, Norbert et al. (Hrsg.): Schwere und mehrfache Behinderung – interdisziplinär. Oberhausen: Athena 2017

Gaitanides, Stefan: Interkulturellen Öffnung der sozialen Dienste. In: Neue Praxis, Sonderheft 8, Soziale Arbeit in der Migrationsgesellschaft, 2006, S. 222–234

Ders.: Interkulturelle Kompetenzen in der Beratung. In: Frank Nestmann et al.: Das Handbuch der Beratung. Band 1: Disziplinen und Zugänge. Tübingen: dgvt Verlag 2014, S. 313–325

Georgens, Jan Daniel/ Deinhardt, Heinrich Marianus: Die Heilpädagogik. Mit besonderer Berücksichtigung der Idiotie und der Idiotenanstalten. 2 Bände. Leipzig: C. K. Elbert 1861

Gerspach, Manfred: Psychoanalytische Heilpädagogik. Ein systematischer Überblick. Stuttgart: Kohlhammer 2009

Giddens, Anthony: Jenseits von links und rechts. Frankfurt am Main: Suhrkamp 1997

Giesecke, Hermann: Pädagogik als Beruf. Weinheim: Juventa 1987

Ders.: Das Ende der Erziehung. Ende oder Anfang pädagogischer Professionalisierung. In: Arno Combe/Werner Helsper (Hrsg.): Pädagogische Professionalität. Frankfurt am Main: Suhrkamp 1996, S. 391–404

Golema, Daniel: Emotionale Intelligenz. München: dtv 1998

Graf, Friedrich Wilhelm/Meier, Heinrich (Hrsg.): Politik und Religion. Zur Diagnose der Gegenwart. München: C. H. Beck 2013

Greving, Heinrich/Ondracek, Petr: Handbuch Heilpädagogik. Troisdorf: Bildungsverlag EINS 2010

Haeberlin, Urs: Heilpädagogik als wertegeleitete Wissenschaft. Bern, Stuttgart, Wien: Paul Haupt 1997

Hamburger, Franz: Abschied von der interkulturellen Pädagogik. Plädoyer für einen Wandel sozialpädagogischer Konzepte. Weinheim: Beltz Juventa 2018, 3. Aufl.

Hardin, Russell: Trust and Trustworthiness. New York: Russell Sage Foundation 2002

Hattie, John: Lernen sichtbar machen. Hrsg. von Wolfgang Bewyl und Klaus Zierer. Baltmannsweiler: Schneider 2015

Häußler, Michael: Skepsis als heilpädagogische Haltung. Reflexionen zur Berufsethik der Heilpädagogik. Bad Heilbrunn: Klinkhardt 2000

Heijkoop, Jacques: Herausforderndes Verhalten von Menschen mit geistiger Behinderung. Weinheim, Basel: Beltz Juventa 2014, 6. Aufl.

Heilmann, Josefine/Köbsell, Swantje: Unsichtbar und unterversorgt: Geflüchtete Menschen mit Beeinträchtigungen. In: Nivedita Prasad: Soziale Arbeit mit Geflüchteten. Opladen, Toronto: Budrich 2018, S. 147–167

Heinrich, Johannes (Hrsg.): Akute Krise Aggression. Aspekte sicheren Handelns. Marburg: Lebenshilfe Verlag 2021

Heitmeyer, Wilhelm: Autoritäre Versuchungen. Signaturen der Bedrohung. Berlin: Suhrkamp 2018

Ders.: Treiber des Autoritären. Pfade von Entwicklungen zu Beginn des 21. Jahrhunderts: Frankfurt, New York: Campus 2022

Helsper, Werner: Antinomien und Paradoxien im professionellen Handeln. In: Michael Dick/Winfried Marotzki/Harald Mieg (Hrsg.): Handbuch Professionsentwicklung. Bad Heilbrunn: Julius Klinkhardt 2016, S. 50–62

Ders.: Professionalität und Professionalisierung pädagogischen Handelns: eine Einführung. Opladen, Toronto: Budrich 2021

Heufert, Gerhard: Johannes Daniel Falk. Satiriker, Diplomat und Sozialpädagoge. Weimar: Weimarer Taschenbuch Verlag 2008

Hillenbrand, Clemens: Einführung in die Pädagogik bei Verhaltensstörungen. München, Basel: Ernst Reinhardt 2008, 4. Aufl.

Hiller, Gotthilf G.: Ausbruch aus dem Bildungskeller. Pädagogische Provokationen. Langenau-Ulm: Armin Vaas Verlag 1997, 4. Aufl.

Hobmair, Herrmann (Hrsg.): Pädagogik, Psychologie für die berufliche Oberstufe. Troisdorf: Bildungsverlag EINS 1998

Hoffmann, Dieter et al. (Hrsg.): Begründungsformen der Pädagogik in der Moderne. Weinheim: Juventa 1992

Homfeld, Hans G.: Soziale Arbeit im Gesundheitswesen und in der Gesundheitsförderung. In: W. Thole (Hrsg.): Grundriss Soziale Arbeit. Ein einführendes Handbuch. Wiesbaden: Springer VS 2012, S. 439–503

Hörster, Rainhardt/Müller, Burkhard: Zur Struktur sozialpädagogischer Kompetenz. Oder wo bleibt das Pädagogische der Sozialpädagogik? In: A. Combe/W. Helsper (Hrsg.): Pädagogische Professionalität. Untersuchungen zum Typus pädagogischen Handelns. Frankfurt am Main: Suhrkamp, S. 614–649

Illich, Ivan: Die Nemesis der Medizin. Die Kritik der Medikalisierung des Lebens. München: C. H. Beck 1995

Imhof, Kurt/Romano, Gaetano: Die Diskontinuität der Moderne. Zur Theorie des sozialen Wandels. Frankfurt, New York: Campus 1996

International Federation of Social Workers (IFSW) & International Association of Schools of Social Work (IASSW): Global definition of social work. Rheinfelden, Schweiz: IFSW 2014. Online verfügbar unter: https://www.ifsw.org/what-is-social-work/global-definition-of-social-work/

Jakobs, Hajo: Heilpädagogik zwischen Anthropologie und Ethik. Eine Grundlagenreflexion aus kritisch-theoretischer Sicht. Bern, Stuttgart, Wien: Paul Haupt 1997

Jank, Werner/Meyer, Hilbert: Didaktische Modelle. Frankfurt am Main: 1991

Janotta, Lisa: Inklusionsbegehren und Integrationsappelle: Aufenthalt, Soziale Arbeit und der Nationalstaat. In: Neue Praxis 2/2018, S. 122–136

Jantzen, Wolfgang: Allgemeine Behindertenpädagogik, Band I, Sozialwissenschaftliche und psychologische Grundlagen. Weinheim, Basel: Juventa 1987

Ders.: Aspekte struktureller Gewalt im Leben geistig behinderter Menschen. In: M. Seidel/K. Hennike (Hrsg.): Gewalt im Leben von Menschen mit geistiger Behinderung. Reutlingen: Diakonie Verlag 1999, S. 33–65

Ders.: Materialistische Anthropologie und postmoderne Ethik. Methodologische Studien. Köln: Pahl-Rugenstein 2004
Ders.: Allgemeine Behindertenpädagogik. Teil 2 Neurowissenschaftliche Grundlagen, Diagnostik, Pädagogik und Therapie. Berlin: Lehmans Media LOB 2007
Jaszus, Rainer/Küls, Holger (Hrsg.): Didaktik der Sozialpädagogik. Hamburg: Verlag Handwerk und Technik 2017
Joas, Hans: Sakralisierung und Entsakralisierung. Politische Herrschaft und religiöse Interpretation. In: F. Graf/H. Meier (Hrsg.): Politik und Religion. Zur Diagnose der Gegenwart. München: C. H. Beck 2013, S. 259–287
Ders.: Die Sakralität der Person. Eine neue Genealogie der Menschenrechte. Berlin: Suhrkamp 2015
Kassebrock, Friedrich/Rühling, Helga: Individuelle und strukturelle Gewalt gegen Kinder und Jugendliche mit einer Behinderung. In: G. Günther Deegene/W. Körner (Hrsg.): Kindesmisshandlung und Vernachlässigung. Göttingen: Hogrefe 2005, S. 171–185
Keupp, Heiner: Eine Gesellschaft der Ichlinge? Zum bürgerlichen Engagement Heranwachsender. München: 2000
Ders.: Identitätsbildung in der Netzwerkgesellschaft: welche Ressourcen werden benötigt und wie können sie befördert werden? In: Urte Finger-Trescher/Heinz Krebs (Hrsg.): Bindungsstörungen und Entwicklungschancen. Gießen: Psychosozial-Verlag 2003, S. 15–51
Keupp, Heiner et al.: Identitätskonstruktionen. Das Patchwork der Identitäten in der Spätmoderne. Berlin 1999
Key, Ellen: Das Jahrhundert des Kindes. Übertragung F. Maro. Deutsche Erstausgabe 1902, neu: Weinheim und Basel: 1992
Kielhorn, Heinrich: Schule für schwachbefähigte Kinder (Hilfsschule/Hilfsklasse). Vortrag auf der 27. Allgemeinen Deutschen Lehrerversammlung zur Gothar. In: allgemeine deutsche Lehrerzeitung, Nr. 32, 1887, S. 307–312
Klauer, Karl Josef: Lernbehindertenpädagogik. Berlin: Marhold 1975
Kobi, Emil: Grundfragen der Heilpädagogik. Eine Einführung in heilpädagogisches Denken. Bern: Haupt 2004, 6. Aufl.
Ders.: Alternative Integration als integrierte Alternative? In: Heilpädagogik online 02, 2008
Köngeter, Stefan: Professionalität in den Erziehungshilfen. In: Roland Becker-Lanz et al. (Hrsg.): Professionalität in der Sozialen Arbeit. Standpunkte, Kontroversen, Perspektiven. Wiesbaden: Springer VS, 2013, 3. Aufl., S. 183–203
Koselleck, Reinhart: Zeitschichten. Studien zur Historik. Frankfurt am Main: Suhrkamp 2000
Krüssel, Hermann: Die Bedeutung der Lehrperson. In: Rainer Jaszus/Holger Küls (Hrsg.): Didaktik der Sozialpädagogik. Hamburg: Verlag Handwerk und Technik 2017, S. 175–190
Kuhlmann, Carola: Geschichte der Sozialen Arbeit I. Studienbuch. Schwalbach/Taunus: Wochenschau-Verlag 2014, 4. Aufl.
Kuhn, Thomas S.: Die Struktur wissenschaftlicher Revolutionen. Frankfurt am Main: Suhrkamp 1976
Kurz-Adam, Maria: Kinder auf der Flucht. Die soziale Arbeit muss umdenken. Opladen, Berlin, Toronto: Barbara Budrich 2016
Leber, Aloys: Zur Begründung des fördernden Dialogs in der psychoanalytischen Heilpädagogik. In: Gert Iben (Hrsg.): Das Dialogische in der Heilpädagogik. Mainz: Grünewald Verlag 1988, S. 25–26
Levi-Strauss, Claude: Der Zauberer und seine Magie. In: L. Petzold (Hrsg.): Magie und Religion. Beiträge zu einer Theorie der Magie. Darmstadt: wbg 1949, S. 256–279
Liebsch, Burkhardt: Zerbrechliche Lebensformen. Widerstreit – Differenz – Gewalt. Berlin: De Gruyter 2001
Lindmeier, Bettina: Die Pädagogik des rauen Hauses. Zu den Anfängen der Erziehung schwieriger Kinder bei Johann Hinrich Wichern. Bad Heilbrunn: Klinkhardt 1998
Link, Jürgen: Versuch über den Normalismus. Wie Normalität produziert wird. Göttingen: Vandenhoeck&Ruprecht 2006
Locke, John: Gedanken über Erziehung. Stuttgart: Reclam 1990
Luhmann, Niklas: Soziale Systeme. Frankfurt am Main: Suhrkamp 1984
Ders.: Die Gesellschaft der Gesellschaft. Frankfurt am Main: Suhrkamp 2000

Lutz, Roland: Das Mandat der sozialen Arbeit. Wiesbaden: VS 2011
Mahler, Margaret S.: Symbiose und Individuation. Psychosen im frühen Kindesalter. Stuttgart: Klett Cotta 1998, 7. Aufl.
Mansour, Ahmed: Generation Allah. Warum wir im Kampf gegen religiösen Extremismus umdenken müssen. Frankfurt am Main: S. Fischer 2015
Mayer, Marion: Soziale Arbeit als beratende Profession im »zwischen«. In: Bettina Völter et al. (Hrsg.): Professionsverständnisse in der Sozialen Arbeit. Weinheim, Basel: Beltz/Juventa 2020, S. 135–145
Mayr, Johannes: Der Persönlichkeitsansatz in der Lehrerforschung. Konzepte, Befunde und Folgerungen. In: Ewald Terhart/Hedda Bennewitz/Martin Rothland (Hrsg.): Handbuch der Forschung zum Lehrerberuf. Münster: Waxmann 2011, S. 125–148
Mecheril, Paul: Prekäre Verhältnisse. Über natio-ethno-kulturelle (Mehrfach) Zugehörigkeiten. Münster: Waxmann 2003a
Ders.: Politik der Unreinheit. Ein Essay über Hybridität. Wien: Passagen Verlag 2003b
Ders.: Beratung: Interkulturell. In: Frank Nestmann et al.: Das Handbuch der Beratung. Band 1: Disziplinen und Zugänge. Tübingen: dgvt Verlag 2014, S. 295–304
Meyer-Drawe, Käthe: Illusionen von Autonomie. Diesseits von Ohnmacht und Allmacht des Ich. München: Kirchheim 2000
Möckel, Andreas: Geschichte der Heilpädagogik. Stuttgart: Kohlhammer 1988
Moor, Paul: Heilpädagogik. Ein pädagogisches Lehrbuch. Hrsg. von T. Hagmann. Band 7 der Schriftenreihe des heilpädagogischen Seminars. Luzern: Edition SZH 1999, 2. Aufl.
Moser, Vera: Die Ordnung des Schicksals. Zur ideengeschichtlichen Tradition der Sonderpädagogik. Butzbach: AFRA 1995
Mosser, Peter: Trauma-Diagnosen und wozu sie gut sind. Diagnose als Instrument in der Abschiebepraxis. In: Hinterland, 33, 2016, S. 57–61
Mürner, Christian: Medien- und Kulturgeschichte behinderter Menschen. Sensationslust und Selbstbestimmung. Weinheim: Beltz 2004
Ders.: Behinderung als Metapher. Pädagogik und Psychologie zwischen Wissenschaft und Kunst am Beispiel von Behinderten in der Literatur. Bern: P. Haupt 1990
Nestmann, Frank et al.: Das Handbuch der Beratung. Band 1: Disziplinen und Zugänge. Tübingen: dgvt Verlag 2014, 3. Aufl.
Noack Napoles, Juliane: Identität, Vulnerabilität und Selbstsorge – ein eudaimogenetischer Bezugsrahmen Sozialer Arbeit. In: Neue Praxis 4/2019, S. 331–342
Oevermann, Ulrich: Theoretische Skizze einer revidierten Theorie professionalisierten Handelns. In: A. Combe/W. Helsper (Hrsg.): Pädagogische Professionalität. Untersuchungen zum Typus pädagogischen Handelns. Frankfurt am Main: Suhrkamp 1996, S. 70–183
Ders.: Die Problematik der Strukturlogik des Arbeitsbündnisses und der Dynamik von Übertragung und Gegenübertragung in einer professionalisierten Praxis von Sozialarbeit. In: Roland Becker-Lenz et al. (Hrsg.): Professionalität in der Sozialen Arbeit. Standpunkte, Kontroversen, Perspektiven. Wiesbaden: Springer VS 2013, S. 119–149
O'Neill, Onora: A Question of Trust. The BBC Reith Lectures 2002. Cambridge: Cambridge University Press 2002
Olk, Thomas: Abschied vom Experten. Weinheim, München: Juventa 1986
Panek, Bernhard W.: Blindenschrift. Schrift – Grafik – Druck. Herstellung und Vervielfältigung taktil erfassbarer Publikationen. Wien: Wiener Universitätsverlag Facultas 2004
Piaget, Jean: Das Weltbild des Kindes. München: dtv/Klett Cotta 1978
Picker, Eduard: Schadensersatz für das unerwünschte eigene Leben – »wrongful life«. Tübingen: Tübinger rechtswissenschaftliche Abhandlungen 1995
Prasad, Nivedita (Hrsg.): Soziale Arbeit mit Geflüchteten. Rassismuskritisch, professionell, menschenrechtsorientiert. Opladen, Berlin, Toronto: Barbara Budrich 2017
Prengel, Annedore: Pädagogik der Vielfalt. Verschiedenheit und Gleichberechtigung in interkultureller, Feministischer und Integrativer Pädagogik. Wiesbaden: VS 2006, 3. Aufl.
Dies.: Egalität, Heterogenität und Hierarchie im Anfangsunterricht und darüber hinaus. In: Andreas Hinz/Ute Geiling (Hrsg): Integrationspädagogik im Diskurs – auf dem Weg zu einer inklusiven Pädagogik. Bad Heilbrunn 2005, S.15–34

Prenzel, Martin (Hrsg.): PISA 2006. Die Ergebnisse der dritten internationalen Vergleichsstudie. Münster: Waxmann 2007
Pries, Ludger: Verschiedene Formen der Migration – verschiedene Wege der Integration. In: Otto, H. U/Schrödter, M. (Hrsg.) (2006): Soziale Arbeit in der Migrationsgesellschaft. Sonderheft Neue Praxis. Lahnstein Verlag Neue Praxis
, S. 19–28
Propping, Peter/Schott, Heinz (Hrsg.): Wissenschaft auf Irrwegen. Biologismus – Rassenhygiene – Eugenik. Bonn: Bouvier 1992
Reemtsma, Jan Phillip: Vertrauen und Gewalt. Versuch über eine besondere Konstellation der Moderne. Hamburg: Hamburger Edition 2006
Rentsch, Thomas: Wie ist eine menschliche Welt überhaupt möglich? Philosophische Anthropologie als Konstitutionsanalyse der humanen Welt. In: Christoph Demmerling/Gottfried Gabriel/Thomas Rentsch (Hrsg.): Vernunft und Lebenspraxis. Philosophische Studien zu den Bedingungen einer rationalen Kultur. Frankfurt am Main: Suhrkamp 1995, S. 192–215
Ders.: Die Konstitution der Moralität. Transzendentale Anthropologie und praktische Philosophie. Frankfurt am Main: Suhrkamp 1999
Ders.: Die Kultur der Differenz. Negative Ethik, Relativismus und die Bedingungen universalistischer Rationalität. In: Ders.: Negativität und praktische Vernunft. Frankfurt am Main: Suhrkamp 2000, S. 96–121
Ders.: Negativität und praktische Vernunft. Frankfurt am Main: Suhrkamp 2000
Reyer, Jürgen: Alte Eugenik und Wohlfahrtspflege. Freiburg im Breisgau: Lamberts 1991
Rogers, Carl: Die klientenbezogene Gesprächstherapie. Übersetzt von Erika Nosbüsch. München: Kindler 1973a
Ders.: Eine Theorie der Psychotherapie, der Persönlichkeit und der zwischenmenschlichen Beziehung, entwickelt im Rahmen des klientenzentrierten Ansatzes. Übersetzt von G. Höhner und Rolf Brüsche. Köln: GwG 1973b
Ders: Lernen in Freiheit. Zur Bildungsreform in Schule und Universität. München: Kösel 1984
Ders.: Der neue Mensch. Stuttgart: Klett-Cotta 1993, 5. Aufl.
Ders: Entwicklung der Persönlichkeit: Psychotherapie aus Sicht eines Therapeuten. Stuttgart: Klett Cotta 2000, 13. Aufl.
Ders.: Eine Theorie der Psychotherapie. München: Ernst Reinhardt 2020, 3. Aufl.
Rogers, Carl/Lewis, M. K./Pfeiffer, W.: Therapeut und Klient. Grundlagen der Gesprächspsychotherapie. Frankfurt am Main: Fischer 2007, 18. Aufl.
Salamanca Erklärung Pädagogik für besondere Bedürfnisse: Die Salamanca Erklärung und der Aktionsrahmen zur Pädagogik für besondere Bedürfnisse. Angenommen von der Weltkonferenz »Pädagogik für besondere Bedürfnisse: Zugang und Qualität«, Salamanca, Spanien, 7.–10. Juni 1994. In Deutsch herausgegeben von der österreichischen UNESCO Kommission. Linz: 1996
Salomon, Alice: Soziale Diagnose. Berlin: Duncker&Humblot 1926
Sarrazin, Thilo: Deutschland schafft sich ab: wie wir unser Land aufs Spiel setzen. München: DVA 2010
Ders.: Der neue Tugendterror. Über die Grenzen der Meinungsfreiheit in Deutschland. München: DVA 2014
Schäfer, Alfred: Aufklärung und Verdinglichung. Reflexionen zum historisch-systematischen Problemgehalt der Bildungsphilosophie. Frankfurt am Main: 1988
Ders.: Das Bildungsproblem nach der humanistischen Illusion. Weinheim: DSV 1996
Schelten, Andreas: Lehrerpersönlichkeit – ein schwer fassbarer Begriff. In: Die berufsbildende Schule, (61), 2, 2009, S. 39–40
Scherr, Albert: Soziale Arbeit – Profession oder ganz normaler Beruf? In: SozialExtra 4, 2001, S. 24–31
Scherr, Albert/Yüksel, Gökcen (Hrsg.): Flucht, Sozialstaat und Soziale Arbeit. Sonderheft Neue Praxis, 13. Lahnstein: 2016
Schiersmann, Christian/Thiel, Hans U.: Organisationsentwicklung. Prinzipien und Strategien von Veränderungsprozessen. Wiesbaden: Springer VS 2018, 5. Aufl.

Schilling, Johannes/Klus, Sebastian: Soziale Arbeit. Geschichte – Theorie – Profession. München: Ernst Reinhardt 2018, 7. Aufl.
Schlüter, Wolfgang: Sozialphilosophie für helfende Berufe. München, Basel: Ernst Reinhardt 1983
Schott, Heinz: Die Stigmen des Bösen – kulturgeschichtliche Wurzeln der Ausmerzideologie. In: Peter Propping/Heinz Schott (Hrsg.): Wissenschaft auf Irrwegen. Biologismus – Rassenhygiene – Eugenik. Bonn: Bouvier 1992, S. 9–23
Schües, Christina: Vertrauen oder Misstrauen vertrauen? In: Alfred Hirsch/Pascal Delhom (Hrsg.): Friedensgesellschaften zwischen Verantwortung und Vertrauen. München, Freiburg: Karl Alber 2015, S. 156–185
Schumacher, Thomas: Lehrbuch der Ethik in der Sozialen Arbeit. Weinheim, Basel: Beltz Juventa 2013
Schütze, Fritz: Das Konzept der Sozialen Welt, Teil I. Definition und historische Wurzeln. In: Michael Dick/Winfried Marotzki/Harald Mieg (Hrsg.): Handbuch Professionsentwicklung. Bad Heilbrunn: Julius Klinkhardt 2016a, S. 74–88
Ders.: Das Konzept der Sozialen Welt Teil II. Theoretische Ausformung und Weiterentwicklung. In: Michael Dick/Winfried Marotzki/Harald Mieg (Hrsg.): Handbuch Professionsentwicklung. Bad Heilbrunn: Julius Klinkhardt 2016b, S. 88–106
Seithe, Mechthild: Schwarzbuch Soziale Arbeit. Wiesbaden: VS 2012
Simmel, Georg: Exkurs über den Fremden. In: Ders.: Soziologie. Untersuchungen über die Formen der Vergesellschaftung. Berlin: Duncker&Humblot 1908
Sloterdijk, Peter: Du musst dein Leben ändern. Über Anthropotechnik. Berlin: Suhrkamp 2008
Solarová, Svetluse: Geschichte der Sonderpädagogik. Stuttgart: Kohlhammer 1983
Speck, Otto: System Heilpädagogik. Eine ökologisch reflexive Grundlegung. München, Basel: Ernst Reinhardt 2008, 6. Aufl.
Staub-Bernasconi, Silvia: Soziale Arbeit als Handlungswissenschaft. Soziale Arbeit auf dem Weg zu kritischer Professionalität. Bern, Stuttgart, Wien: Haupt 2007
Dies.: Der Professionalisierungsdiskurs zur Sozialen Arbeit (SA/SP) im deutschsprachigen Kontext im Spiegel internationaler Ausbildungsstandards. Soziale Arbeit – eine verspätete Profession? In: Becker-Lenz et al. (Hrsg.): Professionalität in der Sozialen Arbeit. Wiesbaden: Springer VS 2013, S. 23–49
Staudigl, Michael (Hrsg.): Gesichter der Gewalt. Paderborn: W. Fink 2014
Stern, Daniel: Die Lebenserfahrung des Säuglings. Stuttgart: Klett Cotta 1992
Stinkes, Ursula: Menschenbildannahmen zu dem Phänomen Behinderung. In: D. Irblich/B. Stahl (Hrsg.): Menschen mit geistiger Behinderung. Göttingen, Bern, Toronto, Seattle: Hogrefe 2003, S. 28–48
Stötzner, Heinrich: Schulen für schwachbefähigte Kinder. Erster Entwurf zur Begründung derselben. Leipzig, Heidelberg: 1864
Ders.: Altes und Neues aus dem Gebiete der Heilpädagogik. Leipzig: 1868
Struck, Norbert: Flüchtlinge in den Handlungsfeldern der Kinder- und Jugendhilfe. In: Neue Praxis Sonderheft, 13, 2016, S. 126–135
Ther, Phillip: Die Außenseiter. Flucht, Flüchtlinge und Integration im modernen Europa. Frankfurt am Main: Suhrkamp 2017
Thiersch, Hans: Die Erfahrung der Wirklichkeit. Perspektiven einer alltagsorientierten Sozialpädagogik. Weinheim: Beltz 2006
Ders.: Soziale Arbeit und Lebensweltorientierung. Gesammelte Aufsätze. 2 Bände, Weinheim, Basel: Juventa 2016
Ders.: Nähe und Distanz in der Sozialen Arbeit. In: Margret Dörr (Hrsg.): Nähe und Distanz. Ein Spannungsfeld pädagogischer Professionalität. Weinheim, Basel: Beltz Juventa 2019, S. 42–60
Tietze, Kim Oliver: Kollegiale Beratung. Problemlösungen gemeinsam entwickeln. Reinbek bei Hamburg: Rowohlt 2010
Ders.: Kollegiale Beratung. In: Michael Dick/Winfried Marotzki/Harald Mieg (Hrsg.): Handbuch Professionsentwicklung. Bad Heilbrunn: Julius Klinkhardt 2016, S. 309–318
Trescher, Hendrik: Subjektivierungspraxen in der stationären Behindertenhilfe – ein pädagogisches Dilemma. In: Neue Praxis 4/2017, S. 354–370

Trojanow, Ilja/Hoskote, Ranjid: Kampfabsage. Kulturen kämpfen nicht, sie fließen ineinander. Frankfurt am Main: Suhrkamp 2016

Velho, Astride: Trauma als Konzept der Diagnose, Verdeckung und Skandalisierung in der Sozialen Arbeit im Kontext Flucht – rassismuskritische und menschenrechtliche Perspektiven. In: Nivedita Prasad (Hrsg.): Soziale Arbeit mit Geflüchteten. Rassismuskritisch, professionell, menschenrechtsorientiert. Opladen, Toronto: Budrich 2018, S. 97–116

Völter, Bettina/Cornel, Heinz/Gahleitner, Silke/Voß, Stephan (Hrsg.): Professionsverständnisse in der Sozialen Arbeit. Weinheim: Beltz Juventa 2020

Von Bredow, Wilfried/Noetzel, Thomas: Lehren des Abgrunds. Berlin: Daedalus 1991

Von Strümpell, Ludwig: Die pädagogische Pathologie oder die Lehre von den Fehlern der Kinder. Leipzig: Vogel 1890

Vygotski, Lew: Geschichte der höheren psychischen Funktionen. Münster: Lit. 1992

Waldenfels, Bernhard: Ordnung im Zwielicht. Frankfurt am Main: Suhrkamp 1986

Ders.: Topographie des Fremden. Studien zur Phänomenologie des Fremden 1. Frankfurt am Main: Suhrkamp 1997

Ders.: Grenzen der Normalisierung. Studien zur Phänomenologie des Fremden 2. Frankfurt am Main: Suhrkamp 2016, 3. Aufl.

Waldschmidt, Anne: Behinderung neu denken. Kulturwissenschaftliche Perspektiven der Disability Studies. In: Dies. (Hrsg.): Kulturwissenschaftliche Perspektiven der Disability Studies. Tagungsdokumentation, Kassel: 2003, S. 15–20

Dies.: Disability studies. In: Kompendium der Heilpädagogik, Band I. A–H. Hrsg. von Heinrich Greving. Troisdorf: Bildungsverlag EINS 2007, S. 161–168

Weber, Max: Gesammelte Werke zur Religionssoziologie. 3 Bände, Tübingen: 1978 (zuerst 1920)

Ders.: Wirtschaft und Gesellschaft. Tübingen: Mohr 1985, 5. Aufl.

Weidner, Jens/Kilb, Reiner (Hrsg.): Konfrontative Pädagogik. Konfliktbearbeitung in Sozialer Arbeit und Erziehung. Wiesbaden: Springer VS 2004

Weinberger, Sabine: Klientenzentrierte Gesprächsführung. Lern- und Praxisanleitung für psychosoziale Berufe. Weinheim, Basel: Beltz Juventa 2013, 14. Aufl.

Weinberger, Sabine/Papastefanou, Christiane: Wege durchs Labyrinth. Personzentrierte Beratung und Psychotherapie mit Jugendlichen. Weinheim, München: Juventa 2008

Werning, Rolf: Das sozial auffällige Kind. Lebensweltprobleme von Kindern und Jugendlichen als interdisziplinäre Herausforderung. Münster, New York: Waxmann 1996

Wevelsiep, Christian: In der Fremde. Über die Möglichkeit der Solidarität aus den Quellen der europäischen Kultur. Duisburg: Athena

Ders.: Inklusion. Über eine Erfüllungsgestalt im gemeinsamen Leben. Duisburg: Athena 2019

Ders.: Das Weltbild der Sorge. Darmstadt: wbg academics 2022

Wimmer, Michael: Zerfall des allgemeinen – Wiederkehr des Singulären. Pädagogische Professionalität und der Wert des Wissens. In: Arno Combe/Werner Helsper (Hrsg.): Pädagogische Professionalität. Frankfurt am Main: Suhrkamp 1996, S. 404–448

Winkler, Gabriele/Degele, Nina (Hrsg.): Intersektionalität. Zur Analyse sozialer Ungleichheiten. Bielefeld: transcript 2010

Winkler, Michael: Kritik der Inklusion. Am Ende einer Illusion. Stuttgart: Kohlhammer 2018

Wocken, Hans: Über Widersacher der Inklusion und ihre Gegenreden. In: APuZ 23/2010, S. 25–31

Ders.: Über die Gefährdung des Kindeswohls durch die Schule. In: Zeitschrift für Inklusion, 2, 2013. Online verfügbar unter: https://www.inklusion-online.net/index.php/inklusion-online/article/view/21

Wohlfahrt, Norbert: (Menschen)rechtsfundierte Sozialpolitik. Anmerkungen zur Politischen Ökonomie von Selbstbestimmung und Inklusion. In: Neue Praxis 3, 2017, S. 211–223

Wydler, Hans/Kolip, Petra/Abel, Thomas (Hrsg.): Salutogenese und Kohärenzgefühl. Grundlagen, Empirie und Praxis eines gesundheitlichen Konzepts. Weinheim, München: Juventa 2010

Zander, Margherita: Handbuch Resilienzförderung. Wiesbaden: VS 2011